Diakonie der Religionen 2

THEION

Jahrbuch für Religionskultur / Annual for Religious Culture

Herausgegeben von / edited by
Wilhelm-Ludwig Federlin und / and Edmund Weber,
Johann Wolfgang Goethe-Universität Frankfurt am Main

Band XIV

PETER LANG
Frankfurt am Main · Berlin · Bern · Bruxelles · New York · Oxford · Wien

Diakonie der Religionen 2

Schwerpunkt Islam

herausgegeben von
Bärbel Beinhauer-Köhler,
Matthias Benad
und Edmund Weber

PETER LANG
Europäischer Verlag der Wissenschaften

Bibliografische Information Der Deutschen Bibliothek
Die Deutsche Bibliothek verzeichnet diese Publikation in der Deutschen Nationalbibliografie; detaillierte bibliografische Daten sind im Internet über <http://dnb.ddb.de> abrufbar.

Diese Veröffentlichung wurde unterstützt durch
die v. Bodelschwinghschen Anstalten Bethel, Bielefeld,
den Evangelischen Regionalverband Frankfurt am Main
und die Dr. med. Nelly Hahne-Stiftung Stuttgart.

Bethel

Diakonie
Diakonisches Werk für Frankfurt am Main

Gedruckt auf alterungsbeständigem,
säurefreiem Papier.

ISSN 0943-9587
ISBN 3-631-53669-0

Printed in Germany 1 2 3 4 6 7

www.peterlang.de

Inhaltsverzeichnis

Vorwort

Die Fürsorge für Bedürftige ist eine Grundkonstante sozialen Verhaltens, die in Religionen jeweils spezifisch begründet wird. Vor dem Hintergrund von Band 1 der Reihe *Diakonie der Religionen* mit Beispielen aus Christentum, Buddhismus, Hinduismus und Sikh-Religion fällt im vorliegenden Band 2 der Blick schwerpunktmäßig auf den Islam. „Diakonie" wird in diesem Zusammenhang immer als ein metasprachlicher Begriff verstanden, als ein Platzhalter, dessen mögliche spezifische Belegungen sich in den folgenden Beiträgen erweisen.

Bereits Koran und Sunna rufen ausgiebig zum fürsorglichen Umgang mit Bedürftigen auf: mit Verwandten, Waisen, Armen, Fremden, Schuldnern etc. Ein Ethos der helfenden Zuwendung zum anderen und des Teilens von Besitz gilt von Anfang an sogar als Kennzeichen des Glaubens und ist somit auch Gegenstand der Theologie. Daraus haben sich sowohl dauerhafte Institutionen der Fürsorge für Bedürftige entwickelt als auch eine beeindruckende Alltagskultur der ganz selbstverständlichen informellen, z.B. nachbarschaftlichen, Hilfe. Die Beiträge erhellen die klassischen islamischen zur Diakonie analogen Formen und Termini: *ṣadaqa*, eine informelle Hilfeleistung jedweder Form, *zakāt*, die jährlich zu leistende Armenspende und *waqf*, die islamische Stiftung. Die unterschiedlichen Perspektiven der einzelnen Autoren – der Blick auf die türkische gegenwärtige Situation, den klassischen Islam, Muslime in Deutschland – lassen ahnen, dass auch die islamischen Formen von Wohlfahrt wie diejenigen anderer Religionen im Grunde nur diskursiv zu erfassen sind und fortgesetzt neuen Interpretationen unterliegen.

Im Folgenden kommen u.a. fünf muslimische Autoren zu Wort. Ihre Beiträge gehen auf ein Symposium an der Dokuz Eylül Üniversitesi Izmir im April 2003 zurück, das im Rahmen der Kooperation zwischen der dortigen Theologischen Fakultät und dem Fachbereich Evangelische Theologie der Johann Wolfgang Goethe-Universität Frankfurt am Main zustande kam. Im Zusammenhang dieser Kooperation hat das türkische Amt für Religiöse Angelegenheiten einen Lehrstuhl für Islamische Religion gestiftet, der am Frankfurter Fachbereich Evangelische Theologie angesiedelt ist. Er soll der deutschsprachigen Ausbildung muslimischer Theologen und dem steten Austausch zwischen muslimischer und evangelischer Theologie dienen. Es ist an der Zeit, dass nicht nur Wirtschaftsfachleute und Politiker, sondern auch Theolog(inn)en und Religionswissenschaftler(innen) aus beiden religiösen Kulturen den direkten Austausch suchen. Das Symposium in Izmir war ein Schritt in diese Richtung.

Thema der Veranstaltung war „Din ve Hayat", „Religion und Leben", d.h. es wurde die Umsetzung theologischer Konzepte im religiös geprägten Alltag von Muslimen und Christen untersucht. Diakonie oder der im Türkischen ebenso umfassend verstandene Begriff *vaqıf*, „Stiftungswesen", bildeten dabei einen Schwerpunkt. So geben zwei der folgenden Beiträge einen Einblick in die Strukturen des türkischen staatlich eingebundenen Islam der Diyanet-Organisation, wobei sämtliche muslimischen Beitragenden dieser Organisation nahestehen: Yaşar Çolak beschreibt in „Religiöse Dienstleistungen in der Türkei“ in einem großen Überblick die Aufgaben, die das Amt für Religiöse Angelegenheiten erfüllt, Harun Özdemirci beschäftigt sich in „Die Stiftung für religiöse Angelegenheiten in der Türkei“ mit einer Institution, die das Amt für Religiöse Angelegenheiten in ihrer praktischen Tätigkeit unterstützt.

Es ist bemerkenswert, dass drei der türkischen Autoren angesichts der Themenstellung theologische Hintergründe klären. Wichtiger noch als die zwischenmenschliche islamisch begründete Hilfe für den Nächsten, ja als eigentliche Voraussetzung dafür, wird die Barmherzigkeit Allahs gegenüber dem Menschen empfunden. So untersuchen Osman Karadeniz in „Rahmân als Beiname Allahs“, Şamil Dağci in „Recht und Verantwortung. Die Erklärung der Begriffe Allerbarmer und Barmherziger aus der Sicht der islamischen Rechtsphilosophie“ sowie Sabri Yilmaz in „Die Attribute ‘der Allerbarmer’(*ar-raḥmān*) und der ‘Allbarmherzige’(*ar-raḥīm*) bei Elmalılı“ jeweils zwei koranische Hauptattribute des islamischen Gottesbildes, die auf die göttliche Barmherzigkeit schließen lassen. Im Anschluss daran interpretiert Edmund Weber in „Allahs Mütterlichkeit und die muslimische Nächstenliebe“ die gleichen Attribute aus theologischer Perspektive, wobei er den Bogen zu einer von diesem Gottesbild ausgehenden islamisch begründeten Diakonie spannt.

Es folgt der Beitrag von Bärbel Beinhauer-Köhler „Formen islamischer Wohlfahrt in Deutschland“. Vor dem Hintergrund einer einleitenden religionswissenschaftlichen Systematik über Wohlfahrt in Religionen wurde, eingebettet in eine religionshistorische Übersicht über klassische islamische Formen der Fürsorge, eine empirische Studie über deren Umsetzung in der Bundesrepublik erstellt. Dieser Beitrag wäre nicht zustande gekommen ohne die zweijährige finanzielle Unterstützung der v. Bodelschwinghschen Anstalten Bethel unter Anbindung an das Institut für Diakonie- und Sozialgeschichte an der Kirchlichen Hochschule Bethel, wofür an dieser Stelle sehr herzlich gedankt werden soll.

Die drei Folgebeiträge erweitern das Schwerpunktthema und ermöglichen strukturelle Vergleiche mit anderen Religionen: Karl-Wilhelm Dahm beschäftigt sich in „Religion und die Ausdifferenzierung von Wohlfahrtssystemen im interkulturellen Vergleich“ unter Einbeziehung von Materialien aus Christentum, Islam und Hinduismus mit der institutionellen Ausbildung komplexer Formen der Wohlfahrt. Matthias Benad gibt eine „Kirchenhistorische Skizze zum Verhältnis von Diakonie und öffentlichem Wohlfahrtswesen in Deutschland“ mit einem Überblick über die institutionellen Ausformungen der Diakonie als religiös geprägtem Wohlfahrtsträger neben säkularen Formen der Wohlfahrt. Die Übersicht reicht vom frühen Christentum bis zum 19. und 20. Jh. in Deutschland und wurde im Frühjahr 2003 ebenfalls auf dem Symposium in Izmir vorgetragen. Michael Frases Beitrag „Orte für Kinder - Evangelische Kinderbetreuung in einem multireligiösen Kontext“ ist eine empirische Studie über insbesondere muslimische Kinder in evangelischen Kindergärten der Stadt Frankfurt. Diese Untersuchung zeigt, dass Diakonie nicht nur ein innerreligiöses Phänomen ist, sondern auch

Menschen anderer Religionen einschließt – ein Vorgang, der sich vice versa genauso auch bei islamischer Wohlfahrt beobachten lässt.

Besonders im Hinblick auf die Übertragungen aus dem Türkischen erwies es sich als sinnvoll, auf eine einheitliche Transkription der Termini aus orientalischen Sprachen zu verzichten, da diese im Türkischen und Deutschen anderen Gesetzmäßigkeiten gehorchen. Ebenso wurde mit den deutschen Beiträgen verfahren, die unterschiedlichen Fachtraditionen entstammen. Statt dessen sollten in diesem interdisziplinär und interkulturell geprägten Sammelband jeweilige wissenschaftliche Fachtraditionen der Autoren Berücksichtigung finden; dies gilt auch für abweichende Formatierungen, z.B. bezüglich Koranzitaten durch muslimische Autoren. Die türkischen Beiträge lagen den Herausgebern in deutscher Fassung vor. Bei deren Redigierung erwies sich die Hilfe von Herrn Mehmet Soyhun, Assistent am Stiftungslehrstuhl für Islamische Religion im Fachbereich Evangelische Theologie in Frankfurt am Main, als überaus wertvoll, wofür hiermit sehr herzlich gedankt werden soll.

Abschließend gilt der Dank den v. Bodelschwinghschen Anstalten Bethel sowie dem Evangelischen Regionalverband Frankfurt am Main für ihre finanzielle Förderung der vorliegenden Publikation.

Die Herausgeber

Religiöse Dienstleistungen in der Türkei

von

Yaşar Çolak

1. Einleitung

Religiöse Dienste in der Türkei werden wie folgt gegliedert: die öffentlichen Dienste, die von freiwilligen Organisationen angebotenen Dienste sowie Universitäten und Forschungsinstitute, die diese Dienstleistungen wissenschaftlich unterstützen. Da die Dienstleistungen der freiwilligen Organisationen sowie der Akademien einen Untersuchungsbereich für sich darstellen, wird sich dieser Beitrag auf die praktischen Dienste des Amts für Religiöse Angelegenheiten für die Gesellschaft beschränken.

In der Türkei sind verschiedene Dienstbereiche voneinander getrennt organisiert, aufgrund ihrer unterschiedlichen Entwicklung und Spezialisierung. Einer dieser Bereiche ist die religiöse Dienstleistung. Diese wird in unserem Land als öffentlicher Dienst betrachtet.

Der öffentliche Dienst gewährleistet den öffentlichen Nutzen und beinhaltet kontinuierliche und regelmäßige Aktivitäten für die Allgemeinheit. Dieser Dienst wird durch juristische Personen des Staates oder anderer Behörden unter deren Aufsicht und Kontrolle zur Festlegung und Befriedigung der gemeinsamen Bedürfnisse verwirklicht.

In dieser Definition treten drei Grundelemente in den Vordergrund. Diese sind nachfolgend aufgeführt: Verwirklichung der Dienste durch den Staat bzw. entsprechende juristische Personen; Aktivitäten, die einen öffentlichen Nutzen gewährleisten; Dienste, die unter Nutzung des öffentlichen Rechts durchgeführt werden.

Staaten boten diese „klassischen" öffentlichen Dienste an, um überwiegend die innere und äußere Sicherheit sicherzustellen. Mit der Zeit wurden die Aktivitäten jedoch erweitert. Neben Sozial- und Wirtschaftsdiensten wie Kommunikation, Umwelt, Transport, Bildung und Gesundheit boten die Staaten auch religiöse Dienstleistungen an.

Es werden im Folgenden einige Begründungen aufgeführt, die aufzeigen, dass die Religionsdienste in unserem Land öffentliche Dienste sind:

Der erste Grund entspringt der Natur der Religion. Wie allgemein bekannt ist, ist Religion ein Mittel, „das notwendige Kommunikationssysteme bereitstellt, die dazu dienen", den Sinn des Lebens zu bereichern, das Leben menschenwürdig zu gestalten sowie zur besseren gegenseitigen Verständigung der Menschen beizutragen. Hält man sich diese Realität vor Augen, wird ersichtlich, dass die religiöse Dienstleistung fast jeden anspricht und zu dessen Gunsten ist. Wenn die Gesellschaft in Bezug auf Religion nicht richtig aufgeklärt wird oder die Aufklärung durch inkompetente Personen erfolgt, so entsteht in der Gesellschaft statt Harmonie und Frieden Chaos, statt Toleranz Fanatismus, statt der Freiheit der Menschen der Verfall in Form des Aberglaubens.

Die zweite Begründung lautet: Falls in einem Staat in irgendeinem Bereich ein Bedarf entsteht und der betreffende Bedarf kontinuierlich besteht und durch die Nichterfüllung die öffentliche Ordnung in Gefahr gerät, so muss dort ein öffentlicher Dienst eingeführt oder weitergeführt werden. In unserem Land, in dem der Großteil der Bevölkerung gläubig ist, ist es eine unbestreitbare Tatsache, dass ein kollektiver und ständiger Bedarf an Religionsdienst besteht. In diesem Zusammenhang hat der Staat die für den offiziellen Dienst notwendige Organisation gegründet, um die wesentlichen und finanziellen Notwendigkeiten zu gewährleisten. Die Äußerungen von Siddih Sami Onar zu diesem Thema lauten folgendermaßen:

> Wenn eine Gesellschaft aus Personen besteht, die derselben Religion angehören und keine geistliche Gruppe vorhanden ist, die diesen Dienst leistet, und die Deckung dieser kollektiven Bedürfnisse seitens einzelner Personen oder Gruppen wiederum zu Problemen führt, so ist es selbstverständlich, dass der Staat die Deckung der religiösen Bedürfnisse als öffentlichen Dienst betrachtet und eigenständig durchführt.

Die dritte Begründung ist, dass es zu schwer wieder gut zu machenden Schäden führen kann, falls Bereiche wie die Religion, die großes Einfühlungsvermögen verlangen, unbeaufsichtigt bleiben. Letztendlich ist es allgemein bekannt, zu welchen tiefgreifenden Problemen unkontrollierte Religionsdienste in der Gesellschaft in naher Vergangenheit geführt haben.

Weiterhin ist zu erwähnen, dass es eine wichtige Rolle spielt, dass dieser Dienst auch in der Geschichte unseres Landes immer in Verbindung mit dem Staat geleistet wurde. Die Gründer der Republik bevorzugten, diesen Zustand analog zu unseren geschichtlichen Traditionen und sozialen Bedingungen zu bewahren.

2. Das Amt für Religiöse Angelegenheiten und praktische religiöse Dienstleistungen

Der Begriff „religiöse Dienstleistungen" bedeutet technisch gesehen die Erklärung der Religion sowie die Organisation und Leitung der Gebets- und Religionsrituale. Praktisch gesehen jedoch ist es die Bezeichnung aller Dienste, die durch das Amt für Religiöse Angelegenheiten in und außerhalb von Moscheen organisiert und der Gesellschaft präsentiert werden.

Im Grundsatz des Amts für Religiöse Angelegenheiten vom 03.03.1924 steht unter Artikel 429 geschrieben:

> In der türkischen Republik sind für Erlass und Vollzug der Vorschriften über die menschlichen Rechtshandlungen die Türkische Große Nationalversammlung und die von ihr gebildete Regierung zuständig. Für die Regelung aller übrigen Vorschriften und Fragen der klaren Religion des Islams, die Glaubens-

und Kultusfragen betreffen, und für die Verwaltung der religiösen Einrichtungen wird im Regierungssitz der Republik das Amt eines Präsidiums für geistliche Angelegenheiten gebildet.

Laut Artikel 633, § 1 wird im gleichen Zusammenhang folgendes geäußert:

Für Grundsätze des Glaubens, der religiösen Praxis und der Moral des islamischen Glaubens, die religiöse Aufklärung der Gesellschaft und die Leitung der Gebetsstätten wurde das Amt für Religiöse Angelegenheiten, welches dem Präsidium unterliegt, gegründet.

In beiden Paragraphen werden die Dienste des Amts für Religiöse Angelegenheiten in drei Gruppen unterteilt:
1. Tätigkeiten bezüglich der Grundsätze des Glaubens, der religiösen Praxis und der Ethik des islamischen Glaubens
2. Religiöse Aufklärung der Gesellschaft
3. Leitung der Gebetsorte.

Um die ihm zugeteilte Aufgabe ausführen zu können, organisierte sich das Amt für Religiöse Angelegenheiten als Zentralorgan in den Provinzen und im Ausland. Die zentrale Organisation ist folgendermaßen gegliedert: ein Vorsitzender, fünf stellvertretende Vorsitzende, sieben Hauptabteilungen, drei Beratungs- und Kontrollinstanzen und sieben Nebenabteilungen. Die provinziale Organisation besteht aus: Bezirks- und Gemeindedienststellen der obersten Geistlichen sowie Bildungszentren. Die Auslandsorganisationen bestehen wiederum aus Ämtern für Religiöse Dienstleistungen und Botschaften für Religiöse Dienstleistungen im Ausland.

Derzeit hat das Amt für Religiöse Angelegenheiten 88.516 Arbeitsplätze, davon sind 75.650 Stellen besetzt, 12.866 offen. In der Zentralorganisation sind in verschiedenen Positionen und Aufgabenbereichen 958, in den Provinzen 73.388 und im Ausland 1.183 Personen tätig.

Die Dienstleitungen des Amts für Religiöse Angelegenheiten sind:
1. Moscheebezogene religiöse Dienstleistungen
2. Religiöse Führungs- und Beratungsdienste
3. Aufklärungsdienste
4. Religiöse Aus- und Fortbildungskurse.

Moscheebezogene religiöse Dienstleistungen

Moscheebezogene religiöse Dienstleistungen beinhalten alle Aktivitäten, die an die besondere Bedeutung und umfassende Funktion der Moschee anknüpfen und die daher religiöses Verantwortungsbewusstsein erfordern. Im Zentrum dieser Dienstleistungen stehen in erster Linie Personen, die in der Moschee tätig sind, d.h. Vorbeter bzw. Prediger sowie Muezzine bzw. Moscheediener. Beim Begriff Dienstleistungen in der Moschee denkt man heutzutage an die Aufgaben, die von den Beauftragten innerhalb der Moschee durchgeführt werden. An erster Stelle steht hier das tägliche Öffnen und

Schließen der Moschee, der Ruf zum Gebet, die Ausführung des Gebetes, das Freitagsgebet und die Reinigung der Moschee. Diese sind die auffälligsten Dienstleistungen in der Moschee. Neben den rein religiösen Verpflichtungen können auch alle sozialen und kulturellen Aktivitäten, denen eine religiöse Bedeutung beigemessen werden kann, als moscheebezogene religiöse Dienstleistung bezeichnet werden. Doch wir halten es für sinnvoll, diesen zweiten Teil unter dem Thema religiöser Führungs- und Beratungsdienst auszuführen.

a) Bau und Verwaltung von Moscheen

Am 02.08.1998 trat mit der Veröffentlichung im Offiziellen Anzeiger Nr. 23421 „eine Gesetzeserweiterung bezüglich des Baurechts" (Abs. 4380) in Kraft und basierend darauf wurde mit Datum 30.09.1998 unter Abs. 23479 die „Richtlinie zur Änderung von Vorschriften in Hinsicht auf Erstellung von Bauplänen und bauliche Änderungen" herausgebracht, in der neue Regelungen zum Bau von Moscheen aufgeführt werden. Demnach muss vor Erstellung oder Änderung eines maßgetreuen Bauplanes die Erlaubnis des Amtes der Muftis eingeholt werden. In diesem gesetzlichen Rahmen bietet das Amt auf Antrag eines Moscheebaus Projektunterstützung und technische Kontrolldienstleistungen. Des weiteren wird gemäß Gesetz Nr. 633, Abs. 35 die Leitung der seitens natürlicher und juristischer Personen erbauten Moscheen gänzlich dem Amt übergeben. Da diese Verantwortung dem Amt auferlegt wird, bestehen ernsthafte Schwierigkeiten, diese Stellen zu besetzen.

b) Bereitstellung der Moscheen zum Gebet

Das Ministerium hält die Moscheen durch die beschäftigten Imam-Hatips[1] und Muezzin-Moscheediener zum Gebet bereit. Hier wird deutlich, dass Vereine und nutzrechtliche Organisationen bei der Reinhaltung, Wartung und Instandhaltung das Amt in großem Maße unterstützen.

Die landesweite Anzahl der Moscheen beträgt 73.369. In diesen Moscheen sind 54.108 Imam-Hatips und 9.738 Muezzin-Moscheediener angestellt. 9.509 Stellen als Imam-Hatips und 808 Stellen als Muezzzin-Moscheediener sind unbesetzt. 9.981 Moscheen sind nicht belegt.

Die Bereithaltung der Moscheen zum Gebet nimmt mehr Zeit in Anspruch als gemeinhin angenommen wird. Eine Untersuchung zum Thema, wieviel Zeit Imam-Hatips und Muezzin-Moscheediener täglich und wöchentlich für die Dienstleistungen in der Moschee benötigen, weist interessante Ergebnisse vor. Demzufolge benötigen die Geistlichen:

- für das Morgengebet täglich 51, wöchentlich 332 Minuten,
- für das Mittagsgebet täglich 46, wöchentlich 253 Minuten,

1 Der Imam ist der Vorbeter, der Hatip (arab. *ḫaṭib*) ist der Prediger. Der in der folgenden Zeile erwähnte Muezzin, dessen Aufgabe es ist, zum Gebet zu rufen, kann zudem auch organisatorische Pflichten eines Moscheedieners übernehmen – Anmerkung der Herausgeber.

- für das Nachmittagsgebet täglich 39, wöchentlich 254 Minuten,
- für das Abendgebet täglich 31, wöchentlich 202 Minuten,
- für das Nachtgebet täglich 46, wöchentlich 299 Minuten,
- für das Freitagsgebet täglich 93 Minuten, wöchentlich 93 Minuten,
- auf dem Hin- und Rückweg benötigen sie 130 Minuten,
- für die Reinigung der Moschee wöchentlich 183 Minuten.

Für die Sommerkurse, die in der Moschee von Juni bis September erteilt werden, werden insgesamt 900 Minuten benötigt.[2]

Anhand dieser Werte wird folgendes ersichtlich: Die Beauftragten der Moscheen haben hier eine Aufgabe inne, die sehr zeitaufwendig ist, große Verantwortung mit sich bringt und sehr stressbehaftet sein kann. Durchschnittlich beträgt ihre Arbeitszeit in der Moschee wöchentlich 41 Stunden, im Fastenmonat sogar bis zu 55 Stunden. In nationalen sowie internationalen Stellenbeschreibungen und Ausführungen werden zur Bereithaltung der Moschee zum Gebet außer den oben aufgeführten Diensten zusätzliche Stellen für Hilfsdienstleistungen vorgesehen und zusätzliches Personal beschäftigt. Unsere Bewertungen hinsichtlich der Eigenschaften der gebotenen Dienstleistungen können die Realität nicht ganz widerspiegeln. Die Eigenschaften der Dienstleistungen in den Moscheen sollten unter dem Aspekt der allgemeinen sozialen Struktur der Türkei behandelt werden.

c) Der Ruf zum Gebet und das Vorbeten

Im Rahmen der praktischen religiösen Dienstleistungen in Moscheen sind der Ruf zum Gebet und das Vorbeten die hauptsächlichen Aufgaben. Aus diesem Grund wurde neuerdings insbesondere bei Imamen die Bedingung gestellt, dass sie einen Abschluss einer theologischen Fakultät vorlegen. Deshalb müssen die theologischen Fakultäten ihr Curriculum so revidieren, dass sie den Schwerpunkt insbesondere auf praktische religiöse Dienstleistungen und religiöse Predigten setzen und diese durch Praktika unterstützen.

d) Freitagspredigten

In unserem Land nehmen am Freitagsgebet ca. 25.000.000 Menschen teil. Es ist offensichtlich, wie wichtig diese Freitagspredigten bei der Aufklärung der Menschen hinsichtlich religiöser Themen sind. Das Amt sendet jeden Monat aus der Zentrale Vorlagen für Freitagspredigten. Diese Methode wird mit Recht kritisiert, da sie die soziokulturellen Unterschiede der Zuhörer nicht in Betracht zieht. Eigentlich sollte jeder Hatip seine Freitagspredigt selbstständig vorbereiten. Jedoch wurde dies auf Antrag der Zuständigen wieder eingestellt. Wenn in den Freitagsgebeten gesellschaftliche Probleme angesprochen werden, so wird dies von manchen so interpretiert, dass es auf Anweisung der religiös-politischen Staatsführung erfolge. Doch für diese Annahme liegen

2 Dr. Ahmet Onay, Cami Eksenli Din Hizmetleri, Monatliche Zeitschrift Diyanet, April 2003.

keine berechtigten Gründe vor. Es ist offensichtlich, dass alle gesellschaftlichen Probleme mehr oder weniger auch den Glauben betreffen.

e) Predigten
Eine weitere Dienstleistung der Moscheen sind die zusätzlichen Predigten. Die Programme für Predigten werden durch Fachleute quartalsmäßig vorbereitet.

Damit die gesamte Bevölkerung von den Predigten profitieren kann und da nicht ausreichend Prediger vorhanden sind, wurden die Verbreitung der Predigten und die geistlichen Führungsdienste, die durch die Ämter der Muftis in den Zentralmoscheen geleitet werden, zu einem zentralen System umgewandelt, in welchem die Predigten an andere Moscheen weitergeleitet werden.

Das größte Problem der Predigten und geistlichen Führungsdienste ist, dass keine geeigneten Methoden ausgearbeitet werden, um mit den Predigten und geistlichen Führungsdiensten Personen unterschiedlicher Bildung und Kultur anzusprechen. Es ist offensichtlich, dass die Aktivitäten für Erwachsene im pädagogischen Bereich nicht ausreichend sind. Hier stehen die Bildungsinstitutionen vor einer wichtigen Aufgabe.

Religiöse Führungs- und Beratungsdienste

Die Angehörigen des Amts, egal welchen Titel sie haben oder in welcher Position sie arbeiten, haben ähnliche Aufgaben wie die Sozialarbeiter in der westlichen Gesellschaft. Sie versuchen, die Probleme der Menschen unter dem Gesichtspunkt des Islam zu lösen. Schwerpunktmäßig bieten diese Beauftragten Führungs- und Beratungsdienste zu den Themen Glauben, Gebetsverrichtung und Moral. Des Weiteren leisten sie den Menschen bei familiären Auseinandersetzungen, Krankheit und Tod Beistand, beten bei Hochzeiten, Trauungen und Beschneidungen oder vollziehen religiöse Trauungen.

Die Abteilungen, die religiöse Führungs- und Beratungsdienste anbieten, sind das Hohe Amt für Religiöse Angelegenheiten, das Amt für Muftis, Moscheen, Veranstalter von Korankursen, Krankenhäuser, Gefängnisse, Waisenhäuser, Heime für schwer erziehbare Kinder und Altenheime.

An das Hohe Amt für Religiöse Angelegenheiten wenden sich täglich Hunderte von Personen per Telefon, Email, Post und persönlich. Ihnen werden unter Berücksichtigung ihres Bildungsstandes sowie ihrer sozialen und psychologischen Voraussetzungen religiöses Wissen, Ratschläge und psychologische Hilfe vermittelt. Täglich erhält das Amt für Religiöse Angelegenheiten ca. 150 Anrufe. Außerdem erhielt es von 1999 bis 2002 insgesamt 5.280 Emails. Darüber hinaus erhielt man ca. 2.000 religionsbezogene persönliche Fragen per Post. Wichtige Themenbereiche sind Glaubensvorschriften (Gebet, Fasten, Spenden, Pilgerfahrt, Fragen zum Opferfest), Koranübersetzungen und -interpretationen sowie finanzielle und wirtschaftliche Themen (Kauf/Verkauf, Zinsen, Börse, akkreditierte Verkäufe, Aktien, Gewinnanteile etc.), familienrechtliche Themen (Ehe, Scheidung, innerfamiliäre Auseinandersetzungen und Lösungsvorschläge), religiöse Fragen mit medizinischem Schwerpunkt (Abtreibung, Verhütung, Transplantation, künstliche Befruchtung, Klonen) sowie religiöse Anschauungen, die zerstörende Wirkung auf die Gesellschaft haben (Satanismus, Moon-Sekte, Zeugen Yehovas, usw.), ferner Fragen nach Mission, Häresie und Aberglauben.

Auch die Ämter der Muftis leisten in diesem Rahmen Dienste. Schriftliche Fragen, die an diese Ämter gerichtet werden, sind oft problematischer sozialer Natur und werden registriert.[3]

Absolventinnen der Theologischen Fakultät, die in den Bezirksämtern der Muftis als Fachberaterinnen für Glaubensangelegenheiten arbeiten, bieten hauptsächlich Führungs- und Beratungsdienste für Frauen an. Diese Dienstleistung ist für Frauen, die von den in den Moscheen angebotenen Diensten nicht ausreichend profitieren können, von lebenswichtiger Notwendigkeit. Derzeit sind in 55 Bezirken Fachberaterinnen tätig.

Außerdem werden in Kürze in bestimmten Bezirken „Zentren für Religiöse Führung und Beratung" als Pilotprojekte gestartet, die die Wahrung der türkischen Familienstruktur sicherstellen und Hilfe bei familiären Problemen bieten sollen. Die Vorbereitungen dazu werden bald abgeschlossen.

Das Justizministerium und das Amt für Religiöse Angelegenheiten unterschrieben am 30.03.2001 eine Erklärung zur Zusammenarbeit bezüglich der religiösen und moralischen Entwicklung von Angeklagten und Straftätern in Gefängnissen. Seit dem 15. 05.2001 arbeiten männliche und weibliche Beauftragte für die Resozialisierung von Angeklagten und Straftätern in Urteils- und Ausführungsinstitutionen sowie in Untersuchungshaft.

Die Moscheen und die dort Beauftragten bilden den Mittelpunkt dieser religiösen Führungs- und Beratungsdienste. Die Moscheen sind nicht nur Gebetsorte, sondern stellen insbesondere für alte Menschen einen Zufluchtsort dar. Die Moscheebesucher bekommen neben der Möglichkeit zum Gebet auch soziale Kontakte und werden dabei unterstützt, persönliche religiöse Fragen zu klären.

Das Amt für Religiöse Angelegenheiten hat seinen Beauftragten insbesondere durch kürzlich herausgebrachte Verordnungen neben Routineaufgaben wie der Verrichtung des Gebetes in und außerhalb der Moscheen religiöse Führungs- und Beratungsdienste zugewiesen. So heißt es z.B. in der Verordnung Nr. 2002, Abs. II/L-2:

Der Moscheebeauftragte hat folgende Aufgaben:

1. Er muss die Bevölkerung seines Aufgabenbezirkes möglichst gut kennen. Des Weiteren soll er eine aktive Rolle dabei übernehmen, zwischen Bedürftigen und Wohlhabenden zu vermitteln. Ggf. soll er eine führende Rolle bei der Lösung von Problemen übernehmen, indem er sich an öffentliche oder private Institutionen wendet.

3 Wir sind der Überzeugung, dass diese Aufzeichnungen ein ergiebiges Feld für Forscher hinsichtlich der Lösung der Probleme unseres Landes darstellen.

2. Er sollte zum Schutz vor Abhängigkeiten wie Drogen, Alkohol und Glücksspiel besonders mit Jugendlichen in ihrem Umfeld und mit deren Familien zusammenarbeiten.
3. Er soll im Rahmen der ihm gegebenen Möglichkeiten in der Moschee oder in einem Nebengebäude eine Bücherei einrichten. Die hier ausgestellten Bücher können nach Genehmigung des Amtes der Muftis der Bevölkerung zur Verfügung gestellt werden.
4. Mit dem Ziel, das Interesse der Bevölkerung und insbesondere der Jugendlichen an Moscheen zu erhöhen, sollen soziale Aktivitäten gefördert werden. Moscheen, bei denen eine solche Möglichkeit besteht, sollen an einem geeigneten Ort ein Computersystem aufbauen und die Nutzung dieses Systems eigenständig überwachen.
5. Es sollen in Zusammenarbeit mit Muftiämtern und Moscheevereinen, die geeignete Räumlichkeiten zur Verfügung stellen können, Gespräche, Konferenzen und Seminare, insbesondere auch für Frauen, veranstaltet werden.
6. In bestimmten Zeitabständen und an religiösen Festtagen und -abenden sollen bei Institutionen wie Schulen, Krankenhäusern, Waisenhäusern und Altenheimen, die im zugehörigen Bezirk liegen, Besuche abgestattet werden. Es sollen sowohl mit dem dort zuständigen Personal als auch mit den Nutzern Gespräche geführt werden.
7. Bei Zeremonien wie Verlobungen, Hochzeiten und Beerdigungen, die im Umkreis stattfinden, soll an der Freude und Trauer der Beteiligten teilgenommen werden, ohne Unterschiede zu machen oder ohne jegliche Erwartung auf finanziellen Profit.
8. Es soll auf die Aufrechterhaltung des ökologischen Gleichgewichts geachtet werden, und die Gemeinde soll bezüglich dieses Themas sensibilisiert werden.

Die oben angeführten Punkte beschreiben den Aufgabenbereich der für religiöse Führung und Betreuung zuständigen Beauftragten.

Bei der Organisationen der Pilgerfahrt werden religiöse Führung und Betreuung am stärksten beansprucht. Durch den ministeriellen Beschluss Nr. 7/17439 vom 26.04. 1979 wurde die Organisation der Pilgerfahrten dem Amt für Religiöse Angelegenheiten übertragen. Seit diesem Zeitpunkt realisiert das Amt diese Aufgabe mit ständig wachsender Qualität.

Des Weiteren besteht seit der Beschlussänderung von 1988 auch für Reiseagenturen der Gruppe A die Möglichkeit, unter Aufsicht des Amts Pilgerfahrten durchzuführen. In diesem Zusammenhang haben die religiösen Beauftragten die Aufgabe, die Teilnehmer über genaue Verfahrensweisen bezüglich der Pilgerdienste aufzuklären. Bei der Pilgerfahrt 2003 waren insgesamt 3.961 religiöse Beauftragte tätig.

Es stellt sich grundsätzlich die Frage, ob die Beauftragten für religiöse Führung und Betreuung ihren Aufgaben in der sich verändernden und entwickelnden Gesellschaft auch wirklich gerecht werden. Es sollte erwähnt werden, dass das Wissen und die Erfahrung unserer Mitarbeiter in diesen Bereichen nicht ausreichend sind. Wir vertreten die Ansicht, dass dieser Zustand in engem Zusammenhang mit der Bildung und der bereits erwähnten sozialen Struktur unseres Landes steht. Aus diesem Grund wäre die

Aufnahme eines eigenständigen Faches „Psychologische Betreuung und Führung“ in die theologische Ausbildung gerechtfertigt.

Aufklärungsdienste

Auch die religiöse Bildung gehört zu den Aufgaben des Amts für Religiöse Angelegenheiten. Mit dem Ziel, einen Großteil der Bevölkerung zu erreichen, setzt das Amt alle ihm unterstehenden Personen ein, um auch an Schulen, in Krankenhäusern, Altenheimen und Gefängnissen Bildungsarbeit leisten zu können.

Mit Hilfe von Predigten und Freitagsgebeten in den Moscheen, von Konferenzen, Seminaren und Diskussionsrunden sowie Radio- und Fernsehsendungen, die von geistlichen Führungsgremien zentral und auf Provinzebene ohne Rücksichtnahme auf einzelne Glaubensrichtungen, religiöse Interpretationen oder Auffassungsweisen ausgearbeitet werden, soll die Bevölkerung zu religiösen und nationalen Themen aufgeklärt werden. In diesem Rahmen wurden im Jahre 2002 in den Provinz- und Distriktämtern der Muftis 350 Konferenzen und 11 Panels veranstaltet.

Eine wichtige Funktion übernimmt bei der Verkündigung religiöser Anschauungen der Ausschuss für religiöse Angelegenheiten. In diesem Zusammenhang soll im Folgenden auf einige Kriterien, auf die sich der Ausschuss für religiöse Angelegenheiten bei der Beantwortung religiöser Fragen stützt, eingegangen werden. Dieses Gremium verwendet bei der Vorbereitung seiner Antworten den Koran und die einwandfreie Sunna als Grundlage. Bei der Interpretation hält er sich an den genauen Wortlaut, und legt großen Wert darauf, einen Stil zu vermeiden, der Missverständnisse und Unruhen hervorrufen könnte. Manche sind der Meinung, dass dieser Ausschuss bei seiner Arbeit weder soziale Realitäten in Betracht ziehe noch wissenschaftliche Forschungsergebnisse einbeziehe.

Es ist wichtig, dass die Verantwortung des Gremiumsvorsitzes als Entscheidungs- und Beratungsinstanz reduziert wird. Anstatt sich mit Routineaktivitäten zu befassen, soll er sich anspruchsvolleren geistlichen Problemen des Islam widmen können, damit er seine von ihm erwartete Mission hinsichtlich der Aktualisierung des religiösen Wissens erfüllen kann.

Theologischen Veröffentlichungen wird bei der Aufklärung der Bevölkerung eine wichtige Funktion beigemessen. Seit 1924 wurden seitens des Amts insgesamt 644 wissenschaftliche und literarische Werke, Quellen, Volksbücher, Kinderbücher sowie Schriften über bedeutende türkische Muslime als Taschenbuch- oder Sonderausgabe, sowohl in türkischer als auch in Fremdsprachen veröffentlicht.

Für Kinder, Jugendliche und Erwachsene verfügt das Amt über fünf unterschiedliche Publikationsorgane, von denen drei monatlich und zwei quartalsmäßig erscheinen. Des Weiteren wird die Zeitschrift „Diyanet Avrasya“ veröffentlicht, in der eine türkische Textspalte in die Entsprechungen des kasachischen, kirgisischen, turkmenischen und aserbaidschanischen Dialekts übersetzt wird. Sie wird alle drei Monate der türkischen und moslemischen Bevölkerung der turksprachigen Republiken des Balkan und des Kaukasus zugesandt.

Wegen der Verbreitung der Massenmedien und deren Wirkungen auf die Gesellschaft begann das Amt 1987 mit audio-visuellen Beiträgen. Zu Beginn wurden Kassetten mit Koranrezitationen, Predigten und Gebetshymnen erstellt. Im Anschluss daran wurden Zeichentrickfilme für Kinder produziert. Seit 1991 werden Fernsehserien, Dokumentarfilme, Programmpakete, religiöse Musikclips und Dramen erstellt. Alle audiovisuellen Sendungen wurden in privaten und einige auch in staatlichen Fernsehkanälen gesendet. Dem Protokoll zufolge, das seitens des Amts für Religiöse Angelegenheiten und der Generaldirektion des Staatlichen Türkischen Rundfunks und Fernsehens unterschrieben wurde, wird seit dem 01.11.1997 ein Programm namens „Diyanet Saati“ ausgestrahlt. Des Weiteren werden auf Anforderung von staatlichen und örtlichen Fernseh- und Rundfunkkanälen Programme für das allabendliche Fastenende, für den morgendlichen Fastenbeginn während des Fastenmonats, Unterhaltungssendungen sowie Programmpakete zugesandt.

Die Veröffentlichungen des Amts, die zur Unterbreitung der Religion in der Türkei in den letzten 25 Jahren und zur Entwicklung einer islamischen intellektuellen Schicht führten, sind nicht zu unterschätzen. Es ist eine Tatsache, dass Publikationen des Amts in der Gesamtheit der Veröffentlichungen eine wichtige Rolle spielen.

Publikationen des Amts werden nach nationalen Standards und den Bedürfnissen der Gesellschaft erstellt. Des Weiteren sollten gesetzliche Einschränkungen reduziert und ein neues Konzept für gesellschaftswirksame Veröffentlichungen ausgearbeitet werden, um zur wissenschaftlichen, emotionalen, psychischen und ästhetischen Entwicklung der Leser beizutragen.

Auch die nationalen und internationalen wissenschaftlichen Aktivitäten des Amts in Bezug auf die religiöse Aufklärung der Gesellschaft nehmen eine wichtige Stellung ein. Das Amt für Religiöse Angelegenheiten realisierte in den letzten Jahren mit kompetenten Forschern und Wissenschaftlern aus unterschiedlichen wissenschaftlichen Kreisen und Fachbereichen zahlreiche Beratungsgremien, Versammlungen und Kooperationen.

Das Amt leitet sowohl den Vorsitz als auch die Ausschüsse und Diensteinheiten in seiner eigenen Institution. Auch zählt es zu den Grundsätzen des Amts, die Auffassungen der Akademiker und Theologen unseres Landes, ausgezeichnet durch ihre wissenschaftliche Kompetenz und religiösen Dienste, sowie das intellektuelle Wissen dieser Kreise in Betracht zu ziehen und davon zu profitieren. Zu den wichtigen Organisationen und Tätigkeiten in diesem Bereich gehören die erste und zweite Sitzung des Theologischen Rates, fünf Versammlungen des eurasisch-islamischen Rates, das Treffen des Europarates, die Untersuchungen der Kommission bezüglich der Interpretationen des Korans, der islamischen Rechtswissenschaft und der Aussprüche und Taten des Propheten Mohammed, Versammlungen für den Aufbau des interreligiösen Dialogs und Versammlungen zur Beratung aktueller theologischer Fragen. Insbesondere lieferte die Versammlung zur Beratung aktueller theologischer Fragen, die am 15.-18.

Mai 2002 in Istanbul stattfand, Beiträge zur Lösung vieler religiöser Probleme unseres Landes.

Religiöse Aus- und Fortbildungskurse

Um die Bedürfnisse der Personen, die von Leistungen des Amts profitieren, optimal zu decken, um das Personal des Amts parallel zur modernen Technologie, zu den enormen wirtschaftlichen Änderungen und sozialen und kulturellen Umformungen qualifizieren zu können und um Arbeitsabläufe wirkungsvoller zu gestalten, d.h. mehr Arbeit mit geringerem Kosten- und Zeitaufwand zu leisten, werden Seminare und interne Fortbildungsveranstaltungen für das tätige Personal in verschiedenen Bereichen im Rahmen der jährlichen Planungen und Programme in 12 Bildungszentralen der Provinzen und Ämter der Obersten Geistlichen veranstaltet.

Im Jahre 2002 nahmen 4.276 Arbeitskräfte an internen Fortbildungskursen und 977 Tätige an Fortbildungsseminaren teil. In Korankursen wird dem Volk auf freiwilliger Basis der Koran gelehrt und religiöses Grundwissen vermittelt zu Themen wie Vertrauen zur islamischen Religion, Gottesdienst oder den eigentlichen Sinn der Moral. Im Schuljahr 2002/03 waren in 3.664 Korankursen 1.118.335 Schüler eingeschrieben. 1.010.785 Schüler besuchten im Jahre 2002 Koran-Sommerkurse.

3. Erwägungen

Angesichts der Tatsache, dass die Methoden religiöser Dienstleistungen veraltet und nicht mehr ausreichend sind, muss ein neues Konzept zur Verbesserung der Gesamtqualität ausgearbeitet werden. Wenn die Religion erläutert werden soll, reicht es in einem Zeitalter, in dem der Krieg live in unseren Wohnungen ausgestrahlt wird, nicht aus, darauf zu warten, dass die Menschen in die Moscheen kommen. Derzeit wird dem Prinzip „Entwicklung von Diensten gemäß Format“ gefolgt.

Wir sind der Auffassung, dass der wirksame Einsatz von Vermittlungsdiensten und -methoden ein Muss geworden ist. Wenn es uns gelingt, hierbei Erfolge zu erzielen, könnten die religiösen Dienste einen wichtigen Beitrag für die Zukunft leisten.

Deshalb benötigt das Amt wissenschaftliche Forschungen. Das Format, die Anschauungsweise und der Wissensstand in den Bereichen, in denen das Amt für Religiöse Angelegenheiten tätig ist, müssen wissenschaftlich definiert werden. Aus diesem Grund wird erwartet, dass eine Zentrale für Forschungen, deren Gründung seitens des Amts fast vollendet ist, eine bestehende Lücke schließen wird.[4]

4 Das Zentrum für religiöse Forschungen wurde zur Unterstützung des Amts angesichts neuer Bedingungen gegründet, zur Untermauerung der ministeriellen Ziele durch wissenschaftliche Arbeiten und zur Ausarbeitung der Strategien des Amts. Die Aufgabenbereiche des DIYAM sind wie folgt festgelegt: Stellung und Funktion der Religion in Gesellschaften; Charakter, Umfang und Grenzen der Religionsfreiheit;

Des Weiteren wäre eine stärkere Kooperation des Amts für Religiöse Angelegenheiten mit den Theologischen Fakultäten nötig, um die moderne akademische Wissensanhäufung im theologischen Bereich auf die religiösen Dienste übertragen zu können. Wir vertreten die Ansicht, dass Fächer für praktische Religionsdienste an den theologischen Fakultäten von Personen gelehrt werden sollten, die in diesem Bereich tätig sind.

Beziehungen und Auswirkungen der Religion als Teil der nationalen Stärke; soziale und technische Themen; Stärken und Schwächen der Religion, die zu Zusammenhalt oder divergenten Haltungen und Bewegungen der Gesellschaft führen können; Einwirkungsmöglichkeiten auf die Glaubensstrukturen der Gesellschaft und die möglichen Folgen dieser Eingriffe; notwendige Maßnahmen zur Verhinderung eventueller Angriffe auf nationale Identität und Werte sowie auf die Glaubensstruktur durch Nutzung der Religion als politisches Werkzeug; Eruierung politischer Gruppen, die die Religion in ihrem Interesse nutzen; das Ergreifen von Maßnahmen, um dem vorzubeugen; Proselytismus in Zusammenhang mit den Forderungen anderer Religionen; Mission; Aufgabe ist ferner die Art der Präsentation der Begriffe „interreligiöser Dialog", „Inkulturation", „Akulturation" an die internationale Gemeinschaft sowie ihr Verhältnis zum eigentlichen Wesen der Religion aufzuzeigen; Information über heilige Stätten, Zeiten, Symbole, Zeichen, Persönlichkeiten u.a.; das Aufzeigen religiöser, politischer und sozialer Fakten der Gegenwart; religiöse Hierarchien und deren Verknüpfung mit dem Staat; Einflüsse von Institutionen unterschiedlicher Religionen auf den Staat im nationalen und internationalen Bereich; die politischen, ideologischen, kulturellen und wirtschaftlichen Forderungen der Religionen und deren Folgen in Bezug auf nationale und internationale Bereiche; die wissenschaftliche Untersuchung religiöser Haltungen; das Erarbeiten von Analysen, Synthesen und Bewertungsstrategien; das Erstellen wissenschaftlicher und strategischer Datenbanken durch Ausführung der oben aufgeführten Tätigkeiten und Ziele; das Ausbilden von Fachkräften; Kooperationen zwischen Fachkräften, Vereinen und Institutionen; Forschungsarbeiten leisten und Entwicklungsprogramme ausarbeiten oder ausarbeiten lassen; die Organisation von nationalen und internationalen Kursen, Seminaren, Konferenzen, Kongressen, Symposien, Fortbildungs- und Bildungsprogrammen; im In- und Ausland Untersuchungen und Forschungen zu Themenbereichen, die insbesondere das Amt für Religiöse Angelegenheiten aber auch öffentliche und private Vereine und Institutionen festlegen; Themen wie soziale, wirtschaftliche, kulturelle, nationale Sicherheit und Politik mit Schwerpunkt Religion; Forschungsaufträge zu nationalen und internationalen Streitfragen; Überarbeitungen von Meldungen; die Erstellung von Publikationen im Rahmen der Analyse religiöser Entwicklungen in internationalen Beziehungen, Geschichte, Wirtschaft, Politik, Gesellschaft u.a.; die Vorbereitung und Erstellung von Programmen für Presse und Rundfunk; die Durchführung von Untersuchungen zur Messung und Bewertung der Aktivitäten und Effizienz der Dienstleistungen des Amts im In- und Ausland.

Die Stiftung für religiöse Angelegenheiten in der Türkei

von

Harun Özdemirci

1. Einführung

Meinen Vortrag über die Stiftung für religiöse Angelegenheiten (Türkiye Diyanet Vakfı) möchte ich mit zwei Zitaten des verstorbenen Elmalılı Muhammed Hamdı Yazır beginnen. Er schreibt:

> In den islamischen Geboten ist ein liebevoller und ein sozialer Gedanke vorhanden. So wird bei der gegenseitigen Hilfe ein tiefes und erhabenes Gefühl erzeugt. In einem umfangreichen Rahmen wird es Anlass für die Erfüllung sozialer Bedürfnisse. Eine Möglichkeit dazu ist die Gründung einer Stiftung. Sofern diese den juristischen Vorgaben folgt, sich wirtschaftlich trägt, Anforderungen der Politik gerecht wird, sie transparent ist, von moralischen Werten getragen wird und sie religiöse Aufklärungsarbeit leistet, kann sie zweifellos dazu beitragen, schwere soziale Probleme zu lösen. Auf der Basis dieses Gedankens, dessen Bedeutung in unserem Lande nicht infrage gestellt werden kann, sind die islamischen Stiftungen (*evkâf-ı islamiye*) ein überliefertes Erbe.[1]

Als der verstorbene Elmalılı die Charaktereigenschaften der Stiftung und deren Bedeutung im sozialen Leben darstellte, behandelte er die Bereitschaft zur Hilfeleistung, die Reife und den Grad der Vollkommenheit der Beteiligten. Diese Eigenschaften bewertete er als das Zeichen des Zivilisationsniveaus. Nach dieser Bewertung machte er über die Bedeutung der Stiftungen folgende Feststellung:

> Über das Glück des Menschen steht im Koran folgendes: „der Mensch stürzt sich selber ins Verderben, nur die nicht, die glauben und rechtschaffen handeln und sich gegenseitig zur Wahrheit und Geduld anspornen“[2] (Sure 103,2f., al-Asr, „der Nachmittag“). Die Erlösung und das Glück jedes Menschen hängen also von der Befolgung der Gebote ab. Der Mensch soll sein Herz und sein Gewissen von den Sünden durch Zuneigung und Bindung an die wahren Gebote reinigen. Arbeit und Verdienst hängen von seiner Willenskraft und von seiner eigenen Initiative ab ...
> „...Steht euch als Gerechte in Gottesfurcht bei, seid nicht sündig in Feindschaft.“ (Sure 5,2, al-Maida, „der Tisch“). Mit diesem Gebot wird die Güte und fromme Gabe (*birr*) gefordert, die sich in einem anderen Koranvers wie folgt darstellt:
> „Die Gerechtigkeit besteht nicht darin, daß ihr das Antlitz (beim Gebet) nach Ost oder West richtet, sondern jener ist gerecht, der an Allah glaubt und an den Jüngsten Tag und an die Engel und an die Schrift und die Propheten; der voll Liebe von seinem Vermögen gibt: den Verwandten, Waisen und Armen und den Pilgern, überhaupt jedem, der darum bittet; der Gefangene auslöst, das Gebet verrichtet, Almosen spendet; der an geschlossenen Verträgen festhält; der geduldig Not und Unglück und standhaft die Schrecken des Krieges erträgt ...“ (Sure 2, 177, al-Bakarah, „die Kuh“) Somit werden mehrere Grund-

1 Nazif Öztürk, Elmalılı M. Hamdi Yazır Gözüyle Vakıflar, 27.
2 Die Koranzitate folgen der Ausgabe Ludwig Ullman, L. W. Winter (Übers.), Der Heilige Koran, München 1959.

> regeln vorgestellt, die Grundlagen der Moral und des Rechts beinhalten. Eine Gesellschaft, die dieses Wissen würdigt und sich daran orientiert, ist auf dem richtigen Weg. Die islamische Hilfsbereitschaft (*birr-u hayr*) umfasst eine der Grundregeln der Zivilisation, nämlich die Gebote der Stiftungen (*ahkâm-ī evkâf*).[3]

Diese zwei Zitate des verstorbenen Elmalılı habe ich herangezogen, damit der in unserem Glauben und in unserer Kultur vorgesehene Ort der Stiftungen ersichtlich wird. Wie bekannt ist, sind Stiftungen bis zur Verkündigung der Republik durch religiöse Verwaltungen geleitet worden. Religiöse Dienste, Wohlfahrt, soziale und kulturelle Aktivitäten sind durch Stiftungen ermöglicht worden.

Nach der Gründung der Republik wurden die Stiftungen einer Anstalt übergeben. Um die Gesellschaft im religiösen Bereich aufzuklären und die Gebetsstätten zu leiten, wurde sie dem Kultusministerium unterstellt. Damit das Kultusministerium die ihm zugeteilte Aufgabe übernehmen konnte, musste unter diesen Bedingungen eine Stiftung gegründet werden. Ich möchte jetzt von den oben angegebenen Bedingungen ausgehend von der Gründung der Stiftung für religiöse Angelegenheiten im Jahre 1975 durch die damaligen Leiter des Präsidiums für religiöse Angelegenheiten, vom Zweck und von den Aktivitäten der Stiftung berichten.

2. Die Gründung der Türkischen Stiftung für religiöse Angelegenheiten

Die Stiftung wurde am 13. März 1975 nach der Veränderung von § 903 des Türkischen Gesetzbuches gegründet. Es handelt sich um eine privatrechtliche juristische Körperschaft. Die Stiftung wurde auf Beschluss des Ministerausschusses vom 20.12. 1977 und gemäß Nummer 7/14433 von Steuern freigestellt. Unter der Leitung des damaligen Vorsitzenden für religiöse Angelegenheiten Dr. Lütfi Doğan, den Mitarbeitern des Präsidiums für religiöse Angelegenheiten Tayyar Altikulaç und Yakup Üstün sowie dem Anwalt des Präsidiums für religiöse Angelegenheiten Ahmet Uzunoğlu wurde sie am 13. März 1975 unter der Urkundennummer 9125 als die „Türkische Stiftung für religiöse Angelegenheiten" gegründet.

3. Ziele

Die Ziele der Stiftung sind, die eigentliche Identität des Islams bekannt zu machen, die Gesellschaft über Themen der Religion aufzuklären und dem Präsidium für religiöse Angelegenheiten zu helfen und es zu unterstützen. Das bedeutet im Einzelnen: bei Bedarf Moscheen zu erbauen und diese auszustatten; für arme und kranke Personen Krankenhäuser zu gründen und diese zu führen; die jährlichen Almosen (*zekat*) und die Spenden am Ende des Ramadan (*fitre*), die die moslemischen Landsleute aufbringen,

3 Für weitere Informationen siehe Öztürk, 28-31.

gemäß den Regeln an bedürftige Personen zu verteilen und somit soziale Hilfeleistungen zu erbringen. Nach den gegenwärtigen Daten besitzt unsere Stiftung in 81 Regierungsbezirken und 833 Landkreisen insgesamt 914 Zweigniederlassungen.

Inlandsdienste

Es handelt sich um Dienste zur Unterstützung des Präsidiums für religiöse Angelegenheiten, wobei die im Haushaltsplan des Präsidiums nicht enthaltenen Mittel von der Stiftung für religiöse Angelegenheiten bereitgestellt werden. Von der Stiftung und ihren Zweigstellen werden die Mittel für den Hauptsitz und die 914 Zweigstellen, für sämtliche Muftis, die Bürogebäude, das Mobiliar usw. aufgebracht. Seit der Gründung der Stiftung hat diese ihren Möglichkeiten gemäß das Präsidium auf dem Gebiet der religiös-kulturellen Aktivitäten unterstützt. Dies umfasst: die Unterstützung zentraler Hilfsleistungen, die Bildung, die Information über religiöse Themen, die Unterstützung der *umre* (terminlich ungebundene Wallfahrt) und des *hac* (Pilgerfahrt nach Mekka im Pilgermonat), finanzielle Zuschüsse für die Erhaltung und den Bau von Moscheen und Mescids (kleinen Gebetsstätten) und Hilfen für die Durchführung von Korankursen.

a) Lehr- und Bildungsveranstaltungen, Studentenwohnheime und Stipendien
Studenten und Schülern wurden bis heute insgesamt 53095 Stipendien zur Verfügung gestellt, davon 4994 in der Mittelstufe, 41677 an der Hochschule, 2951 an theologischen Fakultäten, 2679 für ausländische Studenten, 326 für Assistenten, 52 für Magister- und Dissertationsarbeiten, 177 für angestellte Assistenten, 195 für Fremdsprachenkurse sowie 44 für Semesterbeiträge. Das Ziel ist es, unsere Jugendlichen zu standhaften Charakteren und an ihr Vaterland und Volk gebundenen Personen zu erziehen. Im Bildungsjahr 2002-2003 wurden an insgesamt 1000 Schüler und Studenten achtmonatige Stipendien verteilt. Außerdem wurden seitens unserer Stiftung zehn Studentenwohnheime eröffnet und unseren Jugendlichen zur Verfügung gestellt. Unsere Studentenwohnheime besitzen eine Kapazität für 288 Studentinnen in Kasatamonu, für 273 Studentinnen der Kemal Imam Torun in Kayseri, für 162 Studentinnen in Sakarya, für 156 Studentinnen in Afyon, für 217 Studentinnen in Ankara, für 195 Studentinnen in Isparta, für 143 Studenten in Bozyazı, für 310 Studenten in Bursa, für 513 Studenten in Konya, für 150 Studenten in Osmangazi. Neben diesen Studentenheimen werden in der Türkei generell für etwa 240 Studentenheime weitere Dienstleitungen angeboten.

b) Dienstleistungen für Privatschulen
In Izmir Bornova wurde in dem Glauben, dass sie Lösungen für das Schulwesen in unserem Lande biete, eine Privatschule erbaut und ins Leben gerufen. Die im Schuljahr 1994/1995 eröffnete Schule umfasst ein Gymnasium, eine Grundschule, einen Allzwecksaal und eine Sporthalle.

c) Das Anadolu-Gymnasium
Unsere Stiftung hat sich im Rahmen des Protokolls, das zwischen ihr und dem Erziehungsministerium unterzeichnet wurde, verpflichtet, ein Imam-Hatip- und ein Anadolu Imam-Hatip Gymnasium zu gründen. Es soll dazu dienen, Kindern aus den Balkanstaaten, der Türkischen Republik auf Nord-Zypern sowie anderen turksprachigen Staaten Religionsunterricht zu erteilen.

Auslandsdienste

Hierbei handelt es sich um Dienste des Präsidiums für religiöse Angelegenheiten für im Ausland lebende Türken und Muslime zur Unterstützung ihrer national-sozialen und kulturellen Aktivitäten. Die im Ausland vorhandenen Beratungsstellen für religiöse Dienste und Botschaften, die aus ihrem Budget keine Mittel für Gebäude, Ausrüstung, Löhne usw. aufbringen können, werden ebenfalls unterstützt.

Kulturelle Dienstleistungen

Die Stiftung für religiöse Angelegenheiten bezweckt, auf allen Gebieten unser kulturelles Leben zu bereichern und die Gesellschaft aufzuklären. Sie bereitet zum besseren Verständnis in verschiedenen Medien Podiumsgespräche, Konferenzen und Symposien zu Themen wie Religion, Politik und Gesellschaft auf. Die Zahl unserer Publikationen beträgt 323, 37 weitere sind audio-lingual, 5 audio-visuell, insgesamt sind es 365 Veröffentlichungen.

a) Die Islamische Enzyklopädie
Um die türkische islamische Kultur zu schützen, zu fördern und an kommende Generationen weiterzugeben, wurde die *Islamische Enzyklopädie der TDV* (Türkische Stiftung für religiöse Angelegenheiten) erarbeitet. Dieses Werk wird mit Anspruch auf hohen wissenschaftlichen Standard als erste Enzyklopädie allein in der islamischen Welt erstellt. Mit ihren bisher 26 erstmals von Muslimen verfassten Bänden steht die TDV-Enzyklopädie zum Nutzen der gesamten Menschheit zur Verfügung.

b) Die Buchmesse
Die Türkische Stiftung für religiöse Angelegenheiten bezweckt, Leser mit Herausgebern in Kontakt zu bringen, damit die Bevölkerung günstig Bücher beziehen kann. Jedes Jahr wird in Istanbul und Ankara eine Buch- und Kulturmesse veranstaltet. Die Stiftung für religiöse Angelegenheiten beteiligt sich an diesen Messen sowie an weiteren derartigen Veranstaltungen im In- und Ausland, damit die Werke, die Träger des türkischen Wissens und der Glaubenskultur sind, unserem Volk zur Verfügung gestellt werden. Da auf diesem Wege die türkisch-islamischen Kulturprodukte Bekanntheit

erlangen und zu einer kulturell aufgeschlossenen Atmosphäre beitragen, finden diese Buch- und Kulturmessen bei der Bevölkerung großes Interesse. In diesem Bewusstsein leitet die Türkische Stiftung für religiöse Angelegenheiten seit 21 Jahren die Buch- und Kulturmesse mit großem Einsatz. Die durch unsere Stiftung zu einer Tradition gewordene Buch- und Kulturmesse wird von unserer Bevölkerung jeweils sehnsüchtig erwartet.

c) Die Frohe Woche der Geburt des Propheten
Seit 1998 wird der Tag der Geburt unseres Propheten jedes Jahr vom Präsidium für religiöse Angelegenheiten und der Türkischen Stiftung für religiöse Angelegenheiten als die „Frohe Woche der Geburt" mit wissenschaftlichen und kulturellen Veranstaltungen gefeiert. Das Präsidium für religiöse Angelegenheiten und die Türkische Stiftung für religiöse Angelegenheiten sind der Auffassung, dass durch diese Veranstaltungen die Botschaften unseres Propheten verbreitet werden. Sie vermögen die Menschheit zum Guten zu lenken, gerade angesichts der gegenwärtigen Situation. Die bis heute veranstalteten Aktivitäten zeigen, dass die Frohe Woche der Geburt unseres Propheten (S.A.S., „Friede sei auf ihm") für die Lösung der gegenwärtigen Probleme durch den Islam eine gesegnete, segensreiche und ertragreiche Einrichtung darstellt. Die Frohe Woche der Geburt ist gemäß den Wünschen und Traditionen unserer Bevölkerung begründet worden. Sie wurde im Jahre 2002 zum 14. Mal veranstaltet.

1989 wurden die Feiern nur in Ankara abgehalten, während sie heute in der ganzen Türkei stattfinden. Diese Veranstaltungen haben sich zudem auf die türkische Fördergemeinschaft auf dem Balkan, auf Zypern, Europa, Amerika und auf andere Nationen der Welt ausgedehnt.

Soziale Aktivitäten

Die Türkische Stiftung für religiöse Angelegenheiten bietet ferner wichtige Dienste im Bereich der sozialen Hilfe an. Die religiösen Hilfsleistungen wie jährliche Almosen (zekat) oder Spenden zum Fastenbrechen (fitre) werden an Menschen, die sich in Not befinden, übergeben. Diese Hilfsleistungen, die von unseren Landsleuten erbracht werden, kommen sowohl im In- als auch im Ausland Bedürftigen zugute. Dabei handelt es sich um grundlegende Unterstützung finanzieller Natur.

a) Das Fastenbrechen
Das gemeinsame Fastenbrechen führt alte Bräuche und fest verwurzelte Traditionen fort. Verschiedene Schichten des Volkes und Angehörige verschiedener Berufsgruppen sollen in den Genuss des Fastenbrechens kommen. Das Fastenbrechen wird seit vier Jahren durch die Türkische Stiftung für religiöse Angelegenheiten in der Kocatepe Moschee veranstaltet. Dabei wird täglich für 1500 Personen Essen ausgegeben. Jeden

Abend werden drei Gerichte sowie Süßspeisen serviert, wenn das Fasten gebrochen wird. Dies stößt auf großes Interesse und führt zu langen Warteschlangen.

b) Opferkampagnen
Wie es in sämtlichen islamischen Ländern üblich ist, werden anlässlich des Opferfestes auch in der Türkei jedes Jahr Tausende von Tieren geschlachtet. Dabei leiden die Menschen jedoch an Zeit- und Platzmangel. Für diejenigen, die durch Bevollmächtigte ihr Opferritual vollbringen lassen, hat das Präsidium für religiöse Angelegenheiten in Zusammenarbeit mit unserer Stiftung 1993 eine Kampagne gestartet. Sie stieß auf ein großes Echo. Als Ergebnis der Kampagne wird Opferfleisch an arme sowie an Familien von Gefallenen und Veteranen sowie an notleidende Einzelpersonen verteilt. Ein Teil der Tiere wird im Ausland geschlachtet und an die dortigen Bedürftigen übergeben. Diese Kampagne ist eine Möglichkeit für die Beteiligten, einerseits religiöse Verpflichtungen zu erfüllen und andererseits den Anforderungen der Hygiene gerecht zu werden. Zugleich helfen sie den Angehörigen ihres Volkes und ihrer Religion, die in Not sind, deren Wunden zu heilen. Menschen, die jeden Tag Leid und Not erdulden, wird eine Freude zu beschert, und die Gebenden können dies auch als persönliches Glück erfahren.

Die Kampagne wird in Zusammenarbeit mit dem Präsidium für religiöse Angelegenheiten und unserer Stiftung gefördert. Das Schlachtvieh wird an bestimmten Schlachtorten unter der Aufsicht eines Komitees nach den Geboten unserer Religion geschlachtet und an Bedürftige weitergegeben.

c) Frauenvereine
1996 wurde ein Frauenverein gegründet, damit unsere Frauen, so wie es die Religion vorschreibt, ihren Bildungsstand verbessern und eine angemessene Stellung in der Gesellschaft finden können. Der Frauenverein der Türkischen Stiftung für religiöse Angelegenheiten möchte die türkisch-islamische Kultur und Religion, den Wert der Nation und der Geschichte lehren und ferner soziale und kulturelle Ziele fördern. Es geht darum, das richtige Verständnis von Islam und Koran zu verbreiten und damit verbunden die Religionsausübung zu fördern.

d) Gesundheitsdienste
Die Türkische Stiftung für religiöse Angelegenheiten hält sich den Wert, den der Islam der Gesundheit beimisst, vor Augen und hat damit begonnen, sich für die Eröffnung von Heilanstalten einzusetzen.

Zu diesem Zweck wurden am 02. 02. 1998 in Ankara in der Dikmen- und am 19. 08. 1999 in Istanbul in der Vatan Caddesi unter dem Namen „29 Mayıs" zwei Krankenhäuser eröffnet. Das „29 Mayıs"-Krankenhaus verfügt über die modernste technische Ausstattung sowie diverse Fachärzte, die dort ihren Dienst leisten. Das Krankenhaus in Istanbul, welches eine Kapazität von 134 Betten hat, besitzt sechs große Operationssäle. Insbesondere die Abteilung für kardiologische Chirurgie gilt als leistungsstark. Es werden dort ferner Organtransplantationen durchgeführt. Gegenwärtig profitieren insbesondere Rentner von der Qualität dieser Gesundheitsdienste.

e) Altenheime
Um alten und pflegebedürftigen Personen behilflich zu sein, wurde in Istanbul ein Altersheim mit einer Kapazität von 80 Betten eröffnet. Das Altersheim der Türkischen Stiftung für religiöse Angelegenheiten ist eine Institution, die den Entwicklungen der Moderne entspricht mit Industrialisierung, Verstädterung und der Folge, dass die Gesellschaft die Funktion der Familien übernimmt. In dem Altersheim soll der gewohnte Lebensstandard aufrechterhalten oder verbessert werden.

Das Altenheim der Türkischen Stiftung für religiöse Angelegenheiten hat den Zweck, alten Menschen Unterkunft und einen Ruheort zu geben, sie zu schützen sowie ihren sozialen und psychischen Bedürfnissen gerecht zu werden. Der Kontakt mit Verwandten und der Außenwelt soll dabei weiterhin aufrechterhalten werden.

Dienstleistungen für das Ausland

Eine unserer Hauptaktivitäten gilt den sich im Ausland befindlichen Staatsbürgern und turkstämmigen Muslimen. Die auf sie bezogenen Dienstleistungen erfolgen in Zusammenarbeit mit dem Präsidium für religiöse Angelegenheiten, dem Außenministerium, dem Erziehungsministerium, dem Hochschulrat (YÖK) sowie anderen Institutionen.

a) Hochschulstudium
Um die Bedürfnisse der Türken im Ausland zu erfüllen, arbeiten YÖK, das Außenministerium und das Erziehungsministerium zusammen. So wurden in Aserbaidschan und Turkmenistan eine theologische Fakultät, in Bulgarien ein islamisches Hochschulinstitut, in Rumänien ein College, sowie in Aserbaidschan, Rumänien, Turkmenistan und Bulgarien insgesamt sechs Imam-Hatip-Gymnasien gegründet. Die Kosten dieser Schulen und Hochschulen werden vom Präsidium für religiösen Angelegenheiten und der Türkischen Stiftung für religiöse Angelegenheiten gedeckt.

Im Studienjahr 2002/2003 lernen an den ausländischen Hochschulen insgesamt 667 Studenten und in den theologischen und pädagogischen Gymnasien 1387 Schüler. Außerdem wurden aus dem Ausland Schüler geholt, die an den theologischen Fakultäten und an den Imam-Hatip-Gymnasien ihre Schullaufbahn fortsetzen. Ferner wurden von unserer Stiftung Studenten, die an den im Ausland neu eröffneten theologischen Fakultäten ihren Abschluss mit Erfolg abgelegt haben, in die Türkei geholt, um hier ihre Karriere mit Magisterarbeiten und Dissertationen fortzusetzen.

An den im Ausland von unserer Stiftung eröffneten theologischen Fakultäten haben bis heute 575 Studenten, an den Imam-Hatip-Gymnasien 592 Schüler ihren Abschluss gemacht. Sowohl im In- als auch im Ausland dienen die dargestellten Aktivitäten dem Nutzen der Türkischen Republik, weshalb die Stiftung mit den anderen Institutionen unseres Staates zusammenarbeitet.

b) Weitere Maßnahmen
Mit der Auflösung der UdSSR haben die dortigen turksprachigen Gemeinschaften ihre Freiheit erhalten. Den türkischen Gemeinschaften des Balkans und den im Kaukasus lebenden Volksstämmen und Religionsangehörigen wurden zur Wiederbelebung ihrer nationalen und religiösen Identität audio-linguale und audio-visuelle Veröffentlichungen zur Verfügung gestellt, ebenso Lebensmittel, Kleidung, Medikamente usw. Diese Maßnahmen wurden von der Türkischen Roten Halbmondstiftung (Türk Kızılay Derneği), dem Außen- und anderen dafür zuständigen Ministerien sowie von den Auslandsvertretungen unseres Landes erbracht.

Rahmân als Beiname Allahs

von

Osman Karadeniz

Bismillâhirrahmânirrahîm
Im Namen Gottes des Barmherzigen, des Erbarmers

Wie bekannt ist, beginnt jeder Moslem die Arbeit mit der Basmala, welche jede Sure betitelt, damit die Arbeit Nutzen und Segen bringt. Nach jedem Gebet verbreitet er Gnade und Liebe, indem er [zunächst nach rechts und dann nach links][1] die Grußformel „Friede und Gnade sei über euch" ausspricht. Sei er ihm bekannt oder nicht, begrüßt er unterwegs jeden, dem er begegnet. Dies alles bedeutet, dass er Zuflucht bei Allah dem Barmherzigen und dem Erbarmer sucht, dass er die Gnade und die göttliche Liebe für sich und für seine Mitmenschen wünscht und schließlich, dass dieser Gruß zur göttlichen Gnade führen soll. Was aber bedeutet eigentlich diese *rahma* [Erbarmen, Mitleid, Gnade]? Ich werde zunächst versuchen, Kenntnisse über den Terminus, dann über die Erscheinungsbereiche zu vermitteln.

Sowohl bei der Basmala, die am Anfang jeder Sure steht, als auch in zahlreichen Koranversen wird mitgeteilt, dass Allah *er-rahmân und er-rahîm* [„der Barmherzige" und „der Erbarmer"] ist. In der islamischen Literatur kommen diese beiden Namen unter den *esmâ-ı husnâ,* den „schönsten Namen", an zweiter und dritter Stelle vor. Beide sind von der Wurzel *r-h-m* und dem Substantiv *rahma* abgeleitete Namen und Eigenschaftswörter (anthropomorphe Attribute), die im Allgemeinen Erbarmen, Mitleid, Liebe und Erweisung von Wohltaten bedeuten.

Rahmân ist ein spezieller Name für Allah und drückt einen Superlativ aus. In diesem Sinne bedeutet er „sehr mitleidig und sehr gnädig". *Rahmân* ist unmittelbar das Attribut des Wesens und nicht des Verbs. Sei es nun mit dem Nomen oder ohne, darf man es einzig und allein nur für Allah gebrauchen. Es ist nicht richtig, diesen Begriff für andere Wesen zu verwenden. Denn Er ist derjenige, dessen „Barmherzigkeit alle Dinge umfaßt".[2]

Rahîm hingegen ist kein spezieller Name wie *rahmân* und ist ohne Nomen nicht zu gebrauchen. Deshalb ist es ein Attribut, das auch für andere gebraucht werden kann und bedeutet insofern „sehr gnädig". Der Unterschied der beiden Attribute wird fol-

1 Sämtliche Beifügungen in eckigen Klammern gehen auf den Übersetzer zurück.

2 Siehe al-Araf (Der Wall), Sure 7, 156. Siehe auch für weitere koranische Textstellen, an denen *rahmân* als Wesensattribut Gottes als Nomen gebraucht wird: Ja-sin, Sure 36, 52; ar-Rahman (der Erbarmer), Sure 55, 1; at-Tahrim (das Verbot), Sure 66, 3. [Die deutschen Übersetzungen der angeführten Koranverse stammen aus der folgenden Ausgabe: Max Henning (Übers.), Der Koran, Stuttgart 1960.]

gendermaßen erläutert: Allah ist *rahmân* des Diesseits und Rahîm des Jenseits, denn die Gnade und die Erweisung der Wohltaten umfasst auf dieser Welt alle, seien es Gläubige oder Ungläubige; im Jenseits hingegen sind diese nur den Gläubigen gewährt.[3] Dementsprechend wird sich das Attribut *rahîm* in Bezug auf die Sündenvergebung nur im Jenseits manifestieren. Da *rahmân*, wie bereits erwähnt, ein spezieller Name von Allah ist, kommt er im Türkischen als *esirgeyen, bağışlayan* und *yarlığayan* [der „Beschützer", der „Vergebende", der „Aburteilende"] zum Ausdruck, wofür eine genaue Entsprechung in anderen Sprachen nicht vorhanden ist.

Darüber hinaus gibt es noch viele Attribute wie *ğâfir, ğafûr* und *ğaffâr*, die alle drei von demselben Wortstamm abgeleitet sind und eher mit *rahîm* gebraucht werden und insofern bedeuten, „die Sünden zu vergeben".[4] In einer Überlieferung des Propheten, einem *hadith-i kudsî*, [dessen Sinn Allah und dessen Worte dem Propheten zugeschrieben werden] wird folgendes ausgeführt: „Meine Gnade hat meinen Zorn (bzw. meine Wut) überstiegen."[5] Die Betonung dieser Aussage hat dazu geführt, dass die Gläubigen keinen Zweifel an der göttlichen Gnade haben und niemals aufhören, darauf zu hoffen. *Sprich: Oh meine Diener, die ihr euch gegen euch selber vergangen habt, verzweifelt nicht an Allahs Barmherzigkeit; siehe, Allah verzeiht die Sünde allzumal; siehe, er ist der Vergebende, der Barmherzige.*[6]

Vorgeschrieben hat sich selber euer Herr die Barmherzigkeit, so daß, wenn einer von euch in Unwissenheit etwas Böses tut und alsdann hernach umkehrt und sich bessert, so ist er nachsichtig und barmherzig.[7]

Es wird berichtet, dass in der vorislamischen Zeit, besonders im Süden Arabiens der Terminus *rahmân* an Stelle von Allah gebraucht wurde. Da in der islamischen Frühzeit auch der heilige Prophet diesen Namen benutzte, hielten die Ungläubigen den Namen für unpassend, mit der Begründung, dass dieser nicht mit dem Glauben an die Einheit Gottes übereinstimme. In der aus diesem Anlass herabgesandten Ayat (Vers) wird mit Nachdruck geäußert, dass die schönsten Namen Allah eigen sind und deshalb kein

3 Râğıb el-İsfahani, Müfredât, Beyrut 1992, S. 347-348; Ebu'l-Bekâ, Külliyât, Beyrut 1993, 471-472. Zu weiteren Angaben siehe: Zemahşeri, Keşşaf, Beyrut 1987, I, 7-8; Muhammed b. Ebi Bekr Razi, Tefsir, Beyrut 1990, 19; M. Hamdi Elmalılı, Hak Dini Kur'an Dili, Istanbul 1935, I, 31-37.

4 Außerdem finden ähnliche Namen als *esmâ-ı hüsna*, die „schönsten Namen" Allahs, wie folgt Erwähnung: *el-afuv*, „der Verzeihende", *el-halîm*, „der Geduldige, Mitleidige", *et-tevvâb*, „derjenige, der das Bußversprechen annimmt", *er-ra'ûf*, „der Gütige, Mitleidige", *el-vedûd*, „der Liebevolle", *el-mü'min*, „der Vertrauenswürdige", *el-muheymin*, „der Hüter", *el-hâdi*, „der Wegweisende", *el-vekîl*, „der Stellvertreter", *el-velî*, „der enge Freund", *el-fettâh*, „der Öffner aller Türen", *el-vehhâb*, „derjenige, der ohne Gegenleistung gibt", *er-rezzâk*, „der Allernährer", *el-mucîb*, „derjenige, der die Bitten und Wünsche erhört", *el-mu'tî*, „der Gebende, Schenkende". Zu umfassenden Angaben siehe: Bekir Topaloğlu, Art. „Esmâ-ı Hüsnâ", T.D.V. İslam Ansiklopedisi, Istanbul 1995, Bd. XI, 404-418.

5 Buhari, Tevhid, 15, 22, 28, 55; Müslim, Tevbe, 14-16; İbn Mace, Zühd, 35.

6 Siehe az-Zumar (Die Scharen), Sure 39, 53.

7 Al-Anam (Das Vieh), Sure 6, 54. Außerdem der Vers 12.

Unterschied zwischen den beiden besteht: *Sprich: „Rufet ihn Allah an oder rufet ihn an Er-Rahmân" – wie ihr ihn auch anrufen mögt.*[8]

Es wird berichtet, dass der heilige Prophet inständig bat und flehte, indem er Gott mit *Yâ Allâh! Yâ Rahmân!* anrief. Daraufhin hätten die Ungläubigen ihm vorgeworfen, „er verbietet uns, zwei Götter anzubeten, aber er selbst betet einen anderen Gott an" oder die Juden hätten gesagt, „du rezitierst den Rahmân, den Allah in der Thora öfters erwähnt". Demzufolge sei der genannte Koranvers herabgesandt worden.[9]

Daraus ist zu schließen, dass der heilige Prophet zeitweilig *Rahmân* als Synonym zu Allah gebraucht hat. Wiederum nach einer Überlieferung wird folgendes berichtet: Als die Mekkaner bei dem Waffenstillstand von Hudaibiya das betreffende Wort ablehnten, hat man an dessen Stelle die später gebräuchliche Formulierung *bismik-allâhümme*, „in deinem Namen, mein Allah", fixiert.[10]

Nachdem wir Informationen über den Terminus *rahmet* bzw. *rahma* und über dessen Ableitungen angeführt haben, können wir nun zu den Manifestationsformen des Attributs *rahmân* übergehen. Allah hat erwiesen, dass ihm die göttliche Weisheit innewohnt, durch die Ordnung und Regel des Weltalls, das er auf Recht und Gerechtigkeit basierend erschaffen hat; sowie durch die Propheten und heiligen Bücher, die er entsandt hat; ferner durch das eifrige Streben nach Wahrheit, das er in die menschliche Natur eingepflanzt hat. Alles das, was der Herr der Weisheit dem Menschen verliehen hat, ist das Werk der Gnade. Deshalb findet in manchen Koranversen das Wort *rahma* metaphorisch für Glaube, Koran, Paradies, Regen, Hilfe usw. Erwähnung.[11]

Ein kontroverses Thema der islamischen Theologie ist das der Attribute Allahs und ihrer Manifestationsform. Dieses Thema bezieht sich auf das Verhältnis Gott und Welt und nimmt einen wichtigen Platz innerhalb der islamischen Religionsphilosophie ein. Wir werden das Thema im vorliegenden Beitrag jedoch weitestgehend unabhängig von den Details dieser Debatte und vor allem mit Blick auf koranische Erwähnungen der genannten Attribute behandeln. Kurz gefasst lässt sich jedoch zur irdischen Manifestation des Attributs der göttlichen Gnade, *rahma*, folgendes sagen: Allah hat das Weltall auf Gerechtigkeit (Recht) und Weisheit ausgerichtet erschaffen. Für das soziale und biologische Leben hat er gültige Regeln erstellt, und schließlich hat er Propheten entsandt, damit sie das irdische Leben verbessern.

8 Al-Isra (Die Nachtfahrt), Sure 17, 110. Zu weiteren Angaben siehe: Topaloğlu, a.a.O., 405. Zu weiteren Angaben zum Gebrauch des Wortes „Allah" in der vorislamischen Zeit bei den arabischen Polytheisten, Hanifen, Christen bzw. Juden siehe Toshihiko Izutsu, Kur'an'da Allah ve İnsan, Çev. Süleyman Ateş, Ankara 1975, 88-113.

9 Kadı Beydavi, Envaru't-Tenzil, I, 298. In einer Überlieferung kommen folgende Worte zum Ausdruck: "Ich bin Allah, bin Rahman und habe die Gnade erschaffen." (Tirmizi, Birr, 9).

10 Siehe D. B. Macdonald, Art. „Allah", İslam Ansiklopedisi, Istanbul 1965, I, 364.

11 Zur Exemplifizierung siehe Ebu'l-Bekâ, a.a.O., 471-472.

Wie in vielen Koranversen aufgezeigt wird, sind die Himmel und die Erde vor allem Zeichen von Allah[12] und wurden nicht umsonst erschaffen. Dies wird im Koranvers folgendermaßen betont: *Wir haben die Himmel, die Erde und die, welche sich dazwischen befinden, nicht zum Vergnügen erschaffen.* Aus dieser Perspektive ist das Weltall mit allem, was das „Werk der Gnade"[13] in sich birgt, ein „Weisheitsbuch" Allahs. Dieses „Buch" meint ein lesenswertes Buch, in dem die Manifestationen des erhabenen Schöpfers, *ar-rahmân*, zu beobachten sind. Deshalb sollen sich alle, seien es Gläubige oder Ungläubige, für die Ordnung des sozialen Lebens auf die Werke der göttlichen Gnade besinnen und daraus Lehren ziehen. Wer sich nicht darum bemüht, dieses Buch zu lesen und zu verstehen bzw. in die darin enthaltenen Wahrheiten einzudringen, ist in Gefahr, sich von der Wahrheit (Allah) zu entfernen. Aus diesem Grunde gebietet uns der Koran, dieses kosmische Buch zu lesen und nach der Wahrheit zu streben. Vielleicht wohnt uns das Gefühl des kosmischen Eingebundenseins inne, da der Mensch urprünglich aus Lehm geschaffen wurde. Anstrengungen zur Erreichung eines materiellen wie immateriellen Glücks der Menschheit durch Propheten, Philosophen oder Wissenschaftler sind ebenfalls ein Zeichen für die Manifestation der göttlichen Gnade.

Insofern sollten wir philosophische Ansichten zum Verhältnis Gott-Weltall kurz anschneiden. Zweifellos sind diese Annäherungen für die Manifestation der göttlichen Gnade von Bedeutung. Wie bekannt ist, haben die Ideen, die vor und nach Sokrates über die Natur und das „Sein" dargelegt wurden, im Laufe der Geschichte großen Einfluss auf die Religionsgemeinschaften und -schulen gehabt, die in der christlichen und islamischen Welt entstanden sind. Probleme, die unter den Moslems diskutiert werden, kreisen um strittige Themen wie die Verhältnisbestimmungen Erschaffen - Sich-Zeigen bzw. Wesen - Attribut oder um das Thema Schicksal. In der jüngsten Zeit haben sich im Westen solche Gedanken verbreitet, wie der, dass die Religionen Kriege verursacht oder sie wenigstens nicht abgeschafft haben, und dass man sich deshalb der Religion entziehen sollte. Diese Gedanken lassen Zweifel an der göttlichen Gnade erkennen.

Aus der Sicht mancher Philosophen ist Gott ein Wesen, welches das Weltall nur gestaltet bzw. formt, sich aber nicht in den Lauf der Welt einmischt. Diese Ansicht hat auch in der Welt der Wissenschaft ihre Gültigkeit.[14] Den naturalistischen Philosophen zufolge hat das ewig und endlose Prinzip, dem die Phänomene Erschaffen und Aus-dem-Leben-Scheiden-Lassen zugeschrieben werden, das Universum gestaltet. Die ur-

12 *Und zu seinen Zeichen gehört die Schöpfung der Himmel und der Erde und was er in beiden an Getier verstreut hat ...* Ash-Shura (Die Beratung), Sure 42, 29.

13 Siehe ar-Room (Die Griechen), Sure 39, 50.

14 Eine Grundidee der Philosophie ist die Ewigkeit der Materie (*éternel*); in der Religion hingegen ist es deren Erschaffung. In der griechischen Philosophie bedarf man einer nicht-erschaffenen Materie, damit die wirkende Ursache gestalten kann. Aus islamischer Sicht gilt das Weltall im allgemeinen als erschaffen; deshalb ist Allah anders als das Weltall. Nach dem pantheistischen Monismus *vahdet-i vucud* sind Allah und *alem* (Gott und Weltall) zwar voneinander getrennt, dem Wesen nach aber gleich.

sprüngliche Substanz, die ewig ist, hält man für unveränderlich. Dinge allerdings, die nach dieser angeblich ewigen Substanz entstanden sind, sei es Entstehen und Entwicklung oder Verderben und Sterben, ändern sich ständig. Wie vollzieht es sich aber, dass eine Existenz sowohl am Leben bleibt als auch aus dem Leben scheidet? Kurz gesagt, was ist der Kern des Problems „Sein" (*devenir - ginestai*)?[15]

Es ist eine Realität, dass diese im Weltall stattfindenden Veränderungen und Wandlungen in jedem Zeitalter Interesse erweckt haben bzw. zum Untersuchungsgegenstand geworden sind. Wo wir uns befinden, um die Manifestationen der göttlichen Gnade zu begreifen, wissen wir nicht. Doch vor allem sind diese das Werk eines bewussten Wesens, woran kein Zweifel besteht, wie viele Philosophen und Wissenschaftler die Geschichte hindurch erkannt haben. Der Koran stellt die mysteriösen Ereignisse, die sich im Weltall vollziehen, als unzweifelhafte Beweismittel für das Wesen Allahs dar. In einem Koranvers findet dies folgendermaßen Erwähnung: *Es sprachen ihre Gesandten: „Ist etwa Zweifel an Allah, dem Schöpfer der Himmel und der Erde?"*[16] Dieser Koranvers, der besonders auf ontologische und kosmologische Beweise verweist, betont, dass das „Sein", das aus philosophischem und wissenschaftlichem Blickwinkel befragt wird, nur dadurch erklärbar ist, dass es eine Manifestation der bewussten Ursache ist.[17] Im Koran heißt es analog dazu: *Oder wurden sie aus nichts geschaffen? Oder sind sie gar die Schöpfer (ihrer selbst)? Oder erschufen sie die Himmel und die Erde? Doch nein, sie haben keinen festen Glauben.* [18]

Diese Manifestationen, die Werk der göttlichen Gnade sind, bilden in der islamischen Literatur den Ausgangspunkt der kosmologischen Beweise (Zeichen) des Wesens Allahs. Allah, der Urheber, hat aus seiner Gnade heraus das Weltall in einer bestimmten Ordnung erschaffen, zu deren Fortbestehen er zeitweilig Propheten und Bücher gesandt hat. Auf diese Art und Weise hat er jedem Wesen, sei es lebendig oder nicht, die Gnade und die göttliche Führung zum wahren Glauben verliehen. Zweifellos ist auch das eine Manifestation seines Attributs *rahmân*. Aus diesem Grunde ist diese schöpferische Macht einerseits sehr offenbar (*zâhir*) für denjenigen, der die Werke der Gnade betrachtet und sich bemüht, zu Allah zu gelangen. Andererseits ist sie verborgen (*bâtın)* für denjenigen, der sie aus streng positivistischer Perspektive betrachtet

15 Alfred Weber, Arihi (Die Geschichte der Philosophie), übers. V. H. Vehbi Eralp, Istanbul 1938, 12-13.

16 Ibrahim (Abraham), Sure 14, 10.

17 Damit das Universum im Chaos eine Gestaltung erfahren kann, bedingt es zweifellos eine Existenz der bewussten Ursache. „Denn aus dem absoluten Nichts entspringt nichts *(rien ne vient du rien – creatio ex nihilo)*". Tatsächlich wurde dieses Problem in jedem Zeitalter befragt. Anaxagoras zufolge ist es ausgeschlossen, Aktivitäten wie die Erschaffung und Vernichtung den ewigen Substanzen zuzuschreiben. Diese sind unzureichend, um die Ordnung und das Geschehen im Weltall zu erklären. Zur Erklärung des Universums muss man im Unterschied zu den Substanzen, denen die Intelligenz fehlt, und die nicht lebendig sind, eine Größe annehmen, welche dem Wesen nach Macht und Intelligenz besitzt. Dieser *nous*, Substanz aller Substanzen, ist, anders als andere Existenzen, ewig, besitzt Bewusstsein, ist ganz und gar unabhängig (*autokrates*), und ist Quelle allen Lebens. Dieser *nous* ist allwissend und ordnet alles zum bestimmten Ziel. Er hat alles, was außerhalb ihm in Vagheit und Chaos stand, aus diesem Zustand gerettet, neu gestaltet und dieses Universum zustande gebracht. Siehe Weber, a.a.O., 29-30.

18 At-Tur (Der Berg), Sure 52, 35-36.

und deshalb nicht erkennt. Demzufolge ist Allah eine Existenz, die man dem Wesen nach durch die Sinne nicht wahrnehmen kann. So ist er nur dadurch erklärbar, dass man ein Verhältnis zwischen Allah und seinen Werken herstellt. Tatsächlich haben Wissenschaften wie Physik, Chemie und Biologie, welche sich im Laufe der Geschichte entwickelten, durch Deduktion die zunächst unerklärlichen Eigenschaften verschiedener Wesen dargelegt und dadurch den Zweifel über den Herrn der Weisheit vertrieben. Dies bedeutet, dass man der Ratio und Wissenschaft keine Beachtung schenkt, wenn man im materialistischen oder vorislamisch-heidnischen Sinne den „Zufall" oder eine „Zeitperiode" des Chaos als Ursprung des Universums behauptet. Der Koran ermahnt denjenigen, der die Werke der göttlichen Gnade nicht erkennt, wie folgt: *Zeigen werden wir ihnen unsre Zeichen in den Landen* [in den Himmeln und der Erde] *und an ihnen selber.*[19]

Wie auch die positiven Wissenschaften dargelegt haben, ist das Weltall mit seinem mysteriösen Aufbau ein Werk der göttlichen Manifestation, das nach einem Konzept (bzw. Programm) entstanden ist. Um welchen Preis es auch sein mag, ist das Leben (er)lebenswert samt seinen Tragödien und Komödien. Selbst wenn Naturkatastrophen, Tyranneien und Ungerechtigkeiten gemäß der Struktur des Universums geschehen, ist dies Teil des göttlichen Plans. Auch das Problem des Bösen, das im Verlauf der Geschichte im Bereich der Philosophie und Theologie diskutiert wurde, und das die göttliche Gnade zu entehren scheint, ist ebenfalls Teil des göttlichen Plans. Abgesehen von manchen Sozialwissenschaftlern, die auf das Problem des Bösen fixiert sind, gibt es keinen Physiker, Chemiker und keinen Biologen, der nicht die göttliche Gnade und Weisheit erkennen würde.

Darüber hinaus haben viele Gelehrte das Werk der göttlichen Gnade als die Beste aller möglichen Welten betrachtet. Insofern kann das Weltall nur ein Werk der Gnade eines ewigen und tadellosen Wesens sein. Zweifellos ist jenes Werk vorzüglich und dem erhabenen Schöpfer angemessen. Dieser Aspekt schlägt sich in der islamischen Literatur folgendermaßen nieder: „In der bestehenden Welt gibt es nichts besseres als das Bestehende!"[20]

Wie bereits Werner schrieb, ist dieser Gedanke ein wichtiges Zeugnis des philosophischen Optimismus[21], und Leibniz hat dies in seinem berühmten Werk über die göttliche Gerechtigkeit *Théodicée*[22] mit anderen Worten wiedergegeben: „Gott hat die beste aller möglichen Welten ausgewählt."[23] Werner zufolge ist dies darin begründet, dass eine „prästabilisierte Harmonie" festgelegt wurde und infolgedessen entstanden

19 Fussilat (Die deutlich Erklärten), Sure 41, 53.

20 *Leyse fi 'l-imkân ebda'u mimmâ-kân-e.*

21 Zum Problem des Bösen in verschiedenen Kulturen sowie zur Kritik der Lehre Leibniz' siehe Charles Werner, Kötülük Problemi [Das Problem des Bösen], übers. Sedat Umran, Istanbul 2000, 29-41.

22 Leibniz hat dieses Werk auf Französisch verfasst, um das Werk *Dictionnaire Historique et Critique* von Pierre Bayle zu kritisieren. Zu diesem Thema äußerst sich Bayle wie folgt: „Dass der Gott die Sünden zuläßt, ist mit der Güte nicht zu vereinbaren." Siehe Leibniz, a.a.O., 70.

23 „Dieu choisi le plus parfait de tout les mondes possibles." Leibniz, Essais de Théodicée, Paris 1969, 44.

ist.[24] Das Hauptproblem ist hier die Frage, ob das Böse in der Welt solch einer Perspektive widersprechen würde, oder nicht. Im Jahre 1673 führte Leibniz einen Dialog in lateinischer Sprache mit Arnaud und setzte sich dafür ein, dass die Sünde solch eine Auffassung einer perfekten Welt, welche das Zeichen der erhabenen Weisheit trägt, nicht beeinträchtigen würde.[25]

In diesem Zusammenhang sind auch die Aussagen von Epikur zum Problem des Bösen[26] zu sehen, nämlich als Produkt seiner Skepsis über das Wesen Gottes, was mit Blick auf die göttliche Gnade relevant ist. Tatsächlich „hat er die Gebete seiner Mutter gesehen, die auf Aberglauben beruhen, und den Demokritos gelesen“[27], ist daraufhin in Zweifel geraten, und schließlich kam ihm der Gedanke, dass die Götter und die Furcht vor dem Jenseits das irdische Glück beeinträchtigen. Jene Zweifel waren durchaus von Bedeutung, sie werden jedoch von der Frage der Entstehung des Universums überragt. Es ist eine einfache Lösung, zu schlussfolgern, dass das Weltall zufällig entstanden sei. Aber es gibt auch mannigfaltige Wohltaten und Schönheiten neben den Bosheiten und Plagen in der Welt. Jedoch aus unerfindlichen Gründen brachte Epikur diesen Aspekt nicht zur Sprache. In welchem Maße hat im Laufe der Geschichte die Philosophie, die Epikur zufolge das Ziel hat, den Menschen glücklich zu machen, jenes Ziel erfüllt? Niemand kann daran zweifeln, dass man sich auf die Werke der göttlichen Gnade besinnen bzw. den Aberglaube mittels der Wissenschaft und Philosophie in Frage stellen und abschaffen soll!

Hierbei begegnet uns ein Problem, das mit der göttlichen Gnade schwer zu vereinbaren ist. Wie lassen sich hinsichtlich der göttlichen Gnade die Plagen und Unannehmlichkeiten erklären, in die die Menschen während der Kämpfe zwischen den Propheten und ihren Völkern geraten sind, von denen in den heiligen Büchern erzählt wird? Wenn man die Sache aus religiöser Perspektive betrachtet, wird man feststellen, dass besonders falsches Verhalten Bosheit heraufbeschwört. Dementsprechend sind Propheten gesandt worden, um vor solchen zum Unglück verleitenden Verhaltensweisen zu warnen. Dieser selbstverschuldete Zustand hatte die Menschheit ohnehin an die Schwelle des Unglücks gebracht. Der göttlichen Gnade gemäß sollten die Menschen davor gewarnt und ihnen der Grund für die Plagen und Unannehmlichkeiten, die ihnen zustießen, mitgeteilt werden. Deshalb wird in vielen Koranversen offensichtlich betont, dass die selbstverschuldete Bosheit der Menschen den göttlichen Zorn im Diesseits und die göttliche Bestrafung im Jenseits verursacht:

> *Und, o mein Volk, eure Widersetzlichkeit gegen mich verführe euch nicht, daß euch das gleich trifft wie das, was das Volk Noahs oder das Volk Hûds oder das Volk Sâlihs getroffen hat ... Und wir taten ihnen nicht Unrecht, sondern sie taten sich selber Unrecht an, und ihre Götter nützen ihnen nichts, die sie außer Allah anriefen, als deines Herrn Befehl kam; ... Also war die Strafe deines Herrn, als er die*

24 Siehe Leibniz, a.a.O., 41, 46.

25 Siehe Leibniz, a.a.O., 44.

26 David Hume, Din Üstüne [Über die Religion], übers. Mete Tunçay, Istanbul 1983, 229.

27 Siehe Weber, a.a.O., 80-81.

ungerechten Städte strafte. Siehe seine Strafe ist schmerzlich und streng ... Und dein Herr hätte die Städte nicht ungerechterweise vertilgt, wären ihre Bewohner rechtschaffen gewesen.[28]

Wie ersichtlich ist, haben diese Völker den Propheten kein Gehör geschenkt, die göttliche Gnade verweigert, gegen die Gebote verstoßen bzw. sie sind in Übermut geraten, weshalb sie dann der göttliche Zorn traf. Zweifellos macht das Wesen Allahs nur Güte aus und demzufolge entspringt ihm nichts Böses. Aus diesem Grunde wird in vielen Koranversen darauf hingewiesen, dass das Gute ihm selbst und das Üble dem Menschen[29] zuzuschreiben ist. Und das ist nichts anderes als die Manifestation der göttlichen Gnade. Deshalb kommen diejenigen, die von bewusst oder unbewusst gemachten bösen Taten umkehren und gläubig werden, der Gnade und der Verzeihung Allahs entgegen. Dieses Thema findet im Koranvers bezüglich des Volkes Moses' wie folgt Erwähnung:

Diejenigen aber, welche das Böse taten und dann hernach umkehren und gläubig werden – siehe, dein Herr wird wahrlich hernach verzeihend und barmherzig sein ... Und da das Erdbeben sie erfaßte, sprach er: „Mein Herr, hättest du es gewollt, du hättest sie zuvor getilgt und mich. Willst du uns verderben ob dem, was die Toren von uns taten? ... Du bist unser Beschützer, drum verzeihe uns und erbarme dich unser; und du bist der beste der Verzeihenden!"[30]

Hätte doch der Mensch, der durch eine üble Tat verunreinigt wurde, auf Allahs Verzeihung hin folgende Einsicht in sich getragen wie es Süleyman Çelebi prägnant ausgedrückt hat:

In jedem Atemzug begingen wir tausende Sünden
Nicht ein einziges Mal haben wir innig bereut! ...

Auch die Propheten und die Bücher, welche sie mitbrachten, sind Manifestationen der göttlichen Gnade. Allah, *er-rahman* und *er-rahim* [der Allbarmherzige und der Allerbarmer], hat sie damit beauftragt, die Menschen zum Guten zu fördern und vor Bosheiten zu behüten. Während der Prophet die Botschaft verkündet, nötigt er die Menschen keineswegs: *Dem Gesandten liegt nur die Predigt ob.*[31] Verse wie dieser deuten darauf hin. Außerdem wird betont, dass der heilige Prophet in Glaubensangelegenheiten die Menschen zu nichts zwingen soll. *Und wenn dein Herr gewollt hätte, so würden alle auf der Erde insgesamt gläubig werden. Willst du etwa die Leute zwingen, gläubig zu werden!*[32] Unzweifelhaft sind all dies Zeichen der göttlichen Gnade.

In einer Überlieferung wird der Vergleich zwischen der göttlichen Gnade und der menschlichen folgendermaßen dargelegt: „Gott hat hundert Gnaden erschaffen; die eine hat er dem Menschen vergeben, die übrigen neunundneunzig hat er für sich behal-

28 Hûd, Sure 11, Verse 89, 101-102, 117.
29 Siehe an-Nisa (Die Weiber), Sure 4, 78-79.
30 Al-Araf (Der Wall), Sure 7, 153-155.
31 Al-Maeda (Der Tisch), Sure 5, 99; an-Nahl (Die Bienen), Sure 16, 35 u.ä.
32 Yunus (Jonas), Sure 10, 99.

ten."[33] Und an anderer Stelle heißt es über den Propheten: *Und wir entsandten dich nur als eine Barmherzigkeit für alle Welt,*[34] und: *Fürsorglich ist er für euch, gegen die Gläubigen gütig und barmherzig.*[35] In dem von ihm mitgebrachten Buch gibt es für Gläubige *Arznei* [Heilung] *und Barmherzigkeit.*[36] Diese göttliche Gnade besteht auch in früheren Büchern:

> *Und in ihren Spuren ließen wir Jesus, den Sohn der Maria, zu bestätigen die Thora, die vor ihm war, und wir gaben ihm das Evangelium, darinnen eine Leitung und ein Licht, bestätigend die Thora, die vor ihm war, eine Leitung und Ermahnung für die Gottesfürchtigen.*[37]

> *Und da Jesus mit den deutlichen Zeichen kam, sprach er „Ich bin mit der Weisheit zu euch gekommen und um euch etwas von dem zu erklären, worüber ihr uneins seid."*[38]

Im Laufe der Zeit erfuhren manche Termini einen Bedeutungswandel, auch solche, die besonders die göttliche Gnade symbolisieren und für diese gebraucht werden. Dieser Bedeutungswandel führte zu Missverständnissen. Mit der Zeit sind manche metaphorischen Ausdrücke bezüglich Jesus missverstanden worden, und man entfernte sich von den metaphorischen Bedeutungen und hielt sie für wahr, so dass die Lehre von der „Trinität" formuliert wurde.[39] Diese war Thema auf den christlichen Konzilien.[40] Im Grunde genommen ist Jesus jedoch wie die anderen als Vermittler der göttlichen

33 Buhari, Rikak, 19, Edeb, 19; Müslim, Tevbe, 17-21; Tirmizi, Daavat, 99; İbn Mace, Zühd, 35; Darimi, Rikak, 69.

34 Al-Anbiya (Die Propheten), Sure 21, 107. In einer Übersetzung teilt er mit: „Ich bin Muhammed ... bin Prophet der Gnade." Müslim, Fedail, 126; Tirmizi, Da'avât, 118; İbn Mace, İkame, 25, 189.

35 At-Tawba (Die Reue), Sure 9, 128. Über den heiligen Propheten gibt es Überlieferungen wie: „Er war derjenige, der reichliche Gnade hatte." Siehe Müslim, Nezir, 8, Mesacid, 292, Buhari, Eza, 17-18, 49, Edeb, 27; Ebu Davud, Eyman, 21; Nesei, Ezan, 8.

36 Siehe al-Isra (Die Nachtfahrt), Sure 17, 81. Der heilige Prophet, der den Inhalt des Koran praktiziert hat, hat ständig durch seine Worte und Verhaltensweisen erwiesen, dass er der Prophet der Gnade ist. Einige seiner Hadithe lauten folgenderweise: „Wer sich nicht erbarmt, dessen erbarmt man sich nicht", „Derjenige, der sich über unsere Jüngeren nicht erbarmt, ist nicht von uns", „Hab't Mitleid mit denen, die auf der Erde sind, so dann auch diejenigen, die in den Himmeln sind, mit euch Mitleid haben", „Allah erbarmt sich denen, die barmherzig sind." Zum Quellennachweis und zu den Hadithen siehe A.J. Wensinck, Concordance et Indices de la Tradition Musulman, Leiden 1943, II, 235-240.

37 Al-Maeda (Der Tisch), Sure 5, 46; siehe auch al-Maeda (Der Tisch), Sure 5, 111.

38 Az-Zukhruf (Der Goldputz), Sure 43, 63.

39 Die heilige Dreifaltigkeit (Trinität) ist eine der Wahrheiten, die unseren Verstand übersteigt; siehe zur Deutung der apodiktischen Wahrheiten: Leibniz, Essais de Théodicée, Paris 1969, 64-65.

40 Im ersten ökumenischen Konzil in Iznik (Nicäa 325), als in der Zeit von Konstantin die Dogmen und Grundlagen der christlichen Kirche eingeführt wurden, war das Thema die Lehre von Arius, dem Mönch aus Alexandria. Er lehnte die Gottheit des Christus mit der Begründung ab, dass er Monotheist sei und er deshalb die Einigkeit des Vaters und des Sohnes nicht akzeptiere. Die Lehre von Arius wurde verurteilt und der Glaube, dass der Vater und der Sohn vom gleichen Wesen (*homoousios*) sind, eingeführt. Durch die Ergänzungen des zweiten Konzils in Istanbul (Konstantinopel 381) entstand das Glaubensbekenntnis der christlichen Kirche. Siehe Georg Ostrogorsky, Bizans Devleti Tarihi, übers. v. Fikret Işıltan, Ankara 1981, Nihayet: „Letztendlich hat ab 381 die Lehre, dass die drei Einheiten der Trinität gleich sind und die Natur einer göttlichen Einheit besitzen, Anklang gefunden ..." Siehe zu den Kontroversen: Dvornik Francis, Konsiller Tarihi, übers.v. Mehmet Aydın, Ankara 1990, 12ff.

Gnade entsandt worden und ein mit Wundern gestützter Prophet. Die außergewöhnlichen Ereignisse, die man zu seinen Lebzeiten beobachtet hat, führten dazu, dass man dies als göttliche Eigenschaften bezeichnet. Dies lässt sich an manchen Stellen der Bibel erkennen. Der Koran weist auf diese Spekulationen[41] hin wie folgt:

> *O Volk der Schrift, überschreitet nicht euren Glauben und sprechet von Allah nur die Wahrheit. Der Messias Jesus, der Sohn der Maria, ist der Gesandte Allahs und sein Wort, das er in Maria legte, und Geist von ihm. So glaubet an Allah und an seinen Gesandten und sprechet nicht: „Drei". Stehet ab davon, gut ist's euch. Allah ist nur ein einziger Gott; es sei Ihm fern, daß ihm sein sollte ein Sohn!*[42]

Was uns in den Koranversen auffällt, ist dass der heilige Jesus mit offensichtlichen Beweisen kam, mit dem *Heiligen Geist*[43] verstärkt und als *das Wort und der Geist von Allah*[44] bezeichnet wurde. In Korankommentaren wird er als *Wort und Geist* bezeichnet, weil er auf den Befehl „Sei" auf die Welt kam und durch den Ausdruck der Ehrerbietung die Gnade Allahs ist sowie die Toten und die Seelen geheilt hat.[45]

Solch eine Bezeichnung für den heiligen Jesus führt uns zwangsläufig zum Verhältnis zwischen dem Wesen und den Attributen Allahs hin. Zweifellos ist dieses Verhältnis angesichts der Mission, die den Propheten aufgebürdet ist, und aus der Perspektive der göttlichen Gnade von Bedeutung. Derartige Bezeichnungen, die für Propheten und manche Persönlichkeiten gebraucht werden, die als Vermittler die göttliche Gnade bringen, haben in jeder Religion zu übermäßigen Interpretationen Anlass gegeben. Wenn man diese Bezeichnungen in bezug auf die Koranverse sorgfältig analysiert, taucht kein Problem auf. In der Tat hat die Interpretation dieser Termini - wenn nicht ganz, so doch teilweise unter dem Einfluss der christlichen Theologie - dazu geführt,

41 Der Koran berichtet über den Glauben, den die Christen damals hatten, folgenderweise: *Und es sprachen die Juden: „Er ist Allahs Sohn". Und es sprechen die Nazarener: „Der Messias ist Allahs Sohn"* At-Tawba (Die Reue), Sure 9, 30. *Wahrlich, ungläubig sind, die da sprechen: „Siehe, Allah, das ist der Messias, der Sohn der Maria."* Al-Maeda (Der Tisch), Sure 5, 17 u. 72. Deshalb wird betont, dass alle Propheten „Gesandter und Diener Allahs" sind bzw. an 20 Stellen „der Messias Jesus, der Sohn der Maria", „der Gesandte Allahs" ist. Siehe an-Nisa (Die Weiber), Sure 4, 157; al-Maeda (Der Tisch) , Sure 5, 75; as-Saff (Die Schlachtordnung), Sure 61, 6.

42 An-Nisa (Die Weiber), Sure 4, 171. Aus dem Vers ist es zu erschließen, dass mit dem Ausdruck „sprechet nicht drei", „sprechet nicht drei Götter" gemeint ist. Das lässt sich in den kommenden Worten des Verses „Allah ist nur ein einziger Gott" und in den weiteren Versen erkennen: *Und wenn Allah sprechen wird: „O Jesus, Sohn der Maria, hast du zu den Menschen gesprochen: ‚Nehmet mich und meine Mutter als zwei Götter neben Allah an?'"* Al-Maeda (Der Tisch), Sure 5, 116. *Wahrlich, ungläubig sind, die da sprechen: „Siehe, Allah ist ein dritter von drei." Aber es gibt keinen Gott denn einen einigen Gott.* Al-Maeda (Der Tische), Sure 5, 73. Zu Meinungen, dass in jenem Vers das Subjekt ausgelassen worden ist und das es sich auf „Grundsätze und Götter" beziehe, siehe Zemahşeri, a.a.O., I, 593-594; Kadı Beydavi, a.a.O., I, 110.

43 Siehe al-Baqara (Die Kuh), Sure 2, 87, 253; al-Maeda (Der Tisch), Sure 5, 111.

44 An-Nisa (Die Weiber), Sure 4, 171. In dem Vers wird mitgeteilt, dass der Geist, der Maryam entgegenkam, in menschlicher Gestalt auftrat: ... *da sandten wir unseren Geist zu ihr, und er erschien ihr als vollkommener Mann.* Maryam (Maria), Sure 19, 17. Im Johannesevangelium kommt zur Sprache, dass das Wort bei Gott Gott ist, und dass alles durch ihn zustandekommt. Siehe Johannes I, 1-3.

45 Siehe Razi, a.a.O., XI, 117-118; Kadı Beydavi, a.a.O., I, 110.

dass im Islam die Disputationen der Koranwissenschaft *kelam* entstanden. Nach einer Überlieferung nämlich haben die christlichen Theologen in der Lehre der Dreieinigkeit dieselbe Substanz, als „Wesen, Wissen und Leben" gedeutet. D.h., Gott sei ein Wesen mit drei Erscheinungsformen: „Vater, Sohn und der Heilige Geist". Hierbei drückt der erste Grundsatz „das Wesen", der zweite „das Wissen" und der dritte „das Leben" aus. Einigen Korankommentatoren zufolge ist diese angeblich dreifaltige Gottheit wie folgt: „Allah, Messias und Maria".[46] Schließlich waren die Muslime in den von ihnen eroberten Gebieten Zeugen der Diskussion, ob sich in gleicher Natur göttliche und menschliche Eigenschaften vereinigen oder nicht, als sie den Zugehörigen der drei Kirchen der Jakobiten, Nestorianer (Iran) und Melchiten (Syrien) begegneten[47], welche sich nach eifrigen Disputationen aufgespalten hatten. Dann wurde die Diskussion über das Wesen, die Eigenschaften und die Macht Gottes im Rahmen der koranischen Offenbarungen neu entfacht.[48]

Zweifellos geht es in der Religion im Wesentlichen um die Einheit Gottes, *tavhid*[49]. Dies war jedoch kein Hindernis dafür, dass die Moslems Allah mit bestimmten Namen und Attributen beschrieben haben. Unter der Bedingung, dass man die Einheit Gottes bewahrt, darf man Allah bestimmte Namen und Attribute zuschreiben. Das wird aber – den Sunniten zufolge – nicht heißen, dass er so viel ist wie die Zahl der ihm zugeschriebenen Namen und Attribute. Als Resultat der Betonung der Einsheit Gottes (*tav-*

46 Siehe Zemahşeri, a.a.O., I, 593; Kadı Beydavi, a.a.O., I, 110.

47 Die drei genannten Kirchen vertraten unterschiedliche Positionen hinsichtlich des Verhältnisses von Gottheit und Menschheit in der Person Jesu Christi:
Die Vertreter der oströmischen Reichskirche, wegen ihrer Bindung an den Regenten in Konstantinopel Melechiten oder Melkiten genannt (von syrisch malkâ für König, Kaiser, Herrscher), vertraten die Zweinaturenlehre (Dyophysitismus) des 4. Ökumenischen Konzils von Chalkedon 451, der zu Folge in der Person Jesu Christi zwei Naturen, nämlich die wahre Gottheit und die wahre, nicht durch eine Sünde entstellte Menschheit unvermischt, unverwandelt, ungetrennt und ungesondert vereint sind.
Dagegen betonten die Nestorianer in mehr oder weniger zutreffendem Anschluss an den 431 auf dem 3. Ökumenischen Konzil in Ephesus als Häretiker verurteilten Patriarchen von Konstantinopel, Nestorius (381–451/453), die klare Unterscheidung, bisweilen auch die *Trennung* der beiden Naturen Christi in der Absicht, die Unveränderlichkeit der Gottheit zu wahren.
Die Jakobiten bezogen eine von der reichskirchlichen Orthodoxie in genau anderer Richtung abweichende Position: Als Monophysiten lehrten sie, dass nach der Einung der beiden Naturen eine Vergottung des menschlichen Natur stattgefunden habe und in Christus nur mehr eine Natur existiere. Den Namen leiteten Gegner polemisch vom Anführer dieser Gruppe ab, dem syrischen Bischof Jokobos Baradai († 578). – Anmerkung der Herausgeber.

48 Siehe T.J. De Boer, İslamda Felsefe Tarihi (Geschichte der Philosophie im Islam), übers. Yaşar Kutluay, Ankara 1960, 12.

49 Deshalb betont der Koran bei jeder Gelegenheit gegenüber den Zugehörigen anderer Religionen, dass der Gott ein einziger ist: *Und euer Gott ist einiger Gott; es gibt keinen Gott außer ihm, dem Erbarmer, dem Barmherzigen.* Al-Baqara (Die Kuh), Sure 2, 163. *Sprich: „Ich bin nur ein Mensch wie ihr; geoffenbart ward mir, daß euer Gott ein einiger Gott ist. Und wer da hoffet, seinem Herrn zu begegnen, der wirke ein rechtschaffen Werk, und bete niemand neben seinem Herrn an."* Al-Kahf (Die Höhle), Sure 18, 110.

hid) suchte die Mu'tazila[50] sensible Lösungen für den Umgang mit den göttlichen Eigenschaften, im Gegensatz zu solchen Vertretern, die Allahs Attribute konkretisieren wollten. Wie bekannt ist, würde die Trennung der Attribute vom Wesen, wie sie die Mu'tazila beschrieb, jedoch die Vermehrung der urewigen Existenzen (*ta'addud-i kudema*) bedeuten.

Wie de Boer feststellt, haben Attribute wie Wissen, Allmacht, Leben, Wille, Wort (Ausspruch), Hören und Sehen unter dem Einfluss der christlichen Dogmen an Bedeutung gewonnen. Dort war es ausgeschlossen, so viele Attribute mit der absoluten Einheit Gottes zu vereinbaren. Auf den ersten Blick hatten auch die Attribute des islamischen Gottes mit dem christlichen Trinitätsglauben Ähnlichkeit, der die Dreieinigkeit als die Attribute des göttlichen Wesens behauptet. Mit der Zeit wurden die Attribute im Islam durch Isolierung voneinander zurückgeführt, oder es wurde festgestellt, dass diese „identisch seien mit dem Wesen Allahs: Allah weiß durch sein Wissen, das Wissen ist sein Wissen"[51]. Allah der Allmächtige ist urewig, seine Präexistenz jedoch ist eine spezielle Eigenschaft seines Wesens. Schließlich lehnte man die Idee der urewigen Attribute ab und äußerte sich wie folgt: „Allah existiert nicht durch die urewig bestehenden Attribute wie Wissen, Allmacht und Leben, sondern ist allwissend durch sein Wesen, allmächtig durch sein Wesen, lebendig durch sein Wesen."[52]

Ebu'l-Huzeyl, einer der führenden Persönlichkeiten der Mu'tazila, zufolge, dürfen die Attribute keineswegs den Charakter des Zusatzes zum Wesen haben. Das Attribut kann „entweder dasselbe wie das Wesen sein oder anders als das Wesen". Allah ist allwissend, lebendig, allmächtig und dies macht sein Wesen aus. M.a.W. sind diese drei Attribute unterschiedliche Erscheinungen des Wesens Allahs. Şehristani zufolge ähnelt eine derartige Auffassung den Meinungen mancher Philosophen und stimmt mit der von den Christen vorgebrachten Lehre von den Hypotasen[53] überein.[54] Nach Imam Eş'ari hat Ebu'l-Huzeyl diese Gedanken von Aristoteles übernommen. Denn Aristoteles drückte sich in seinen Schriften wie folgt aus: „Der Gott ist ganz und gar Wissen;

50 Die Mu'tazila war eine um 800 im Südirak aufgekommene theologische Schule, deren Anhänger in Methodik und Terminologie durch die antike Philosophie geprägt waren, indem sie z.B. göttliche unmittelbare Wesens- von nur im göttlichen Handeln manifesten Tätigkeitsattributen trennten. Das aus dem Ringen mit der Mu'tazila entstehende Sunnitentum grenzte sich inhaltlich ab, indem es die Beschaffenheit der Gottesattribute zum Mysterium erklärte (*bi-la kaifa*). – Anmerkung der Herausgeber.

51 Siehe Eş'ari, Makalatu'l-İslamiyyin (Die Dogmatischen Lehren der Anhänger des Islam), ediert v. Helmut Ritter, Wiesbaden 1980, 484-487; De Boer, a.a.O., 35-36.

52 Siehe Şehristani, el-Milel ve'n-Nihal (İbn Hazm'ın el-Fasl'ı kenarında), Beyrut 1975, I, 55.

53 Gemeint ist das trinitarische Bekenntnis des Zweiten Ökumenischen Konzils von Konstantinopel 381, das sogenannte *Nizäno-Konstantinopolitanum*, das Gott Vater, Sohn und Heiligen Geist als drei unterscheidbare, aber ihrem göttlichen Wesen (usia, lateinisch: substantia) nach identische Personen (Hypostasen) der einen Gottheit bekannte. Vgl. das Bekenntnis und seine Interpretation durch ein Synodalschreiben aus Konstantinopel 382 in: Kirchen und Theologiegeschichte in Quellen Bd. 1, Alte Kirche, bearbeitet von Adolf Martin Ritter, Neukirchen Vluyn, 2. Aufl. 1982, 179–182. – Anmerkung der Herausgeber.

54 Siehe Şehristani, a.a.O., 63. Außerdem siehe De Boer, a.a.O., 37.

ganz und gar Allmacht sowie Leben ..." Davon inspiriert hat er auch gesagt: „sein Wissen ist Er (Wesen) selbst; die Allmacht ist Er selbst."[55]

Setzt man sich über diese Kontroversen über das Wesens-Attribut hinweg, ist Allah seiner Gerechtigkeit und seinem Erbarmen gemäß ein Wesen, das *die Wünsche der Menschen erhört*[56] bzw. *ihm näher ist als die Halsschlagader*[57]. Deswegen hat er das Weltall, das er auf Weisheit erschaffen hat, durch ein Geschöpf mit Bewusstsein beehrt, um die göttliche Gnade fortzusetzen; dieses als *khalifa* bezeichnete Geschöpf, das im Namen Allahs tätig ist und als „der Mensch in schönster Gestalt" entsandt wurde, mit dem Ziel, den Kosmos zu gestalten und das Paradies zu verdienen, ist damit beauftragt, Vollkommenheit zu erlangen. Der Mensch repräsentiert im Namen Allahs die Gerechtigkeit und Wahrheit, weshalb er derart bezeichnet wird. Wie bereits auch Ibn Rüşd erwähnt hat, hat der Mensch aus dem religiösen Blickwinkel betrachtet zwei Ziele:[58] sich darum zu bemühen, das richtige Wissen (Wahrheit) und das richtige Verhalten (Frömmigkeit) zu erlernen. Das richtige Wissen bedeutet, dass man Allah und die anderen Geschöpfe so verstehen soll, wie sie sind, und die richtige Tat hingegen bedeutet, dass man das macht, was zur Glückseligkeit führt, und dasjenige meidet, das Schaden bringt.

Aus diesem Grunde hat jeder Prophet, jeder rechtsliebende Philosoph[59] und Wissenschaftler gegen die Tyrannen, welche die göttliche Gnade behinderten, den Glauben an Allah, den Barmherzigen und den Erbarmer, verteidigt und sich demzufolge darum bemüht, die göttliche Gnade zu ermöglichen. Tatsächlich haben zahlreiche Philosophen und Wissenschaftler, die sich der Aufgabe gewidmet haben, der Gerechtigkeit und Wahrheit zu dienen, auf diesem Wege wie die getreuen Gefährten der Propheten gehandelt. Leider konnten viele, die sich mit der Religion befassen, die göttliche Gnade nicht genießen, wie Leibniz[60] als ein Philosoph zu Recht kritisiert hat. Nachdem Leibniz festgestellt hat, dass man Gott nicht lieben kann, ohne um seine Vollkommenheit zu wissen, und dass dieses Wissen die Prinzipien der wahren Frömmigkeit umfasst, führt er folgendes aus:

> Diese in die Seelen eindringen zu lassen, sollte das Ziel der wahren Religion sein. Ich weiß nicht wie, aber viele Menschen, sogar die Geistlichen sind von diesem Ziel so sehr abgewichen ... Glauben Sie! Es hat Christen gegeben, die geglaubt haben fromm zu sein, ohne die Menschen zu lieben, und gläubig zu sein, ohne Gott zu lieben ...[61]

Diese Menschen, die die Barmherzigkeit Gottes in all ihren Dimensionen widerspiegeln sollten, konnten nicht einmal so aufrichtig sein wie Voltaire. Er hat sich im-

55 Siehe Ritter, Eş'ari, a.a.O., 485.

56 Ğâfir, Sure 40, 60.

57 Kâf, Sure 50, 16.

58 İbn Rüşd, Faslu'l-makal, Kairo 1972, 30-31.

59 Zur Etymologie und zum richtigen Gebrauch des Wortes siehe Osman Karadeniz, Filozof-Peygamber İlişkisi [Das Verhältnis Philosoph-Prophet] (D.E.Ü. İlahiyat Fakültesi Dergisi-XI), Izmir 1998.

60 Als Leibniz starb, haben nur ein Geistlicher und dessen Diener an seinem Trauerzug teilgenommen.

61 Leibniz, a.a.O., 28.

merhin mit seinem Gott auseinandergesetzt. Die Geschichte des Prophetentums ist in Bezug darauf, die göttliche Gnade an alle Menschen zu verbreiten, zugleich die Geschichte des Kampfes zwischen Glauben und Aberglauben, zwischen Gerechtigkeit und Tyrannei. Zweifellos hat sich Allah, seinen unveränderlichen Regeln (*sunnatullah*) gemäß unparteiisch aller seiner Geschöpfe und Diener durch Gerechtigkeit und Erweisung von Wohltaten endlos erbarmt.

Aus der Perspektive des Koran stellen wir fest, dass sich in der Geschichte des Prophetentums die göttliche Gnade manifestiert. Diejenigen, die auf Wahrheit (Islam) und Gerechtigkeit aus sind, genießen die göttliche Gnade; umgekehrt, diejenigen, die auf Aberglauben und Tyrannei aus sind, sind der unveränderlichen göttlichen *sunna*[62] gemäß von dieser Gnade ausgeschlossen. Im Grunde genommen besteht das göttliche „Schicksal" darin, mit dieser *sunna* übereinzustimmen. Wahrheit (Islam) und Gerechtigkeit haben über kurz oder lang den Aberglauben und die Tyrannei besiegt und diese ewige Regel hat sich nicht verändert. Die Resultate des Aberglaubens und der Tyrannei hingegen sind Unruhen und Unglück. Für die Rettung der Gesellschaft und der Individuen ist es erforderlich, sich unter allen Umständen bestimmten Regeln zu fügen. Allah hat der göttlichen Gnade gemäß allen Menschen Verstand und Geist verliehen, ferner Propheten gesandt und ihnen den rechten Weg gewiesen; darüber hinaus umfasst er sämtliche Existenzen mit seiner Gnade. Schließlich wird er die Menschen in dem Maße verantwortlich machen, in dem er ihnen Wahrnehmungsfähigkeit und Segen (Gottesgabe) zugeteilt hat. Er besitzt jedoch, trotz allem, eine weitreichende Gnade, so dass sich ein Herz, das in einen Sturm geraten ist und sich in keinen Hafen flüchten kann, wie folgt äußert:

> Keine Furcht habe ich vor einer Sünde, selbst wenn ich Tausende davon habe.
> Stammt von dir nicht Rahman (Barmherziger) der Name?
> Hast du nicht gesprochen, ich bin der Verzeihende der Sünden?
> Wirst du dann Lügner werden, wenn du verzeihst meine Sünden?[63]

62 Siehe al-Ahzab, (die Verbündeten), Sure 33, 62; al-Fâtır (die Engel), Sure 35, 43.
63 Azmi Baba, 16. Yüzyıl.

Recht und Verantwortung. Die Erklärung der Begriffe Allerbarmer und Barmherziger aus der Sicht der islamischen Rechtsphilosophie[1]

von

Şamil Dağci

Herr, gib uns in dieser und jener Welt Gutes und bewahre uns vor dem Höllenfeuer.[2]

Ich möchte meinen Vortrag mit dem Zitat von Imam Şafii, dem ersten Satz seines Werkes *er-Risâle* beginnen. Dieses Werk ist gemäß der Methodik der islamischen Rechtswissenschaft verfasst und besitzt die Besonderheit, dass es als erstes Werk bis in unsere Zeit rezipiert wird. Dort drückt Şafii sich wie folgt aus:

> Die Lobpreisung ist allein Gott vorbehalten. Die Danksagung für einen seiner Segen ist wiederum nur mit einem weiteren Segen von ihm möglich. Dieser Segen gewährleistet wiederum dem Danksagenden einen weiteren Segen. Aufgrund dieses Segens sollte der Mensch Gott dankbar sein.[3]

Man kann sich den Begriff „Erbarmen", welcher die allumfassende Bedeutung der den Menschen gebotenen Gnaden Gottes ist, geistig als zweidimensional vorstellen. Zwischen Schöpfer und Geschöpfen besteht eine vertikale, bei zwischenmenschlichen Beziehungen sowie der Beziehung zwischen Menschen und anderen Geschöpfen besteht eine horizontale Ebene. Betrachtet man den Begriff „Erbarmen" aus der Perspektive Gott-Mensch-Beziehung, so kann daraus die Bedeutung abgeleitet werden, dass Gott seine Gunst in der Welt der Existenz all seinen Dienern schenkt. Bewertet man die gleiche Beziehung aus der Sicht der Menschen, so sind die durch eigenes Wissen und eigene Fähigkeiten erlangten Verdienste, kurz die willentlichen Fähigkeiten, und als natürliche Folge davon das Verantwortungsbewusstsein des freien Menschen maßgebend.

Gott ist kein abstraktes Wesen von Bezeichnungen.[4]

Zweifellos ist das Universum nicht allein ein Werk des göttlichen Attributs „Schöpfer", sondern ein Phänomen aller Namen und Bezeichnungen des Allmächtigen. Eine der Bezeichnungen Gottes ist der Begriff „Erbarmer". Dieser, welcher grammatikalisch ein Substantiv des Stammes r-h-m ist, der die Bedeutung „bemitleiden", „behüten", „sich erbarmen" und „begnaden" trägt, findet seinen Ausdruck in *rahmân* (Aller-

1 Übersetzt von Gönül Kemahlhoğlu.
2 Al-Bakara (die Kuh), Sure 2,201.
3 Muhammed b. Idris eş-Şafii, er-Risale, Beirut o.J.
4 Serefettin Yaltkaya, Va'zlar, Istanbul 1944, 59.

barmer) und *rahîm* (Barmherziger), den schönsten Namen des Allmächtigen wieder.[5] Es ist ferner möglich, die Attribute *raûf*, *kerîm*, *vahhâb*, *rezzâk*, *mucîb*, *ğaffâr*, *halîm*, *afuvv*, *vedûd* usw. in Zusammenhang mit dem Begriff „Erbarmen Gottes" einhergehend zu prüfen.

Obwohl man in allen Ableitungen des Stammes r-h-m (Allerbarmer, Barmherziger, Güte, Ehrerbietung) eine Reihe von Namen finden kann, so werden die Stammesbedeutungen „bemitleiden, bemühen, sich erbarmen und begnaden" gewahrt.[6] Diese Begriffe – mit Ausnahme der Bezeichnung „Allerbarmer", die nur für Gott allein benutzt wird – haben in Bezug auf den Schöpfer einen grenzenlosen, aber in Bezug auf andere Geschöpfe, die nur eine Spiegelung des grenzenlosen Erbarmers sind, einen unbedeutenderen und bedingten Inhalt.[7] Um den Menschen das grenzenlose Erbarmen Gottes verständlich zu machen, benutzte der Prophet eine Erleuchtung im Traum als Bild. Darin sah er ein verlorengegangenes Kind und die innige Umarmung der Mutter nach dem Wiederfinden. Dieses Beispiel trägt eine große Bedeutung in sich und zeigt, dass dieser Begriff auch für den Menschen verwendet wird.[8]

Aufgrund des natürlichen Bundes der Liebe, welcher ein Phänomen der Barmherzigkeit des Allmächtigen ist, umarmt die Mutter ihre Kinder, beschützt sie, gibt ihnen zu essen und zu trinken, ohne an sich zu denken. Sie wirft sich selbstlos in die Flammen, um ihr Kind, das ins Feuer zu fallen droht, zu retten, die Menschen erwarten ihre Hilfe, wenn sie keine Hoffnung mehr haben. Und Gott hilft ihnen. Er befiehlt ihnen, niemals die Hoffnung auf seine Barmherzigkeit aufzugeben:

> Oh ihr meine Diener, die ihr euch gegen eure Seelen versündigt, zweifelt nicht an der Barmherzigkeit Allahs, denn Allah vergibt alle Sünden. Er ist versöhnend und barmherzig.[9]

Verwandte sollen sich helfen. Diese Hilfsbereitschaft beschränkt sich nicht nur auf Verwandte, sie umfasst auch Bedürftige und Menschen ohne Angehörige. Menschen beschützen die Jüngeren und achten die Älteren. Reiche unterstützen Arme und Hilflose. Diese Gefühle bleiben im Menschen nicht nur potentiell-kinetisch, sondern werden durch äußere Einwirkungen auf die Außenwelt reflektiert, werden als Widerhall eines kollektiven Gewissens auf die Gesellschaft übertragen, wandeln sich um in Stiftungen, Krankenhäuser und Bildungsinstitutionen und konkretisieren und verkörpern sich geradezu in sozialen Einrichtungen.

Dieser Zustand, der bei den Geschöpfen in fortgeschrittener Weise sichtbar wird, wird bedingt auf andere Lebewesen übertragen. Als ein Phänomen dieser Art ver-

5 Das sind jedoch nur Bezeichnungen seiner Eigenschaften. Asım Efendi übersetzt „beneficent" und „merciful". In der Annahme, dass diese Bezeichnungen für Allah nicht ausreichend sind, verwendete er den Superlativ wie „most merciful" (A. Yusuf Ali, The Holy Qur'an, o.O. 1983, 17).

6 Ragıp el-İsfahani, el-Müfredat, 191.

7 Muhammed Reşid Riza, Tefsiru'lKur'ani'l hakim, Kairo 1954,1/46; Muhammed Hamdi Yazır, Rechtsreligion und die Sprache des Koran, 1/75, übersetzt von Asım Efendi.

8 Buhari, Edeb, 18; Müslim, Tevbe, 66.

9 Zümer (die Scharen), Sure 39,53.

stecken die Vögel instinktiv ihre Eier an unerreichbaren Plätzen, schützen sie. Aus Fürsorge um ihre Jungen bauen sie ihre Nester an abgelegene Orte, sie besorgen Nahrung für ihren Nachwuchs wobei sie ihr eigenes Leben riskieren und füttern ihre mit offenen Schnäbeln auf sie wartenden Jungen. Tiere suchen nach ihren eigenen Jungen, um sie zu säugen, die Jungen wiederum nach der Mutter. Selbst die gefährlichsten Raubtiere schützen, beschnuppern, säugen und befürsorgen ihren Nachwuchs mit Mutterliebe. Denn sie sind nicht nur Tiere, sondern in ihrer eigenen natürlichen Umwelt gleichzeitig auch Mutter. Jedoch können Tiere, deren Handlungen durch ihre Instinkte, die begrenzt sind, die ihnen von der Natur vorgegebenen Grenzen nicht überschreiten. Aber Menschen sind anders, denn außer ihren Instinkten verfügen sie über eine beachtliche Macht, den Verstand. Der Glaube, der dieser Macht entspringt, trägt den Menschen aus den engen und statischen Grenzen der physischen Welt in das Reich der Metaphysik.

Die Bestimmung der Möglichkeiten und Grenzen, sogar die geistige Vorstellung der göttlichen Erbarmung liegt außerhalb der menschlichen Kapazität. So wie das Wissensgebiet des Menschen mit dem begrenzt ist, was er entdeckt, so ist auch das Wissen über das, was er entdeckt, begrenzt. Laut Koran sind die Gnaden Gottes endlos.[10]

Die Gnaden, die der Allmächtige im Namen des Erbarmens den Menschen zukommen lässt, können auf zwei unterschiedliche Weisen betrachtet werden. Ein Teil davon wird ohne Ausnahme allen Menschen gewährt. Der andere Teil wiederum wird ihm nur unter der Bedingung der Nutzung seiner individuellen Fähigkeiten gewährt. Beim ersten Teil ist der Mensch ein passives, beim zweiten ein aktives Subjekt. Dieser Umstand wurde von islamischen Gelehrten mit den Bezeichnungen des Allmächtigen als Allerbarmer und Barmherziger begründet. Der Begriff Allerbarmer beinhaltet das Erbarmen über alle Menschen und alle anderen Lebewesen, ohne Unterscheidung der Gläubigen oder Ungläubigen.[11] Der Begriff Barmherziger hingegen wurde gemäß der Belohnung oder Bestrafung definiert, je nach guter oder schlechter Willenskraft des Menschen.[12] Weil das Erbarmen in der Bezeichnung *er-rahmân* jedoch alles umfasst, wird dieser Begriff ausschließlich Gott zugeteilt.[13] Weitere Bezeichnungen der Eigenschaft des Erbarmens werden zwar in erster Linie für Gott verwendet, bedingt aber auch für Menschen, bei denen man sie vorzufinden glaubt. Zusammenfassend drücken diese Begriffe das grenzenlose Erbarmen Gottes, bei den Menschen jedoch die Gefühle Mitleid, Liebe und Fürsorge aus.

Allerbarmer und Barmherziger können also in der Gott-Diener-Beziehung auf zwei verschiedene Arten betrachtet werden:

10 Nahl (die Bienen), Sure 16,18.

11 Araf (die Zwischenmauer, Sure 7,156 berichtet von einer allumfassenden Barmherzigkeit; siehe Toshiho Izutzu, İbnu'l-Arabi'nin Fasüs'ündeki Anahtar Kavramlar (übers. v. Ahmet Yüksel Özemre) Istanbul 1999, 170-173.

12 Ragıp el-İsfahani, el-Müfredat, 192.

13 Tevbe (die Reue), Sure 9,128 stellt dieses Thema dar.

a) Aus der Sicht des Allerbarmers wird der Mensch, der ein ehrenwertes Lebewesen ist, unter einigen apriorischen Bedingungen, die seinem Leben Vorrang gewähren, als schutzbedürftiges Wesen geboren und findet weitere Segen vor. Ohne den Schutz anderer ist sein Leben unmöglich. Ein Neugeborenes z.B. kann nicht überleben, wenn ihm der Mutterschoß verwehrt und es der Natur überlassen wird. Eigentlich beginnt dieser Schutz in der embryonalen Phase in der Gebärmutter, deren bio-chemisches Geheimnis noch nicht vollständig gelüftet ist. Darüber hinaus ist der Schutz des Embryos nicht nur auf sein physisches Dasein begrenzt, er besitzt bereits vor der Geburt juristischen Schutz.

Der Mensch erlangt mit diesem Segen schrittweise die Reife. Innerhalb der Gesellschaft entwickelt er als Individuum sein physisches und psychisches Wesen und seine Fähigkeiten. Wenn er mit der Erlangung der Reife seiner psychischen Fähigkeiten so weit ist, zu sagen „ich bin ein freier Mensch, frei in meinem Handeln und meiner Verantwortung bewusst", juristisch ausgedrückt zurechnungsfähig ist, sollte er gut und böse voneinander unterscheiden können. Die osmanische Bedeutung dafür lautet *sinn-i rüşde reşîd* (Mündigkeit).

b) Aus der Sicht des Barmherzigen ist das Universum weder ein Chaos ohne Führer, noch ein Königreich, das von Halbgöttern regiert wird. Es wird von einer außerordentlichen Autorität geführt, die Herr über alle Lagen ist, von einem absoluten Herrscher, ohne dessen Wissen und Kontrolle nichts geschieht, vom Schöpfer der Menschheit, die von ihm mit Willenskraft ausgestattet wurde. Es ist auch ein Zeichen des Erbarmens Gottes, dass die ontologischen Gesetze Gottes, die er dem Universum auferlegte, für Menschen verständlich sind. Neben den unveränderlichen Gesetzen, die Gott der Natur auferlegte, gibt es eine Reihe politische und soziale Gesetze für die Menschheit. Der Mensch versucht, die zusammenhängenden Prinzipien der unveränderlichen Gesetze der Natur zu verstehen, richtet sich aber auch nach den politischen und sozialen Gesetzen. Auch wenn der Mensch über die Fähigkeit verfügt, die hintergründige Notwendigkeit der politischen Gesetze zu verstehen, so bleibt es doch seinem Verantwortungsbewusstsein überlassen, ob er sich an diese hält oder nicht.[14] Das heißt, dass alle juristischen Normen, die von Gott dem Allmächtigen stammen, für die Menschheit als gesetzgebend gelten und eine Reihe von Zielen verwirklichen sollen. Ohne Zweifel sind diese nicht umsonst befohlen und vorausgesehen worden, denn auch die Menschen sind nicht grundlos erschaffen worden.

Im Rahmen des göttlichen Erbarmens wird der Mensch nach seinen gut- und böswilligen Taten bewertet. Er entdeckt unter Einsatz seines Verstandes und seiner Willenskraft sowie seiner sonstigen Fähigkeiten die Segnungen Gottes, zieht Nutzen aus ihnen, mit Erweiterung seines Wissens und seiner Erfahrung vergrößert sich ein Erfahrungsbereich, das Ungewisse wird zur Gewissheit, Umfang, Anzahl und Bereiche der Segnungen nehmen zu.

14 Ebu'l-Hasan en Nedvi, Religion und Kultur (übers. Enes Harman), Izmir 1976, 72.

Es ist ein Zeichen der Güte Gottes gegenüber der Menschheit, dass der mit Verstand und Willenskraft ausgestattete Mensch mit Offenbarungen und Propheten unterstützt wurde. In der Geschichte der Menschheit, die sich von der Schöpfung und des eigentlichen Grundes ihres Daseins entfernte, wurden ihr einige Propheten zugesandt. Aus diesem Grund wurde im Koran der Begriff Erbarmen in einigen Versen als Prophet interpretiert, in anderen wiederum wurde der gleiche Begriff zusammen mit den Namen der Propheten rezitiert.[15]

Einerseits wirft die Offenbarung ein Licht auf die Geschichte des Menschen, der im Besitz eines dreidimensionalen Zeitbewusstseins ist. Andererseits regelt der Mensch sein Leben und dessen Bedingungen, indem er die Welt gestaltet, Arbeit, Dienstleistung und Werte produziert und in der Gesellschaft Recht und Gerechtigkeit walten lässt. Indem dem Menschen als höchstes Ziel das unendliche Glück prophezeit wird, gewinnt sein Leben im Diesseits an Dynamik und erhält Sicherheit, Bewusstsein und Freude.

Einerseits wird dem Menschen bewusst gemacht, dass er im Universum nicht einsam und schutzlos ist. Er ist sich sicher, dass er unter dem Schutz und der Obhut Gottes steht, der, ontologisch betrachtet, die Möglichkeiten und Grenzen sowie die Gesetze im Universum festlegt. Andererseits ist ihm klar, dass er durch seine Fähigkeiten anderen Lebewesen überlegen ist. Aus diesem Grund weiß er, dass er über anderen Lebewesen steht, wodurch ihm jedoch die Verantwortung über diese auferlegt wird. Lt. Koran sind dem Menschen demnach Rechte und Pflichten auferlegt worden.[16]

Aufgrund hervorragender Fähigkeiten wie Verstand, Wille und Widerstandskraft übernimmt der Mensch religiös-moralische und juristische Verantwortung. Durch diese Begabungen kann der Mensch das Richtige vom Falschen unterscheiden. Dasselbe Bewusstsein jedoch stellt ihn einer Reihe von Verantwortungen gegenüber, dem Fachbegriff der islamischen Rechtswissenschaft nach *ilzam ve iltizama ehil*. Als Gegenleistung für die Segnungen, die ihm gegeben werden, trägt der Mensch die Verantwortung bezüglich einer Reihe moralischer Aufgaben. In dieser Verantwortungshierarchie steht der Dienst für Gott an erster Stelle. Diesen folgen Prinzipien, an die sich der Mensch im Zusammenleben mit anderen Menschen und Lebewesen halten muss. Aus der Sicht der Diener Gottes bringen Verstehen und Wille die Verantwortung, die Verantwortung wiederum die Pflicht der Glaubensausführung mit sich. Der Mensch, der im Besitz physischer Begabungspotentiale ist und dazu bereit ist, diese ständig weiterzuentwickeln, verehrt Gott, den Schöpfer der eigentlichen Religion, befolgt seine Befehle und betrachtet all seine Schöpfungen mit Liebe und Fürsorge.[17] Nach Yunus Emre werden Geschöpfe ihrem Schöpfer zuliebe toleriert. Kurz, der Mensch lebt in Harmonie mit sich selbst, dem Schöpfer und seiner Umwelt.

15 Enbiya (die Propheten), Sure 21,107; Zuhruf (der Goldprunk), Sure 43,32; Hud, Sure 11,28 u. 63. Des Weiteren Kurtubi, el-Camiu li Ahkami'l Kur'an, Kairo 1967, XVI/82; Taberi, Camiu'l-el Beyan, XII/28, 63; Zemahşeri, el-Keşşaf, III/265.

16 Ahzab (die Verbündeten), Sure 33,72.

17 Et-Ta'zimu bi emrillah eş-şekatü ala halkillah.

Ein Mensch, der seine besonderen Begabungen nutzt, erreicht das Ich-Bewusstsein und erkennt seine Persönlichkeit. Gleichzeitig bedeutet dies, dass er andere kennen lernt und akzeptiert, dass diese ebenfalls ein eigenes Ich besitzen. Somit überschreitet man das Ich und wird zum Wir. Je größer der Wir-Kreis wird, desto geringer werden die Differenzen der Gesellschaft, durch die Toleranz der anderen wird ein gemeinsames Menschlichkeitsbewusstsein erlangt. Darüber hinaus gelangt der Mensch zu dem Bewusstsein, alle Wesen, ob lebendig oder leblos, schützen zu wollen.

Er ist das Werk seines eigenen Willens und ein Geschöpf, das sich selbst und anderen Menschen sowie anderen Lebewesen gegenüber voller Verantwortung handelt. Von diesem Standpunkt aus betrachtet wird er mit dem Kausalitätsprinzip der Belohnung und Strafe konfrontiert, je nachdem, ob er seiner Reife gemäß gut- oder böswillig handelt. Dies wiederum ist damit verbunden, wie er seine besonderen Begabungen, kurz seinen Verstand und seine Willenskraft, einsetzt. Aus diesem Grund sind Freiheit und Pflicht zwei Begriffe, die sich ergänzen (conditio sine qua non). Freiheit bringt Verantwortung und Pflichten mit sich. Pflichten wiederum sind die Bedingung der Freiheit. Das eine setzt das andere voraus. Anders ausgedrückt ist das Individuum nur in dem Maße seiner Wahrnehmung und seines Willens verantwortlich. Das Fehlen dieser Begabungen hebt die Verantwortung auf. Jedoch sind Freiheit sowie Pflicht und Verantwortung nicht kontroverse, sondern sich ergänzende Tatsachen und man soll den Menschen als eine Gesamtheit dieser zwei Fakten betrachten. Im Koran wird die Pflicht als ein dem Menschen anvertrautes Gut betrachtet.[18] Die Fähigkeit, Gutes und Böses zu tun, welche dem Menschen als Potential mitgegeben wurde, sowie eine gerechtfertigte Gegenleistung für gut- und böswilliges Handeln, ist gleichzeitig der Grund für den Respekt vor dem Verstand und dem Willen des Menschen. Die Fähigkeit verleiht dem Menschen auch das Recht der Ungläubigkeit, unter der Bedingung, die Folgen und Verantwortung zu tragen.[19]

Gemäß den klassisch-islamischen Wissenschaftlern wird der Begriff Barmherziger insbesondere in Bezug auf das Jenseits verwendet. Aus diesem Grund wird er auch dahingehend interpretiert, dass die Menschen ihren weltlichen Handlungen im Jenseits gegenübergestellt werden. Daher kann gesagt werden, dass das Prinzip des Allerbarmers all seinen Dienern ohne Unterscheidung zukommt, die Barmherzigkeit jedoch von den Handlungen des Menschen abhängt. Kurz, Allerbarmungen sind Rechte ohne Gegenleistungen, Barmherzigkeit hängt von Wille und Verantwortung ab. Aus anderer Sicht symbolisiert der Begriff Allerbarmer die Dimension der Seele und Liebe des Islam, der Begriff Barmherziger die Dimension der Vernunft. Die Widerspiegelung der Begriffe Allerbarmer und Barmherziger auf die Handlungen des Menschen vereinen sich in Verstand und Seele. Die Synthese dieser zwei Begriffe ist folgende: Religion wird als heiliges Gesetz definiert, welches den Menschen sowohl zu göttlichem Segen

18 Ahzab (die Verbündeten), Sure 33,72.

19 Kehf (die Höhle), Sure 18,28; Fussilet (die deutlich Erklärten), Sure 41,8; İsra (die Nachtreise), Sure 17,86; Casiye (das Knien), Sure 45,14; Şuara (die Dichter), Sure 26,20.

und somit auf den rechten Weg führt, als auch dem Menschen die Nutzung seiner Willenskraft, Pflichten und Verantwortungsbewusstsein auferlegt. Dementsprechend besteht Religion aus den Grundbausteinen Göttlichkeit, Willenskraft, Verstand und Beschreiten des rechten Weges. Sie ist die Synthese aus Moral und Nutzen.

Aus juristischer Perspektive betrachtet, sollten Rechte und Verantwortungen des Individuums unterschieden werden. In klassischen Quellen findet man die Aussage, dass „das Individuum sich der Beweise bewusst ist, die für und wider ihn sind". In der islamischen Rechtswissenschaft wiederum steht der Begriff *leh* („für ihn") für Recht, *aleyh* („wider ihn") für Verantwortung und Pflicht. Deshalb ist die islamische Rechtswissenschaft die Lehre der Rechte und Verantwortungen. In Bezug auf den Diener werden Rechte und Pflichten im selben Zusammenhang untersucht. Betrachtet man dieses Thema aus der Perspektive der Pflicht des Islam, so stehen in der juristischen Gleichung auf der einen Seite die Rechte den Pflichten auf der anderen Seite gleichwertig gegenüber. Jedoch haben Rechte Priorität. Bevor man jemanden zur Verantwortung zieht, sollte man zuerst die ausgleichenden Rechte sicherstellen. Auf der Basis der Rechte kann der Status des Menschen wie folgt zusammengefasst werden:

a) Der Besitz von Rechten, die Nutzung derer sowie die Auferlegung von Pflichten und Verantwortung auf ein juristisches Subjekt (Mensch) bezeichnet man als Kapazität. Dies zeigt die persönliche Zurechnungsfähigkeit des Menschen. Alle Menschen sind einander gleichgestellt und haben ohne Ausnahme das Recht, die Bezeichnung „Mensch" zu tragen, ohne Rücksicht auf Religion, Sprache, Geschlecht, körperliche und geistige Verfassung. Er ist befähigt, die grundlegenden Menschenrechte wie Leben, Unantastbarkeit, Würde und Stolz, Eigentumsrecht u.ä. zu nutzen. In der islamischen Rechtswissenschaft wird dieser Zustand als Pflichtkompetenz bezeichnet, im modernen Recht hingegen als Rechtskompetenz. Weil die Pflichtkompetenz mit der Individualität des Menschen gleichgesetzt wird, wird anstelle dieses Begriffes auch das Wort Obliegenheit verwendet. Aus diesem Grund besitzen alle Menschen die Rechtskompetenz und jeder profitiert gleichermaßen davon. Das Grundprinzip diesbezüglich lautet „Allgemeinheit" und „Gleichheit".

b) Man nennt die Nutzung des individuellen Rechts, ohne den Bedarf auf juristische Vertretung, die Fähigkeit der Rechtsanwendung sowie der Handlung, in der althergebrachten Form auch die Fähigkeit der Pflichterfüllung. Da diese Fähigkeit die rechtmäßigen Handlungen und Aktivitäten des Individuums voraussetzt, jedoch für gesetzeswidrige Handlungen verantwortlich gemacht wird, muss sie zur Erhaltung der Handlungsfähigkeit eine Reihe von Kompetenzen vorweisen können. Die Verantwortung setzt im allgemeinen Sinne die Widerspruchskraft und eine Mündigkeit voraus. Aus diesem Grund wird der Mensch je nach dem Erreichen einer bestimmten physisch-biologischen Reife im Verhältnis zu seiner Widerspruchskraft verantwortlich gemacht. Die Verantwortung beginnt vor der Pubertät. Aber wie bereits erwähnt, erhält man viele Rechte mit der Geburt.

Die Menschen werden aus der Sicht der Rechtsnutzungskompetenz je nach dem Status als voll handlungsfähig, begrenzt handlungsfähig, unzurechnungsfähig und begrenzt unzurechnungsfähig bewertet. Voll Handlungsfähige werden direkt zur Verantwortung gezogen, die anderen durch juristische Vormundschaften vertreten. Sie führen rechtliche Tätigkeiten durch, gehen Verpflichtungen ein, schließen Verträge mit Dritten und bürden ihnen Verantwortung auf, erheben Anspruch auf Recht. In diesem Sinne hat jeder soviel Recht und Verantwortung, wie er im Besitze von Verstand, Willenskraft und Kompetenz ist. Bei Zuwiderhandlungen gegen die positiven rechtlichen Regeln im sozialen Bereich wird er persönlich zur Verantwortung gezogen; dies nennt man juristische Verantwortung.

Diese moralische Verantwortung spiegelt sich in der Glaubensausführung und in den sozialen Beziehungen in Form von Wohltaten wider.

> Wohltaten sind Andachten, die du ausführen solltest, als stündest du direkt vor dem Herrn, Auch wenn du Ihn nicht siehst, so sieht Er dich.[20]

Wird der Begriff „Wohltat" in diesem Ausspruch nur auf das Gebet beschränkt, so bedeutet das, dass dieser Ausspruch unvollständig verstanden wurde. Wohltat bedeutet, dass der Mensch Richtiges, Schönes und Nutzvolles durchführt und niemals seine Handlungsgrenzen überschreitet. Die Glaubensausführung in diesem Ausspruch bedeutet, das zu machen, was richtig und nutzvoll ist. Es ist z.B. ein Gnadenbeweis, einem Tier die Kehle durchzuschneiden, dass es nicht leidet. In diesem Sinne umfasst die Fürsorge des Gläubigen alle Lebewesen. Die Gesellschaft sollte sich ihrer Verpflichtung bewusst sein, Wohltaten auszuführen. Sie sollte sich bewusst sein, dass die Quellen oberhalb und unterhalb der Erde und sogar die Reichtümer nicht ihr Eigentum sind, sondern auch die Nachkommen Anrecht darauf haben. Deshalb sollte sie es dementsprechend verwalten.

Auch die Verantwortungen der Menschen werden unterschieden. Verantwortung und Mündigkeit sind zwei ineinandergehende Begriffe. Verantwortung steht für Personen, Mündigkeit wird wiederum für Taten benutzt. Dies bedeutet, die Handlung der Person zuzuschreiben und sie aufgrund ihrer Handlung verantwortlich zu machen. Also muss die Tat zuerst der Person zugeschrieben werden, bevor sie dafür zur Verantwortung gezogen wird. Demnach muss der Täter Mündigkeit vorweisen können. Deshalb sollte die individuelle Verantwortung wie folgt gegliedert werden: a) religiös-moralische Verantwortung, b) juristische Verantwortung.

Moralisch-gewissenhafte Verantwortung bedeutet, dass das Individuum bei all seinen Handlungen je nach gut-böse, nutzvoll-nutzlos, richtig-falsch sich selbst und seinem Gewissen Rechenschaft ablegt und sich selbst dadurch entlastet. Denn nach jeder Handlung sollte die Person ihrem Gewissen Rechenschaft ablegen. Bei Handlungen, die der Mensch mit innerer Ruhe ausführt, wird sein Gewissen gut sein, falls dies nicht

20 İbn Mace, Zebaih, 3.

der Fall ist, wird er Gewissensbisse haben, wird Wege zur Wiedergutmachung suchen. Andernfalls wird er durch sein eigenes Gewissen und das öffentliche Gewissen verurteilt. In Anbetracht der Moral wird die Person für all ihre Handlungen verantwortlich gemacht. Die Bestätigung der moralischen Verantwortung für diese Handlungen sind die Moral und das Gewissen. Der Mensch ist seinem Gewissen, dem öffentlichen Gewissen und vor Gott, dem Allmächtigen, verantwortlich. Der Ausspruch: „Frage dein Herz, auch wenn die Muftis Befehle erteilen", betont diese Auffassung.

Der Diener ist verpflichtet, an die grenzenlose Kraft des Schöpfers und an seine Absolutheit zu glauben, für Ihn zu beten, von seinen offensichtlichen Segnungen zu profitieren, seine verborgenen Segen zu entdecken. Es ist seine Aufgabe, demzufolge seine Zeit den Menschen zu widmen, mit sich selbst und der Umwelt in Einklang zu leben und seinen menschlichen Willen dem Willen des allmächtigen Schöpfers zu unterwerfen. Er sollte seinen Willen hinsichtlich der Wahl seiner Handlungen und seines Benehmens in Richtung frommer Aufgaben lenken, um das Höchste an menschlichem Glück zu erschaffen. Seine Begabungen führen ihn zu unmittelbarer Kenntnis, zum Glauben, zu frommen Tätigkeiten und Aufrichtigkeit.

Die Grundprinzipien der vertikalen und horizontalen Beziehung zwischen Mensch und dem Allmächtigen finden ihren Ausdruck in der Sure al-Fatiha wieder.

> Im Namen Allahs, des Barmherzigen! Lob und Preis sei Allah, dem Herrn aller Weltenbewohner, dem gnädigen Allerbarmer, der am Tage des Gerichts herrscht. Dir allein wollen wir dienen, und zu Dir allein flehen wir um Beistand. Führe uns auf den rechten Weg, den Weg derer, welche sich Deiner Gnade freuen und nicht den Pfad jener, über die Du zürnst oder die, die in die Irre gehen.

Mit dieser Sure beginnt das Gebet:

> Im Namen Allahs, des Barmherzigen! Gib uns in dieser Welt und im Jenseits Gutes und bewahre uns vor dem Höllenfeuer.
> Im Namen Allahs, des Barmherzigen! Halte mich, meine Mutter, meinen Vater und alle anderen Menschen fest am Tage des Jüngsten Gerichts.

Und mit diesem Vers beendet der Mensch das tägliche Gebet. Das Grundprinzip des Erbarmens erhält den Menschen am Leben.

Die Attribute „der Allerbarmer“ (*ar-rahmān*) und „der Allbarmherzige“ (*ar-raḥīm*) bei Elmalılı

von

Sabri Yilmaz

Der Glaube an Gott (Allah) ist der wichtigste Grundsatz aller göttlichen Religionen. Allah ist das allmächtige und transzendente Wesen. Es ist unmöglich, ihn durch Sinneswahrnehmung zu definieren. Dennoch will der Mensch dieses Wesen, dem er gläubig vertraut, kennen lernen und versucht, seinen Wunsch danach anhand bildlicher und symbolischer Aussagen zu befriedigen. Solche Aussagen kommen dadurch zustande, dass dem Allmächtigen verschiedene Eigenschaften, Attribute und Wesenszüge verliehen werden, die ihn von den anderen Geschöpfen unterscheiden. So schreibt auch der Koran Allah Namen und Attribute zu, welche es den Menschen erleichtern sollen, sich ihn vorzustellen. Die im Koran am häufigsten anzutreffenden Attribute, die Allah charakterisieren, sind „der Allerbarmer“ (*ar-raḥmān*) und „der Allbarmherzige“ (*ar-raḥīm*).

Die Attribute „der Allerbarmer“ (*ar-raḥmān*) und „der Allbarmherzige“ (*ar-raḥīm*), die sich im Koran am Anfang jeder Sure, außer der Sure Tevbe („die Reue“), und als Vers innerhalb der Sure Neml („die Ameise“) befinden,[1] werden auch in der Bismillah-Formel,[2] welche der heilige Prophet uns beim Herangehen an die Arbeit zu gedenken und auszusprechen propagiert hat, neben dem Eigennamen Gottes „Allah“ erwähnt. Darüber hinaus wird in vielen Koran-Versen die Reichweite von Allahs Gnade und sein Wesenszug, der Allerbarmer und der Allbarmherzige zu sein, betont.[3] Die eigentliche Thematik des Koranstudiums besteht darin, über Allah zu sprechen sowie sich über sein Wesen und seine Beziehung zum Universum bzw. zum Menschen zu äußern.[4] Während die islamischen Theologen heftige Diskussionen über Attribute wie

1 Nemel (die Ameise), Sure 27,30.

2 Ebu Davud (Süleyman b. El-Eş'as es-Sicistanî) Sünen, Kitabu'l-Edeb: 18, V, 172, Hadis No: 4840; İsmail b. Muhammed el-Aclunî, Keşfu'l-Hafâ, Beirut o.J., II, 119; Celaleddin b. Ebi Bekir es-Suyutî, el-Câmiu's-Sağîr, Beirut 1990, I, 391. (Gemeint ist die Einleitungsformel jeder Sure: „Im Namen Allahs, des Allbarmherzigen, des Allerbarmers“: *bi-ismi llāhi r-raḥmāni r-raḥīm*. Nach ihren Einleitungsworten nennt sie der Autor oben „Bismillah-Formel“, gebräuchlich ist auch die Verschleifung „Basmala“. – Anm. der Herausgeber).

3 Als Beispiel s. Fatiha (die Eröffnende), Sure 1,3; Bakara (die Kuh), Sure 2,37 sowie Verse 54, 128, 143,160, 163, 173, 199, 218; En'am (das Vieh), Sure 6,147; Araf (die Zwischenmauer), Sure 7,157; Tevbe (die Reue), Sure 9,99; Hıcr, Sure 15,49; Enbiya (die Propheten), Sure 21,112; Hac (die Pilgerfahrt), Sure 22,65; Yasin, Sure 36,52 u. 58; Fussilet (die deutlich Erklärten), Sure 41,2; Rahman (der Allbarmherzige), Sure 55,1; Haşr (die Auswanderung), Sure 59,22; Mülk (die Herrschaft), Sure 67,29; Nebe (die Verkündigung), Sure 78,38.

4 Mehmet S. Aydın, Alemden Allah'a, Istanbul 2000, 9.

Allwissenheit, Wille und Allmächtigkeit führten, schenkten sie den Attributen „der Allerbarmer" und „der Allbarmherzige" keine gebührende Aufmerksamkeit, wohl in der Annahme, dass diese keine Probleme bereiteten.

In dieser Arbeit möchten wir untersuchen, wie M. Hamdi Yazır Elmalılı[5] im Rahmen der Allah-Mensch-Beziehung zu den Attributen Allerbarmer und Allbarmherziger steht, die er in Bezug setzt zu dem aus der übrigen Schöpfung herausgehobenen Menschen. Die Untersuchung erfolgt anhand des Buches *Hak Dini Kuran Dili*[6] , „Der Islam und die Sprache des Koran", das zu den Überlegungen zum Koran großen Beitrag geleistet hat.

Wir müssen eins festhalten: Yazır gibt zu, dass es unmöglich ist, Allah als dem wahren Gott mit den ihn betreffenden Aussagen gerecht zu werden, mag er auch über Namen und Attribute verfügen, welche den Ursprung aller Geschöpfe andeuten. Seines Erachtens ist eine Charakterisierung Allahs, als einer, der fern von allen Konstellationen existiert, unmöglich, da „ein Charakteristikum eine Unähnlichkeit zwischen einem Kennzeichen und einem Gekennzeichneten erfordert. Und da wo es um eine Unähnlichkeit geht, kann von Singularität nicht die Rede sein".[7]

Bevor Elmalılı ein Urteil darüber abgibt, ob es sich bei den für die Bezeichnung Allahs gebrauchten Wörtern „der Allerbarmer" (*ar-raḥmān*) und „der Allbarmherzige" (*ar-raḥīm*) um einen Namen oder um ein Attribut handelt, stellt er fest, was man unter

5 Der sich im Vorwort seines Korankommentars mit dem Titel *Hak Dini Kur'an Dili*, „Der Islam und die Sprache des Koran" als „ein wahrer Anatolier, wahrer Oğuz und Yazır-Türke" bezeichnende Muhammed Hamdi Yazır wurde 1878 in der Provinz Antalya in Elmalı geboren. Sein Vater Numan Efendi wurde in dem Dorf Yazır bei Gölhisar geboren, in Aydın hatte er die Medrese abgeschlossen und ließ sich in Elmalı nieder. Seine Mutter Fatma Hanım war die Tochter des Sarlarlı Mehmed Efendi, eines Mitglieds der Ulema von Elmalı. In Elmalı hatte Hamdi Yazır seine Ausbildung der Koranrezitation abgeschlossen. Nach Abschluss der Hauptschule (Rüştiye) zog er 1894 auf Wunsch seines Onkels Mustafa Sırıla, der auf der Medrese war, nach Istanbul, um dort seine Ausbildung fortzusetzen. Nach Abschluss seiner Ausbildung an der dortigen Medrese trat er 1906 in Beyazit das Lehramt an. In der Mekteb-i Kuzât und Medrese-i Mütehassisîn lehrte er Stiftungsverwaltung, Geländekunde, islamisches Recht und Logik. In der II. Konstitutionellen Periode (II. Meşrutiyet) wirkte er im ersten Parlament als Abgeordneter von Antalya mit. Kurzfristig war er Vorsitzender der islamischen Sprach- und Kulturgemeinschaft sowie Minister für die frommen Stiftungen (Evkaf-ı Hümâyün). In der Gründungszeit der Republik lehrte er an der Medrese-i Mütehassisîn Logik. Nach der Schließung der Medresen zog sich Hamdi Yazır vom gesellschaftlichen Leben zurück und setzte seine wissenschaftlichen Forschungen privat fort. Auf Veranlassung des Ministeriums für Kultusangelegenheiten begann er 1926 seine mit *Hak Dini Kur'an Dili* betitelte Auslegung zu schreiben, die er 1938 beendete. Yazır starb am 27. Mai 1947 in Istanbul. Für nähere Informationen s. auch Fatma Paksüt, Merhum Dayım Hamdi Yazır (Mein Onkel Hamdi Yazır der Selige). Elmalılı Muhammed Hamdi Yazır, Ankara 1993, 2-24. Der in der Spätzeit der Osmanen an der Medrese ausgebildete und sich dort hinsichtlich religiöser Fragen auch mit moderner Philosophie beschäftigende M. Hamdi Yazır hat kein eigenes wissenschaftliches Werk über den Koran verfasst. Er hat jedoch in seiner neunbändigen mit *Hak Dini Kur'an Dili* betitelten Koraninterpretation religiösen Fragen viel Gewicht beigelegt und Lösungen für offene Fragen vorgeschlagen. Deshalb gilt er als ein bedeutender Korankenner der jüngeren Zeit. Für Näheres s. Yusuf Şevki Yavuz, Art. „Elmalılı Muhammed Hamdi", TDVİA, XI, 60.

6 Mehmet S. Aydın, İslam Felsefesi Yazıları, Istanbul 2000, 191.

7 Yazır, Hak Dini Kur'an Dili, Istanbul 1971 (I-X), I, 562.

„Name“ und „Attribut“ verstehen soll. „Name“ wird im Wörterbuch als „ein in der Vorstellung entstehendes Zeichen“ definiert und meint als Begriff „ein eine eigenständige Bedeutung vermittelndes Wort“, wobei diese Bedeutung sowie deren im Geist oder in der Außenwelt entstehende Form das Benannte (das Bezeichnete) genannt wird. Das Attribut ist eigentlich auch eine Art des Namens.[8]

Im Koran wird für die Bestimmung von Allahs Namen der Ausdruck Esma-i Hüsna[9] verwendet. Unter den Namen Allahs unterscheidet Elmalılı zwischen Eigennamen und Attribuierungsnamen.[10] Seiner Meinung nach ist der Name *Allah* ein Eigenname, der alle Namen und Attribute in sich vereint, alle anderen sind Attribuierungsnamen. In diesem Rahmen betrachtet ist *raḥmān* ein Attribuierungsname und ein Sondername, der keinem anderen außer Allah zugeschrieben werden kann. Linguistisch gesehen kommt *ar-raḥmān* (der Allerbarmer) vom gleichen Stamm wie *raḥma* und ist ein Attribut, das Fortdauer und Übermaß von Erbarmen ausdrückt, also, „der sehr Erbarmende und Gnade Erweisende“ bedeutet. Da *ar-raḥmān* (der Allerbarmer) sowohl Allahs Name als auch dessen Attribut ist, hat es eine attribuierende bzw. keine attribuierende Verwendung.[11] *Ar-raḥīm* (der Allbarmherzige) kommt von demselben Stamm und ist ein Elativ, der „sehr barmherzig“ bedeutet und nur als Attribut verwendet wird. Die in der Basmala durch die Zusammensetzung von *Allāh ar-raḥmān ar-raḥīm* (Allah, der Allerbarmer, der Allbarmherzige) entstandenen Fügung setzt sich also zusammen aus *Allāh*, dem Name Gottes, *ar-raḥmān*, einem keinem außer Allah zugeschriebenen Name und Attribut sowie aus *ar-raḥīm*, einem Attribut, das auch den anderen Geschöpfen verliehen werden kann. Diese aus drei Wörtern bestehende Fügung enthält eine Graduierung vom Besonderen hin zum Allgemeinen.[12]

Elmalılı, der *ar-raḥmān* (der Allerbarmer) sowohl als den Allah eigenen Namen als auch als dessen Attribut darlegt, weist darauf hin, dass die göttlichen Namen und Attribute keine metaphorische, sondern wirkliche Bedeutung hätten, und dass ihnen zur Charakterisierung Allahs andere Bedeutung beigemessen würde als die, die der Bezeichnung des Menschen diente.[13]

Allah, dessen Gnade sehr weitreichend ist, hat sich dazu verpflichtet, alle Geschöpfe im Zuge der Gnade behandeln. Während er als Herrscher aller Geschöpfe die Macht hätte, willkürlich zu handeln, hat er sich für Barmherzigkeit entschieden und sich dazu verpflichtet, all seine Geschöpfe barmherzig zu behandeln, wie es in dem Vers „vorgeschrieben hat er sich die Barmherzigkeit“[14] zum Ausdruck kommt, er hat also, mit Elmalılı zu sprechen, „für sich die Barmherzigkeit zur Moral erhoben“.

8 Yazır, a.a.O., I, 18.

9 Araf (die Zwischenmauer), Sure 7,180; Isra (die Nachtreise), Sure 17,110; Taha, Sure 20,8; Haşr (die Auswanderung), Sure 59,24. Zur ausführlichen Information über die Esma-i Hüsnâ s. Bekir Topaloğlu, Art. „Esma-i Hüsnâ“ TDVİA, XI, 404-418.

10 Yazır, a.a.O., I, 18; VII, 4877.

11 Yazır, a.a.O., I, 31, 75; VII, 4877.

12 Yazır, a.a.O., I, 33, 75.

13 Yazır, a.a.O., I, 74-75.

14 En'am (das Vieh), Sure 6,12.

Anders formuliert, die zwischen Allah und den Geschöpfen bestehende Erschaffungs- bzw. Göttlichkeitsbeziehung basiert auf Barmherzigkeit.[15] Nicht zuletzt wird darauf mit dem Gebot „Alles ist von meiner Barmherzigkeit umgeben“[16] hingewiesen. Es existiert kein Ding, das nicht mit der Erschaffung seinen Anteil an Barmherzigkeit bekommen hätte.[17]

Elmalılı legt dar, dass zwischen *ar-raḥmān* und *ar-raḥīm*, die die Gemeinsamkeit haben, vom Stamm *raḥma* abgeleitete und Verstärkung ausdrückende Attribute zu sein, auch beachtliche Unterschiede bestehen. Das Allerbarmer-Sein Allahs orientiert sich an der Urewigkeit, sein Allbarmherzig-Sein dagegen an der Unvergänglichkeit. Deshalb geniessen die Geschöpfe von ihrer Erschaffung an die Gottesgaben, welche dank Allahs Allerbarmer-Seins von seiner Gnade herrühren, und in ihrem weiteren Verlauf diejenigen, die dank seines Allbarmherzig-Seins von seiner Barmherzigkeit herkommen. Yazır nimmt zu diesem Punkt Stellung mit der schwerzugänglichen Formulierung „der Allerbarmer des Diesseits, der Allbarmherzige des Jenseits“, lässt „Allah ist sowohl der Allerbarmer als auch der Allbarmherzige des Diesseits und Jenseits“ folgen und weist darauf hin, dass dieser Ausdruck von den Altvorderen (*selef*) überliefert ist.[18]

Es fällt auf, dass Elmalılı bei dem Versuch, die Attribute „der Allerbarmer“ und „der Allbarmherzige“ zu erklären, seine erste diesbezügliche Äußerung in der Form von „es wird geäußert“ ins Passiv gesetzt hat. In dem von Hamdi Yazır bei seinen Wort-Analysen oft zitierten *Müfredât* (Das Programm) steht diese Aussage mit dem Eintrag „dass“, ohne jegliche Quellenangaben: „Es wird geäußert, dass *Allah, der Allmächtige, der Allerbarmer des Diesseits, der Allbarmherzige des Jenseits* ist“.[19] Die von Elmalılı benutzten Korankommentare von Zemahşerî (gest. 538/1143) und Ebu's-Suud (gest. 982/1574) räumen dieser Aussage in einem mit „... äußern sich, dass“ eingeleiteten Satz Platz ein, ohne eine Quellenangabe zu machen.[20] Andererseits vermerkt Taberî (gest. 310/923) eine von Ebu Said el-Hudrî vermittelte Überlieferung des heiligen Propheten, wonach der heilige Prophet die folgende Äußerung gemacht haben soll: „Jesus sprach: der Allerbarmer ist der Allerbarmer des Diesseits und Jenseits, der Allbarmherzige ist der Allbarmherzige des Jenseits.“[21]

15 Yazır, a.a.O., III, 1886.
16 Araf (die Zwischenmauer), Sure 7,156.
17 Yazır, a.a.O., IV, 2295f.
18 Yazır, a.a.O., I, 34.
19 Râgıb el-İsfehanî, el-Müfredâtu Elfâzi'l-Kur'an, hg.v. Safvan Adnan Davudî, Beirut 1996, 347-348.
20 Ebu'l-Kasım Muhammed b. Ömer ez-Zemahşeri, el-Keşşâf an Hakâiki't-Tenzil ve Uyûni'l-Ekâvil fî Vücûhi't-Te'vil, o.O.o.J., I, 6; Ebu's-Suud Muhammed b. Muhammed el-İmadî, İrşâdu'l-Aklı's-Selîm ilâ Mezâya'l-Kur'ani'l-Kerim, Kairo o.J., I, 11.
21 Auch Muhammed b. Cerir et-Taberý, Câmiu'l-Beyan an Tefsîri'l-Kur'an, hg.v. M. Muhammed Şakir, Kairo o.J., I, 127. İbn Kesir (gest. 774/1372) weist ohne Quellenangaben und ohne Verweis auf die islamischen Tradition (Hadis) darauf hin, dass diese Aussage von Jesus stammt. Wie in der islamischen Tradition (Hadis) erwähnt wird, soll der heilige Jesus folgendes gesagt haben: „Der Allerbarmer ist der Allerbarmer des Diesseits und Jenseits, der Allbarmherzige ist der Allbarmherzige des Jenseits.“ S. auch

Durch Eintragung dieser Überlieferung weist Taberî darauf hin, dass der Ausdruck „der Allerbarmer des Diesseits, der Allbarmherzige des Jenseits“ auf einem Hadis (einem richtungsweisenden Ausspruch Muhammads) beruht und sein ursprünglicher Aussprecher der heilige Jesus ist. Da der Satz „der Allerbarmer des Diesseits, der Allbarmherzige des Jenseits“ in den Quellen mit schwer zugänglicher Bedeutung übertragen worden ist, scheint auch Elmalılı diesen Satz durch die Passiv-Form „wird gesagt“ einfach übergangen zu haben.

Gleich danach deutet er an, dass er die Aussage „Allah ist sowohl der Allerbarmer als auch der Allbarmherzige des Diesseits und Jenseits“, welche er von der Überlieferung übernommen haben will, umfangreicher gefasst hat. Darüber hinaus ist nachzuvollziehen, dass sich Hamdi Yazır bei der Erklärung der Attribute „der Allerbarmer“ und „der Allbarmherzige“ an seine zunächst getroffenen Äußerungen hält.

Elmalılı betont, dass die Attribute „der Allerbarmer“ und „der Allbarmherzige“ auf zwei Arten von Gnade verweisen, nämlich, „die Gnade des Allerbarmers und die Gnade des Allbarmherzigen“. Elmalılı erklärt dies folgendermaßen: die Gnade des Allerbarmers gilt ausnahmslos für jeden, sogar für alle Geschöpfe und ist von keiner Bedingung oder vergangenem Tun abhängig. Schon das Betreten des Daseins ist eine Manifestation dieser Gnade.[22] Da die Gnade des Allerbarmers den Willen zur Erschaffung aller Geschöpfe aus dem Nichts bzw. zur Verleihung der Existenz für sie bedeutet, muss jedes Geschöpf auf die Daseins-Ebene erhoben werden. Bezogen auf die Menschen bedeutet dies, dass dank dieser Gnade allen Menschen, seien sie gläubig oder ungläubig, tätig oder untätig, Gaben wie Verstand und Lebensunterhalt verliehen werden. Nicht allein die Erhebung der Geschöpfe auf die Ebene des Daseins, sondern auch die Erschaffung von Menschen, ausgestattet mit Verstand und Willensfreiheit, ist ein Ausdruck der Gnade des Allerbarmers.[23] Elmalılıs Betrachtung der potenziellen Ausstattung des Menschen mit Verstand, Willen und Willensfreiheit vor dem Hintergrund des göttlichen Attributs des Allerbarmers ist bemerkenswert.

Die Gnade Allahs des Allbarmherzigen beinhaltet Verantwortung für den mit Verstand und Willen und einem gewissen Maß an Willensfreiheit ausgestatteten Menschen sowie die Anwendung von Belohnung und Strafe, wie es im folgenden Vers zur Sprache kommt:[24] „Und wer auch nur Gutes im Gewicht eines Stäubchens getan, wird es sehen. Und wer Böses im Gewicht eines Stäubchens getan, wird es sehen.“[25] Denn die „Gnade des Allbarmherzigen“ setzt voraus, die infolge der „Gnade des Allerbarmers“ erworbenen Gottesgaben sinnvoll zu nutzen und sich nach besten Kräften zu bemühen. Daraus resultiert die Bedeutung der Arbeit und des Sich-Bemühens in der Religion.[26]

Ebu'l-Fidâ İsmail b. Ömer ed-Dımeşkî, Tefsîru'l-Azîm, ediert v. Muhammed Ahmed Aşûr, Istanbul 1992, I, 35.

22 Yazır, a.a.O., VII, 4869.

23 Yazır, a.a.O., I, 76f.

24 Zilzal (das Erdbeben), Sure 99,7f.

25 Yazır, a.a.O., I, 78.

26 Yazır, a.a.O., VII, 4869f.

Es ist nachzuvollziehen, dass Elmalılı bei seiner Unterscheidung zwischen der „Gnade des Allerbarmers" und der „Gnade des Allbarmherzigen" den Menschen berücksichtigt hat, der als einziges unter allen Geschöpfen mit wertvollen Gaben wie Verstand, Wille und Willensfreiheit ausgestattet wurde.

Auf dieser Basis zieht Elmalılı den folgenden Vergleich, um den oben erwähnten Unterschied zwischen den beiden Erscheinungen von Gnade darzustellen: während die „Gnade des Allerbarmers" bedingungslos als Verwirklichung der göttlichen Fügung in allem in Erscheinung tritt, erscheint die „Gnade des Allbarmherzigen" insbesondere nach dem Grad der Bemühung des Menschen im Rahmen einer Gesetzesordnung (*sünnetullah*). Allah, der unter dem Gesichtspunkt der „Gnade des Allerbarmers", jedem, dem er will, seine Gnade reichlich gewährt, wird auch unter dem Gesichtspunkt der „Gnade des Allbarmherzigen" denjenigen, die ihr Verhalten verbessern und Gutes tun, unbedingt entgegenkommen. Deshalb ist die kennzeichnende Eigenschaft der „Gnade des Allerbarmers" die Erweisung der Wohltat, die kennzeichnende Eigenschaft der „Gnade des Allbarmherzigen" dagegen die Gerechtigkeit. Demzufolge wird jeder, der seinen Verstand benutzt und durch Willensstärke sein Verhalten verbessert und jeder, der viel Gutes tut, sowohl von der „Gnade des Allerbarmers" als auch von der „Gnade des Allbarmherzigen" Nutzen ziehen.[27]

Die Gnade Allahs des Allerbarmers ist sehr weitreichend, doch hat Allah der Allbarmherzige über den Menschen wegen der in Ausnutzung seiner Willensfreiheit begangenen Schlechtigkeiten Strafen verhängt. Dass Allah es dem Menschen erlaubt, Sünde zu begehen, bedeutet nicht, dass er der Sünde zustimmt; ganz im Gegenteil: Dies beweist die Verantwortung des sich im Besitz von Willensfreiheit befindenden Menschen. Denn Allah hat den Menschen im Unterschied zu den anderen Geschöpfen mit Verstand, Urteilskraft und Einfühlungsvermögen ausgestattet und ihm ein heiliges Buch und Propheten gesandt.[28] Die ursprüngliche Erhebung aller Dinge aus dem Nichts ins Dasein ist eine Folge der Gnade des Allerbarmers. Die sich im Leben mit allen Kräften Bemühenden gesondert zu belohnen, ist eine Erfordernis der Gnade des Allbarmherzigen. Wenn die Gnade des Allerbarmers nicht wäre, würden die Menschen nicht erschaffen, sie würden die angeborenen Fähigkeiten und Gottesgaben wie Verstand und Willen entbehren. Wenn die Gnade des Allbarmherzigen nicht wäre, könnten die angeborenen Fähigkeiten nicht weiterentwickelt, könnte der Wert der besessenen Gottesgaben nicht richtig eingeschätzt werden.[29]

Wenn wir von dem bisher Erörterten ausgehen, stellen wir fest, dass nach der von Hamdi Yazır vertretenen Ansicht Allahs Attribut „der Allerbarmer" ein Anhaltspunkt für die Erschaffung aller Geschöpfe ist. Auf der Grundlage der Verantwortung des Menschen gegenüber Allah besteht das Attribut „der Allbarmherzige". Es gibt jedoch keinen Verweis darauf, wie Allahs Attribut „der Allerbarmer" sich im Jenseits zeigen

27 Yazır, a.a.O., IV, 2646f.
28 Yazır, a.a.O., IV, 2080f.
29 Yazır, a.a.O., I, 36.

wird. Anders gesagt, Elmalılı gibt in seinem Werk eine Erklärung etwa in dem Rahmen doppelter Attribuierung „der Allerbarmer des Diesseits, der Allbarmherzige des Jenseits“, ohne eindeutig Stellung dazu zu beziehen. Seine diesbezügliche Ansicht ist jedoch in den folgenden Aussagen zu finden: Bis zum Zeitpunkt, als der heilige Muhammad als Prophet entsandt wurde, waren die Prinzipien „meine Barmherzigkeit umfasst alle Dinge“ und „meine Strafe, ich treffe mit ihr, wen ich will“[30], im Einklang miteinander noch in Kraft. Nach Entsendung von Muhammad trennten sich das Prinzip der Gnade und das Prinzip der Strafe voneinander und die monotheistische Religion trat in Kraft, welche der ganzen Menschheit die Wege der diesseitigen und jenseitigen Gnade aufzuzeigen und die ewige Befreiung von der Strafe zu gewähren hatte.[31] Der heilige Muhammad wurde entsandt, um die monotheistische Religion zu lehren, die für alle Welt Allahs Werk und Allahs Gnade sein, den Geschöpfen mit Geistesgabe den Weg zur Wohltat und Befreiung aufzeigen und sowohl im Diesseits als auch im Jenseits Seligkeit bringen sollte.[32] So beweist Elmalılı im Zuge der weitreichenden Gnade Allahs, wie durch den aufklärerischen Weg der Religion dem Menschen durch die Benutzung seiner Geistesgabe die Möglichkeit zur Seligkeit im Diesseits und Jenseits bereitgestellt wurde.

Elmalılı weist darauf hin, dass das größte Problem der Menschheit darin bestehe, dass die Hoffnung auf Allahs Gnade aufgegeben wird; der Glaube an Allahs Gnade werde den Menschen selig machen,[33] denn so wie die angeborenen Fähigkeiten und Gunstbezeigungen auf Allahs Allerbarmer-Seins zurückzuführen sind, so ist auch alles Seiende mit der Gnade des Allerbarmers überhäuft worden. So betrachtet, ist Allahs Allerbarmer-Sein eine Quelle der Hoffnung für alle Geschöpfe.[34]

Zum Schluss können wir folgendes festhalten: „der Allerbarmer“ und der „Allbarmherzige“ sind zwei Attribute, die beträchtliche Konsequenzen für die Allah-Welt-Beziehung, insbesondere für die Allah-Mensch-Beziehung haben. Allah, dessen Gnade sehr weitreichend ist, hat sich vorgeschrieben, alle Geschöpfe im Zuge der Gnade zu behandeln. Davon ausgehend hat Elmalılı, die Stellung des Menschen unter den anderen Geschöpfen hervorhebend, zwei Arten von Allahs Gnade unterschieden: die „Gnade des Allerbarmers“ und die „Gnade des Allbarmherzigen“. Die „Gnade des Allerbarmers“ gilt ausnahmslos für alle Geschöpfe und bringt für sie den Erweis von Wohltaten. Die „Gnade des Allbarmherzigen“ gilt für den durch Geistesgabe, Willen und Willensfreiheit gegenüber anderen Geschöpfen höher gestellten und durch die Entsendung heiliger Bücher und Propheten im Tun des Guten und Rechten unterwiesenen Menschen und schließt die Bewertung seines Tuns und eine entsprechende Vergeltung in den Grenzen der Gerechtigkeit und sogar ein Beschenktwerden zu seinem Vorteil ein.

30 Araf (die Zwischenmauer), Sure 7,156.
31 Yazır, a.a.O., IV, 2300-2301.
32 Yazır, a.a.O., V, 3375.
33 Yazır, a.a.O., I, 76.
34 Yazır, a.a.O., I, 34.

Allahs Mütterlichkeit und die muslimische Nächstenliebe. Ein Essay über islamische Soteriologie und Diakonie

von

Edmund Weber

Die Verschüttung der ursprünglichen religiösen Erfahrung Mohammeds

Mohammed, der Prophet der Araber, war ein Erneuerer der Gnadenreligion der jüdisch-christlichen Tradition. Er predigte angesichts des nahen Weltgerichts die frohe Botschaft von der unbedingten Vergebung der Sünden. Er tat dies in einer Welt, die von einem gnädigen Gott nichts hielt, die ihn vielmehr vergessen hatte. Sie verehrte einen Gott, der erbarmungslos das Gesetz exekutierte.

Diese Erneuerung der Gnadenreligion durch Mohammed wurde schon kurz nach seinem Tod von der dann zur Interpretationsherrschaft gelangten Orthodoxie durch eine das Weltgericht weit von sich schiebende konträre Gesetzes- und Werk- oder Karmareligion verdrängt. Mit Hilfe der politischen Macht bemächtigte sich diese neue islamische Religion der Interpretationsherrschaft über die Offenbarungen Mohammeds und konnte so ihre eigene karmistische Auslegung kanonisieren. Als angeblich wahre Sachwalterin der Rechtgläubigkeit setzte sie an die Stelle des göttlichen Angebots der unbedingten Sündenvergebung das angeblich Heil bewirkende Gesetz, die Scharia. Die Scharia wurde so ihres wegweisenden Charakters entkleidet und zum Gegengott erhoben, d.h. in der Sprache der islamischen Theologie: sie wurde dem gnädigen Allah beigesellt oder gar übergeordnet.

Der reale Islam aber, die alltäglich relevante Religion der islamischen Massen, beugte sich zwar der stets gewaltbereiten Orthodoxie, doch folgten und folgen sie in ihrer Alltagsreligion meist dem Sufitum[1], das der Gnadenreligion gleichsam den islamischen Namen erhielt und dadurch Mohammeds Gotteserfahrung vor dem endgültigen Untergang bewahrte.

Da im Westen der Islam hauptsächlich in der Perspektive der herrschenden islamischen Werkreligion gesehen wird, also der Propaganda dieser realislamisch gesehen eigentlich minoritären Ideologie folgt, scheint es angebracht, sich auf den ursprünglichen Islam zu besinnen und diesen darauf hin zu befragen, welches seine spezifische Stoßrichtung gewesen ist. Dies gilt umso mehr als die islamischen und gerade auch die christlichen Orthodoxien stets nur daran interessiert waren und sind, fundamentale Gegensätze zwischen ihren Religionen aufzubauen.

1 Die islamischen Massen sind von Sufis bekehrt worden und werden bis heute meist von ihnen geistlich betreut.

Es lässt sich, sofern man nicht unkritisch der orthodoxen Ideologie beider Religionen und der Islamwissenschaften folgt, nicht übersehen, dass die Gnadenmotive in der Offenbarung, die Mohammed zu Teil wurde, die zentrale Rolle spielen.[2]

Mohammeds religiöse Umwelt

Mohammed wuchs in einem religiösen Milieu auf, das sich vornehmlich aus Elementen jüdischer, christlicher und altarabischer Alltagsreligion konstituierte. Er hat daher jüdisches und christliches Gedankengut nicht erst nachträglich, mit den Offenbarungen, übernommen; er war daher vor den Offenbarungen auch kein bloßer „Götzendiener“, ein Muschrik, einer, der in der religiösen Vorstellung Allah andere ihm gleichmächtige Wesen beigesellt. Er dachte seine Existenz von vorneherein in den Bildern und Begriffen einer vielschichtigen Religionskultur, wobei allerdings vorausgesetzt werden darf, dass in dieser Alltagsreligion das jüdisch-christliche Erbe deutlich dominierte.

Mohammed hat nun diese seine von jüdischen, christlichen und altarabischen Traditionen geprägte Religionswelt gleichsam zu einer eigenständigen Religion, dem Islam, verdichtet.

Ein Element der jüdischen und christlichen Religionen stellte für ihn als Propheten ein schwerwiegendes Problem dar: die Buchorthodoxie. Christen und Juden seiner Umgebung beriefen sich in ihrem Wahrheitsanspruch darauf, dass sie ein göttlich inspiriertes Buch besaßen. Allein ein göttlich inspiriertes Buch konnte ihrer Ansicht nach die Wahrheit von göttlichen Offenbarungen verbürgen. Dafür reklamierten die Juden die Moses gegebene Thora und die Christen die Bibel. Entscheidend aber war, dass das jeweilige göttliche Buch zugleich die endgültigen Offenbarungen enthielt. Neue Offenbarungen waren daher ausgeschlossen, und wer neue Offenbarungen verkündigte, erwies sich automatisch als Lügner.

Göttliche Offenbarungswahrheit war also an bereits gegebene göttliche Bücher gebunden; ihre Auslegung war Sache des jeweiligen Klerus, der christlichen Priesterschaft oder der jüdischen Rabbinen.

Jeder neue Prophet musste deshalb in Mohammeds Umfeld auf den entschiedenen Widerstand der beiden Hauptreligionen stoßen.

Zugleich galten Juden und Christen ihre göttlichen Bücher als göttliche Gesetzeskodizes: sie wiesen dem Menschen den Weg zum Heil. Ohne diese Bücher und die von diesen geforderten moralischen, kultischen und bekennenden Werke konnte folglich kein Mensch das Heil erringen. Das Offenbarungsbuch allein war das Tor zu Gott.

In diesem Sinne waren göttliches Buch und menschliches Werk die Fundamente der jüdischen und christlichen Religionen im Erfahrungshorizont Mohammeds.[3] Er

2 Die extensive Behandlung gesetzlicher Fragen dagegen hat ihren Grund in der Neugestaltung der Lebenspraxis, nicht aber in der religiösen Wertigkeit derselben. Mohammed hat wie z.B. Luther beides getan: Gottes Gnade, das Evangelium, gepredigt und gleichzeitig das Gesetz ausgelegt.

erlebte das Christentum und Judentum seiner Umwelt als exklusivistische Buch- und Werkreligonen.

Vor diesem religiösen Hintergrund lag das Besondere der Botschaft Mohammeds gerade darin, dass sie frei vom Buchzwang neue Offenbarungen predigte und anstelle von angeblich heilsbedingenden Werken des Gesetzes das radikale Vertrauen auf die Gnade Gottes als rechtgeleiteten Weg verkündete.

Es soll im folgenden aber nicht darum gehen, die komplexe Religion Mohammeds darzustellen. Vielmehr ist Ziel der Untersuchung, den unterirdischen Strom der Gnadenreligion, der sich im frühesten Islam Arabiens durch die felsige Oberfläche der Gesetzesreligionen als Quelle neuer spiritueller Hoffnung auf einen barmherzigen Gott und neuer Motivation barmherzigen Handelns der Menschen untereinander den Weg bahnte, näher ins Auge zu fassen.

Die Gnadenreligion Mohammeds

Mohammeds besondere Botschaft besagt, dass Allah wesenhaft gnädig ist. Diese Botschaft vom gnädigen Gott erhielt für Mohammed ihre besondere existenzielle Brisanz durch seine Überzeugung vom unmittelbaren Bevorstehen des *alle* Menschen bedrohenden Endgerichts. Allah offenbart sich Mohammed, um seinen Willen, alle seine Geschöpfe durch seine Gnade vor dem sicheren Untergang zu bewahren, kundzutun.

Die Mutterliebe Allahs

Der Koran nennt bekanntlich in der ersten Sure, Al-Fatihah, als erste Eigenschaft Allahs nicht Allmacht, sondern *rahman* und *rahim*. Die Wurzelbedeutung beider Wörter ist „(Leben schenkender) Mutterleib, Gebärmutter"![4] Von diesem durchaus anatomischen Begriff leitet sich dann z.B. das arabische Verb *rahma*, d.h. „zärtlich lieben", oder in Urdu das Substantiv *rahm*, d.h. „Zärtlichkeit", ab. Diese Bedeutungsabwandlung ist leicht erklärlich: Eine Mutter liebt zärtlich, was sie geboren hat. Damit hängt zusammen, dass das arabische Verb *rahima* auch die Bedeutung „sich erbarmen" in sich beschließt. Barmherzigkeit meint nichts anderes, als dass der Leib, der das Kind

3 Diese Buchideologie war so mächtig, dass sich die islamische Orthodoxie ihr nicht entziehen konnte und wollte. Die Ideologie des Offenbarungsbuchs verhinderte, sofern man seine Auslegung kontrollierte, weitere selbständige und eigenständige Offenbarungen. Nach den Regeln der Buchideologie war Mohammed aber ein solcher buchfreier Ketzer (s. im Text unten).

4 hebr.: *rächäm*. Diese anatomische Bedeutung ist nicht archaisch, sondern bis in die Moderne voll erhalten: syr.: *rahmo*; arab.: *rahim*; indones.: *rahim*; türk.: *rahim*; urdu: *rihm* usw.

geboren und zärtlich liebt, diesem gegenüber, wenn es leidet, voller Mitgefühl ist und alles daransetzt, das Leiden zu beenden.[5]

Wenn *rahman* und *rahim* als Allahs erste Eigenschaft in der ersten Sure genannt wird, wird damit gesagt, dass sie auch seine primäre, d.h. wesentliche Eigenschaft ist. Alle anderen Eigenschaften, insbesondere die Allmacht, sind ihr untergeordnet und ranken sich um diese eine Ureigenschaft - eine Ureigenschaft, die einer aus dem eigenen Leib Kinder gebärenden und diese ihre geborenen Kinder zärtlich liebenden Mutter eigen ist. Kein Wunder, dass z.B. in Urdu das Adjektiv *rahmani* die Bedeutung „göttlich" hat. *Rahman* und *rahim* zu sein, das ist Allahs ureigenstes Wesen, seine göttliche Eigenschaft schlechthin.

Aus dieser seiner ureigensten Wesenseigenschaft der gebärenden, zärtlich liebenden und sich erbarmenden Mütterlichkeit entspringt Allahs unstillbares Bedürfnis Leben zu schenken, nach nicht endender Schöpfung. Aber diese Schöpfung erschöpft sich nicht im Gebären, sie setzt sich fort in Pflege und Schutz des Geborenen. Es ist seine zärtliche Liebe zu seiner Leibesfrucht, die ihn antreibt, sein Kind, sein Geschöpf, das in den Schmutz, in die Sünde, gefallen ist, aus eigenem mütterlichen Antrieb und mit eigenen Händen zu reinigen, und mit neuem Lebensmut zu versorgen, es mit neuer Gnade auszustatten.

Aber daraus folgt ebenso Allahs nicht minder starkes Bedürfnis nach Erneuerung von erstorbenem Leben oder in der Sprache der Gesetzesreligion[6] nach Sündenvergebung. Leben schenken oder Sündenvergebung macht demnach das vorrangige Interesse Allahs gegenüber seinen menschlichen Geschöpfen aus.

Der Islam ist so besehen nichts anderes als die Erfahrung Allahs als eines ewigen Schöpfers und Erlösers, als geradezu triebhafter Mutter.

Wenn Mohammed den bereits geschaffenen Menschen Allah als *rahman* und *rahim* ausdrücklich und öffentlich verkündet, dann heißt dies konkret, dass Allah die menschlichen Geschöpfe, die Mitmenschen Mohammeds, aus den Klauen des unbarmherzigen und todbringenden, weil gerechten Gesetzes, aus den Klauen der vergeltenden Gerechtigkeit herausreißen will.[7]

5 Dass mit *rächäm* (hebr.) auch die „Liebe zu den Brüdern" (Amos 1,1) bezeichnet wird, ergibt sich daraus, dass diese demselben Mutterleib entsprossen sind.

6 Die Gnadenreligion beschreibt sich fast immer in den Kategorien der Dogmatik der Gesetzesreligion. Ihre der Gesetzesreligion konträren Vorstellungen muss sie daher als Paradoxien im Rahmen der Dogmatik der Gesetzesreligion formulieren. Paulus hat daher den paradoxen Begriff der Gottesgerechtigkeit geprägt, der in den Ohren der Vertreter der Gesetzesreligion nichts anderes als Ungerechtigkeit Gottes bedeutet, vergilt doch Gott nicht nach den Werken, sondern nach seinem Gutdünken. Sündenvergebung ist keine Kategorie der Gnadenreligion, sondern eine paradoxe Kategorie der Gesetzesreligion: In ihr gibt es keine kostenlose Vergebung. In der Gnadenreligion gibt es ebenso wenig Sündenvergebung, weil das Werk nicht zählt, es also nichts zu vergeben gibt.

7 Die immer wieder beschworene Einheit Allahs, die meist in der Weise gedeutet wird, als ob sich Allahs Wesen primär quantitativ durch eine Zahl bestimmte, meint, dass im Blick auf sein Wesen, *rahman* und *rahim*, Mutterleib und Gebärmutter, keine innergöttliche Alternative besteht: Allah ist in sich ununterschieden Mutterleib. *Tauhid* meint in Wahrheit die qualitative Vereinheitlichung seiner Eigenschaften auf *rahman* und *rahim* hin. Er ist in diesem Sinne mit sich „eins". In ihm ist nichts, was dem widerspräche.

Die gebärmütterliche Wesenseigenschaft Allahs und sein daraus folgendes zärtliches und erbarmendes Heilshandeln ist denn auch der Grund für die universale eschatologische Mahnrede Mohammeds. Die Offenbarungen, die er vom Engel Gabriel empfängt, sind frohe, weil erlösende Botschaften. Sie sind als solche zugleich an alle Menschen gerichtet. Jedermann ist Adressat dieser Verkündigung.

Aber warum werden die Heilsoffenbarungen jetzt geoffenbart, zur Zeit Mohammeds? Weil das Endgericht nahe ist.

Das nahe herbeigekommene Endgericht lässt *rahman* und *rahim* handeln und Mohammed seine Botschaft in die bedrohte Welt geradezu hinausschreien. Die Botschaft ist in Wahrheit nicht Gerichtsrede, sondern Heilspredigt. Wie aber kann eine Heilspredigt zur Gerichtsrede werden?

Die an alle Menschen adressierte frohe Botschaft lässt Mohammed nämlich mit Schrecken erkennen, dass sie einer bedrohten Menschheit gilt; einer Menschheit, der sich Allah gleichsam in letzter Minute helfend zuwendet.

Die Universalität dieser Heilsbotschaft macht offenbar, dass de facto alle Menschen der aus Allahs Mutterleiblichkeit folgenden Barmherzigkeit bedürfen.

Diese universale Bedürftigkeit lässt aber keinen Zweifel daran, dass alle Menschen in die Hand der Sünde geraten, und sie daher alle dem ewigen Tod ausgeliefert und verfallen sind. Die universale frohe Botschaft offenbart, dass alle Menschen unter Gottes Zorn beschlossen sind.

Wenn sich aber nun Allah kurz vor dem Endgericht den dem ewigen Tod verfallenen Menschen auf Grund seiner zärtlichen Mutterliebe erbarmend offenbart, dann heißt dies gerade aber auch, dass sie sich nicht mehr selbst aus der Macht der Sünde und deren Folge, dem ewigen Tod, erretten und erlösen können! Hätten sie es gekonnt, hätte es keiner mahnenden Rede bedurft.

Als Realität der menschlichen Existenz wird nunmehr offenbar, dass das Gesetz, auf Grund dessen die Menschen verurteilt zu werden drohen, diesen zwar bekannt war; doch führte es sie nur in die Sünde und den ewigen Tod.

Mohammeds universale frohe Botschaft impliziert gerade nicht, was moralistische Ideologie den theistischen und atheistischen Frommen suggeriert, dass die Menschen von Gottes lebensspendender Macht unabhängig seien, und sie ihr Heil selber in der Hand hätten, so dass sie vor dem Gericht der Gerechtigkeit bestehen oder nicht bestehen.

Die Implikation der Botschaft Mohammeds ist gerade umgekehrt: Die Werke führten und führen die Menschen in den ewigen Tod. Wegen dieser universalen Katastrophe greift Allah zu Gunsten aller seiner Geschöpfe ein. Eine Selbsterlösung gibt es nicht. Denn was könnte der Sünder als Eigenwerk anbieten? Er steckt in der Sünde, also kann er nur Werke der Sünde offerieren.

Allah ist demnach als Leben gebärender Mutterleib er selbst. Dies ist der eigentliche theologische Sinn der oft verwendeten Übersetzung „allbarmherzig“.

Daher bleibt als Erlösung nur die bedingungslose Erlösung durch Allah allein. Diese aber gewährt er auf Grund seines Wesens, der gebärenden, zärtlichen und erbarmenden Mutterliebe, tatsächlich. Es ist diese Mutterliebe, die Allah in letzter Minute zu Gunsten seiner Kinder eingreifen lässt.

Wie sehr in den Augen Mohammeds die Menschen der Mütterlichkeit Allahs bedürfen, ersieht man aus den Offenbarungen, die zeigen, dass Allahs Begierde gerade darin besteht, den Menschen aus zärtlicher Liebe und mütterlichem Schutzbedürfnis heraus neues Leben zu schenken - in der Sprache der Rechtsreligion: die Sünde zu vergeben. Je mehr Allah immer wieder neues Leben schenken, d.h. Sünde vergeben kann, desto größer ist seine Freude. Leben zu geben ist höchstes Mutterglück. Wer sich selbst als Nicht-Sünder ausgibt, beraubt Allah dieser seiner höchsten Freude: der schöpferischen Mutterliebe, der Sündenvergebung.

Die Offenbarung geht also von der allgemeinen Sündenverfallenheit aller Menschen aus. Die Erkenntnis der faktischen Allmacht der Sünde über alle Menschen wird aber wie erinnerlich erst durch die frohe Botschaft von der nichtendenden Sündenvergebung erkannt. Erst die Botschaft von der bedingungslosen und universellen Sündenvergebung macht klar, dass sich alle Menschen in der Gewalt der Sünde befinden und sie nur umsonst aus ihr befreit werden können.

Dieser allgemeine Unheilstatbestand ist daher nicht der Ausgangspunkt der Predigt Mohammeds, sondern ihre bittere Erkenntniskonsequenz! Oder anders gesagt: Indem Allah die werkfreie und unbegrenzte Sündenvergebung anbietet, wie ein Mutterleib umsonst Leben schenkt, folgt daraus die erschreckende Erkenntnis von der Allverfallenheit der Menschen an die Sünde, von der Bedürftigkeit des Menschen nach neuem Leben, nach einer neuen Geburt.

Alle Menschen sind der Allmacht der Sünde und des daraus folgenden ewigen Todes verfallen. Das Gesetz, die Gerechtigkeit und ihr Endgericht sind damit faktisch zu einer ewiges Leben vernichtenden Maschinerie geworden.

Um die Menschen vor dieser drohenden Katastrophe, vor dem gerechten Zorn Gottes, zu bewahren, hat Allah seinen Endzeitpropheten Mohammed gesandt. Mohammed ist kein Unheilsprophet und kein Gesetzesprediger; er ist ein Heilsprophet und ein Gnadenprediger. Der Kern seiner Botschaft ist nicht Sharia, sondern im Gegenteil: Allah *rahman* und *rahim*.

Gabriel offenbart Mohammed Allah nicht als Richter, der dem Gesetz dient, sondern als souveränen Herrn des Schicksals, der sein Geschöpf umsonst erschafft und immer wieder, sofern es sich selbst zerstört, erneut umsonst ins Leben ruft.

Mohammed konzentriert Allahs Wesen und wesentliches Handeln als *rahman* und *rahim*, als Leben schenkenden Mutterleib. Allahs *tauhid*, sein „zusammengefasstes", auf Eins gebrachtes Wesen, ist sein Wille, die Menschen aus der Allmacht der Sünde zu befreien und damit vor der gerechten Strafe zu bewahren, sie dem gerechten Arm des Gesetzes zu entziehen. *Tauhid* meint also, dass es keine andere Macht gibt, die zu diesem Wesen Allahs in Konkurrenz treten kann.

Durch die Offenbarungen Allahs ist das Wissen um die objektive Realität der Mutterleiblichkeit Allahs, der Sündenvergebung, wissbar, und daher haben die Menschen nunmehr die subjektive Möglichkeit, Allahs Sündenvergebung zu realisieren, aus dem Mutterleib Allahs erneut zum ewigen Leben wiedergeboren zu werden.

Sündenvergebung ist aber nicht Sündenausrottung. Nicht die Sünden werden ausgerottet, sondern ihre transzendente Wirkung, ihre unerbittliche Konsequenz für den Menschen: die Hölle der Gerechtigkeit.

Sündenvergebung heißt, die Folge der Sünden vernichten, nicht diese selbst.

Dass Allah davon ausgeht, dass die Menschen weiterhin Sünden begehen, dass sie von der sündigen Tätigkeit nicht loskommen, beweist sein Angebot und seine Praxis unablässiger und unbegrenzter Sündenvergebung. Allah vergibt nicht einmal, sondern immer. Er setzt das unablässige und unbegrenzte Sündigen der Menschen weiterhin voraus: nur dadurch macht das Angebot kontinuierlicher Sündenvergebung Sinn.

Das Vertrauen auf Allahs Mutterliebe

Allahs Angebot der Sündenvergebung beinhaltet nicht, dass sich ihm gegenüber der Mensch nach der ersten Vergebung fürderhin durch gute Werke des Gesetzes ausweist; er fordert im Blick auf die Sündenvergebung keine rechtfertigenden Werke, sondern blindes VERTRAUEN auf Allah *rahman* und *rahim*, auf den Gott, der unter Bruch des Gesetzes und Ausschaltung des Gesetzes Sünden vergibt.

Dieses blinde Vertrauen ist nichts anderes als das normale Vertrauen des Kindes zu seiner Mutter. Es ist das Vertrauen darauf, dass die Mutter ihr Kind ohne jede Gegengabe gebiert, es ernährt und beschützt. Das höchste Glück Allahs ist die Erfahrung der Inanspruchnahme seiner Mutterliebe.

Der auf Allahs für die verrechnende Gerechtigkeit höchst befremdliche Sündenvergebung vertrauende Mensch ist der Mu'min.

Der Mu'min realisiert die Sündenvergebung ohne das Gesetz, ohne Gerechtigkeit. Er vertraut allein Allahs Mutterliebe.

Mohammed hat in Auseinandersetzung mit Christen und Juden seiner Umgebung dies unmissverständlich in der 3. Sure klargestellt. Er beginnt seine Offenbarung mit dem programmatischen Anruf: „Volk des Buches!“ Zu diesem Volk gehören wie die Sure zeigt die Christen und Juden seiner Erfahrung. Nicht dazu gehören aber die Muslime! Mohammed beruft sich im Gegensatz zum “Volk des Buches“ auf kein göttliches Buch und ein darin fixiertes Gesetz. Nicht der Besitz und das Befolgen dieses Gesetzes bringt das rechte Verhältnis zu Allah, sondern der vertrauende Glaube. Mohammed gehört zum Volk des Glaubens, dessen Stammvater Abraham ist.

Abraham glaubte Allahs Versprechen, dass er, obwohl er weder Schrift noch Gesetz, also kein Buch kannte, demnach im Sinne der christlichen und jüdischen Orthodoxie ein Heide war, dennoch in einem fremden Land Vater eines großen Volkes würde. Das machte ihn zum Mu'min, zu dem, was Allah vom Menschen will: die

Zukunft der eigenen Existenz allein auf den Glauben an sein Versprechen und nicht auf die Werke eines Gesetzbuches setzen.

Für Mohammed bedeutete diese Erfahrung Abrahams, dass er gegen alle Gesetzmäßigkeiten und Gerechtigkeiten, gegen alle drohenden Weltgerichte, blind auf das tröstende Wort der Mutterliebe Allahs vertrauen könne und solle.

Mohammed wehrte sich gegen die Buch-Ideologie, wonach nur derjenige, der das im Buch vermittelte Gesetz kennte und täte, gottgläubig und -wohlgefällig sein könne.

Nicht ein heiliges Buch, ein Gesetz, wird Allahs Verhältnis zum Menschen gerecht, sondern allein das glaubende Vertrauen auf dessen unbedingte Mutterliebe.

Ein solches Vertrauen, einen solchen Glauben im eigentlichen Sinne, ist es, was sich Allah von den Sündern, d.h. den Menschen, die das Buch, das Gesetz, die Gerechtigkeit vergötzen, wünscht.

Allah ist gerade kein moralistischer Dämon, der den Menschen lediglich vor die Alternative stellt, zu sündigen oder nicht zu sündigen.

Er kennt die sündige Natur der Menschen, seine Sucht, sich durch eines heiligen Buches Werke zu rechtfertigen. Aus seiner Wesenseigenschaft *rahman* und *rahim* heraus überlässt Allah aber die Sünder nicht ihrem durch Gesetz und Gerechtigkeit determinierten unentrinnbaren Schicksal, sondern setzt seine Allmacht ein, um seine Barmherzigkeit gegen Recht und Gesetz durchzusetzen. Allahs Allmacht triumphiert: als bedingungslose Mutterliebe.

Dies ist der Triumph Gottes über das Gesetz der Gerechtigkeit. Darin besteht seine Allmacht: er ist dem Gesetz überlegen und diesem gerade nicht untertan. Allah ist kein Knecht der Gerechtigkeit, sondern ein freier Herr des Gesetzes.

Dadurch aber, dass Allah seine Freude daran hat, dem Menschen die Sünde zu vergeben, d.h. ihn seiner gerechten Strafe zu entziehen, erweist er sich als Erlöser der Menschheit.

Die eigentliche Erlösung im Sinne Mohammeds besteht also darin, dass die Menschen aus der Wirkungsgewalt der Sünde, aus der sie sich nicht selbst befreien können, durch Gottes freie Gnade befreit werden - so dass sie in Allahs Augen ihre Würde als freie Wesen zurückerhalten. Die transzendente Restitution des sehr guten Geschöpfes geschieht also durch Allahs freie Gnade, die aus seiner Leben schaffenden Primäreigenschaft entspringt; sie ist nicht aus dem Wollen und Tun der Menschen gekommen, kein menschliches Verdienst!

Ein Mu'min ist der Mensch, der Allah glaubt, dass er ihm die Sünde immer und immer wieder vergibt.

Aber was ist die eigentliche, die Ur-Sünde? Sind es die Gesetzesübertretungen?

Die Ur-Sünde ist der Unglaube! Was aber ist der Unglaube? Dass Allah die Sünde nicht vergibt, dass er keine Mutterliebe kennt. Unglaube ist der bewusste oder faktische Zweifel an Allahs unbegrenzter und unbedingter Barmherzigkeit, die Bestreitung von Gottes barmherziger Allmacht.

Ein Kafir ist daher der Mensch, der zutiefst in seinem Gewissen überzeugt ist, allein durch gute oder böse Werke sein Schicksal selbst bestimmen und damit der alleinige Herr seines Schicksals sein zu müssen; er ist gleich einem Kind, das keine Mutterliebe kennt, das die eigene Mutter nur als Zuchtmeisterin, als Gefängniswärterin, als Agentin des Gesetzes erlebt.

Dadurch wird er ein Götzendiener, ein Muschrik, dient er doch dem Urgötzen, dem von ihm Allah übergeordneten Gesetz und Gerechtigkeit. Er bestreitet, aus reiner Liebe aus dem Mutterschoß Allahs geboren zu sein; er bestreitet, dass Allah zärtliche Liebe kennt und dem alleingelassenen Kind zu Hilfe eilt. Der Kafir meint, dass er sich nach den Prinzipien des Gesetzes als Eigenwerk geschaffen habe.

Der Ungläubige bezweifelt, ohne seine Werke kosten- und bedingungslos sein Leben aus dem Mutterschoß Allahs zu erhalten; er bezweifelt, Allahs zärtlicher Liebe ausgesetzt zu sein; er bezweifelt in der Logik der Gerechtigkeit, dass ihn Allah in seinem Unglauben allein lasse und dem Gericht der Werke ausliefere.

Ist aber der Mu'min dagegen frei von Sünden? Ist Sündenlosigkeit das Wesensmerkmal eines Mu'min? Kehrt er ein für allemal um? Folgt Allah in seiner Mutterliebe der Konvertitenmoral?

Der Mu'min praktiziert gleich dem Kafir die Gesetzesreligion, ist zutiefst davon überzeugt, dass seine Werke seine Existenz bedingen; aber wider all diese Überzeugung glaubt er dennoch - nach der Anschauung des Gesetzes - blind an Allahs Vergebung dieses seines Unglaubens! Der Mu'min glaubt Allah, dass er ihn seinem unablässigen wirkenden Unglauben nicht ausgeliefert sein lässt, sondern ihn gegen seinen Unglauben, der allein auf die Werke setzt, als sein Geschöpf bewahrt.

Die freie Mutterliebe Allahs kann durch die unfreie Liebe der Menschen nicht vernichtet werden. Allahs bedingungslose Liebe bleibt sich im Angesicht des Sünders treu. Die Sünde vermag Allah nicht zu beherrschen: seine Allmacht manifestiert sich in der freien Liebe zu seinem - wie er meint - irrenden Kind.

Dass Mohammed davon ausgeht, dass der Mensch bis zum letzten Atemzuge in der Sünde bleibt, ergibt sich daraus, dass Allahs Freude über den Menschen unendlich viel größer ist, der ihn unendlich oft um Vergebung bittet, d.h. sich seiner freien Mutterliebe zuwendet, als über den, der nur wenig darum bittet.

Der um Vergebung bittende Mensch, der also die Mutterliebe Allahs gegen seine eigene Überzeugung anruft, ist also ein Sünder; in dem Angebot, um Vergebung zu bitten, erhält er die freie Möglichkeit des nach der Ansicht der Gesetzesreligion gleichsam widersinnigen Glaubens an die bedingungslose Außerkraftsetzung des Gesetzes der Werke.

Dieser glaubende Unglaube kennt kein verdienstliches gutes oder böses Werk und daher keinen Lohn und keine Strafe. Würde der Glaube belohnt, hätte der Glaubende Gott im Griff! Der Glaube erzeugt nicht Allahs unbegrenzte und unbedingte Barmherzigkeit; er erfreut sich vielmehr ihrer.

Der reine Unglaube erfreut sich ihrer nicht, sondern empfindet sie als widersinnige Spekulation im Angesichte des Gesetzes. Das Gesetz kann man "sehen", Gottes Barmherzigkeit dagegen bleibt für ihn "unsichtbar". Der Mu'min aber glaubt dies auch für ihn Unsichtbare.

Mohammeds universale frohe Botschaft lässt keinen Zweifel daran: allein dem Glauben, nicht dem Werk erschließt sich Allahs Mutterliebe.

In der schon erwähnten Sure 3 macht Mohammed diesen Sachverhalt deutlich. Ihm wurde von Christen und Juden vorgehalten, er könne ja nicht im rechten Verhältnis zu Allah stehen, habe er doch kein göttliches Gesetzbuch, sei er also ein Heide, ein hanifa.[8] Seine Offenbarungen, den Koran, hielt er ihnen nicht als Buch entgegen. Mohammed hatte in der Tat kein Buch vorzuweisen. Aber, wenn er nicht zum Volk des Buches, zur Buchreligion, gehörte, dann war er nichts als ein Heide. Und gerade dies bestreitet Mohammed nicht! Er bekennt sich als einen Heiden, Hanif, der aber dennoch kein Götzendiener, Muschrik, ist, der vielmehr als Heide, als einer, der kein Buch hat, ein Muslim, ein Mensch ist, der Gott ergeben ist.[9]

In diesem Streitgespräch hält Mohammed ganz in der theologischen Tradition des Apostels Paulus seinen Kontrahenten die Gestalt Abrahams vor: Abraham war ein Hanif, ein Heide, denn er besaß kein Buch, weder Thora noch Neues Testament; aber er war dennoch kein Götzendiener, kein Muschrik. Abraham war ein frommer, gottergebener Heide. Er glaubte, er war gottgefällig, ein wahrer Muslim, ein Mu'min, aber ohne ein Offenbarungsbuch, ohne ein heilsrelevantes Gesetz.

Mohammed formuliert diese Paradoxie, - dass Abraham, obwohl Heide, d.h. ein Nichtschriftbesitzer, dennoch kein sog. Götzendiener gewesen sei, und als Heide Gott geglaubt habe -, um sich christlicher und jüdischer Gesetzesreligion zu erwehren. Das Buch, d.h. das Insgesamt der vom göttlichen Gesetz geforderten Werke, ist nicht heilsnotwendig, sondern allein der Glaube an die unsichtbare fürsorgende Liebe Allahs. Anders gesagt: Mohammed verkündet einen Gott, der das Heil der Sünder nicht an ein Buch und dessen Werke hängt, sondern allein an die freie Offenbarung seiner Gnade.

Der abrahamitische Glaube ist das Wesen der Botschaft Mohammeds. Sie gehört somit auf ihre Weise in die Sola-Gratia-Tradition der jüdischen, der paulinischen und reformatorischen Religion.

8 Vgl. Claus Schedl, Muhammad und Jesus. Die christologisch relevanten Texte des Koran. Wien usw. 1978, 440 ff. Schedl und neuerdings Christoph Luxenberg, Die syro-aramäische Lesart des Korans. Berlin 2000, 39 ff.

9 Die islamische Orthodoxie hat mit Hilfe der politischen Macht aus den Offenbarungen Mohammeds ein göttliches Buch gestaltet. Dies zeigt, wie sehr sie sich dem ideologischen Diktat der christlichen und jüdischen Buchorthodoxie unterwarf. Dies gilt auch für die Lehre von der Endgültigkeit der Offenbarung im göttlichen Buch, dem Koran. Orthodoxien gleichen sich bis aufs Haar; gerade auch, wenn sie ihre Einzigartigkeit behaupten.

Die Nächstenliebe: Sadaqa und Zakat

Die Wesenseigenschaft Allahs erklärt denn auch, weshalb Sadaqa und Zakat, die Pflichtabgabe zu Gunsten der Bedürftigen[10], zu den religiösen Grundpfeilern des Islams geworden ist. Wenn Allah sich der sündigen Menschen *ohne Gegenleistung* erbarmt, erbarmt sich der Muslim, der als solcher im und vom Namen Allahs, *rahman* und *rahim*, lebt, seines hilfslosen Mitmenschen ebenfalls ohne jede Gegenleistung.

Sadaqa und Zakat, die diakonische Abgabe, ist nach islamischer Lehre keine vom Spender großzügig gewährte Schenkung von seinem Eigentum, sondern ein göttlich verbrieftes Anrecht der Bedürftigen. Deshalb kann der Spender nicht frei über dieses fremde Gut verfügen; es ist nicht sein Eigentum. Wer Sadaqa spendet, hat daher kein Recht auf Gegenleistung, und sei es auch nur in Form von Dankbarkeit.

Weil es sich um treuhänderisch verwaltetes Gut handelt, ist es auch für ihn und jedermann, der nicht bedürftig ist, tabu.[11]

Dieses Tabu ist so strikt, dass der Prophet einst eine Dattel nicht aß, weil er nicht sicher war, ob es sich dabei nicht um Sadaqa handelte.[12] Selbst Hassan, der Enkel Mohammeds, wurde vom Propheten einst zurechtgewiesen, als er aus Versehen eine Sadaqa-Dattel zu essen versuchte.[13]

Aber dieses Tabu bezieht sich nicht nur auf den unmittelbaren Eigengebrauch von Sadaqa, sondern auch für heuchlerische Verwendung durch zur Schau Stellung des Abgebens der Spende. Dadurch gebraucht der Spender die Abgabe zum Eigennutz, zur Gewinnung von Ansehen bei den Mitmenschen. Er hat also widerrechtlich fremdes Eigentum verkauft und den Gewinn für sich verbucht.

Welch hohen, wenn gar höchsten religiösen Stellenwert Sadaqa besitzt, erkennt man ohne weiteres, wenn es bei Sa'd heißt: „Wer Almosen gibt, um dabei von den Leuten gesehen zu werden, hat Allah beigesellt."[14]

Sadaqa darf unter keinen Umständen für eigene Zwecke verwendet werden. Wer es dennoch tut, begeht die schwerste Sünde, Allah einen anderen Gott beizugesellen, hier der Eigennutz in Gestalt der Ehre bei den Menschen. Indem Sadaqa dazu missbraucht wird, menschliche Ehre zu erlangen, vergeht sich der Mensch gegen Allah im höchsten Maße, er wird zu einem Götzendiener.

Damit wird klar, dass der Islam die Verweigerung oder den Missbrauch von Barmherzigkeit als Ursünde, als Angriff auf die Einzigkeit Gottes, ansieht. Um dieser

10 Sadaqa und Zakat bedeuten dasselbe: die von Allah angeordnete Pflichtabgabe zu Gunsten der Bedürftigen. Amir M. A. Zaidan, Fiqh-ul-'ibadat. Einführung in die islamischen gottesdienstlichen Handlungen, o.O. o.J., 129 ff.

11 Vgl. Zaidan, Fiqh-ul-'ibadat, 129, 131, 133f. Das Eigentum der Armen am Almosen vertritt im Christentum besonders Franz von Assisi; s. Edmund Weber, „Franz von Assisi und die Diakonie", in: Matthias Benad, Edmund Weber (Hgg.), Diakonie der Religionen 1 (Theion - Jahrbuch für Religionskultur VII), Frankfurt a.M. 1996, 190f.

12 Von der Sunna des Propheten, Islamische Bibliothek, 2. Aufl., Köln 1994, 61f.

13 Von der Sunna des Propheten, Islamische Bibliothek, 2. Aufl., Köln 1994, 60.

14 Von der Sunna des Propheten, Islamische Bibliothek, 2. Aufl., Köln 1994, 62.

Gefahr der Gotteslästerung aus dem Wege zu gehen, sagte der Prophet, dass Allah u.a. den Menschen am Tag der Auferstehung beschützen wird, „der im geheimen so spendete, dass seine linke Hand nicht erfuhr, was seine rechte Hand gegeben hatte; ...“[15]

Doch noch deutlicher wird der Sinn der Barmherzigkeit des Menschen gegenüber seinen Mitmenschen in dem Prophetenwort: „Allah sprach: Gib aus, du Sohn Adams; dann sorge Ich für dich weiter!“[16] Hier wird Sadaqa als Wesen geschöpflicher Existenz beschrieben.

Wenn sich aber Allah um das Lebensnotwendige kümmert, ist die Sorge um sich selbst nicht Sache des Menschen. Seine Energie gilt nicht ihm selbst, sondern einzig und allein dem Nächsten. Barmherzigkeit ist folglich die göttliche Bestimmung des Menschseins.

Mutterliebe zu den Bedürftigen, d.h. freie Diakonie ist somit theologische Konsequenz aus der Gnadenbotschaft Mohammeds, dass Allahs wahre Einzigartigkeit in den Namen *rahman* und *rahim* besteht.

Zusammenfassung

Aus der bedingungslosen Mutterliebe Allahs gegenüber seinen Geschöpfen resultiert die bedingungslose Mutterliebe der Menschen gegenüber dem Nächsten, insbesondere dem Bedürftigen. Diese folgt als logische Notwendigkeit aus dem Glauben an Allahs unbedingte Gnade. Diakonie ist daher nach der Gnadenbotschaft Mohammeds kein sündentilgendes Werk, sondern ein Handeln aus dem Glauben an Allahs Werk, seiner freien Sündenvergebung. So wie Allah seine Sündenvergebung nicht an das Werk des Menschen bindet, so bindet der glaubende Mensch sein Werk der Barmherzigkeit nicht an das vergeltende Handeln des Bedürftigen. Er schenkt, weil er beschenkt worden ist. Diakonie wie Nächstenliebe allgemein wird somit zum Spiel, einer Handlung, die sich in sich selbst erschöpft und sich an sich selbst erfreut. Denn Allahs Handeln, seine jede Gerechtigkeit mit Füßen tretende Gnade, ist nichts als ein Gottesspiel.

Indem die Menschen auf Allahs Spiel der Sündenvergebung vertrauen, werden sie zu Mitspielern Gottes.

15 Von der Sunna des Propheten, Islamische Bibliothek, 2. Aufl., Köln 1994, 454.
16 Von der Sunna des Propheten, Islamische Bibliothek, 2. Aufl., Köln 1994, 454f.

Formen islamischer Wohlfahrt in Deutschland[1]

von

Bärbel Beinhauer-Köhler

1. Formen islamischer Wohlfahrt aus religionswissenschaftlicher Perspektive

Untersuchungsansatz

> Die dortigen Spitäler und karitativen Vereinigungen sollen das Manko des Geizes und der Knickrigkeit des einzelnen beheben, denn die Pariser sind ... weit entfernt von der Freigebigkeit der Araber. Es gibt bei ihnen keinen Ḥātim al-Ṭāʾī und auch niemanden wie dessen Sohn ᶜAdīy, noch ging aus ihrer Stadt je ein Mann wie der wegen seiner Güte und Freigebigkeit berühmte Maᶜn ibn Zāʾida hervor. Nie hat man in ihrer Stadt hinsichtlich ihrer Könige und Minister auch nur das Geringste von dem gehört, was man über die Abbasiden und Barmakiden erzählt, und der Kalif al-Manṣūr, der unter dem Namen „der Pfennigfuchser" bekannt ist, wäre, gemessen an ihnen, der Freigebigste der Freigebigen.[2]

Der Blick des ägyptischen Gelehrten at-Ṭahṭāwī (1801-1873), der in den 20er Jahren des 19. Jahrhunderts einen Studienaufenthalt in Paris verlebte, eröffnet eine erste, wenn auch gebrochene Perspektive auf das islamische Wohlfahrtswesen. At-Ṭahṭāwīs Augenmerk gilt eigentlich dem Leben in Paris, allein aus seinen Vergleichen können wir eine Ahnung der Verhältnisse in seiner Heimat gewinnen. Der Autor spitzt zu: hier, in Paris, ausgeprägte karitative Institutionen, die er über mehrere Seiten hinweg detailliert beschreibt, dort, im islamischen Orient, eine „natürliche" Freigebigkeit, die jedoch jeder Institutionalisierung überlegen sei. Das Bild ist reduziert, es lässt die sakrale Dimension und im christlichen Kulturraum immer lebendige Tradition von Caritas oder Diakonie unberücksichtigt, ebenso wie die islamischen Wohlfahrtsinstitutionen, die sich sehr wohl jenseits informeller Einzelspenden etabliert hatten. Dennoch vermag das Zitat eine Anregung für die folgende Untersuchung zu sein. Denn es gilt, in einem ersten Schritt die im Zitat zur Sprache kommenden Komponenten, den Stellenwert des Gebens im Rahmen der klassischen islamischen Kultur sowie dortige Institutionen religiöser Wohlfahrt, näher zu bestimmen. In einem zweiten Schritt soll verfolgt werden, wie Muslime diese Komponenten gegenwärtig in der Bundesrepublik umsetzen.

1 Mein herzlicher Dank gilt den v. Bodelschwinghschen Anstalten Bethel für die Finanzierung des Forschungsprojekts, aus dem die vorliegende Studie hervorging. Mein besonderer Dank für die Möglichkeit zum sehr ergiebigen wissenschaftlichen Austausch gilt darüber hinaus Herrn Matthias Benad, Leiter der Forschungsstelle für Diakonie- und Sozialgeschichte an der Kirchlichen Hochschule Bethel, wo das Projekt erarbeitet wurde.

2 Rifāᶜa at-Ṭahṭāwī zitiert nach Karl Stowasser (Übers./Hg.), Rifāᶜa al-Ṭahṭāwī. Ein Muslim entdeckt Europa, München 1989, 131.

Am Beginn einer solchen vergleichenden Betrachtung müssen sinnvolle Kriterien der Beschäftigung mit dem islamischen Wohlfahrtswesen gefunden werden, denn dieses ist genauso breit gefächert und hat im Laufe der Jahrhunderte ebenso unterschiedliche Ausprägungen erfahren wie sein christliches Pendant. Allein die Untersuchung des islamischen Stiftungswesens (Sg. *waqf*, Pl. *awqāf*, Sg. *ḥubs/ḥubus*, Pl. *aḥbās*) könnte zu dem Schluss verleiten, diesem käme eine universelle Bedeutung im Islam zu. Beispielsweise kann eine fromme Stiftung von Landbesitz zur dauerhaften Versorgung eines Krankenhauses dem Stifter sowohl die Hoffnung auf eine jenseitige Vergeltung der Gabe durch Allah vermitteln[3] als auch sein soziales Prestige gewaltig erhöhen; das Stiftungswesen ist seit der Ausprägung klassischer Institutionen der Scharia eine bedeutsame Rechtsform;[4] es beeinflusst die Wirtschaft ganzer Landstriche; Stiftungen von Moscheen und sozialen Einrichtungen eröffnen gesellschaftliche Räume,[5] sie bilden für ihre Nutzer eine Möglichkeit sozialer Sicherung; Stiftungen besitzen eine klassische Form, die jedoch seit der Kolonialzeit und der Entstehung von einzelnen Nationalstaaten je nach Rechtssystem Wandlungen unterworfen ist.[6] Es wäre unmöglich, allen diesen Aspekten im vorliegenden Rahmen in summarischer Form Aufmerksamkeit zu schenken, zumal ja nicht nur das Stiftungswesen, sondern auch andere Formen islamischer Wohlfahrt untersucht werden sollen.

Nötig ist also eine genauere Eingrenzung des Untersuchungsbereiches. Denkbar wäre zu diesem Zweck zunächst eine Kontrastierung der islamischen mit der christlichen Tradition diakonischen oder karitativen Handelns. Hier tut sich jedoch ein ähnliches Problem auf, wie bei der bloßen Summierung von Fakten aus dem islamischen Bereich. Die Frage, was Diakonie oder Caritas eigentlich ausmacht, ist alles andere als einfach zu beantworten. Ist es der religiöse Anspruch mit der Verwurzelung im christlichen Prinzip der Nächstenliebe, wo dieser Anspruch doch in der Gegenwart in Nordeuropa oftmals nur mehr eine marginale Rolle spielt? Engagierten sich in diakonische Einrichtungen des 19. Jahrhunderts zunächst Menschen, die vor dem Hintergrund der christlichen Botschaft und der Idee der Inneren Mission ihr ganzes Leben dem Gedanken des Dienstes am Nächsten widmeten, so sind die Frömmigkeit und die kirchliche Bindung des Personals traditionsreicher Häuser heute höchst individuell geprägt, auch

3 Johann Christoph Bürgel, Allmacht und Mächtigkeit. Religion und Welt im Islam, München 1991, 70. Im Prinzip ist jede Stiftung Allah gewidmet und sollte ein ihm wohlgefälliges Werk sein (*qurba*). W. Heffening, Art. „Wakf", in: J. H. Kramers, A. J. Wensinck (Hg.), Handwörterbuch des Islam, Leiden 1941, 787-793, hier 788.

4 Joseph Schacht, An Introduction to Islamic Law, Oxford 1965, 19 u.a., siehe Index; Asaf A. A. Fyzee, Compendium of Fatimid Law, Simla 1969, 79-82 im Hinblick auf das Recht der Siebenerschia.

5 Siehe im weiteren Sinne Hans G. Kippenberg, Die vorderasiatischen Erlösungsreligionen in ihrem Zusammenhang mit der antiken Stadtherrschaft, Frankfurt a.M. 1991, 434.

6 Heffening, Art. „Wakf", 791-793; Johannes Reisner, „Die innerislamische Diskussion zur modernen Wirtschafts- und Sozialordnung"; in: Werner Ende, Udo Steinbach (Hg.), Der Islam in der Gegenwart, München 1989², 155-169, hier 164f.; Konrad Dilger, „Tedenzen der Rechtsentwicklung", in: Werner Ende, Udo Steinbach (Hg.), Der Islam in der Gegenwart, München 1989², 170-197, hier 180-186.

wenn spezifische „Kulturen“ einzelner Träger durchaus noch erkennbar sind.[7] Auch der Gedanke eines Zusammenspiels von körperlicher Heilung und geistlichem Heil von Patienten ist angesichts der modernen Medizin in den Hintergrund getreten. Unabhängig von ihrem nach wie vor bestehenden religiösen Anspruch können diakonische oder karitative Einrichtungen aber auch aus der Perspektive ihrer Wirtschaftlichkeit betrachtet werden, bilden sie doch im Allgemeinen eigenständige Unternehmen.[8] Gleichermaßen ist der sozialgeschichtliche Aspekt der Gründer und Träger solcher Institutionen, wie z.B. der Berufsstand der Diakonisse, von Interesse.[9] Aus kirchengeschichtlicher Perspektive fasziniert auch die Verwurzelung vieler großer gegenwärtiger Institutionen der Diakonie wie etwa die v. Bodelschwinghschen Anstalten in der Erweckungsbewegung des 19. Jahrhunderts.[10] Aber Diakonie ist kein Phänomen der europäischen Moderne, wenn auch das 19. Jahrhundert unser heutiges Begriffsverständnis prägt. Ebenso angemessen wäre es, entsprechende Formen des frühen Christentums oder der Ostkirche in den Blick zu nehmen.[11] An dieser Stelle kann also keine Definition, sondern einzig eine Sammlung von Aspekten vorgenommen werden, die Diakonie auszeichnen können.

Im vorliegenden Rahmen erscheint somit eine noch weitere, religionswissenschaftlich vergleichende Perspektive geboten. Zu diesem Zweck soll vor der näheren Beschäftigung mit dem Islam zunächst der Blick geöffnet und ein allgemeines Konzept religiöser Formen von Wohlfahrt erarbeitet werden. Im Hintergrund steht dabei die grundsätzliche Frage nach dem Spezifikum religiöser Wohlfahrt im Gegensatz zu säkularen Ausprägungen – wenn auch unbestritten ist, dass diese Trennung nur als eine tendenzielle aufgefasst werden kann.[12]

7 Hans Christoph von Hase, „Diakonie IV. Arbeitsfelder heutiger Diakonie“; in: TRE 8, Berlin/New York 1981, 660-679, hier 671.

8 Alfred Jäger, Diakonie als christliches Unternehmen, Gütersloh 1986; Johannes Degen, Diakonie als soziale Dienstleistung, Gütersloh 1994.

9 Matthias Benad, Friedrich von Bodelschwingh d.J. und die Betheler Anstalten. Frömmigkeit und Weltgestaltung, Stuttgart u.a. 1997; M. Cordes, Diakonie und Diakonisse, Beiträge zur Rolle der Frauen in kirchlich sozialer Arbeit, Hannover 1995.

10 Als Zugang siehe Volker Herrmann, Bibliographie zur Geschichte der deutschen evangelischen Diakonie im 19. und 20. Jahrhundert, Stuttgart 1997.

11 Gottried Hammann, Die Geschichte der christlichen Diakonie. Praktizierte Nächstenliebe von der Antike bis zur Reformationszeit, Göttingen 2003. Informationen zur Ostkirche beispielsweise bei Peter Kawerau, Das Christentum des Ostens (Die Religionen der Menschheit 20), Stuttgart u.a. 1972, 118f. über den Klostergründer Theodor v. Studion (gest. 826).

12 Man denke beispielsweise an sozial engagierte Personen etwa im Bereich der Arbeiterwohlfahrt, die ebenfalls durch ein zu Religionen analoges spezifisches Weltbild motiviert sein mögen. Hier stellt sich also im weiteren Sinne die grundsätzliche Frage nach Religion im Unterschied zu Nichtreligion. Wenn auch beide hier als kulturelle Systeme und somit als analogisierbar gelten, so soll der Fokus dennoch auf klassischen Religionen liegen.

Wohlfahrt in den Religionen

Die Formen der Wohlfahrt unterschiedlicher Religionen lassen sich auf eine Grundform menschlichen sozialen Verhaltens zurückführen – auf Geben und Nehmen.[13] Wer etwas gibt, erwartet im Allgemeinen auch eine Gegenleistung, wenn diese auch nicht materieller Art sein muss. Gleichzeitig wird durch den Austauschvorgang ein Verhältnis zwischen den Akteuren begründet. Dieses Prinzip findet sich in besonderer Ausprägung auch in Religionen. Gerardus v.d. Leeuw formulierte ähnliches mit Blick auf seine Opfertheorie: Das Geben stellt einen besonderen Kontakt her und ist, wenn auch an einen Gott gerichtet, somit ein sozialer Akt.[14] Um die Formen religiöser Wohlfahrt näher zu analysieren, erscheint es davon abgeleitet also sinnvoll, eine Trias in den Blick zu nehmen: sowohl die Beziehungen zwischen Geber und Empfänger von Leistungen als auch deren Bezug zu einer jeweiligen sakralen Sphäre. Und im Bezug auf eine den reinen Austauschvorgang übersteigende Dimension liegt auch der Unterschied zwischen einem Waren- oder Leistungsaustausch auf der säkularen Ebene, wenn etwa Steuern gezahlt und als Sozialleistungen umgesetzt werden.

Das Prinzip religiöser Wohlfahrt gilt beispielsweise in Natur- oder Stammesreligionen, so beim Potlatch/Giveaway der Indianerstämme der Nordwestküste des amerikanischen Kontinents,[15] wo im Rahmen bestimmter Feste eine formalisierte Beschenkung der Gäste vorgenommen wird. Im längerfristigen Wechsel zwischen Gast- und Gastgeberrolle profitieren mit der Zeit alle Gruppenmitglieder. Dieser Austausch dient aber nicht nur der materiellen Absicherung, er folgt nicht nur dem sozialen Apekt der Gemeinschaftstärkung, er verhilft nicht nur dem jeweiligen Gastgeber zu Prestige. Sondern er erfolgt vielmehr auch vor dem Hintergrund einer spezifischen Daseinshaltung, die dem Geben einen besonders hochgeschätzten Stellenwert einräumt. Im Hintergrund steht das Bewusstsein, der zu verschenkende Reichtum gründe sich ursprünglich auf dem Wohlwollen übernatürlicher Größen. Der Geber erwirbt beim Potlatch somit sozial-religiöses Verdienst, er signalisiert, dass er die Werte und Normen der Gemeinschaft weiterträgt und sich somit dem kosmischen Geschehen unterordnet.

Eine eigentümliche, aber im tieferen Sinne verwandte Konstellation liegt in der indischen Religionsgeschichte vor. Dort prägen seit der vedischen Epoche ausgiebige und diffizile Opferzeremonien das Leben. Der Opfernde gab – und gibt in ähnlicher Form bis heute – Milch, Butter, Tiere etc. an einen Gott, von dem im Gegenzug ein

13 Geben und Nehmen als Grundmuster sozialer Kontakterstellung: Irenäus Eibl-Eibesfeldt, Liebe und Haß. Zur Naturgeschichte elementarer Verhaltensweisen, München 1993[16], 221-238.

14 Vgl. Gerardus van der Leeuw, Phänomenologie der Religionen, Tübingen 1956[2], 397f. V.d. Leeuw nimmt weitere Aspekte, die auch für die folgenden Ausführungen von Bedeutung sein werden, vorweg, so die Betrachtung des Opfers als soziales und ökonomisches System oder die sakrale Bedeutung des Geldes. Bezüglich der zu seiner Zeit aktuellen weiteren Ausführungen hinsichtlich eines durch das Opfer angestoßenen Kraftstroms (*mana*) ist jedoch Distanz geboten.

15 Irving Goldman, The Mouth of Heaven, New York 1975; Werner Müller, „Die Religionen der Indianervölker Nordamerikas", in: Walter Krickenberg u.a. (Hg.), Die Religionen des alten Amerika (Die Religionen der Menschheit 7), Stuttgart 1961, 171-267, hier 253f.

wohlwollendes Entgegenkommen bezüglich Ernte, Gesundheit oder auch einer spirituellen Entwicklung des Opfernden erhofft wurde. Die in der frühen Indologie gebräuchliche, das Verhältnis zwischen Brahmanen und vedischem Gott umschreibende und in der Religionswissenschaft häufig auf andere historische Kontexte übertragene Formel *do ut des* charakterisiert besonders den Prozess zwischen Geber und Empfänger. Karl Hoheisel führt in seinem, den wissenschaftlichen Diskurs zu dieser Formel kritisch beleuchtenden Artikel aus, dass die Formel in den meisten ihrer Verwendungsformen zu reduktionistisch sei. Sie sei allerdings geeignet, um dem mit dem Opfer angestrebten Aspekt der Teilhabe an der göttlichen Sphäre Ausdruck zu geben.[16] Dieser Aspekt scheint nicht nur beim Opfer, sondern auch in der Praxis religiöser Wohlfahrt von Bedeutung. Der Gebende hofft durch seine wie auch immer geartete Gabe, sich eines göttlichen Wohlwollens zu versichern, selbst wenn diese Hoffnung eher im Hintergrund steht, und es zumeist zu einer Ethik des Gebens gehört, eben keine Gegenleistung zu erhoffen.

Bis heute existiert in Asien als eine Art Nebenprodukt des eigentlichen, an eine Gottheit gerichteten Opfervorgangs eine sekundäre Verwendungsform der Opfergaben. So kommt auch bei diesem Beispiel als dritte Kompenente ein Empfänger ins Spiel: Die Gaben werden als *prasada*, eine quasi durch den Gott geweihte „Gunst der Götter", an die Gläubigen zurückgegeben[17] und fallen dabei auch Bedürftigen zu, seien dies die Mönche oder Priester, die einen Tempel versorgen, oder seien es Arme, die aus den Opfergaben gespeist werden. In solchen Fällen scheint eine hohe Affinität zwischen Opfer und religiöser Wohlfahrt zu bestehen.

Innerhalb der genannten Trias – Geber, Empfänger und sakrale Sphäre – soll nun der Bereich des Transzendenzbezugs näher in den Blick genommen werden. Ausgeprägte Formen einer religiösen Wohlfahrt lassen sich auch in Vorgaben in den jeweiligen heiligen Schriften oder oralen Traditionen greifen. Geben und Empfangen besitzen somit eine Legitimation und sind gleichzeitig nicht nur soziale Regel, sondern gleichermaßen mit religiösen Vorstellungen verknüpft, und das Wohlfahrtswesen ist ein Aspekt der Theologie. So übersteigt der einzelne Akt der Hilfeleistung das diesseitige Tun und ist Teil einer umfangreicheren religiösen Botschaft.

Schon in antiken Kulturen lässt sich diese Verknüpfung mit einer ideellen Ebene greifen. Sie maßen offenbar sozialem Verhalten einen hohen Wert bei, welcher auf das vergleichbare Tun bestimmter Götter zurückgeführt wurde. Zeus galt als *Xenios*, der Beschützer der Fremden, weshalb, wie bei Homer zu lesen, die Gastfreundschaft eine bedeutende Rolle spielte. Die drei Grazien sind nicht nur mit physischen Attributen verbunden, sondern sie verkörpern auch die Ideale Freundlichkeit, Gutwilligkeit und Großzügigkeit. Etymologisch führt von ihrem griechischen und lateinischen Namen

16 Zum wissenschaftlichen Diskurs Karl Hoheisel, Art. „Do ut des", in: Hubert Cancik u.a. (Hg.), Handbuch religionswissenschaftlicher Grundbegriffe II, Stuttgart u.a. 1990, 228-230.

17 Axel Michaels, Der Hinduismus. Geschichte und Gegenwart, München 1998, 269f.

charites und *gratiae* eine direkte Linie zu den englischen Begriffen *grace* und *charity*. Philosophen der Antike wie Sokrates, Plato und Aristoteles thematisieren die moralische Pflicht zur Fürsorge für die Bedürftigen unter verschiedenen Termini wie *agapē, philanthrōpia, eleos* und *philoxenia*.[18]

Auch die jüdische Tradition fordert die Sorge um den bedürftigen Nächsten, und dieses zwischenmenschliche Tun wird durch die wohlwollende Liebe Gottes zu seinen Geschöpfen belohnt (z.B. Dt 15, 7-11). Entsprechend ist die *sedakah*, „Gerechtigkeit" im Judentum eine universelle Norm, die zu etablieren die Gläubigen verpflichtet sind. Es gibt neben alttestamentlichen Textbelegen, die durch Zinsverbot, Sabbatjahr u.ä. eine Reihe von Maßnahmen kennen, die der Armut vorbeugen sollen, eine lange Tradition der bewussten Reflexion über die *sedakah*, und die Frage, wie Bedürftigen wirklich dauerhaft sinnvoll geholfen werden könne. Moses Maimonides charakterisiert in diesem Zusammenhang als höchste Form der Wohltätigkeit diejenige, die zur Selbsthilfe anleite, die also das Ungleichgewicht zwischen Gebendem und Nehmendem dauerhaft aufzulösen bestrebt sei.[19]

Der Grundstein für ein christliches Pendant liegt im NT mit dem zentralen Liebesgebot (u.a. Röm 13, 8-10; Luk 10, 15-28; Mt 5, 43-48),[20] das in den frühchristlichen Agape-Mählern eine praktische Umsetzung erfuhr.[21] Für deren Organisation sorgte der *diakonos*, „Diener", eine Funktion, die dann bis zur Gegenwart zahlreichen Umdeutungen unterlag. In der katholischen Kirche wird der lateinische Begriff *caritas* verwendet, wenn die praktizierte Nächstenliebe bezeichnet werden soll.[22] Steht auch an erster Stelle der selbstlose und nichts fordernde diesseitige Dienst am Anderen, so betont die Theologie doch auch die transzendente Dimension dieses Tuns. Diese wird unterschiedlich gedeutet, kreist aber doch meist um den Gedanken, dass in der Dia-

18 Demetrios J. Constantelos, Art. „Charity", in: ER 3, hg. v. Mircea Eliade, New York 1987, 222-225, hier 223; A. R. Hands, Charity and Social Aid in Greece and Rome, Ithaca/New York 1968. Ob sich im alten Griechenland von einer institutionalisierten Wohlfahrt sprechen lässt, ist wohl deutungsabhängig. Frank M. Loewenberg, der die Vorreiterrolle der jüdischen Wohlfahrt betont, möchte die hellenistische Tradition geringer bewerten. Vgl. Frank M. Loewenberg, From Charity to Social Justice. The Emergence of Communal Institutiones for the Support of the Poor in Ancient Judaism, New Brunswick/London 2001, 16f.

19 Loewenberg, From Charity to Social Justice, 41-44; Heinz Jürgen Loth, „Jüdische Religion", in: H. Balz u.a. (Hgg.), Besitz und Armut (Ethik der Religionen – Lehre und Leben 4), München/Göttingen 1986, 9-24; Constantelos, Art. „Charity", 223; Klaus Hock, Art. „Caritative Dienste", in: Metzler Lexikon der Religionen 1, hg. v. Christoph Auffarth u.a., Stuttgart/Weimar 1999, 198.

20 Siehe auch: Mt 6, 1-4 mit der Anleitung zum Almosengeben.

21 Hammann, 44, 54f. Zu *diákonos* bes. Apg 6, 1-6; Phil 1, 1; 1. Tim 3, 8-13, zu neutestamentlichen Belegen zu *diákonía* Carolyn Osiek, Art. „Diakon/Diakonisse/Diakonat. I. Neues Testament", in: RGG 2, Tübingen 1999^4, 783f., hier 783. Siehe ferner grundsätzlich die Artikelserien diverser Verfasser um die Stichworte Diakonie in der RGG 2, Tübingen 1999^4, 783-806, sowie der TRE 8, Berlin/New York 1981, 621-683. Auch in den Agape-Mählern, die sich erst später institutionell von der Eucharistie-Feier schieden, besteht eine Affinität zum Opfer.

22 Jochen-Christoph Kaiser, Art. „Caritas", in: RGG 2, Tübingen 1999^4, 66-69; Karl Borgmann, Art. „Caritas", in: LThK 2 (1958), 941-946.

konie der Grundgedanke des Evangeliums Gestalt gewinnt, dass über die Linderung kreatürlicher Not hinaus Gottes Liebe zu den Menschen erlebbar werden soll.[23]

Die religiöse Wohlfahrt im Islam steht bereits mit den arabischen Begriffen *ṣadaqa* und *zakāt* ein Stück weit in der Tradition jüdischer und christlicher Vorbilder, hat jedoch ebenfalls ganz eigene Charakteristika herausgebildet, die als Kern der Studie im ausgiebig behandelt werden.

Im klassischen und gegenwärtigen Hinduismus ist religiöses Handeln in erster Linie auf die eigene Verortung im Kreislauf der Wiedergeburten (*saṃsāra*) konzentriert. Als Mittel zur Erlösung oder zumindest der Reduzierung von Karma und zum Erreichen einer zukünftigen höher gestellten Lebensform spielt neben Opfern und psychophysischen Übungen und Ritualen der Umgang mit anderen Menschen und Lebewesen durchaus eine bedeutende Rolle. Und diese Hilfeleistungen sind ebenfalls theologisch begründet. Hier hat sich eine spezifische Begrifflichkeit entwickelt, die sich in verschiedensten Sutras diverser Schulen aufgreifen lässt: Geläufig sind das Ideal von *karuṇā*, einer Ethik der Leidensminderung anderer, man kennt *dāna*, ein religiös motiviertes Almosengeben, *ahiṃsā*, das Ideal der Gewaltlosigkeit allen Lebens gegenüber, sowie *bhakti*, die liebende Hingabe an den jeweils verehrten Gott. Im Neohinduismus werden diese Formen explizit als Begründung einer hinduistischen Wohlfahrtspflege herangezogen.[24]

Ähnlich ist auch die Einbindung eines wohltätigen Handelns im Buddhismus. Ist dieses grundsätzlich an einer Erlösung seiner Mitglieder aus dem leidvollen Diesseits interessiert, sollen laut Hināyāna-Lehre auch negativ empfundener Leib und Leibhaftigkeit hinter sich gelassen werden und bedürften somit eigentlich keinerlei Fürsorge, so hat sich im Mahāyāna eine Lehre entwickelt, die die Grundlage für mildtätiges Handeln am Gegenüber bildet. Heute manifestiert sich dies sowohl in Krankenhäusern, Katastrophenhilfe und Hilfsorganisationen als auch in an Tempel angeschlossenen Tierasylen. Die Begründung hierfür liegt im Ideal des *bodhisattva*, des auf dem Erleuchtungsweg weit Fortgeschrittenen, der sein Karma auf andere Kreaturen überträgt und somit zur Erlösung des ganzen Universums beitragen möchte. Dieses Ideal findet sein Gegenstück in meditativen Übungen der Transzendierung des eigenen Ichs durch geistige und praktische Hinwendung an andere.[25]

23 Pieter Johan Roscam Abbing, Art. „Diakonie. II. Theologische Grundprobleme der Diakonie", in: TRE 8, Berlin, New York 1981, 644-656, hier 644-653.

24 Klaus K. Klostermaier, „Charity in Hinduism", in: Matthias Benad, Edmund Weber (Hgg.), Diakonie der Religionen 1 (Theion. Jahrbuch für Religionskultur/Annales for Religious Culture VII), Frankfurt 1996, 111-118; Padmanabha Goswami, „Haben die Bäume je ihre eigenen Früchte gegessen?", in: Matthias Benad, Edmund Weber (Hgg.), Diakonie der Religionen 1 (Theion. Jahrbuch für Religionskultur/Annales for Religious Culture VII), Frankfurt 1996, 101-109; Hock, Art. „Caritative Dienste", 200f.

25 Annemarie Dross-Mashayekhi, „Dana – Vollkommene Freigebigkeit – Caritas im Buddhismus", in: Matthias Benad, Edmund Weber (Hgg.), Diakonie der Religionen 1 (Theion. Jahrbuch für Religionskultur/Annales for Religious Culture VII), Frankfurt 1996, 83-88. Hans-Jürgen Greschat, Die Religion der Buddhisten, München 1980, 142f., enthält eine beeindruckende Aufzählung buddhistisch motivierter Hilfsmaßnahmen.

Vermutlich täte man dem Selbstverständnis hinduistischer und buddhistischer Schulen unrecht, wenn man die de facto erfolgende Hilfe für andere geringer erachten würde als in den monotheistischen Religionen, allein aufgrund der Tatsache, dass die asiatischen Religionen prinzipiell großen Wert auf die Erlösung bzw. spirituelle Entwicklung des Einzelnen legen. Dieser Aspekt sollte nicht zu hoch bewertet werden, auch weil das Erlösungsziel meist in einem Aufgehen in einem überindividuellen Prinzip besteht, und somit durchaus eine Affinität zu einem ethischen Miteinander vorgegeben ist.

Betrachten wir innerhalb der o.g. Trias – Geber, Empfänger, Bezug zur sakralen Sphäre – nun näher die Komponente des Gebens und der Fürsorge für andere. Die Gaben können von einfachen Lebensmittel- über Sach- oder Geldspenden reichen – der Gabe für einen Bettler, der wöchentlichen Kollekte, spontanen Sammlungen in Notsituationen – bis hin zu festen juristischen Formen wie der Stiftung von Krankenhäusern oder anderen Versorgungseinrichtungen, wie sie alle großen Religionen kennen. Das Spendenwesen kann sowohl informell und spontan als auch institutionalisiert sein – in Form von Kirchensteuer, der islamischen *zakāt* oder der Finanzierung von Mönchsorden durch buddhistische Laienanhänger. Während sich Laien meist auf das Spenden materieller Gaben beschränken, kennen viele Religionen Menschen, die ihr Leben oder einen Teil ihrer Wirkungskraft der Hilfe anderer widmen. In komplexeren Religionen finden sich alle diese Formen in unterschiedlichem Maße nebeneinander.

Dabei muss mit Blick auf das einleitende Zitat vorerst die Frage offen bleiben, ob das Vorhandensein fester Institutionen etwas über die Tiefe spiritueller Motivation religiöser Wohlfahrt verrät. Denkbar wäre auch, dass andere Faktoren für deren Entstehen ausschlaggebend sind, etwa eine säkular begründete Philanthropie, herausragende Notsituationen, denen nur organisiert begegnet werden kann, oder gar wirtschaftliche oder juristische Vorgaben, die die Gründung von Wohlfahrtsorganisationen finanziell sinnvoll erscheinen lassen.

Wer anderen im Rahmen seiner Religion etwas gibt, rechnet sich dies nicht selten in der Hoffnung auf eine Vergeltung als religiösen Verdienst an. Dieses mag wie beim Hindu oder Buddhisten darin bestehen, dass auf die Verbesserung des Karma gehofft wird, was zu einer nächsten vorteilhafteren Wiedergeburt führen soll. Im Hinblick auf eine solche Hoffnung besteht z.B. für den buddhistischen Laienanhänger übrigens kein Unterschied darin, ob er sich einem Armen am Wegesrand gegenüber mildtätig zeigt, einem vorbeiziehenden Mönch Nahrung in seine Bettelschale gibt oder der Buddhastatue im nächstgelegenen Tempel eine Opfergabe darbietet. Wohlhabende Christen des Mittelalters hofften auf eine Vergeltung am Jüngsten Gericht, wenn sie sich in diesem Leben großzügig zeigten, beispielsweise beim Bau von Kirchen oder Spitälern. Dieser Gedanke motiviert auch Muslime zu einer beeindruckenden Spendenfreudigkeit.

Prinzipiell ähnlich, nur mit einer umfassenderen Konsequenz für das eigene Leben, widmen sich immer wieder Menschen dem Dienst am Nächsten. Sie suchen dabei die eigene spirituelle Weiterentwicklung. Aus der religionswissenschaftlichen Perspektive könnte man hier durchaus von einer Art „Selbstopfer“ sprechen. Gemeint sind z.B. christliche Ordensmitglieder, die bewusst einen Weg der karitativen oder diakonischen Hilfe gehen. An dieser Stelle sind auch große Stiftungen der Diakonie wie z.B. die v. Bodelschwinghschen Anstalten einzuordnen. Hier sind es ganze Gemeinschaften, die dem Grundgedanken religiöser Wohlfahrt nachkommen.[26] Bekannt sind ebenfalls islamische Beispiele, z.B. von Sufi-Anhängern, die ihr Leben der Unterstützung Bedürftiger widmen.[27] An dieser Stelle sind ebenfalls die bereits oben erwähnten Mahāyāna-Mönche und Nonnen zu nennen.

Die praktizierte Liebe zum Menschen ist in allen diesen Fällen unauflösbar mit der Hingabe an eine transzendente Größe verbunden, der sich der Helfende mit all seiner Kraft verschreiben möchte. Dies scheint gegenüber dem Verdienstgedanken im Vordergrund zu stehen, bzw. viele Religionen haben ein Ethos des Gebens entwickelt, das ganz explizit nicht von egoistischen Zielen getragen sein soll, etwa von der Hoffnung, durch diesseitige Hilfeleistung soteriologische Vorteile zu erzielen. Sehr im Vordergrund steht dies in der protestantischen Theologie seit Luther, der sich als Kernidee gegen den Verdienstgedanken aussprach und die Rechtfertigung allein aus Glauben und durch die vorweggenommene Gnade Gottes im Christusgeschehen lehrte.[28] Aber auch z.B. Mahāyāna-Buddhisten pflegen den Gedanken, das das Geben, *dāna*, völlig selbstlos zu geschehen habe, und das, auch wenn es eine Übung auf dem Weg zur Ichlosigkeit ist, ohne den Gedanken an die dadurch vielleicht leichter zu erreichende Erlösung.[29] Hindu-Shastras nennen konstituierende Elemente, die eine gute Gabe auszeichnen. Hierzu zählt u.a. eine dem Dharma ergebene Haltung, gemäß der Geben gänzlich emotionslos als eine Pflichterfüllung geschieht.[30] Eine Hoffnung auf Verdiensterwerb ist auch hier ausgeschlossen.

Die dritte Konstante religiöser Wohlfahrt innerhalb der genannten Trias ist der Empfänger. Vordergründig wird ihm Hilfe bei der Beseitigung leiblicher Notsituationen zuteil: bei Krankheit, Hunger und Armut. Doch zumeist ist damit auch zumindest das Angebot einer weitergehenden „Heilung“ verbunden, nämlich der Vermittlung auch seeli-

26 Edmund Weber, „Franz von Assisi und die Diakonie“, in: Matthias Benad, Edmund Weber (Hgg.), Diakonie der Religionen 1 (Theion. Jahrbuch für Religionskultur/Annales for Religious Culture VII), Frankfurt 1996, 179-196; Matthias Benad, „‚Komme ich um, so komme ich um [...]‘, Sterbelust und Arbeitslast in der Betheler Diakonissenfrömmigkeit“, in: Jahrbuch für Westfälische Kirchengeschichte 97 (2002), 195–213.

27 Jürgen W. Frembgen, Reise zu Gott. Sufis und Derwische im Islam, München 2000, 59-63.

28 Wolfgang Metzger (Hg.), Auslegung des Vaterunsers. Calwer Luther-Ausgabe, Bd. 3, Neuhausen-Stuttgart 1996, 112.

29 „Wer auf dem Wege zum Erwachen ist, der sollte, wenn er etwas gibt, keine Vorstellungen bilden von einem Ich oder einem Empfänger oder einer Gabe oder vom Verdienst, das diese Gabe bringen wird ... Um der Höchsten Erleuchtung willen gibt er die Gabe, und doch bildet er keinerlei Vorstellung von der Erleuchtung.“ Pañcavimśati-sāhasrikā Prajñā-pāramitā, 264, zitiert nach Vimalo Kulbarz (Übers.), Eine Handvoll Blätter. Buddhistische Meditations-Texte, Roseburg 1995, 47.

30 Klostermaier, 113.

schen oder ganzheitlichen Heils. Beispielsweise stellten mittelalterliche Spitäler sakrale Räumlichkeiten zur Verfügung oder waren an solche angeschlossen. Gleiches gilt beispielsweise für die islamischen Sufikonvente, die regelmäßige Armenspeisungen vornehmen.[31]

Dieses Angebot kommt auch dadurch zustande, dass diejenigen, die sich dem leiblichen Wohl Bedürftiger widmen, traditionell selbst spirituelle Sucher oder Funktionsträger sind. Der Empfangende erhält eine Ahnung spirituellen Heils allein aus dem Vorbild des Helfenden. Nach diesem Prinzip funktionieren oftmals Missionsbemühungen der verschiedensten Religionen. In Stammesreligionen oder in volksreligiösen Unterströmungen können aufgrund ihrer beeindruckenden charismatischen Persönlichkeit Heiler und Schamanen tätig sein, die jenseits moderner Medizin im psycho-physischen Bereich ansetzen. Auch hier ist die Heilung eine ganzheitliche, die Körper und Geist mit einbezieht.[32] Überhaupt ist in Betracht zu ziehen, dass nicht alle Religionen und Kulturen eine Trennung von Leib und Seele kennen. Das Angebot der Vermittlung umfassenden, auch geistlichen Heils kann somit direkt angesprochen sein, oder eher als ein Angebot bestehen, wie heute in vielen diakonischen Einrichtungen Nordeuropas.

In der Moderne setzen sich die Wohlfahrtsorganisationen vieler Religionen mit sozialen Ideen auseinander, welche die säkularen Verwandten ihrer eigenen Wohlfahrtsbemühungen begründen.[33] Seit dem Aufkommen rein säkularer Wohlfahrtssysteme kommt es zu Wechselwirkungen mit säkularen Institutionen. Als solche haben beispielsweise Rotes Kreuz, Roter Halbmond und Magen David zentrale religiöse Symbolik übernommen, ohne selbst eine entsprechend orientierte Trägerschaft zu besitzen.[34] Dies ist nur möglich aufgrund der positiv im Bewusstsein verankerten jeweiligen religiösen Wohlfahrtstradition, an die öffentlichkeitswirksam angeknüpft werden soll. Auf der anderen Seite setzen religiös-politische Organisationen wie die islamischen Muslimbrüder ganz bewusst auf soziale Wohlfahrt, was möglich ist, da in vielen Ländern des Orients hier ein Mangel besteht. Erfahren Menschen in Jordanien oder Ägypten eine Krankenversorgung bei Ärzten oder Krankenhäusern, die den Muslimbrüdern nahestehen, sind sie oft auch offen für das dort vorgelebte Gedankengut.

Karl-Wilhelm Dahm erfasst in seinem unveröffentlichen Vortrag „Zur Institutionalisierung von Charity im interkulturellen Vergleich“ die zeitliche und soziale Dimension der Entwicklung von Wohlfahrtsinstitutionen. Er geht von einer Ausdehnung von Mikro- über Makro- und Mesoebene derartiger Institutionen aus: von privaten infor-

31 Frembgen, 42.

32 Clifford Geertz, Dichte Beschreibung. Beiträge zum Verstehen kultureller Systeme, Frankfurt a.M. 1987, 67f.

33 Maßgeblich im Islam hier: Saiyid Quṭb, *al-ᶜAdāla al-iğtimaᶜīya fi-l-Islām* (1948 sowie zahlreiche erw. Neuausg.), übersetzt: William E. Shepard, Sayyid Qutb and Islamic activism. A translation and critical analysis of social justice in Islam, Leiden u.a. 1996.

34 John F. Hutchinson, Champions of charity: war and the rise of the Red Cross, Boulder/Colorado u.a. 1996, 20ff. sowie 138-142 zur Entstehung des Roten Halbmond.

mellen Hilfeleistungen (Mikroebene) über die Entstehung größerer, in einen religiösen Kontext eingebundener Institutionen (Mesoebene) bis hin zu einer Internationalisierung und Säkularisierung derartiger Institutionen (Makroebene). Dieser dritte Schritt der Ausdifferenzierung wird von ihm vorwiegend für Kulturen Europas, Nordamerikas oder Australiens beobachtet, wo ursprünglich eine christliche Prägung vorlag.[35] Hier erfolgen jedoch gegenwärtig durchaus auch in islamisch geprägten Gesellschaften Parallelentwicklungen, die im Folgenden zur Sprache kommen werden.

Religiöse Wohlfahrt besitzt immer auch eine wirtschaftliche, eine juristische sowie eine politische Dimension. Nicht zuletzt werden in entsprechenden Institutionen großer Religionen nennenswerte Mengen an Gütern bewegt. So hat sich etwa im klassischen Islam eine eigene Rechtsform[36] entwickelt, die religiösen Stiftung, für die in der Gegenwart, z.B. in Ägypten oder der Türkei, eigene Ministerien oder Ämter bestehen. Ab einer gewissen Größe sind Wohlfahrtsorganisationen unabdingbar auf der Ebene der Politik wirksam. Dies kann zu Konflikten führen, wie in Bethel zur Zeit des Dritten Reichs, als die Euthanasie auch auf die Patienten der v. Bodelschwinghschen Anstalten Bethel ausgedehnt werden sollte.[37]

2. Ideelle Voraussetzungen islamischer Wohlfahrt

Am Anfang der näheren Beschäftigung mit dem Islam steht die Frage nach der dortigen religiösen Motivation eines Dienstes am Nächsten. Innerhalb der islamischen Argumentation treten dabei zwei Aspekte in den Vordergrund: Einmal erfährt das menschliche Leben an sich hohe Wertschätzung, und zum anderen gilt die Sorge um den Mitmenschen als hohes Gut; letzteres hat nicht zuletzt im hohen Stellenwert der Medizin im klassischen Islam besonderen Ausdruck gefunden.

Anthropologie

Jegliche Begründung einer islamischen Wohlfahrt basiert auf der koranischen Anthropologie: Der Mensch ist ein Geschöpf Gottes, und nicht nur das, er ist gewissermaßen die „Krone" der Schöpfung, vor der sich die Engel niederwerfen (Sure 2, 34), er ist *ḫalīfa*, „Statthalter" Allahs (Sure 2, 30), Gott hat Adam in den Schöpfungsberichten von seinem eigenen Odem (*min rūḥī*) eingehaucht, um ihn lebendig zu machen (15,

35 Karl-Wilhelm Dahm, „Zur Institutionalisierung von Charity im interkulturellen Vergleich", unveröffentlichtes Paper zum Studientag „Diakonie der Religionen" am 26.10.2002 an der Universität Frankfurt, organisiert von Edmund Weber im Rahmen der dortigen Religionswissenschaft. Siehe auch den Beitrag Dahm im vorliegenden Sammelband, dort Abschnitt 3.

36 Dazu unten mehr. Siehe an dieser Stelle die Parallele im Judentum: Ezra Basri, Ethics of Business, Finance and Charity According to Jewish Law, 6 Bde., Jerusalem 1987.

37 Anneliese Hochmuth, Spurensuche. Eugenik, Sterilisation, Patientenmorde und die v. Bodelschwinghschen Anstalten Bethel 1929-1945, hg. v. Matthias Benad, Bielefeld 1997.

29). Der Mensch ist von schöner, harmonischer Gestalt (Suren 95, 4; 40, 64; 64, 3) und grundsätzlich ausgestattet mit einer Anlage zum Guten.[38] Allah spricht ihm eine eigene „Würde" zu: „Wir haben die Söhne Adams gewürdigt (*karramnā*)" (Sure 17, 70). Zusammengefasst besteht der Mensch also aus den Komponenten Körper und Geist/Seele (*rūḥ/nafs*), die jeweils göttlichen Ursprungs und damit mit hohem Wert behaftet sind. Dieses Menschenbild ist eine Voraussetzung für eine potenzielle Entwicklung eines Wohlfahrtssystems, denn der koranische Mensch ist es wert, dass ihm die Hilfe seiner Zeitgenossen zuteil wird.

In der Sunna, den kodifizierten Berichten über das vorbildhafte Verhalten des Propheten, finden sich weitere Anhaltspunkte, die für muslimische Theologen und Juristen sowie den einzelnen Gläubigen wegweisenden Charakter haben, wenn es um die Bewertung des menschlichen Lebens an sich geht. Ein Tenor Tausender Ḥadīṯe, der „Erzählungen" aus der Zeit des Propheten, ist dessen verständnisvolles Wohlwollen seinen Mitmenschen gegenüber. Generelle Forderungen, etwa nach Fasten oder Gebet, werden stets abgemildert, sollte es nachvollziehbare Gründe dafür geben; beispielsweise sind die an sich am Sonnenstand orientierten Gebetszeiten durchaus zu verschieben, wenn es etwa um die Mittagszeit unerträglich heiß ist, man sich auf einer Reise befindet oder krank ist.[39] So heißt es u.v.a. in der an erster Stelle von Sunniten befragten Ḥadīṯsammlung des Buḫārī (810-870) im Kapitel über die Gebetszeiten:

> Uns berichtete Aiyūb b. Sulaimān ... über den Gesandten Gottes - Gott segne ihn und schenke ihm Heil, daß er gesprochen habe: „Wenn die Hitze unerträglich ist, betet, wenn es kühler ist. (Denn) die extreme Hitze ist eine Ausdünstung der Hölle."[40]

Der Historiker aḏ-Ḏahabī (1274-1348) führt in seiner Abhandlung „Die Prophetenmedizin", *aṭ-Ṭibb an-nabawī*, eine dieses Prinzip bestätigende Überlieferung über den Stellenwert und die Bedürfnisse des menschlichen Körpers an: Demzufolge gebühre dem Körper grundsätzlich ein entscheidender Anteil am Menschsein.[41] Vermutlich liegt es am alltagsorientierten Charakter der Gattung Ḥadīṯ, dass Überlegungen zur menschlichen Seele dort weniger Raum einnehmen. Statt dessen hat jedoch die Frage nach dem persönlichen Glauben die frühen Muslime in hohem Maße beschäftigt. Es gilt den Glauben in jeder Hinsicht zu stärken und zu praktizieren. In diesem Zusammenhang fällt das Stichwort des *ǧihād*, was zunächst einmal – neutral – „Einsatz für die Sache Gottes" bedeutet. Dieser kann vielfältige Formen annehmen, die von der

38 Dass er auch eine Anlage zum Bösen in sich trägt, geht aus vielen weiteren Koranstellen hervor, ist jedoch an dieser Stelle zu vernachlässigen. Näheres bei Peter Antes, Ethik und Politik im Islam, Stuttgart 1982, 35f.; Annemarie Schimmel, Die Zeichen Gottes. Die religiöse Welt des Islam, München 1995, 224-232; Tilman Nagel, Der Koran. Einführungen – Texte - Erläuterungen, München 1983, 239-242.

39 In der maßgeblichen Ḥadīṯsammlung des Buḫārī, Kitāb Mawāqīt aṣ-Ṣalāt, Bāb 9, 10, 18. Dieter Ferchl (Übers/Hg.), Ṣaḥīḥ al-Buḫārī. Nachrichten von Taten und Aussprüchen des Propheten Muhammad, Suttgart 1991, 125f., 129f.

40 Muḥammad ibn Ismāʿīl al-Buḫārī, Ṣaḥīḥ, 8 Teile in 4 Bdn., Istanbul 1315 d.H., hier Teil 1, 135.

41 Aḏ-Ḏahabī zitiert nach Fazlur Rahman, Health and medicine in the Islamic tradition, New York 1989, 34.

persönlichen spirituellen Vervollkommnung über gute Taten bis hin zum Kriegseinsatz gegen Ungläubige reichen.[42] Auch die islamischen Überlieferungen stützen also die im Koran angelegte Voraussetzung für eine islamische Wohlfahrt, indem sie dem Erhalt des Körpers Bedeutung zusprechen, ebenso wie einer spirituellen Entwicklung.

In der Scharia, dem islamischen Recht, werden zur Rechtsfindung primär Koran und Sunna herangezogen. Dort hat sich auf den die menschliche Geschöpflichkeit preisenden Aussagen basierend das Prinzip der *ḥurma* herausgebildet, demzufolge der menschliche Körper schützenswert, auch im Sinne von „heilig", ist. Darüber hinaus gilt bei juristischen Entscheidungen das Prinzip der *karāma*, der Würde des Menschen, zu beachten.[43]

Der Rahmen für menschlichen Dienst am Nächsten wird auch durch die Theologie geprägt. Hinsichtlich der vorliegenden Themenstellung lohnt der Blick auf die bereits im frühen Islam einsetzende Diskussion über die menschliche Willensfreiheit in Auseinandersetzung mit der Prädestination.[44] Im 10. Jahrhundert fand der sunnitische Gelehrte al-Ašʿarī (gest. 936) die Formel *maʿa l-fiʿl*, „gemeinsam mit der (menschlichen) Tat", welche Bestandteil des sunnitischen Glaubensbekenntnisses wurde.[45] Grundaussage ist die Annahme eines Zusammenspiels göttlichen und menschlichen Willens, um eine menschliche Handlung durchzuführen. Zwar kommt nicht dem menschlichen, sondern dem göttlichen, den Handlungsrahmen bildenden Wirken dabei der Primat zu. Aber diese Annahme widerspricht dennoch dem landläufig angenommenen Postulat eines islamischen Prädestinationsglaubens, der zur völligen Passivität führe, denn es ist nicht nur Allah, der zu menschlichem Handeln Anlass gibt, sondern menschliches Wollen kommt hinzu. In diesem Zusammenhang beobachtet Fazlur Rahman eine fast „kalvinistische" Alltagsethik, die deutlich einem passiven Verharren in bloßer Unterwerfung unter den göttlichen Willen entgegenstehe. Muslime gingen aktiv einer Berufstätigkeit nach und suchten bei Krankheit ärztlichen Beistand, um das ihre zu einer Verbesserung der Ausgangssituation beizutragen und „um Gott zu veranlassen, ihm oder ihr zu einer Verbesserung zu verhelfen".[46] Hier eröffnet sich durchaus auch Raum für eine aktive Behebung menschlicher Not.

Im Laufe eines Lebens gilt es, die menschliche Seele zu vervollkommnen. Disparate koranische Aussagen haben zur Entwicklung einer „Pneumatologie" geführt, die besonders im Sufismus reflektiert wird.[47] Demgemäß ist der Gläubige aufgerufen, in

42 Al-Buḫārī, Ṣaḥīḥ, Kitāb al-ǧihād; Ferchl, Ṣaḥīḥ al-Buḫārī, 298-325.

43 Der arabischen Wurzel *ḥ-r-m* entspringt ein Begriffsfeld um Vorstellungen von „Heiligung" und gleichzeitig schützender und tabuisierender Eingrenzung gegenüber äußerlichen Einflüssen. Birgit Krawietz, Die Ḥurma. Schariatrechtlicher Schutz vor Eingriffen in die körperliche Unversehrtheit nach arabischen Fatwas des 20. Jahrhunderts, Berlin 1991, bes. 316-326 sowie 117 zum Thema Menschenwürde. Rahman, Health and medicine, 11-17.

44 William Montgomery Watt, Islamic Philosophy and Theology, Edinburgh 1962.

45 Näheres sowie der Wortlaut in Gerhard Endreß, Einführung in die islamische Geschichte, München 1982, 63-67, Antes, Ethik und Politik im Islam, 33-35.

46 Rahman, Health and medicine, 29.

47 Schimmel, Die Zeichen Gottes, 231f.

der Art eines inneren Ǧihād seine Seele zu entwickeln, von der *nafs ammāra*, der Seele, die zum Bösen anstachelt (Sure 12, 53) über die *nafs lauwāma*, die tadelnde Seele, die dem Gewissen gleicht (Sure 75, 2), bis zur *nafs muṭmaʾinna*, der Seele im Ruhestadium der Gereiftheit (Sure 89, 27f.). Auch andere Zeugnisse des islamischen Geisteslebens illustrieren die herausragende Rolle der seelisch-geistigen Komponente des menschlichen Wesens. So betont der Verfasser einer berühmten Kosmologie, al-Qazwīnī (ca. 1203-1283), der Mensch unterscheide sich vom Tier durch seinen Verstand und die Fähigkeit, Verantwortung zu übernehmen, und er schreibt

> Diese Seele nun verhält sich im Körper wie der Verwalter im Königreich, und die Fähigkeiten und Organe sind ihre Dienerschaft ... Der Körper ist also das Königreich der Seele, ihr Aufenthaltsort und ihre Stadt.[48]

Hier nun wird erstmals eine gewisse Ambivalenz dem Körper gegenüber spürbar, eine Haltung, die sich im weitesten Sinne über vorderorientalische Einflüsse, etwa im Bereich der Gnosis, des Manichäismus sowie des Christentums, im Islam etablierte. Vor allem im Bereich des Sufismus konnte dies bis hin zu einer regelrechten Welt- und Leibfeindlichkeit reichen, oftmals auch verbunden mit einer Gynophobie, wie Annemarie Schimmel wiederholt erläutert.[49] Auch religionsphilosophische kosmogonische Modelle räumten, inspiriert von den im Mittelmeerraum verbreiteten neuplatonischen Ideen, den immateriellen Größen Verstand und Seele höheren Stellenwert ein als dem Körper, der diesen Modellen zufolge als später entstanden und gottferner galt; so zu lesen etwa bei al-Farābī (ca. 870-950).[50] – Derartiges steht den oben beschriebenen koranischen Aussagen und den prophetischen Traditionen über den hohen Wert des menschlichen Körpers entgegen. Es ist wohl auf diesen Antagonismus zurückzuführen, dass in der Mystik oder in Theologenkreisen, anders als im Christentum, aufgrund der positiven koranischen Aussagen zur Körperlichkeit niemals eine wirkliche Askese oder zölibatäre Lebensweise befürwortet wurde. Bezogen auf die Entwicklung einer islamischen Wohlfahrt könnte diese Ambivalenz fortgewirkt haben: Eine grundsätzliche Hochschätzung des Körpers wird einerseits eine Fürsorge befördert haben, ebenso wie der Aufruf zu einem spirituellen Ǧihād, welcher solche Unternehmungen hat motivieren können. Andererseits wird gleichzeitig die in bestimmten Kreisen nachweisbare Leibfeindlichkeit eine religiöse Wohlfahrt, die am körperlichen Wohl ansetzt, gebremst haben.

Stand bei der Betrachtung der islamischen Anthropologie vor dem Hintergrund der Konstanten religiöser Wohlfahrt bisher der Empfänger von Hilfeleistungen im Blickfeld, so gibt die Anthropologie auch Anhaltspunkte zur Rolle des Gebenden. Seine Ge-

48 Al-Qazwīnī, Die Wunder des Himmels und der Erde, hg./übers. v. Alma Giese, Stuttgart/Wien 1986, 149.

49 Schimmel, Die Zeichen Gottes, 231; dies, Mystische Dimensionen des Islam, München 1992², 603, Dies, Meine Seele ist eine Frau, München 1995, 67.

50 Bürgel, Allmacht und Mächtigkeit, 130f.

schöpflichkeit verpflichtet ihn gegenüber Allah, der sein Richter am Jüngsten Tag sein wird. Diese Aussage ist die Essenz zahlreicher Suren des Koran und dominiert vor allem diejenigen der mekkanische Periode. Diese Perspektive spiegelt sich auch in der Sunna und ist bis heute der Motor für den Wunsch nach Anwendung der Scharia. Ethische Vorgaben für das Verhalten des Einzelnen, der sich um Gottgefälligkeit bemüht, beziehen sich dann vor allem auf den Umgang mit dem menschlichen Gegenüber.

Der Andere und die Gemeinschaft

Auch zu diesem Thema liegen zahlreiche aussagekräftige Koranstellen vor. Immer wieder wird im Rahmen der islamischen Solidargemeinschaft, der *umma*[51], gefordert, anderen Hilfe zukommen zu lassen. Dies gilt an erster Stelle für die Familienmitglieder, so heißt es in Sure 17, 23f. hinsichtlich der Pflege der altgewordenen Eltern:

> Dein Herr hat bestimmt, daß ihr niemandem als ihm dienen und für die Eltern sorgen sollt, sei es, daß einer oder alle beide in das Alter kommen, dann sag nicht „Pfui" zu ihnen und schelte sie nicht, sondern sprich achtungsvoll mit ihnen.

In Sure 17, 26 ist ähnliches bezüglich bedürftiger Verwandter vorgegeben, Kinder sind sowieso Empfänger eines besonderen Schutzes (Suren 17, 31) und Sure 4 regelt in aller Ausführlichkeit die materielle Absicherung weiblicher Familienmitglieder und der Waisen (ebenso 17, 34). Auch Personen außerhalb der Familie sollen, wenn möglich, materiell versorgt oder zumindest durch freundliche Behandlung respektvoll behandelt werden, seien es Arme oder Reisende (Sure 17, 26: „Und gib dem Verwandten, was ihm zusteht, ebenso den Armen und den Reisenden ... "). Derjenige, der im Gegensatz dazu nur an sich denkt, erfährt im Koran immer wieder Tadel (Suren 17, 100; 70, 19-21; 107, 1-7).[52] All dies sind nicht nur rein ethische soziale Forderungen, sondern die jenseitige Dimension wird wie in Sure 107 mit angesprochen: Demjenigen, der die Waisen verstößt und nicht den Armen spendet, wird das vernichtende Urteil Gottes beim Jüngsten Gericht in Aussicht gestellt.

Die Sunna verstärkt diese Grundaussage und fordert vielseitige Hilfeleistungen. In den großen Ḥadīṯsammlungen findet der Leser entsprechende Aufrufe bereits nach Themen geordnet. Buḫārī (810-870) sammelt die Informationen aus der Zeit Muḥammads zur gesetzlichen Armenspende und freiwilligen Schenkung (*zakāt/ṣadaqa*)[53].

51 Die *umma* ist eine religionsbezogene Solidargemeinschaft, die mit dem entstehenden Islam die bisherigen Stammessolidaritäten ersetzte und die bis heute in einer gesamtislamischen Loyalität manifest wird. Im sogenannten „Vertrag von Medina" wurde 621 mit dem Einzug der Muslime in die bisher jüdisch geprägte Stadt auch den den Muslimen loyalen Juden als eigene *umma* eine Existenzberechtigung zugesichert. Nachlesbar u.a. in der klassischen Prophetenbiographie, in deutscher Teilübersetzung: Gernot Rotter, Ibn Ishâq. Das Leben des Propheten, Stuttgart 1986³, 109-111.

52 Antes, Ethik und Politik im Islam, 18, 47, 68; Rahman, Health and medicine, 30.

53 Al-Buḫārī, Ṣaḥīḥ, Kitāb az-zakāt; Ferchl, Ṣaḥīḥ al-Buḫārī, 189-200.

U.a. kann der Leser erfahren, dass die *zakāt* bereits zur Zeit Muḥammads als Steuer erhoben wurde:

> Abū ᶜĀṣim ad-Ḍaḥḥāk b. Maḫlad erzählte uns ... daß der Prophet – Gott segne ihn und schenke ihm Heil – Muᶜāḏ in den Jemen gesandt habe und sprach: "Ruf sie zum Glaubensbekenntnis auf ... kommen sie dem nach, dann setze sie in Kenntnis, daß Gott sie zu einer Abgabe (hier ausnahmsweise *ṣadaqa*) auf ihren Besitz verpflichtet hat, die von den Reichen unter ihnen genommen und den Armen unter ihnen gegeben wird."[54]

Die Regel der allgemeinen Abführung der Armensteuer lag zu dieser Zeit bereits fest, wenn auch die Terminologie, wie das Beispiel zeigt, erst später strenger zwischen Armensteuer (*zakāt*) und darüber hinaus gehenden Almosen (*ṣadaqa*) schied. Aber auch letztere Form war bereits der Sache nach geläufig: „Schützt Euch vor dem Höllenfeuer, und wenn es durch das Geben (*as-sadaqa*) einer halben Dattel oder einer ähnlichen Kleinigkeit geschieht."[55]

Im Kapitel „Gutes Benehmen"(*adab*) finden alle möglichen anderen Formen der Sorge für Mitmenschen Berücksichtigung, und zwar unter Erwähnung aller Personengruppen, die auch bereits in den Koransuren besonderer Fürsorge wert galten: die Eltern, Alte, Kinder, Verwandte, Frauen sowie Fremde.[56] Eine Überlieferung gibt dem dortigen Prinzip des Helfens in umfassender Weise Ausdruck:

> Uns berichtete Abū Nuᶜmān ... der Prophet – Gott segne ihn und schenke ihm Heil – sprach: Du siehst die Gläubigen sind in ihrem Mitgefühl, ihren Freundschaften und ihrem Mitleiden wie ein Körper. Wenn ein Organ leidet, reagiert der Rest des Körpers für ihn mit Schlaflosigkeit und Fieber.[57]

Die Scharia hat aus solchen Textgrundlagen eigenständige Rechtsinstitutionen entstehen lassen, die weiter unten gesondert betrachtet werden: Aus dem Aufruf zur Armenspende erwuchs die regelmäßige Abgabe der *zakāt*, private Schenkungen mündeten ins Stiftungswesen (*waqf/ḥubs*). Darüber hinaus sind Rechtsfindungsmechanismen grundsätzlich sozial orientiert: Bei juristischen Entscheidungen sollen verschiedene Interessen in einer ausgleichenden Weise berücksichtigt werden nach dem Prinzip der Gerechtigkeit (*adāla*). Dieses Prinzip wurzelt im vorislamischen Beduinenrecht, wo ein rechtliches Gleichgewicht durch mathematisch berechnete Ausgleichszahlungen oder Abgaben hergestellt wurde.[58] Für die Umma besteht das Ideal eines allgemeinen Wohlergehens, wo das Wohl der Gemeinschaft (*maṣlaḥa*) vor das des Einzelnen gestellt wird. Dieses Prinzip besitzt in einigen Rechtsschulen, so den Hanafiten und dem

54 Al-Buḫārī, Ṣaḥīḥ, Teil 2, 108.
55 Al-Buḫārī, Ṣaḥīḥ, Teil 2, 114.
56 Al-Buḫārī, Ṣaḥīḥ, Kitāb al-adab; Ferchl, Ṣaḥīḥ al-Buḫārī, 424-446.
57 Al-Buḫārī, Ṣaḥīḥ, Teil 7, 77f.
58 Joseph Schacht, An Introduction to Islamic Law, Oxford 1964, 6. Siehe auch C.C. Torrey, The commercial theological terms in the Koran, Leiden 1892, wo das im Koran auffällige Moment der geradezu mathematisch orientierten „Bewertung" menschlicher Taten durch Gott in der altarabischen Kultur des Handels verortet wird.

zwölferschiitischen Recht, sogar den Rang eines eigenständigen Rechtsfindungskriteriums, parallel zum Studium der sakralen Textquellen.

In der islamischen Geistesgeschichte spielten darüber hinaus politische Utopien vom idealen islamischen Gemeinwesen eine gewisse Rolle und mögen vor allem staatliche Initiativen zur Wohlfahrt befruchtet haben. Derartige Schriften entstanden etwa in der Art von für Herrscher verfassten Fürstenspiegeln. Berühmt wurde der auf indische Motive zurückgehende und von Ibn al-Muqaffaᶜ im 8. Jahrhundert arabisierte Roman *Kalīla wa-Dimna*, „Löwe und Schakal", in dem in Form einer Fabel ein Schakal und Wesir dem Löwen und König Ratschläge erteilt. Gleich im ersten Kapitel wird der ideale Herrscher als derjenige beschrieben, der seine Untertanen wie seine Kinder liebt und, selbst bescheiden, sich ihnen gegenüber freigebig zeigt.[59] Ganz ähnlich preist der historische Wesir Niẓām al-Mulk (1018-1092) seinen Auftraggeber, den seldschuqischen Sultan:

> Der erhabene Gott wählt in jedem Zeitalter einen aus der Mitte der Menschen, schmückt und zeichnet ihn aus mit den Vorzügen eines Herrschers, heftet an ihn das Wohl der Welt und die Ruhe der Gottesknechte und verschließt durch ihn das Tor vor Verderbnis, Verwirrung und Aufruhr.[60]

Das Zitat verdeutlicht die Verbindung zwischen Herrscher und idealer, weil gottgewollter Ordnung, die er verkörpert, die er stützt und zum Blühen bringt. Der freigebige Herrscher ist übrigens auch ein immer wiederkehrender literarischer Topos in *Tausend und eine Nacht*. Auch das Anfangszitat von aṭ-Ṭahṭāwī preist einige Herrschergestalten der islamischen Geschichte, die diesem Ideal nachkamen. Und auch sein Werk ist seinem Herren, dem damaligen ägyptischen Khediven Ismāᶜīl, gewidmet und legt diesem staatliche Verbesserungen nahe. Es ist anzunehmen, dass ein Zusammenhang besteht zwischen dieser Präsenz literarischer Zeugnisse, die den freigebigen Herrscher preisen, und der Geschichte, in der mittelalterliche arabische Herrscher die ersten waren, die sich im Islam dem Thema Wohlfahrt in der Praxis annahmen, indem sie beispielsweise Krankenhäuser stifteten. Doch dazu später mehr.

Weniger Widerhall fand die Utopie eines der mittelalterlichen Philosophen, deren Gedankengut von der theologischen Orthodoxie ausgegrenzt wurde. Der turkstämmige al-Farābī (ca. 870-950), Philosoph, Mathematiker und Musiker, der sein Leben am Hof in Aleppo beschloss, verfasste das Werk *Der Musterstaat*. Darin stellt er die Glückseligkeit (*as-saᶜāda*) der Menschheit als höchstes Ziel dar, welches ein Staat fördern solle. Als Herrscher wünscht er sich nach antikem Muster den weisen Philosophen, den Fähigsten der Polis, der diese dann zum Wohl der Menschen lenke. Wenn man auch diesen Weisen mit Muḥammad oder einem Kalifen identifizieren kann, sind islamische Anklänge hier nur sehr indirekt zu finden, möglicher Weise eine Erklärung

59 In Übersetzung liegt eine Fassung aus dem 11./12. Jh. vor: Gernot Rotter (Übers.), Löwe und Schakal, Tübingen/Basel 1980, 23f.

60 Karl Emil Schabinger v. Schowingen (Übers./Hg.), Nizāmulmulk. Das Buch der Staatskunst, Zürich o.J., 160.

dafür, dass diese Staatsphilosphie nicht nennenswert rezipiert wurde.[61] Die Regel war offenbar das Ideal einer staatlichen und gleichermaßen gottgewollten Ordnung als bestmöglicher Rahmen für menschliches Zusammenleben.

In diesem Sinne wurden auch sozialistische Ideen des 19. Jahrhunderts rezipiert. Diese Übernahme einer säkularen Ideologie lässt sich recht genau nachverfolgen und besonders gut in der Wende zum 20. Jahrhundert in Istanbul und Kairo greifen. Der arabische Begriff für Sozialismus *ištirāqīya* – erstmals übrigens von einem ägyptischen Kopten, Salāma Mūsā (1887-1957) verwendet – basiert vermutlich auf der etwas älteren türkischen Form *ištirāq-i emwāl*, „Gemeinsamkeit des Besitzes". In der ersten Hälfte des 20. Jahrhunderts entstanden dann im Schwunge der Nationalbewegungen in Ländern wie der Türkei, Ägypten, dem Iran oder Syrien sozialistische und kommunistische Parteien. Inhaltlich modifizierte man jedoch bald die europäischen säkularen Konzepte. Der Aspekt der Besitzverteilung wurde zwar befürwortet, jedoch nicht ohne religiösen Rahmen. Schnell wurden im Bestreben nach materiellem Ausgleich innerhalb der Gemeinschaft Verbindungen zum Islam und zu dessen Geschichte und Ethik erkannt; neben Textgrundlagen, wie sie oben vorgestellt wurden, erinnerte man sich an Handlungen, die frühe Muslime als Vorkämpfer einer islamischen sozial orientierten Wirtschaftsethik erscheinen ließen: Muḥammad habe sich zum Schutz der Armen gegen Zinsen ausgesprochen, ebenso wie der Prophetengenosse Abū Ḏarr al-Ġifārī vom späteren Umaiyadenherrscher eine Einschränkung des Luxus gefordert hatte.[62] Schließlich bildete sich – in bewusster Abgrenzung zu den einflussgebenden europäischen sozialen und politischen Konzepten des 20. Jahrhunderts – die bis heute für viele Menschen attraktive Auffassung heraus, der Islam sei eine dritte Wirtschafts- und Soziallehre zwischen Kapitalismus[63] und Kommunismus und sei die ursprüngliche Soziallehre des Orients. Die Schwerpunkte dieser Konzepte variieren vom Islam als Beiwerk sozialistischer Ideen (Muᶜammar al-Qaḏḏāfī) und dem umgekehrten Fall einer Orientierung an klassischen islamischen Soziallehren gepaart mit einer oberflächlichen Übernahme moderner Begriffe in islamistischen Kreisen.[64]

61 Dazu Bürgel, Allmacht und Mächtigkeit, 130-134. Im Original *Fī mabādīʾ arāʾ ahl al-madīna al-fāḍila.*

62 Diese Periode aus der Perspektive des westlichen Historikers: William Montgomery Watt. Islam and the Integration of Society, London 1961, 5-22.

63 Als attraktiv gelten hier die Eigeninitiative und prinzipielle Freiheit des Einzelnen! Siehe Antes, Ethik und Politik, 19.

64 Heinz Gstrein, Marx oder Mohammed? Arabischer Sozialismus und islamische Erneuerung, Freiburg/Würzburg 1979; Johannes Reissner, „I. Die innerislamische Diskussion zur modernen Wirtschafts- und Sozialordnung", in: Werner Ende, Udo Steinbach (Hg.), Der Islam in der Gegenwart, München 1989², 155-169, hier 156-160; Wolfgang Ule, Der arabische Sozialismus, Opladen 1969, 13f.
In islamistischen Kreisen maßgeblich Saiyid Quṭb (1906-1966), der Ideologe der ägyptischen Muslimbrüder, mit *al-ᶜAdāla al-iǧtimāᶜīya fi-l-Islām*: William E. Shepard, Sayyid Qutb and Islamic activism. A translation and critical analysis of social justice in Islam, Leiden u.a. 1996 sowie Sayyid Abū-l-Aᶜlā Maudoodī, Weltanschauung und Leben im Islam, London, hg. v. The Islamic Foundation, Freiburg 1971.

Auch im Bereich des Privaten ist ein fortwirkender Einfluss von Koran und Sunna spürbar, wenn es um die Bewertung des Dienstes am Nächsten geht. Vor allem Quellen des Sufismus lassen dies spüren. Zunächst soll hier das 1258 entstandene und bis heute ungeheuer populäre Werk des Iraners Muṣliḥ ad-Dīn Saʿdī (1192/3-1292) „Der Rosengarten", *Golestān*, betrachtet werden. Der Autor, selbst Theologe und Wanderderwisch, führt seinen Leser durch einen „Garten" der Andekdoten und Gedichte, in denen er verschiedene Lebenswege aufzeigt. Als Idealbild dient ihm der entsagende Derwisch, der sich der Liebe zu den Menschen und zu Allah widmet, Kritik erfahren immer wieder die Reichen und Herrschenden, die ihr Leben dem Luxus und nicht der Mildtätigkeit widmen. Als ein Beispiel unter vielen soll hier ein mahnender Vers aus dem ersten Kapitel „Über die Lebenweise und Moral der Könige" dienen:

> Die Menschenkinder sind ja alle Brüder
> aus einem Stoff wie eines Leibes Glieder.
> Hat Krankheit nur ein einziges Glied erfaßt,
> so bleibt den andern weder Ruh noch Rast.
> Wenn anderer Schmerz dich nicht im Herzen brennet,
> verdienst du nicht, daß man noch Mensch dich nennet![65]

Erinnern wir uns der oben erwähnten Fürstenspiegel, so scheint hier der Teil der Realität erahnbar, in der Herrschende normaler Weise eben nicht der Wohlfahrt nachkamen. Im Gegensatz dazu versuchen manche Sufis sich in praktischer Nächstenliebe, wie bereits erwähnt wurde.

Eine bemerkenswerte Modifikation und Abschwächung des Gedankens der sich bei Saʿdī auf die gesamte Menschheit erstreckenden Nächstenliebe spricht aus dem Text eines anderen Mystikers: Abū l-ʿAbbās ibn ʿAṭāʾ (gest. um 922), der in der damaligen Hauptstadt des Kalifates, in Bagdad, lebte. Richard Gramlich hat dessen Korankommentar sowie seine Glaubenswelt rekonstruiert. Ibn ʿAṭāʾ macht u.a. auch Aussagen zum Verhältnis des Propheten zu seinen Mitmenschen. Hier hebt er unter Nennung der Suren 2, 126 und 3, 30 hervor, dass die übergroße Barmherzigkeit des Propheten sich nur auf die Gläubigen erstreckt habe, während es allein Gott zukomme, auch barmherzig gegenüber den Nichtmuslimen zu sein.[66] Dies könnte, angesichts der Vorbildfunktion des Propheten, auf eine Beschränkung eines islamischen Wohlfahrts-

Der Terminus „islamistisch" bedarf der Erläuterung: Er bezieht sich auf Kreise, die einen als politischen Weg verstandenen und verabsolutierten Islam als Gegenkraft zur „Moderne" intellektuell begründen und fördern. Islamismus wird von „Fundamentalismus" getrennt, der auch eine aktive gewalttätige Komponente beinhalten kann. Es versteht sich von selbst, das „Fundamentalismus" keine spezifische Erscheinung des Islam ist; siehe auch Gernot Wießner, „Der Fundamentalismus in der Religionsgeschichte", in: Religion – Fundamentalismus – Politik, hg. v. Dietz Lange, Frankfurt 1996, 47-64.

65 Dieter Bellmann (Hg./Übers.), Muṣliḥ ad-Dīn Saʿdī. Der Rosengarten, Leipzig/Weimar 1990, 42.

66 Richard Gramlich (Hg.), Abu l-ʿAbbās b. ʿAṭāʾ. Sufi und Koranausleger (Abhandlungen für die Kunde des Morgenlandes LI,2), Stuttgart 1995, 48.

gedankens allein auf Muslime hindeuten. Dieses Beispiel verweist darauf, dass das Thema Wohlfahrt nur als ein innerislamischer Diskurs erarbeitet werden kann.

Die Medizin als Form des Dienstes am Nächsten

Die Medizin kann eine Sonderform der praktizierten, religiös begründeten Nächstenliebe sein, welche davon abgesehen auch als materielle Gabe oder ausschließlich seelsorgerliche Betreuung denkbar ist. Die Medizin zielt auf Heilung bei erkennbaren Erkrankungen von Körper und Geist. Die Medizin im Islam soll aus mehreren Gründen besondere Beachtung finden, zunächst, weil sie im Islam von Muḥammad an auch einen Platz innerhalb der Religion besaß und da sie bekannter Maßen im Mittelalter im Orient eine Blütezeit erlebte, und ferner, weil sie an der modernen Diakonie und Caritas einen besonderen Anteil hat und sich somit eventuell Vergleichsmöglichkeiten eröffnen.

Die koranischen Grundlagen sind recht eingeschränkt,[67] aber vorhanden. In der Sure 16, Vers 69, wird der Honig als ein gottgegebenes Heilmittel vorgestellt:

> Aus ihren Leibern (d.h. der Bienen, Anm. der Verf.) kommt ein Trank heraus, dessen Farben unterschiedliche sind. In ihm ist ein Heilmittel für die Menschen. Wahrhaftig, darin liegt ein Zeichen für die Verständigen.

In der Sunna kommen Beschreibungen des Propheten als sakral-magischem Heiler hinzu. Diese Funktion gründet z.T. in Legenden und Wunderberichten, wie sie Religionsstiftern und Heilsvermittlern gerne zugesprochen werden.[68] Z.T. scheint er volksmedizinische Techniken lokaler Heiler der arabischen Halbinsel übernommen zu haben. Krankheiten werden „besprochen“:

> Es berichtete mir Ibrāhīm b. Mūsā ... von ᶜĀʾiša – Gott möge Wohlgefallen an ihr haben – , daß der Prophet – Gott segne ihn und schenke ihm Heil – während seiner todbringenden Krankheit die „Muᶜauwiḏāt“[69] rezitierte und sich dabei seinen Atem über den Körper blies (*yanfiṯu ᶜalā nafsihi*). Als er schwächer wurde, blies ich die beiden Suren über ihn und verstrich (sie) mit seinen Händen wegen ihres Segens.[70]

67 Manfred Ullmann erachtet die koranische Grundlage der späteren „Prophetenmedizin“ gering. Manfred Ullmann, Die Medizin im Islam (Handbuch der Orientalistik. Erste Abteilung, Ergänzungsband VI. 1. Abschnitt), Leiden/Köln, 17. Siehe auch Felix Klein-Franke, Vorlesungen über die Medizin im Islam (Sudhoffs Archiv. Zeitschrift für Wissenschaftsgeschichte. Beiheft 23), Wiesbaden 1982, 7.

68 Beispiele von Wunderheilungen verletzter muslimischen Kämpfer durch den Propheten: Julius Wellhausen, Muhammad in Medina. Das ist Vakidi's Kitāb alMaghazi in verkürzter deutscher Wiedergabe, Berlin 1882, 97, 116.

69 Die letzten beiden Suren, denen die Kraft zugeprochen wird, das Böse zu bannen.

70 Al-Buḫārī, Ṣaḥīḥ, Teil V, 55.

Oder Muḥammad empfiehlt altbewährte Techniken weiter, so das Trinken von Honig, das Schröpfen und die Kauterisation.[71]

Dass die medizinische Versorgung als eigenständiges Thema erkannt wurde, verrät die Hadītsammlung Buḫārīs, die über ein entsprechendes Kapitel, *Kitāb aṭ-ṭibb*, verfügt.[72] Darin werden nicht nur medizinische Methoden vorgegeben, es finden sich auch zahlreiche Hinweise zur Betreuung von Kranken. Vor allem Krankenbesuche werden anempfohlen, da vom Propheten selbst regelmäßig durchgeführt. Bemerkenswert erscheint eine Überlieferung laut der Muḥammad einen kranken Juden durch seinen Besuch zur Konversion bewegt haben soll:

> Sulaimān b. Ḥarb überlieferte uns über Anas – Gott möge Wohlgefallen an ihm haben – : Ein Junge der Juden pflegte dem Prophten zu dienen, und er wurde krank. Da ging er – Gott segne ihn und schenke ihm Heil – zu ihm, um ihn zu besuchen. Und er sagte: „Werde Muslim", und er konvertierte.[73]

Die Idee, dass Kranke besonders aufgeschlossen auch für eine spirituelle Heilung sein könnten, wird in dieser Tradition greifbar, ebenso wie eine gewisse Affinität zwischen Wohlfahrt und Mission. Erinnern wir uns des Zitats bei dem Sufi Ibn ᶜAṭāᵓ, demzufolge sich die Barmherzigkeit des Propheten nur auf Muslime erstreckt haben sollte, so liegt hier ein Gegenbeispiel vor.

Die Scharia befasst sich in ungeheurem Maße mit medizinischen Fragestellungen, wie besonders eindrucksvoll Birgit Krawietz' Arbeit über die *ḥurma*, das Ideal der körperlichen Unverletzlichkeit im islamischen Recht, belegt. Diese Überschneidung der beiden Bereiche Recht und Medizin hängt in erster Linie mit der allumfassenden Dimension des Scharia zusammen, deren Maßgaben z.B. zum Fasten oder der Pilgerfahrt auch in das körperliche Wohlbefinden eingreifen. Jahr für Jahr erreicht eine Flut von Anfragen nach Rechtsgutachten die Muftis der islamischen Welt, wenn die Gläubigen aufgrund körperlicher Schwäche in seelische Bedrängnis geraten, sollte sich das Fasten als gesundheitlich schädlich erweisen.[74] Der Historiker Fazlur Rahman verweist darauf, dass die Ausübung der Medizin schariatrechtlich im klassischen Islam als eine *farḍ al-kifāya*, als eine religiöse Pflicht im weiteren Sinne, die nicht für jeden einzelnen gilt, aber eben auch als religiöse Pflicht gewertet worden sei.[75]

Status sowie Ausprägungen der islamischen Medizin sind im Laufe der Zeit einer starken Entwicklung und dabei unterschiedlichen Affinitäten zur Religion unterworfen.[76] Zu Beginn des Islam entstand, fußend auf Koran und Sunna, die sogenannte Prophetenmedizin (*aṭ-ṭibb an-nabawīya*), wo altarabische Volksmedizin und das Vor-

71 Al-Buḫārī, Ṣaḥīḥ, Teil VII, 112.

72 Al-Buḫārī, Ṣaḥīḥ, Kitāb aṭ-ṭibb; Ferchl, Ṣaḥīḥ al-Buḫārī, 396-408.

73 Al-Buḫārī, Ṣaḥīḥ, Teil VII, S. 6. Sowie allgemein zum Krankenbesuch: VII, 3f.

74 Vgl. Krawietz, 22.

75 Rahman, Health and medicine, 38. So auch der „Islamic Code of Medical Ethics" von 1981, siehe dazu Monika Tworuschka, „4. Islam", in: H.-J. Becken u.a. (Hgg.), Gesundheit (Ethik der Religionen – Lehre und Leben 3), Göttingen 1985, 69-90, hier 86.

76 Einen Überblick bietet M. W. Dols, Medieval Islamic Medicine. Ibn Riḍwāns Treatise „On the Prevention of Bodily Ills in Egypt", Berkeley u.a. 1984, 1-24.

bild des Propheten mit spätantiken Techniken vermischt wurden. Praktiziert und rezipiert wurde diese Art der Medizin immer eher von der einfacheren Bevölkerung, wobei ein Mangel an medizinischem Wissen im modernen Sinne durch die psychophysisch wirkende Komponente des Glaubens wett gemacht wurde.[77] Diese Tradition besteht bis heute und wird auch in Deutschland von lokalen Heilern und Heilerinnen, Schaichs und Schaichas praktiziert, die von bestimmten Patientengruppen lieber als moderne Mediziner aufgesucht werden.[78]

Bald wuchs im islamischen Gebiet auf der Grundlage antiker Vorarbeiten und nach dem Vorbild erster vorislamischer Krankenhäuser, wie dem im westpersischen Gondeschapur, eine hochentwickelte Medizin heran, die zum Vorläufer der modernen Medizin wurde. Sie war nicht an eine bestimmte Religion gebunden[79] und wurde in starkem Maße auch von Juden und Christen getragen. So lassen sich im fatimidischen Ägypten alteingesessene koptische und jüdische Medizinerfamilien ausmachen.[80] Diese Medizin wurde, wenn auch von Herrschern und Mäzenen gefördert, von Seiten der theologischen Orthodoxie im Mittelalter eher mit Skepsis verfolgt, da sie Berührung mit hellenistischen Wissenschaftsdisziplinen wie der Philosophie sowie verschiedenen Naturwissenschaften hatte. Diese wurden im klassischen Islam als „unislamisch" eingestuft und erhielten auf Dauer keine festen Institutionen. So kam es dazu, dass die nur auf privater Förderung basierende hochentwickelte Medizin des islamischen Mittelalters schließlich hinter den westlichen Formen zurückblieb, die sie einst so entscheidend befruchtet hatte.[81]

Fazlur Rahman hat die Akzeptanz der Medizin im klassischen islamischen Milieu, differenziert nach Sunniten und Schiiten, untersucht und Belege gefunden, dass Sunniten sich der Medizin gegenüber aufgeschlossener gezeigt hätten. Von schiitischer Seite finden sich dagegen häufiger Aussagen, die dazu raten, Krankheit als eine Prüfung Gottes zu erdulden. Dabei scheint eine Bereitschaft zum Martyrium, wie er die Religionsgeschichte der Schia auszeichnet, auf menschliche Erkrankungen übertragen worden zu sein. Aber auch Sunniten kennen die Auffassung, dass eine Krankheit einen Gläubigen läutern könne.[82]

In der Gegenwart ist auch im Orient die moderne Wissenschaft etabliert und bedarf allem Anschein nach auch keiner Legitimierung mehr. Grund dafür scheint der Rezeptionsprozess zu sein, in dem seit dem 19. Jahrhundert Wissenschaftsstandards vor allem der Naturwissenschaften nahezu vorbehaltlos übernommen wurden, weil

77 Ullman, 17-19.

78 Bemerkenswerte Dokumente hierzu wurden in dem Feature des Bayrischen Rundfunks vom 28.7.2002 „Andere Kulturen – anderes Krankheitsverständnis" angeführt. Das vollständige Skript fand sich im Internet auf der Seite www.br-online.de/b5aktuell/magazine/gesundheit (August 2002).

79 Dem widerspricht Fazlur Rahman, der entgegen Ullmann und Klein-Franke das islamische Milieu für entscheidend hält. Vgl. Rahman, Health and medicine, 40.

80 Köhler, Die Wissenschaft unter den ägyptischen Fatimiden, 118f.

81 Bürgel, Allmacht und Mächtigkeit, 176-183.

82 Rahman, Health and medicine, 37. Ähnlich auch Thomas v. Aquin und Friedrich v. Bodelschwingh.

man sie als wertneutral deutete.[83] Dennoch gibt es auch Bestrebungen, die moderne Medizin im Orient bewusst mit einer islamischen Ethik zu verbinden. Monika Tworuschka referiert den Inhalt eines „Islamic Code of Medical Ethics", der 1981 in Kuwait auf der „Ersten Internationalen Konferenz für islamische Medizin" verabschiedet wurde. Dabei werden enge Bezüge zur koranischen Anthropologie und Gemeinschaftsauffassung manifest:

> Gott erklärte den Menschen zu seinem Stellvertreter, damit er die Erde nutzbar mache und die göttlichen Gesetze zum Allgemeinwohl erforsche. Daher kann die Beschäftigung mit medizinischen Fragen eine Form des Gottesdienstes sein.[84]

oder:

> Abgesehen von der medizinischen Spezialisierung soll der Arzt beim Patienten den islamischen Glauben als Heilmittel und Beseitiger von Streß fördern.[85]

Die Medizin wird somit als eine gottgefällige Wissenschaft bewertet, die dem Menschen als Geschöpf Gottes dienstbar ist. Auffällig ist auch der Versuch einer Verbindung von moderner Medizin, die am Körper des Menschen bzw. auf der empirisch erforschbaren Ebene ansetzt, mit der Religion, die, an der Psyche anknüpfend, ebenfalls heilend wirken kann. Betont wird im weiteren Verlauf der Stellungnahme auch die Verantwortung des Mediziners kranken Bedürftigen gegenüber, was mit einer Selbstverpflichtung zur kostenfreien Behandlung in Notfällen einher geht.[86]

Vardit Rispler-Chaim hat sich speziell mit dem Verhältnis moderner Mediziner zum Islam beschäftigt und auf der Grundlage moderner Fatwa-Sammlungen eine ganze Reihe von Aspekten dieses Verhältnisses beleuchtet. Dies dokumentiert das starke Bestreben muslimischer Ärzte, sich mit ihrer Verantwortung als Mediziner und als fromme Muslime den gläubigen Patienten gegenüber auseinanderzusetzen, wobei die Schwierigkeit darin besteht, aus medizinischer Sicht eine klare Position beziehen zu müssen, und zwar in Fragen, die häufig auch religiöse Implikationen bergen. Eine ganze Reihe von Konflikten werden beschrieben, beispielsweise die Frage, inwieweit man Regeln der Geschlechtertrennung aus medizinischen Gründen außer acht lassen könne oder wann es auch religiös vertretbar sei, die Jungfräulichkeit einer Patientin zu zerstören, Fragen der Euthanasie und Sterbehilfe werden erläutert u.v.a.m.[87] Es wird deutlich, dass die moderne Medizin eine ganze Reihe von Anfragen an die Scharia heran-

83 Bassam Tibi, Islamischer Fundamentalismus, moderne Wissenschaft und Technologie, Frankfurt a.M.1992, 97.

84 Tworuschka, Gesundheit, 86.

85 Tworuschka, Gesundheit, 88.

86 Tworuschka, Gesundheit, 87.

87 Vardit Rispler-CHaim, Islamic Medical Ethics in the Twentieth Century (Social, Economic an Political Studies of the Middle East XLVI), Leiden u.a. 1993, 62-71, 94-99; siehe ferner Peter Antes, „Medicine and the Living Tradition of Islam", in: Lawrence E. Sullivan (Hg.), Health and Restoring. Health and Medicine in the World's Religious Traditions, London 1989, 173-202.

trägt und hier ein lebendiger Austausch zwischen „Religion“ und „Welt“ besteht. Auch eine islamische Wohlfahrt wird von diesen Überlegungen beeinflusst sein.

3. Klassische Formen islamischer Wohlfahrt

Zwischen informeller Hilfe und *ṣadaqa*

Die Grundform menschlicher Hilfeleistung ist die informelle Hilfe von Mensch zu Mensch. Diese ist im Islam besonders ausgeprägt, denn wie oben im Kapitel „Der andere und die Gemeinschaft“ deutlich wurde, ist die Unterstützung des Nächsten ein koranisches Grundprinzip. Hinzu kommt der Aufruf zur *ṣadaqa*, der bereits koranische Wurzeln hat, und später in der Literatur der Sunna ausgeführt wird. Insofern besteht eine hohe Affinität zwischen gänzlich informeller Hilfe und dem freiwilligen Geben im Rahmen der *ṣadaqa*.

Im Koran ist *ṣadaqa* bzw. *ṣadaqāt* der Terminus, der am häufigsten erwähnt wird, wenn zum Spenden aufgerufen wird. Koranische Grundlagen sind beispielsweise die Sure 2, Verse 264, 271 und 276, wo ein Verhaltenskodex des Almosengebens formuliert wird. Die Gläubigen werden aufgerufen, sich nicht mit ihren Gaben zu brüsten, sondern diskret zu spenden – Allah wisse, wenn der Mensch Gutes tue.

> [2, 271:] Und was ihr spendet als Spende oder gelobet als Gelübde, siehe Allah weiß es, und die Ungerechten finden keine Retter. Wenn ihr die Almosen öffentlich gebt, so ist's schön, so ihr sie verberget und sie den Armen gebt, so ist's besser für euch und sühnt eure Missetaten. Und Allah kennt euer Tun.

Recht häufig wird ein Zusammenhang zwischen dem Almosengeben und dem Lohn Gottes erstellt, so in den Suren 2, 280 und 9, 79 sowie 9, 103 oder 57, 18 oder auch 63, 10.

Prinzipiell ist im frühen Islam noch nicht zwischen *ṣadaqa* und *zakāt* geschieden worden.[88] Zwar scheint in der Praxis bereits informell sowie in Form einer Pflichtabgabe gespendet worden zu sein, in der Terminologie wirkt sich dies jedoch noch nicht aus; so wird in der maßgeblichen Sure 9, 60, die laut späterem islamischem Recht die Empfänger der *zakāt* benennt, ebenfalls der Terminus *ṣadaqa* verwendet.

Auch durch die Sunna zieht sich diese Unschärfe. Es finden sich sowohl Äußerungen, die allgemein zum Almosengeben oder einem Dienst am Nächsten aufrufen, wie „Schützt Euch vor dem Höllenfeuer, und wenn es durch das Geben (*as-ṣadaqa*) einer halben Dattel oder einer ähnlichen Kleinigkeit geschieht“,[89] als auch Zeugnisse, die eigentlich die frühe Existenz der *zakāt* belegen, aber mit dem Terminus *ṣadaqa* arbeiten. U.a. kann der Leser bei al-Buḫārī erfahren, dass die *zakāt* bereits zur Zeit Muḥammads als Steuer erhoben wurde:

88 Siehe auch T. H. Weir, A. Zysow, Art. „Sadaka“, in: EI², Bd. VIII, Leiden 1995, 708-716, hier 709; A. Zysow, Art. „Zakāt“, in: EI², Bd. XI, Leiden 2002, 407-422, hier 407.

89 Al-Buḫārī, Ṣaḥīḥ, Teil 2, 114.

> Abū ᶜĀṣim aḍ-Ḍaḥḥāk b. Maḫlad erzählte uns ... daß der Prophet – Gott segne ihn und schenke ihm Heil – Muᶜāḏ in den Jemen gesandt habe und sprach: "Ruf sie zum Glaubensbekenntnis auf .. kommen sie dem nach, dann setze sie in Kenntnis, daß Gott sie zu einer Abgabe (*ṣadaqa*) auf ihren Besitz verpflichtet hat, die von den Reichen unter ihnen genommen und den Armen unter ihnen gegeben wird."[90]

Wichtig erscheint auch ein Blick auf die Etymologie der *ṣadaqa*. Diese ist nämlich nicht nur eine fromme Gabe im Sinne unseres Almosens, sondern es kommt auch der gemeinschaftliche Aspekt der Liebe zum Mitmenschen zum Ausdruck, denn der *ṣadīq* ist der „Freund". Man könnte also durchaus mit dem Begriff auch den deutschsprachigen Terminus „Liebesdienst" verbinden, i.S. eines Dienstes am Nächsten vor dem Angesicht Allahs. Die arabisch-islamische *ṣadaqa* kann zudem auf eine sowohl etymologische als auch religionshistorische Vorgeschichte zurückblicken: Im Judentum war die *sedaqah* zu islamischer Zeit bereits fest institutionalisiert im Sinne einer universellen Norm der Gerechtigkeit, der nachzukommen als die Pflicht des Gläubigen galt. Und diese Norm besaß auch eine pragmatische Komponente in Form organisierter Sammlungen oder Armenspeisungen.[91]

Die Umsetzung dieser Vorgaben führt zu einer großen Vielfalt von Formen, die mehr oder weniger bewusst als *ṣadaqa* deklariert oder einfach im Sinne einer allgemeinen islamischen Ethik ausgeübt werden: Eindrücklich beschreibt der islamische Theologe der al-Azhar, al-Sayed al-Shahed, die Funktionsweise der freiwilligen Spende, der *ṣadaqa*: Im nachbarschaftlichen Umfeld wisse man, welche Familie finanziell schlechter gestellt ist und lässt ihr normalerweise diskret Hilfe zukommen. Al-Sayed al-Shahed hebt auch den Ehrbegriff hervor, der zu dieser Diskretion und informellen Nachbarschaftshilfe verleitet. Man möchte die Bedürftigen nicht über ihre Notlage hinaus demütigen.[92]

An Festtagen wird vor allem durch Nahrungsmittelspenden der *ṣadaqa* Genüge getan. In diesem Rahmen bekommt sie die Dimension einer Opfergabe im eingangs geschilderten religionswissenschaftlichen Bedeutungszusammenhang: Es geht hier nicht mehr nur um einen Austausch materieller Gaben auf der zwischenmenschlichen Ebene, sondern die göttliche Sphäre ist durch den besonderen Zeitpunkt involviert. So ist es usus, zum Fest des Fastenbrechens (*ᶜīd al-fiṭr, ᶜīd aṣ-ṣaġīr*) oder dem Opferfest (*ᶜīd al-aḍḥā, ᶜīd al-kabīr*) im Rahmen der Großfamilie ein Lamm o.ä. zu schlachten. Dies ist ein Brauch, den sich nur die materiell gut gestellten Familien leisten können. Für die anderen wird daher ganz selbstverständlich mitgesorgt, indem wieder im Rahmen einer

90 Al-Buḫārī, Ṣaḥīḥ, Teil 2, 108. Siehe auch al-Buḫārī, Ṣaḥīḥ, Kitāb az-zakāt; Ferchl, Ṣaḥīḥ al-Buḫārī, 189-200.

91 Loewenberg, From Charity to Social Justice; Loth, „Jüdische Religion"; Dieter Vetter, Art. „Wohlfahrt. 1. Jüdisch", in: Adel Theodor Khoury (Hg.), Lexikon religiöser Grundbegriffe. Judentum, Christentum, Islam, Graz u.a. 1987, 1134-1136.

92 Vortrag vom 26.10.2002 an der Universität Frankfurt, Seminar für Religionswissenschaft, im Rahmen des Studientages "Diakonie der Religionen".

informellen Nachbarschaftshilfe das Fleisch oder bereits zubereitete Speisen weitergegeben werden.[93]

Das zu verteilende spezielle Fleischopfer des Opferfestes ist mit einem eigenen Terminus, *qurbān*, belegt und ist laut Scharia eine von der *ṣadaqa* geschiedene Kategorie, nur im Ablauf spielt sich Vergleichbares ab. Die Wurzel des Begriffs ist *q-r-b*, wodurch ein Wortfeld bezeichnet wird, das „Nähe", „Nachbarschaft" u.ä. umfasst. Im arabisch-christlichen Kontext ist *qurbān* die „Eucharistie", und im islamischen Kontext scheint damit der gemeinschaftliche Aspekt eines Opfermahls zum Ausdruck zu kommen. In Mekka hat sich anlässlich der Massenopferungen durch Pilger beim Opferfest eine Institutionalisierung dieses Vorgangs entwickelt. Dies scheint auf pragmatische Gründe zurückzugehen. Es ist erforderlich, Tausende geopferter Tiere einer sinnvollen Verwertung zuzuführen. Sie werden daher heutzutage in Mekka in großem Umfang schockgefroren oder zu Dosenfleisch verarbeitet und später als *qurbān* an Bedürftige der islamischen Welt verteilt; ebenso wie es heute möglich ist, sein geopfertes *qurbān*-Fleisch über islamische Hilfsorganisationen zu konservieren und in arme Regionen der Welt transportieren zu lassen.[94]

Auch an anderen religiösen Festtagen ist es seit alters her üblich, dass Wohlhabende Nahrungsmittelspenden, oftmals auch besonders beliebte Speisen wie Süßigkeiten oder Bonbons verteilen. Dies lässt sich u.a. bereits für das fatimidische Ägypten nachweisen, wenn der Kalif am Festtag eines Heiligen (*maulid*) auf großen Tabletts süßes Gebäck an sein Volk verteilte.[95] Annemarie Schimmel führt den gleichen Brauch für die Gegenwart näher aus, wenn in traditionellen Familien z.B. an einem Festtag oder auch vor Antritt einer Reise Süßigkeiten an Nachbarn oder Freunde verteilt werden. Sie zieht an dieser Stelle eine bewusste Parallele zum Phänomen des Opfers und illustriert dies durch Opfergaben an einem Heiligenschrein, von denen der Gebende weiß, dass sie danach in „gesegneter" Form den Armen zugeführt werden.[96] An dieser Stelle wird die eingangs aufgestellte Systematik der „Dreidimensionalität" eines Vorgangs einer religiösen „Gabe" besonders deutlich. Geber und Empfänger stehen bei den geschilderten Vorgängen auch in einer Beziehung zur göttlichen Sphäre.

So gibt es, wie durch Schimmel bereits angedeutet, weitere Möglichkeiten, die religiöse Dimension der *ṣadaqa* zu verstärken: Dies geschieht u.a. durch diejenigen, die auf Spenden angewiesen sind, in dem sie sich in alter Tradition besonders an sakralen Orten plazieren, in der Hoffnung, von Pilgern oder gläubigen Besuchern Unterstützung zu erfahren. Westliche Reisende, die mit dieser Tradition in dem vorkommenden Ausmaß nicht vertraut sind, geben eindrückliche Schilderungen über die Trauben von Bettlern, die an heiligen Stätten um Almosen bitten. So Richard Burton (gest. 1890), der im 19. Jahrhundert als Muslim ausgegeben bis zu den heiligen Stätten Mekka und Me-

93 Edward William Lane, An Account of the Manners and Customs of the Modern Egyptians, London 1860[5], 93.

94 Siehe unten in den Unterkapiteln zu islamischen Hilfsorganisationen.

95 Al-Maqrīzī, al-Ḫiṭaṭ al-Maqrīzīya, 4 Teile in 2 Bdn., Kairo 1325 d. H., I/2, 386.

96 Schimmel, Die Zeichen Gottes, 138f. Die Parallele zur hinduistischen *prasada* ist augenscheinlich.

dina vorgedrungen ist. Über die Grabmoschee des Propheten in Medina, das zweitbedeutendste Heiligtum in der islamischen Welt, schreibt er:

> Some were mild beggars and picturesque, who sat upon the ground immersed in the contemplation of their napkins; others, angry beggars who cursed if they were not gratified; and others noisy and petulant beggars, especially the feminine part near the Lady's [die Prophetentochter Fāṭima, A.d.V.] tomb, who captured me by the skirt of my garment, compelling me to ransom myself. There were, besides, pretty beggars, boys who held out their right hand on the score of good looks; ugly beggars, emaciated rascals whose long hair, dirt, and leanness entitled them to charity; and lastly, the blind, the halt, and the diseased, who, as sons of the Holy City, demanded from the Faithful that support with which they could not provide themselves. Having been compelled by my companions, highly against my inclination, to become a man of rank, I was obliged to pay in proportion, and my almoner in the handsome coat, as usual, look a kind of pride in being profuse. This first visit cost me double what I had intended – four dollars – nearly one pound sterling, and never afterwards could I pay less than half that sum.[2]
>
> ---
>
> [2] As might me expected, the more a man pays, the higher he estimates his own dignity. Some Indians have spent as much as 500 dollars during the first visit. Others have „made Moulids", i.e. feasted all the poor connected with the temple with rice, meat&c. ...[97]

Der fremde Betrachter, der sich selbst nicht dem Almosengeben verpflichtet fühlt, mag die Gepflogenheiten besonders nüchtern und mit innerer Ablehnung beobachten und dabei genau zum Typus des Europäers werden, den aṭ-Ṭahṭāwī im Eingangszitat schilderte. Dennoch lässt die Beschreibung des britischen Reisenden Züge der Wohlfahrt in Form der *ṣadaqa* deutlich hervortreten: Die Bedürftigen plazieren sich an Stätten, an denen sie besonders mit der Freigebigkeit der Gläubigen rechnen können; bemerkenswert ist hier auch der Unterschied der Höhe der gespendete Beträge zwischen Burton und einem frommen Inder, den er erwähnt. Burton gibt anhand dieses bedeutsamen Heiligtums ferner auch einen Einblick in Arten von Bedürftigkeit, denen er begegnet: Armut sowie verschiedene Formen von Erkrankungen wie z.B. Blindheit. Allerdings, und dies macht das Beispiel auch deutlich, wird auf diesem traditionellen Wege einzig die unmittelbare materielle Not dieser Gruppen gestillt; eine anderweitige oder dauerhafte Versorgung erfolgt in diesem Rahmen nicht.

Z.T. geht die Initiative zur Unterstützung Bedürftiger jedoch auch von den Betreibern von Moscheen und Sufikonventen sowie Grabstätten islamischer Heiliger aus, wenn für die Besucher, bei denen es sich auch um Bedürftige handeln kann, Suppenküchen eingerichtet werden und man ihnen somit eine Grundversorgung zukommen lässt. An dieser Stelle deutet sich eine Parallele zu christlichen Einrichtungen an, die in der pia causa wurzeln und im mittelalterlichen Hospitalwesen Aufschwung erhielten – wobei dieses u. U. wieder von islamischen oder auch jüdischen Krankenhäusern inspiriert war.[98] Vergleichbares wird von Jürgen W. Frembgen für Heiligenschreine in

97 Sir Richard F. Burton, Personal Narrative of a Pilgrimage to Al-Madinah and Meccah, 2 Bde., Repr. v. London 1893, New York 1964, 331f.

98 U. Lindgren, Art. „Hospital", in: Lexikon des Mittelalters, hg. v. R.-H. Bautier u.a., München/Zürich 1991, Bd. 5, 133-137, hier 134.

Pakistan beschrieben.[99] Bemerkenswert an Frembgens Ausführung ist, dass hier offenbar nicht allein auf eine Stillung gröbster materieller Not gezielt wird, sondern auch im Ansatz eine medizinische Versorgung bereitgestellt wird, und all dies eingebettet in einen Moscheekomplex und ein Derwischkonvent, was die Stätte für jeden Besucher sowie die Betreiber in hohem Maße zu einem Ort der spirituellen Entwicklung macht. Ausführlicher wird diese Thematik unten im Kapitel über die frommen Stiftungen behandelt.

Darüber hinaus kann der sakrale Ort auch an sich ein Zufluchtsort sein. Moscheen in dieser Hinsicht zur Verfügung zu stellen, ist somit ein Akt der *ṣadaqa*. Edward William Lane beschreibt für die Mitte des 19. Jahrhunderts, dass in Kairo ungewollte Kinder vor Moscheen ausgesetzt wurden, da man davon ausging, dass deren Betreiber, die örtliche Moscheegemeinde, sich ihrer annehmen würden;[100] ebenso wie bis in die Gegenwart Moscheen Obachlosen oder Reisenden zur Übernachtung offenstehen, was oftmals auch eine Grundversorgung mit Essen mit einschließt.

Dass das Spenden der *ṣadaqa* aber keineswegs an bestimmte Zeiten oder Orte gebunden ist, zeigt in der Gegenwart die Existenz zahlreicher islamischer Hilfsorganisationen auf lokaler, nationaler wie internationaler Ebene. Dorthin kann jederzeit und von jedem Ort aus, z.B. über das Internet, gespendet werden, was häufig auch durch dortige explizite Verweise auf die religiöse Dimension einer solchen Spende gefördert wird.[101] Die Hilfsorganisationen leiten die Einnahmen dann an örtliche Hilfsprojekte weiter. Bekannte internationale Hilfsorganisationen sind: „Muslim Aid“, in Deutschland als „Muslime Helfen e.V.“ vertreten, oder „Islamic Relief“; sie alle haben ihren Hauptsitz in Großbritannien.[102] Und sie alle verweisen neben der Möglichkeit, jeden Tag zu spenden, vor allem auf Programme zu den religiösen Feiertagen, wenn am Tag des Opferfestes *qurbān* gesammelt wird oder am Ende des Ramadan die *zakāt* gespendet wird. Letzteres wird im Folgekapitel näher beleuchtet. Bemerkenswert ist bei diesen international tätigen Organisationen, dass ihre Programme sich – zumindest in der Art ihrer Selbstdarstellung – kaum von westlichen Organisationen mit christlichem Hintergrund unterscheiden. Es wird in diesem Falle nicht mehr nur ärgste materielle Not gelindert, vielmehr werden medizinische Programme oder Krankenhäuser errichtet bzw. gefördert, ebenso wie Heime für bestimmte Altersgruppen, wie Kinder oder Alte; eine große Rolle spielt die Katastrophenhilfe in Erdbeben- oder Dürregebieten sowie der Einsatz in ehemaligen Kriegsgebieten. In diesem Rahmen geht das Spektrum der

99 Frembgen, Reise zu Gott, 42 (Konvente als Asyl und Hospital); siehe auch 26, 37ff., 46ff. (Heilkraft und *baraka* der Heiligen), 59-63 (Mystikerinnen und soziales Engagement); ferner Annemarie Schimmel zum sozialen Aspekt des Sufismus: dies., Mystische Dimensionen des Islam. Geschichte des Sufismus, München 1992², 325f., 338.

100 Lane, 194.

101 Siehe beispielsweise www.islamicrelief.de und www.islamic-relief.com oder als Informationsquelle über diverse Hilfsorganisationen und ihre *ṣadaqa*-Programme: www.islamiq.com/zakah_center/islamic_relief.php4; www.islamiq.com/zakah_center/islamic_relief.php4 und www.islamiq.com/zakah_center/muslim_hands.php4 (alle Februar 2003).

102 Siehe Internet sowie Ursula Spuler-Stegemann, Muslime in Deutschland, Freiburg u.a. 1998, 128.

Hilfeleistungen also deutlich über die sonst dominante Nahrungsmittelversorgung hinaus. Weitestgehend ein Desiderat scheint jedoch die Unterstützung körperlich oder geistig Behinderter zu sein.[103]

Eigene Aufmerksamkeit verlangt die Frage, ob Frauen sich aufgrund geschlechtsspezifischer Rollennormen besonders im Rahmen einer tätigen *ṣadaqa* engagieren, was zu vermuten ist. Für die Frühzeit des Islam ist überliefert, dass der weibliche Teil der Umma sich in den Kämpfen zwischen Muslimen und ihren Gegnern um die Verwundeten kümmerte. Muhammads Tochter Fāṭima wird in diesem Zusammenhang als diejenige geschildert, die sich seiner Wunden annahm, während eine andere Frau sogar in einem eigens errichteten Zelt offenbar in größerem Umfang tätig war.[104] Allerdings fehlt für diese Beispiele der Verweis auf eine Deutung dieser Handlungen als *ṣadaqa*. Wahrscheinlicher ist, dass es sich hierbei um Aufgaben handelt, die im Rahmen einer damaligen Volksmedizin traditionell von Frauen übernommen wurden. Ähnliches scheint für den Umgang mit Behinderten noch heute zu gelten. Die Abwesenheit umfangreicherer Programme für Behinderte in den islamischen Hilfsorganisationen lässt ahnen, dass diese nach wie vor normalerweise innerhalb der Familien betreut werden. Dieser Punkt wird im empirischen Teil näher verfolgt. Einen ersten Hinweis auf die Rolle von Frauen im Rahmen einer tätigen Nächstenliebe liefert Frembgen, der in Kairo eine Mystikerin ausmacht, Ḥaggā Zakīya (1899-1982), die eine Armenküche unterhalten haben soll.[105]

Insgesamt zeichnet sich die *ṣadaqa* im Vergleich zur *zakāt* immer durch ihren informellen Charakter aus, was auch daran deutlich wird, dass Staaten keinen Anspruch auf sie im Sinne einer Steuer erheben, was bei der *zakāt* durchaus der Fall sein kann.

Die regelmäßige Armenspende (*zakāt*)

Der *zakāt* wohnt unter den islamischen Formen von Wohltätigkeit das höchst religiöse Prestige inne, besitzt sie doch als einzige einen prominenten Platz im Glaubensgebäude. Sie ist die dritte der fünf Grundpflichten der Muslime, der *arkān*. Für den frommen

103 Aber es finden sich auch Ausnahmen, beispielsweise die Homepage der kuweitischen „African Muslim Agency“ nennt Programme für Blinde: www.islamiq.com/zakah_center/africa_muslim.php4 (Februar 2003).

104 Bärbel Köhler, „Die Frauen in al-Wāqidīs *Kitāb al-Maġāzī*“, in: ZDMG 147 (1997), 303-353, hier 307; Bärbel Beinhauer-Köhler, Fāṭima bint Muḥammad. Metamorphosen einer frühislamischen Frauengestalt, Wiesbaden 2002, 63f.

105 Frembgen, Reise zu Gott, 62.

Muslim, der den Forderungen seines Gottes genügen möchte, ist es daher unabdingbar, dieser Pflichtabgabe nachzukommen.[106]

Insofern ist auch die gebräuchliche Übersetzung des Terminus *zakāt* als „Armensteuer" irreführend. Für die Gläubigen zählt immer auch ihre spirituelle Dimension. Diese erschließt sich aus einer Betrachtung der Etymologie und der Geschichte des Begriffs. Das zugrundeliegende Verb ist arab. *zakā*, „wachsen", „rein sein". Dabei schwingt mit, dass der Geber der *zakāt* eine spirituelle Reinheit erlangt, dass er an seiner persönlichen Vervollkommnung arbeitet. Auch der Verdienstgedanke spielt mit: Mit der *zakāt* lassen sich Verfehlungen ausgleichen – während das Einbehalten dieser Gabe als eine große Sünde (*kabīra*) gewertet wird. Wieder stehen die Muslime mit dieser Form sowohl in einer terminologischen als auch in einer funktionalen Tradition des Judentums, das in dieser Hinsicht am ehesten auf die Umma in Medina gewirkt haben könnte, war doch Medina zuvor stark jüdisch geprägt. Im rabbinischen Judentum kannte man die Formen der *sedaqah* und der *gemilot hassadim*, der verpflichtenden gemeinschaftlichen Fürsorge für die Bedürftigen sowie der privat organisierten Almosen, beides beruhend auf einem religiösen Weltbild, das angesichts der universellen Norm der Gerechtigkeit von der irdischen Gemeinschaft ein Streben nach einem heilvollen Zustand verlangt.[107] Es scheint, als haben die Muslime in Form der *zakāt* zumindest funktional ein Analogon zur jüdischen *sedaqah* gefunden. Ein weiteres religionshistorisches Bindeglied könnte der jüdisch-aramäische Terminus *zāk̲hūt̲ā* sein, der als Synonym zum hebräischen *sedaqah* in kleineren Sprachgruppen kursierte.[108] Möglicherweise ist das Vorhandensein zweier abgeleiteter Termini im Islam ein Beleg für die ursprüngliche Nähe zum jüdischen Vorbild. Dafür spricht auch die anfänglich fehlende Unterscheidung zwischen islamischer *ṣadaqa* und *zakāt* im frühen Islam, bevor der Begriff *zakāt* i.S. einer regelmäßigen Abgabe mit offiziellem Charakter geprägt wurde.

Betrachtet man die frühislamischen Quellen, Koran und Sunna, so scheint die Verpflichtung zum Almosengeben den Gläubigen erst recht mühsam nahegebracht worden zu sein. Wie bereits oben anklang, schied man terminologisch in dieser Periode noch nicht zwischen den Formen *zakāt* und *ṣadaqa*. Der Koran enthält daher vergleichsweise wenige Stellen, in denen explizit der Terminus *zakāt* verwendet wird. Ist dies doch der Fall, dann geschieht dies meist innerhalb eines gedanklichen Komplexes, in dem die Eigenschaften der wahren Gläubigen näher beschrieben werden. Dazu zählt neben Gebet, Fasten u.ä. unabdingbar auch, den Armen zu geben. Beispielsweise in Sure 2, 277 heißt es entsprechend:

106 Antes, Ethik und Politik im Islam, 38, siehe auch 18f. sowie 44-51; Monika Tworuschka, „4. Islam"; in: Hans Balz u.a. (Hgg.), Besitz und Armut (Ethik der Religionen – Lehre und Leben 4), Göttingen 1986, 67-91.

107 Loewenberg, From Charity to Social Justice; Dieter Vetter, Art. „Wohlfahrt. 1. Jüdisch", in: Adel Theodor Khoury (Hg.), Lexikon religiöser Grundbegriffe. Judentum, Christentum, Islam, Graz u.a. 1987, 1134-1136.

108 Zysow, Art. „Zakāt", 407.

> Denen, die glauben und tun, was recht ist, das Gebet verrichten und die Almosensteuer geben, steht bei ihrem Herrn ihr Lohn zu, und sie brauchen keine Angst zu haben, und sie werden nicht traurig sein.[109]

Neben dem Aspekt des religiösen Verdienstes und der persönlichen spirituellen Vervollkommnung, die aus derartigen Versen sprechen, wurde immer wieder auch der soziale Aspekt betont. Die Abgabe sollte dem Ausgleich zwischen Arm und Reich innerhalb der zunächst noch überschaubaren islamischen Umma dienen. Besonders die Sure 2, 261-280 stellt eine ganze Ethik des Almosengebens vor, und zwar wieder unter Einbeziehung der üblichen, noch variierenden Terminologie zwischen *zakāt* und *ṣadaqa* sowie dem Verb *anfaqa*, „Geld geben". Dort wird in Vers 262 zur Bescheidenheit beim Geben an Bedürftige aufgerufen, die man nicht durch seine Hilfeleistung in eine moralische Zwangslage bringen solle. Vers 267 gebietet das Geben von hochwertigen im Gegensatz zu mangelhaften Gütern, 271 bittet um Sensibilität seitens des Gebers, 275 verbietet den Wucher, 280 ruft auf, Schuldnern einen Erlass zu gewähren, sofern sie nicht zur Rückzahlung eines Kredits in der Lage seien. Ähnlich manchen alttestamentlichen Passagen, wie im Bundesbuch, Ex 20,22-23,33, mit Ausführungen gegen Wucher und zum Sabbatjahr, werden auch hier Regeln vorgegeben, die gegen soziale Ungleichheit sowie auch soziale Unzufriedenheit wirken sollen.

Es scheint, als hätten die Muslime auf der Grundlage dieser und ähnlicher Vorgaben bereits im frühen Islam regelmäßig gespendet. Dies legt die Nennung der Verwalter der Spenden (*al-ʿāmilūn*) als eine Gruppe der Almosenempfänger – in Sure 9, 60 nahe:

> Die Armenspenden [hier *ṣadaqāt*, Anm. d. V.] sind bestimmt für die Armen, für die Bedürftigen, für die Verwalter der Spenden, für die Sympathisanten (mit dem Islam), für die (Befreiung der) Sklaven und für (den Loskauf) der Schuldner, für (diejenigen) auf dem Wege Allahs und für den Reisenden. (Dies ist) eine Vorgabe von Allah, und Allah ist wissend und weise.[110]

Bemerkenswerterweise ist Sure 9, 60 im Rahmen der sich später entwickelnden Scharia immer wieder zur Bestimmung der Empfänger-Gruppen der *zakāt* herangezogen worden, wenn in der Sure auch der Terminus *ṣadaqa* fällt.

Auch die Überlieferungen bezeugen den Prozess der Etablierung der regelmäßigen Abgabe zugunsten der Bedürftigen der Gemeinschaft. Wurde eine Region erobert, so galt als Zeichen der Konversion ihrer Bewohner nicht nur deren Gebet, sondern auch ihre Entrichtung der *zakāt*, hier durchaus im Sinne einer Steuer zu verstehen. Buḫārī nennt eine Reihe von Beispielen dafür. Zu dieser Zeit, also der letzten Lebensjahre des Propheten sowie der ersten Jahre des Kalifates, lag die Art der zu entrichtenden Gaben noch in keiner Weise fest. Wir lesen von Stoffen, die Jemeniten abgeben durften, von

109 Siehe auch ähnlichen Inhalts 23, 4; 24, 56; 30, 39; 41,7; 70, 23.
110 Zitiert nach Paret.

Getreide in Oasensiedlungen, von Tieren in Bahrain.[111] Dies deutet auch auf die damalige Wirtschaftsform, die zu großem Teil noch durch Tausch bestimmt war.

Die Ḥadīṯe geben auch Einblick in die sogenannte *ridda*-Periode. Nach dem Tode Muhammads fielen zahlreiche Stämme wieder vom Islam ab. In einigen Fällen scheint jedoch kein Glaubensabfall, sondern eher eine abweichende Vorstellung von der Bedeutung der *zakāt* vorgelegen zu haben. Einige fassten die Abgabe eher als eine Steuer auf, die sie dem ersten Kalifen Abū Bakr nicht mehr zu entrichten bereit waren. Gleichzeitig kamen sie aber immer noch dem Gebet nach und werden sich als Muslime betrachtet haben. Der Kalif reagierte mit Krieg, analog zum Vorgehen Muḥammads gegenüber den Ungläubigen: Für ihn galt – in Übereinstimmung mit dem Koran – nur als Muslim, wer auch dem Aufruf zur Abgabe nachkam.[112]

Die genaue Höhe[113] der jährlichen Pflichtabgabe unterlag offenbar noch jahrhundertelang Schwankungen. Der später maßgebliche Betrag wurde bereits einmal unter dem zweiten Kalifen ᶜUmar angesetzt. Er soll als erster an Handelsstraßen Posten aufgestellt haben, die von muslimischen Händlern 2,5 % des Besitzes haben abführen lassen, während z.B. christliche Händler 10 % abgeben mussten. Aber es werden für die islamische Frühzeit auch viel höhere Werte genannt, die die *zakāt/sadaqa* mit der *ᶜušr*, der Abführung eines Zehnt, gleichsetzten. Hier klingt wieder der steuerliche Aspekt an, den die *zakāt* ohne Zweifel in den ersten Jahrhunderten des Kalifats besaß. Im Laufe der Zeit schwankten sowohl die Berechnung der *zakāt* bezüglich der Frage, ob sie eher auf Tiere, Handelsgüter, Geschäftsgewinne oder auch auf Immobilien oder Wertgegenstände wie Schmuck anzuwenden seien. Auch die Organisation der *zakāt*-Abführung variierte, spätestens nachdem bereits unter dem dritten Kalifen ᶜUṯmān erste Klagen über Bereicherungen der Steuereintreiber laut wurden. Insgesamt ist die gesamte Geschichte der organisatorischen Ebene verhältnismäßig wenig erschlossen. Albrecht Noth macht darauf aufmerksam, dass die *zakāt* zur Zeit der fortwährenden Expansion des Islam zunehmend in den Hintergrund getreten sei, da die unmittelbaren Einnahmen aus den Eroberungen weitaus höhere Dimensionen besessen hätten.[114] Diese Tendenz setzte sich fort, so dass Zyskow davon ausgeht, bereits um das Jahr 1100 sei die staatliche Einziehung der *zakāt* nicht mehr die Regel gewesen.[115]

Mit der Herausbildung eines monetären Wirtschaftssystems setzte sich zumindest hinsichtlich der Höhe der Abgabe eine feste Regel durch. Diese bezog sich ursprünglich – neben anderen Vorschriften für Tiere und anderen Besitz – allein auf die Abführung von Gold und entsprechenden Münzen. Dabei wird ein Viertel des Zehnts (*rubᶜ*

111 Ferchl, Ṣaḥīḥ al-Buḫārī, 195; allgemeine Quellenangabe: al-Buḫārī, Ṣaḥīḥ, Bāb wuǧūb az-zakāt bis Bāb farḍ ṣadaqat al-fiṭr, hierzu speziell z. B. Bāb zakāt al-ġanam; auch al-Buḫārī, Ṣaḥīḥ, Bd. I/2, 108-140.

112 Ferchl, Ṣaḥīḥ al-Buḫārī, 190; al-Buḫārī, Ṣaḥīḥ, Bāb wuǧūb az-zakāt bzw. Bd. I/2, 109.

113 Zur Entwicklung der *zakāt* siehe Zysow, Art. „Zakāt", 408-410; Albrecht Noth, „Früher Islam", in: Ulrich Haarmann, Geschichte der arabischen Welt, München 1987, 49, 90-93.

114 Vgl. Noth, 91.

115 Vgl. Zyskow, 410.

al-ʿušr) eines Gesamtbesitzes abgegeben, der den *nisab* übersteigt. Der *nisab* ist ein Mindestbetrag an Gold, der 84,7 g entspricht. Sofern man ein Jahr lang, aufgrund eines vorausgegangenen Gewinns, finanziell über mehr als den *nisab* verfügt, besteht die Verpflichtung der Abgabe. In erster Linie bezieht sich diese Abgabe nach Art einer Vermögenssteuer wohlgemerkt auf Besitz, nicht auf ein regelmäßiges Einkommen. Der zeitliche Richtwert ist das Ende des Ramadan.

Grundsätzlich ist der Spender, sofern die Abgabe nicht als eine Steuer eingezogen wird, frei in der Wahl des *zakāt*-Empfängers bzw. Vermittlers. Im Normalfall ist dies oftmals die örtliche Moscheegemeinde. Im Rahmen der üblichen Gemeindetätigkeit wird das Geld verwendet, gleichermaßen zur Erhaltung von Moscheen, wie auch für soziale Aktivitäten, beispielsweise die Betreuung von Reisenden oder Bedürftigen, die in der Moschee Schutz suchen.

Ein eigenständiges „Ressort“ für wohltätige Zwecke, unabhängig von anderen religiösen Interessen wie dem der Bildung, existiert somit im Zusammenhang mit der *zakāt* im klassischen Islam nicht. Vom 19. Jahrhundert an lassen sich als Empfänger der *zakāt* allerdings neue Organisationsformen beobachten, die nach europäischen Vorbild insbesondere in Syrien, dem Libanon und Ägypten Fuß fassten. Zu dieser Zeit wurden zahlreiche wohltätige Vereine gegründet, die sich besonders sozialer Aufgaben annahmen. Z.T. engagierten sich dort Reformer, die von sozialistischen Ideen inspiriert waren.[116] Mit der Zeit kamen islamistisch orientierte Vereine dazu; auf der Vereinsebene spielte sich eine parallele Entwicklung zu derjenigen der Geistesgeschichte ab, insofern als auch hier der Sozialismus zunehmend mit einem idealisierten Islam verknüpft wurden.[117] Aus Ägypten berichtet der Theologe der al-Azhar al-Shahed, dass seit den 30er Jahren staatlicherseits eine starke Kontrolle dieser privaten wohltätigen Initiativen erfolge, die seit 1974 keine Namen mit religiösem Bezug mehr tragen dürfen, um Initiativen wie die der staatsfeindlichen Muslimbrüder zu unterbinden.[118] Hier macht sich eine Tendenz bemerkbar, die spätestens seit der gegen die Osmanen gerichteten Reformbewegung der Wahhabiten im 18. Jahrhundert zum Tragen kommt: Den Regierungen islamgeprägter Länder wird meist unterstellt, eben keine Herrschaft im Sinne des Islam auszuüben. Fehlendes staatliches Engagement im sozialen Bereich wird insofern häufig von privaten Organisationen übernommen, die diese ergänzen und in bestimmten Fällen gleichermaßen auf eine Ablösung vorhandener Regierungen hinarbeiten.

Heute existieren zahlreiche internationale islamische Hilfsorganisationen, die meist von Europa oder den USA aus Spendengelder sammeln, um sie Bedürftigen in islamgeprägten Ländern zukommen zu lassen. Hier wird über Broschüren oder das Internet neben anderen Formen auch zur Armenspende aufgerufen, wie bereits im Kapitel über die *ṣadaqa* erläutert wurde. In diesem Bereich zeichnet sich am ehesten eine bewusste

116 Johannes Reisner, „Die innerislamische Diskussion zur modernen Wirtschafts- und Sozialordnung“, in: Werner Ende, Udo Steinbach (Hg.), Der Islam in der Gegenwart, München 1989², 155-169, hier 156.

117 Tworuschka, „Islam“; in: Besitz und Armut, 84f.

118 Unveröffentlichter Vortrag an der Johann Wolfgang Goethe-Universität Frankfurt 2002.

Versorgung von Kranken und Behinderten ab, wie sie seit dem Mittelalter in christlichen Initativen von Caritas und Diakonie eine Rolle spielen.

Die ideellen Hintergründe dieser Hilfsorganisationen sind im Einzelfall zu klären. Denn auch dabei kommt es vereinzelt zu Konflikten: In Deutschland wurde 2002 die Organisation Al-Aqsa e.V. aufgrund extremistischer Tendenzen verboten,[119] bzw. bis zur Gegenwart ist ein Verfahren gegen die Organisation anhängig. Dort wurden im Rahmen der *zakāt* Hilfsgelder gesammelt, die u.a. palästinensischen Hinterbliebenen von Selbstmordattentätern, sogenannten Märtyrern (*šuhadāʾ*), zugute kommen sollten. Diese Kategorie der Hilfeleistung könnte in einer vor allem bei islamistischen Gruppen verbreiteten Interpretation der Sure 9, 60 der Hilfe für diejenigen, die auf dem Weg Allahs (*fī sabīl Allāh*) aktiv sind, entsprechen. In diesem Fall würde man den „Weg Allahs" als einen gewaltbereiten Ǧihād verstehen, der über die Absicherung möglicher Hinterbliebener gefördert würde. Die Intentionen für Spenden an Al-Aqsa scheinen jedoch nicht so einfach zuzuordnen zu sein, denn Hilfe für palästinensische Waisen wird in der Regel mit der Kernintention der *zakāt* begründet, existenziell Bedürftigen zu helfen.

Es hat den Anschein, als sei vor allem das Einziehen und Verteilen der Armenspende potenziell politisch konfliktträchtig. So scheuen sich viele Staaten, selbst solche mit einer deutlichen islamischen Ausrichtung ihrer Verfassung wie der Iran, offiziell die *zakāt* als Steuer zu erheben. In Pakistan existiert[120] die Armensteuer und mit ihr ein interessantes Dokument ihrer Verwendung. Aus den 70er Jahren stammt eine Aussage der Regierungspartei Ǧamāʿat-e islāmī, „Islamische Gemeinschaft":

> Die Regierung wird die Einnahme von Zakāt und Sadaqa sowie anderer Spenden für Wohlfahrtszwecke im Sinn Gottes organisieren. Die eingenommene Summe wird entsprechend der Bestimmung für folgende Zwecke verwandt:
> 1. Finanzielle Unterstützung für Alte, Arbeitsunfähige und Bedürftige usw.
> 2. Erziehung und Ausgaben für Waisen und die Kinder der Armen,
> 3. Unterstürzung von Arbeitslosen, bis sie Arbeit finden.
> 4. Hilfe für solche Personen, die mit geringer finanzieller Hilfe auf eigenen Füßen stehen könnten.
> 5. Zinsfreie Darlehen für dienigen, die es verdienen und nötig haben.
> 6. Hilfe für Reisende, die während einer Reise bedürftig werden.
> 8. Zur Verbesserung des Zustands von Moscheen und bestehender religiöser Einrichtungen und Schulen.
> 9. Stipendien für diejenigen, die sich um den Erwerb von Wissen bemühen.[121]

Auffällig ist die Ähnlichkeit der Verlautbarung mit der Sure 9, 60. Der Reihe nach werden auch in der Erklärung als *zakāt*-Empfänger die Armen und Bedürftigen, die Reisenden sowie diejenigen genannt, die sich für den Islam einsetzen, hier im Sinne des Moscheeunterhaltes und Islamunterrichts interpretiert. Historisch überholte Passa-

119 Thomas Lemmen, „Die Sozialarbeit muslimischer Organisationen in Deutschland"; in: Klaus D. Hildemann, Klaus Hartmann (Hgg.), Religion – Kirche – Islam. Eine soziale und diakonische Herausforderung, Leipzig 2003, 191-206, hier 204.

120 Wie auch in Malaysia, dem Sudan, Jemen, Libyen und Saudi Arabien.

121 Zitiert nach Monika Tworuschka, „Islam", in: Besitz und Armut, 89f.

gen wie der Freikauf von Sklaven entfallen und werden stattdessen durch zeitgemäße Formen wie die Arbeitslosenunterstützung ersetzt. Vermutlich folgt die Erklärung aber ganz bewusst wesentlich dem klassischen Muster, um die Legitimität der Einforderung der *zakāt* zu unterstreichen.

Auch in einem solchen Fall obliegt es allein dem Gläubigen, für sich zu entscheiden, ob die erteilte Abgabe auch wirklich einer *zakāt* im Sinne der religiösen Vorgaben entspricht; d.h. in diesem Falle, ob der pakistanische Staat das Geld auch tatsächlich islamgemäß einsetzt. Dies ist für Fromme häufig eine Gewissensfrage, wovon heute u.a. Zeugnisse aus dem Internet künden. Dort ist in einem Diskussionsforum beispielsweise folgende Frage zu lesen:

> I live in Pakistan and zakat ist deducted compulsorily from savings accounts, deposit certificates etc.
> If Government tax is on income and zakat is based on wealth, then why do we STILL have to pay „wealth tax", „property tax" and other non-income related taxes. In the presence of payment of these taxes, do i still need to pay tax. My wealth has been taxed by the Government by force so where does zakat fit in.

Und die Antwort:

> In the older times the Zakat was used for good, nowadays its eaten by the government officials. Whats deducted by the govt. is not Zakat but its given that name as a cover.[122]

Wie hier besteht bei vielen Gläubigen, die ernsthaft um ihr Seelenheil besorgt sind, die Auffassung, dass die *zakāt*, wenn sie von einem Staat als Steuer eingezogen wird, noch ein weiteres Mal informell zu geben sei. Als Vermittler stehen auch hier wieder Moscheegemeinden oder aber zahlreiche Organisationen bereit.

Von Interesse mag noch das Beispiel der Türkei sein. Die moderne Türkei ist offiziell ein säkularer Staat, der den Islam in Form einer eigenen Religionsbehörde einbindet.[123] Darin leben die klassischen islamischen Institutionen fort, und diese gruppieren sich in erster Linie um die Moscheen, die Zentren religiöser „Dienstleistungen" aller Art sind, wobei an erster Stelle die islamische Bildung steht. In neuerer Zeit kommen soziale Aktivitäten hinzu, indem man sich zu religiösen Führungs- und Beratungsdiensten, wie z.B. einer Telefonseelsorge, verpflichtet. In Izmir wurde eine solche als Teil des Muftiamtes im Frühjahr 2003 durch vier an der Theologischen Fakultät ausgebildete Mitarbeiterinnen betreut. Dort würden, nach Auskunft der Theologinnen, vor allem von Anruferinnen Fragen gestellt, die auf privat-religiöse Konfliktsituationen hindeuten: Fragen nach Abtreibung, Scheidung, Operationen, aber auch Fragen wirtschaftlicher Natur, z.B. nach Zinsen privater Geldanlagen. Für Männer wie Frauen besteht ferner eine Gefängnisseelsorge, die von ausgebildeten Theologen und Theologinnen betreut wird. Für die gesamte Türkei unterhält die staatliche Religionsorganisation Diyanet derzeit zwei Krankenhäuser. Finanziert wird all dies zum großen Teil über

122 www.greenspun.com/bboard/q-and-a.tcl?topic=zakbt (März 2003).
123 Siehe Beitrag Yaşar Çolak.

verschiedene islamische Spendenformen, darunter auch die *zakāt*. – Aber auch in der Türkei existiert neben der staatlichen Religionsorganisation ein Netz gänzlich privater und vom Staat unabhängiger Hilfsmaßnahmen.

Bei all diesen aufgezeigten Beispielen lässt sich erahnen, dass die Zielgruppen heutiger christlicher Diakonie und Caritas wie Kranke, Behinderte oder soziale Randgruppen im Rahmen der *zakāt* bis in die Gegenwart eher unter anderen bedacht werden. An erster Stelle stehen in der Tradition des klassischen Islam die Behebung existenzieller materieller Not sowie die Sicherstellung der Ausübung der Religion und die Weitergabe seiner Inhalte.

Die fromme Stiftung (*waqf, hubs*)

Die Ursprünge der frommen Stiftungen liegen ein Stück weit im Dunkeln. Dann entstand im Rahmen des Entstehungsprozess' der Scharia, etwa in den ersten zwei Jahrhunderten des Islam, eine eigene Rechtsform: eine Schenkung von Besitz seitens Einzelner, mit dem Ziel, den wiederkehrenden Ertrag eines Objektes dauerhaft einem Nutznießer zugute kommen zu lassen.[124] Bei dem Stiftungsgut kann es sich um Landbesitz handeln, oder um die Mieteinnahmen eines Geschäfts u.a.m. Stiftungsgut und Ertrag werden festgelegt, beispielsweise dahingehend, dass eine Mieteinnahme dauerhaft in die Versorgung einer Moschee mit Lampenöl fließen soll oder in die Versorgung eines Krankenhauses mit Brot; oder aber, handelt es sich um ausgedehnte Stiftungen, in den Erhalt eines ganzen Moscheekomplexes. Im Koran erfahren wir nichts über derartige Stiftungen. Lange Zeit wurde in der Nachfolge C.H. Beckers angenommen, diese Form der Stiftung gehe im Vorderen Orient vor allem auf die strukturell vergleichbaren christlichen *piae causae* zurück.[125] Wie so oft, scheinen derartige monokausale Begründungen bei näherer Betrachtung jedoch nicht befriedigend. Dagegen spricht in diesem Fall, dass wir, vor allem in den frühen islamischen Jahrhunderten, von einer gewissen Variabilität der näheren Stiftungsformen ausgehen müssen – Schenkungen von Pferden und Waffen für den Ǧihād, zeitlich begrenzte Stiftungen, Familienstiftungen sowie solche für die Armen –, die erst zu einer festeren Rechtsform zusammenwachsen mussten.[126] Grundsätzlich unterscheidet man als Resultat dieser einzelnen Wurzeln bis heute *waqf ahlī* sowie *waqf ḫairī*, die Familienstiftung sowie die gemeinnützige Stiftung; wobei Peters und Ito darauf verweisen, dass in der Praxis bei umfangreichen Stiftungen mit mehreren Nutznießern nur schwer zwischen beiden

124 Nach wie vor aktuell: Theodor W. Juynboll, Handbuch des islamischen Gesetzes, Leiden/Leipzig 1910, 276-283.

125 C.H. Becker, „Zur Entstehung der Waqfinstitution", in: Der Islam 2 (1911), 404f.

126 R. Peters, Art. „Wakf. I. In Classical Islamic law", in: EI², Bd. XI, hg. v. P.J. Bearman u.a., Leiden 2002, 59-63. Zum Entstehungsprozess auch Joseph Schacht, An Introduction to Islamic Law, Oxford 1964, 19.

zu unterscheiden sei.[127] Später wurden bestehende Regelungen nahezu von Dynastie zu Dynastie verändert. Oft wurden Regelungen kurzerhand für rechtlich ungültig erklärt, um einen wirtschaftlichen Zugriff auf die vorhandenen Stiftungen zu erzielen.[128]

Die Terminologie entstammt dem Arabischen und deutet auf den Sinngehalt „Festschreibung", insofern als Besitz zu einem bestimmten Zweck festgeschrieben und somit den üblichen möglichen Wirtschaftsprozessen, u.a. auch der Versteuerung, entzogen wird: *waqf* , Pl. *awqāf,* von *waqqafa*, „aufhalten", „zum Stehen bringen" und (im Magreb eher gebräuchlich) *ḥabs/ḥubs,* Pl. *ḥubūs* von *ḥabasa,* „zurückhalten", „in Gewahrsam halten".

Erste Hinweise auf die Praxis von Stiftungen entstammen in diesem Falle nicht dem Koran sondern den islamischen Überlieferungen und insbesondere dem folgenden Ḥadīṯ:

> Es wird von Ibn ᶜUmar berichtet, der sprach: ᶜUmar – Gott möge Wohlgefallen an ihm haben – bekam Land in (der Oase) Ḫaibar. Da ging er zum Propheten – Gott segne ihn und schenke ihm Heil – , um ihn danach um Rat zu fragen, und er sprach: „Oh Gesandter Gottes, ich habe Land in Ḫaibar bekommen, niemals bekam ich etwas, das mir wertvoller wäre." Er sagte: „Wenn du willst, setz das Land fest (*ḥabbasta*) und spende (*taṣaddaqta*) von (seinem Ertrag)". Er sagte: Und ᶜUmar spendete davon; niemals wurde sein Grund verkauft, vererbt oder verschenkt, und er spendete davon an die Armen, die Verwandten, die Sklaven, für den Weg Allahs, für den Reisenden und den Gast. Es ist kein Vergehen für dessen Verwalter, wenn er sich davon ernährt, oder er einen Freund davon speist, ohne sich zu bereichern ...[129]

Dass sich diese Überlieferung ausführlich nicht in einer der sechs kanonischen Traditionssammlungen befindet, mag ein weiterer Hinweis auf den Entstehungsprozess der Rechtsform der Stiftung sein. So tritt sie uns in der vorliegenden Weise bei Ibn Ḥağar al-ᶜAsqalānī (gest. 1449) bereits in einer rechtlich ausgereiften Form entgegen. Interessant ist die Terminologie, die darauf schließen lässt, dass die Stiftung auch eine Verwandtschaft zur informellen Spende, der *ṣadaqa,* besitzt. Hier wurde die entsprechende Verbform für das Abführen des Ertrages eines Landgutes gewählt. Eine inhaltliche Affinität besteht zur *zakāt,* indem die im obigen Ḥadīṯ aufgezählten Empfängerkreise einer Stiftung nahezu identisch mit denen der Sure 9, 60 sind.

Um das 12. Jahrhundert erhielt das Stiften von Madrasen, Unterrichtsmoscheen, einen enormen Aufschwung. Ausgelöst wurde dieser Prozess durch die Gegnerschaft von sunnitischen Abbasiden (reg. 749-1258) und siebenerschiitischen Fatimiden (reg. 909-1171). Beide Dynastien strebten die Oberhoheit über die Umma an und mussten ihre Vasallenstaaten mit in der eigenen Rechtsschule ausgebildeten Juristen und Theo-

127 Peters, Art. „Wakf. I. In Classical Islamic law", 60; Takao Ito, „Aufsicht und Verwaltung der Stiftungen im mamlukischen Ägypten", in: Der Islam 80 (2003), 46-66, hier 52.

128 Zum Wandel der Stiftungsgesetzgebung siehe Doris Behrens-Abuseif, Art. „Wakf. II. In the Arab lands", in: EI^2, Bd. XI, hg. v. P.J. Bearman u.a., Leiden 2002, 63-69.

129 Ibn Ḥağar al-ᶜAsqalānī, Buluġ al-marām min adillat al-aḥkām, hg. v. Muhhammad Ḥamīd al-Faqā, Kairo 1933, 191 (Bāb al-waqf). Siehe auch eine Kurzfassung der Überlieferung bei Buḫārī: „Der Prophet sprach zu ᶜUmar: Spende von seinem Grundstock (*aṣlihi*), (d. h.) verkaufe nicht, aber verbrauche seinen Ertrag und spende damit." Buḫārī, Ṣaḥīḥ, Bd. II/3, S. 70 (Kitāb al-buiyūᶜ, Bāb awqāf).

logen versorgen. So galt es als eine in besonders hohem Maße verdienstvolle Tat, eine solche, die eigene Richtung stützende Institution zu fördern. Sorgten hierfür zunächst die Kalifen, so wurde dieser Brauch zunehmend von Wohlhabenden und Adeligen übernommen.[130]

Über das Stiftungswesen wurde so über Jahrhunderte ein hoher Anteil einer gemeinnützigen Infrastruktur bereitgestellt, gestiftet wurden nicht nur Moscheen und Krankenhäuser, sondern auch – im trockenen Orient von großer Bedeutung – öffentliche Brunnen, oder auch Straßen und Brücken. Motor für den Aufschwung der gemeinnützigen Stiftungen war sicherlich die religiöse Dimension der Stiftung. Denn idealer Weise sollte diese einem dem Islam förderlichen Zweck oder zumindest der Allgemeinheit dienen. Der Stifter wurde dabei sicherlich auch vom Gedanken des religiösen Verdienstes bewegt, anders lassen sich die unzähligen getätigten gemeinnützigen Stiftungen, von denen ein Stifter oder seine Nachkommenschaft nicht direkt profitierten, kaum erklären.[131]

Davon abgesehen ist der Bezug zum Islam im engeren Sinne in der Diskussion innerhalb Rechtsschulen nicht so explizit gegeben, wie bei den anderen Formen von Wohlfahrt, die ja bereits koranische Wurzeln haben. So könnte eine Stiftung theoretisch auch von einem Ḏimmī getätigt werden oder auch nichtmuslimischen Bedürftigen zugute kommen; ebenso wie auf einem waqfierten Landgut auch Christen oder Juden arbeiten dürfen.[132] Die *awqāf* waren d i e gängige Form, durch die gemeinnützige Anlagen finanziert wurden; in diesem wirtschaftlich bedeutsamen Gesamtkomplex Juden oder Christen auszuschließen, hätte sich vermutlich als wirtschaftlich und sozial nachteilig erwiesen.

Betrachten wir nun klassische Beispiele von gemeinnützigen Stiftungen näher, um die beschriebenen Zusammenhänge genauer zu beleuchten:

In Kairo bestand seit dem 12. Jahrhundert ein Krankenhaus, das an der Straße Bain al-Qaṣrain, "Zwischen den Palästen", in den Räumlichkeiten des ehemaligen Fatimidenpalastes errichtet worden war. Ein früher Bericht stammt von dem Mekkapilger Ibn Ǧubair (1144-1217). Zu seiner Zeit war das Krankenhaus erst kurz in Betrieb:

> Zu den weiteren Ruhmestaten des Sultans [Ṣalāḥ ad-Dīn, Anm. d. V.] gehört auch das Hospital al-Māristân, das wir in Kairo besichtigten. Es ist ein Palast von großer Schönheit und Weitläufigkeit. Der Sultan hat einen Mann der Wissenschaft als Verwalter eingesetzt. Er verfügt über einen Vorrat an Arzneimitteln und Drogen und ist berechtigt, Mixturen vorzubereiten und in den verschiedensten Formen zur Anwendung zu bringen. In den Räumen dieses palastartigen Gebäudes wurden Betten aufgestellt für die

130 Bärbel Köhler, Die Wissenschaft unter den ägyptischen Fatimiden (Arabistische Texte 6), Hildesheim u.a. 1994, 81-85, 151-171 und insbesondere 166f.

131 Siehe auch Abbildungen von Stiftungsurkunden der osmanischen Zeit in M. Uğur Derman, Siegel des Sultans. Osmanische Kalligrafie aus dem Sakıp Sabancı Museum, Sabancı Universität Istanbul, Berlin 2001, Abb. 22 und 71. Die Pracht der Stiftungsurkunden sowie die verwendeten Stilmittel wie Goldschrift und Kalligraphie mit inhaltlichen Elementen wie der Basmala (bei Abb. 71) verweisen in die religiöse Dimension.

132 Peters, Art. „Wakf. I. In Classical Islamic law", 60f.

Patienten, die bettlägrig sind. Dem Verwalter stehen Bedienstete zur Seite, die morgens und abends den Zustand der Kranken ermitteln und ihnen angemessene Nahrung und Arzneien verabreichen.
Dieser Einrichtung gegenüber befindet sich ein weiteres Gebäude, das für die Frauen bestimmt ist. Auch hier gibt es Diener, die sich um sie kümmern. Ein dritter Bau mit einem großen Innenhof schließt sich an. Dort gibt es Räume mit Fenstern aus Eisen, die als Zellen für Verrückte dienen. Auch für sie sind Personen beschäftigt, die täglich den Zustand der Patienten erkunden und ihnen das geben, was ihnen guttut. Der Sultan überwacht alle diese Einrichtungen, indem er sie überprüfen läßt und inspiziert. Er mißt den Institutionen großes Interesse und große Sorgfalt bei.[133]

Aus dieser Quelle lässt sich einiges über den Aufbau und die Intentionen des Krankenhauses erfahren: Der Sultan hatte es nach der Eroberung der fatimidischen Hauptstadt in einem Trakt des ehemaligen Palastes der Herrscherfamilie errichten lassen, die Räumlichkeiten müssen entsprechend beeindruckend gewesen sein. Das Ziel bestand also offenbar darin, den Patienten eine optimale Umgebung zur Genesung bereitzustellen. Dafür sprechen auch die anwesenden Ärzte und Diener. Der im Text erwähnte „dritte Bau" mit Innenhof diente der Unterbringung psychisch Kranker in kleinen Zellen. Für das Mittelalter nicht nur im Orient ist die Unterbringung von psychisch Kranken in Zellen verbreitet. In diesem Fall erfahren wir, dass die Kranken dort eigens betreut worden sein sollen, was sicherlich vergleichsweise fortschrittlich war.[134] Darüber hinaus ist der Zustand der Einrichtung regelmäßig überprüft worden. Letzteres ist typisch für Stiftungen, die gewöhnlich einem Verwalter, betitelt als *mutawallī*, *qaiyim* oder *nāẓir*, unterstellt werden, bei dem es sich oft auch um den örtlichen *qāḍī* handelte. Dieser Verwalter muss von dem medizinischen Oberaufseher, der am Anfang des Zitats erwähnt wird, unterschieden werden.

Offen bleibt in diesem Text die genauere Art der Stiftung, inbesondere die Frage, ob es sich um eine private Stiftung aus den Mitteln des Sultans handelte, oder um eine Finanzierung aus staatlichen Gütern. Hierzu erfahren wir näheres bei dem dem Chronisten der Stadtgeschichte Kairos al-Maqrīzī (1364-1441):

Der Richter al-Fāḍil sagte zu den Neuerungen des Jahres 577 (d.H., d.i. 1182 n.Chr.) über den 9. des Monats Ḏū l-Qaᶜda: Der Sultan, d.h. Ṣalāḥ ad-Dīn Yūsuf ibn ibn Aiyūb befahl die Eröffnung eines Krankenhauses für die Kranken und die Schwachen, und er wählte dafür einen Ort im (ehemaligen Fatimiden-)Palast, und er bestimmte für dessen Versorgung (Miet-)Einnahmen der ministeriellen Quartiere (*ar-ribāᶜ ad-dīwānīya*), deren Höhe 200 Dinar betragen haben soll, sowie reiche Erträge aus der Gegend um (die Oase) al-Faiyūm.[135]

133 Zitiert nach Regina Günther (Übers.), Ibn Dschubair. Tagebuch eines Mekkapilgers, Stuttgart 1985, 31f; siehe auch die zweisprachige Ausgabe William Wright, M. J. De Goetje, The Travels of Ibn Jubayr, Leiden 1907, 51f.

134 Michael W. Dols, Majnūn: The madman in medieval Islamic society, Oxford 1992, 112-135.

135 Aḥmad ibn ᶜAlī al-Maqrīzī, Kitāb al-mawāᵓiẓ wal-iᶜtibār bi-ḏikr al-ḫiṭaṭ wa-l-āṯār, 2 Bde., Bulaq 1270 d.H., hier Bd. I, 407. Eine parallele Stelle liefert die Geschichte der Aiyubiden-Dynastie bei al-Maqrīzī, die Broadhurst übersetzt: „On the ninth, he ordered the opening of the Ṣalāḥī hospital, and allotted for its maintenance a monthly sum of two hundred *dīnārs* from the rents of the Dīwān properties, as well as an income from the Corps of al-Fayyum." R. J. C. Broadhurst (Übers.), A History of the Ayyūbid Sultans of Egypt. Translated from the Arabic of al-Maqrīzī, Boston 1980, 67.

Diese Stiftung war also staatlich, vermutlich getätigt aus einem Ministerium für Finanzen oder sogar speziell für *awqāf*, das über Einnahmen aus eigenem Stiftungsbesitz verfügte.

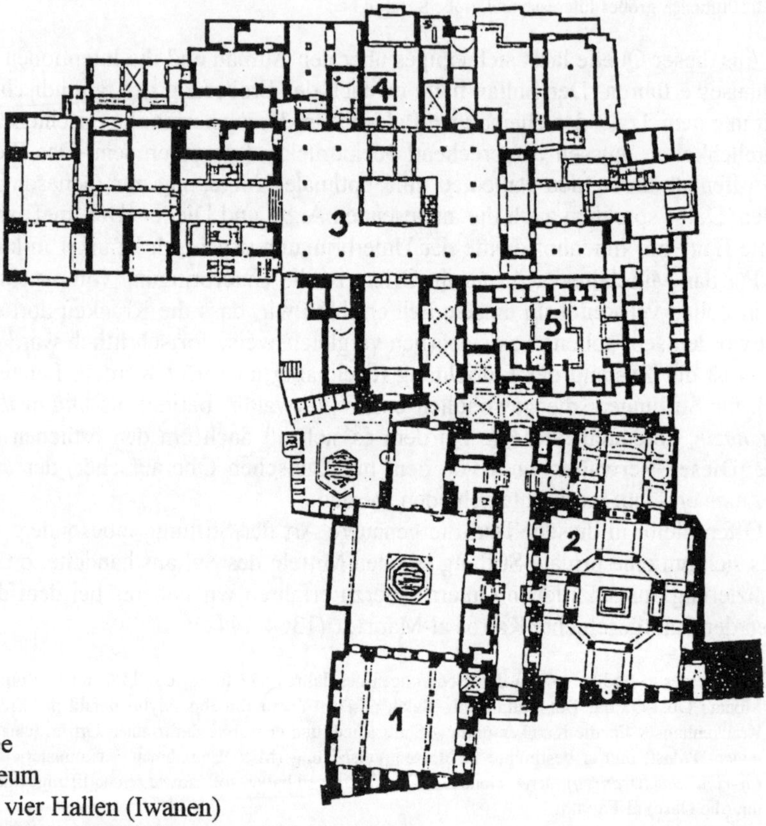

1. Moschee
2. Mausoleum
3. Hof mit vier Hallen (Iwanen)
4. Seit 20. Jh. Augenklinik
5. Zellen für psychisch Kranke

Abb.: nach Volker Rosendahl, Das Krankenhaus im Gebäudekomplex des Sultans Qalawun in Kairo, Deckblatt.

Noch genauer sind die Informationen über eine Nachfolgestiftung (siehe Abb.)[136], bei der allerdings bisher unklar bleiben muss, ob es sich um eine direkte Folgeinstitution handelt, oder ob sie in angrenzenden Räumlichkeiten eingerichtet wurde. Zumindest die Art der Stiftung wechselt anscheinend, nämlich von staatlich, finanziert aus dem enstprechenden Ministerium (*dīwān*), zu privat: Der mamlukische Sultan al-Malik al-Manṣūr Qalāwūn (reg. 1279-1290) stiftete im genannten Straßenzug das Bīmāristān Qalāwūn, das weit über die Grenzen Kairos hinaus bekannt wurde und in der Literatur immer wieder erwähnt wird. Es hatte lange Jahrhunderte, bis ins 19. Jahrhundert hinein, Bestand. Eine erste ausgiebige Dokumentation der Geschichte des Krankenhauses findet sich ebenfalls bei al-Maqrīzī (1364-1441):

> Das große Manṣūrī-Krankenhaus:
> ... Es besitzt vier Hallen mit Wandbrunnen (*šāḏirwān*) und in jedem seiner Sääle befindet sich ein Springbrunnen, der mit dem Wasser der Wasserleitungen versorgt wird ... Als das Bauwerk vollendet war, stiftete al-Malik al-Manṣūr dafür in Form von Besitztümern im Raum al-Miṣr und anderem (mit einen Ertrag) in Höhe von zweitausend Dirham in jedem Jahr, und er regelte die Finanzierung des Krankenhauses, der kleinen Moschee (*al-qubba*) sowie der Madrasa und Waisenschule ... Und er machte es zu einer Stiftung für den Herrscher und die Herrschenden ebenso wie für den Soldaten und den Befehlshaber, für den Großen und den Kleinen, für den Freien und den Sklaven, für die Männer und die Frauen. Er stellte dort Medikamente zur Verfügung und Ärzte an und sorgte für alles andere, dessen die Kranken bedurften. Der Sultan stellte zwei männliche und zwei weibliche Diener zur Versorgung der Kranken an und setzte für sie ein festes Einkommen fest ... Er richtete für jede Art der Krankheit einen Raum ein, und er sorgte in den vier Hallen des Krankenhauses für Diäten und entsprechendes. Er bestimmte einen Saal für die Augenkranken, und einen für die Verwundeten und einen für die Durchfallkranken und einen für die Frauen. Und einen Raum für die geistig Kranken (*al-mabrūdīn*) teilte er in zwei Bereiche, einen für die Männer und einen für die Frauen. Er sorgte in allen diesen Örtlichkeiten für (frisches) Wasser. Und bestimmte einen Platz für das Kochen des Essens und das Vorbereiten der Medizin und der Getränke sowie einen Platz für die Herstellung der Pasten und Kohlen[137] und Medikamente u.ä. sowie ein Depot zum Einschließen der Produkte, und einen Bereich unterteilte er für die flüssigen und festen Heilmittel. Und er bestimmte einen Platz, an dem der Oberarzt saß und Medizinunterricht erteilte. Die Anzahl der Kranken war nicht begrenzt, sondern er fand einen Weg für jeden der dorthin wollte, sei er arm oder reich, ebensowenig wie die Aufenthaltsdauer des Kranken eingegrenzt war.[138]

Bei diesem Krankenhaus handelte es sich, wie wir erfahren können, um eine umfangreiche Stiftung, die offensichtlich aus Besitztümern des Sultans selbst getätigt wurde. Leider verraten die vagen Angaben – *amlāk*, „Besitztümer", und *diyār miṣr*, im „Gebiet Miṣr" – nichts genaues, vermutlich wird es sich um Land in der Umgebung der alten südlich von al-Qāhira gelegenen Stadtgründung al-Miṣr gehandelt haben. Wären Läden mit Mieteinnahmen o.ä. gestiftet worden, wäre vermutlich wie in ande-

136 Volker Rosendahl, Das Krankenhaus im Gebäudekomplex des Sultans Qalawun in Kairo, unveröfftl. Magisterarbeit, Köln 1992 (Abt. Architekturgeschichte), Plan im Deckblatt ohne Verweis auf das Original. Weitere Pläne siehe Pascal Coste, Architecture arabe ou monuments du Kaire, Paris 1883; ferner Teilpläne in Dietrich Brandenburg, Islamische Baukunst in Ägypten, Berlin 1966, 146, 148.

137 Der Plural *al-akḥāl* bezeichnet Kohlepulver, das im Orient sowohl für ästhetische Zwecke (daher stammt unser Wort Kajal) als auch traditionell gegen diverse entzündliche Augenkranheiten verwendet wird.

138 Aḥmad ibn ᶜAlī al-Maqrīzī, Kitāb al-mawāʾiẓ wal-iᶜtibār bi-ḏikr al-ḫiṭaṭ wa-l-āṯār, 2 Bde., Bulaq 1270 d.H., hier Bd. II, 406.

ren Texten der Terminus *ribā*ᶜ gefallen. Bemerkenswert erscheint der Aufbau der Einrichtung, die von vornherein sehr großzügig und differenziert zur optimalen Betreuung diverser Patientengruppen angelegt war. Hier war nicht nur eine Verwahrung der Kranken vorgesehen, sondern ihre medizinische Behandlung, vermutlich nach neuesten Standards, wofür der medizinische Unterricht durch den Oberarzt im gleichen Gebäudekomplex spricht, ebenso wie die lückenlose Wasserversorgung. Auch sollte die Einrichtung allen Bevölkerungsgruppen dienen, unabhängig von ihrem Einkommen, ihrem Status oder ihrem Geschlecht. Die Stiftung kam so mit Sicherheit der Allgemeinheit zugute und entsprach somit sehr genau den Vorgaben für *awqāf*.

Auch spätere Reisende berichten immer wieder von diesem Krankenhaus. Im Folgenden soll – nach einem Zeitsprung – der Generalarzt der französischen Armee, R. Desgenettes, mit seinem auf das Jahr 1795 datierenden Bericht an Napoleon zu Wort kommen, und wir erfahren, wie sich der Stiftungskomplex entwickelt hat:

> ... Er hat acht Haupträume, in denen 100 Kranke bequem aufgenommen werden können.
> Vier dieser Räume sind für Männer bestimmt, vier für die Frauen, die Küche ist gemeinsam.
> Ich habe 25 Holzbetten gezählt, die mit einer abgenutzten Matratze, öfters bloß mit einer einfachen Steppdecke bedeckt waren. Ferner sind da 50 Lagerstätten aus Stein, aus einer Platte bestehend, die in der gleichen Weise und zum gleichen Zweck eine Öffnung hat, wie ihre Latrinen ...
> Ich habe 27 Kranke und 14 Verrückte vorgefunden, also 41 Personen, die Anzahl variiert, selten aber liegt sie unter dieser Zahl, trotz des Elends, in das diese durch reiche Stiftungen unterhaltene Einrichtung durch die unersättliche Gier der Angestellten der einstmaligen Regierung gestürzt worden ist.
> Unter den Kranken habe ich einige Blinde angetroffen, eine größere Zahl, die von Geschwüren zerfressen waren, die manchmal die Nase verschwinden ließen und so in abstoßender Form die Nasengänge und die Gaumenpartien sichtbar werden ließen. Andere siechten an chronischen Krankheiten dahin, deren Fortschreiten nicht gehemmt wurde, nur eine Frau, die ein Kind stillte, stieß schrille Schreie aus, die ihr eine akute und neue Entzündung entrissen. Alle haben als einzige Hilfe eine relativ regelmäßige Nahrungsverteilung an Brot, Reis und Linsenmus, es kommt ihnen gar nicht in den Sinn, daß ihnen auch bei ihren körperlichen Leiden geholfen werden könnte, und sie warten resigniert auf die Erfüllung ihres Schicksals.
> Man führte mich in zwei kleine Höfe, die durch hohe Mauern eingeschlossen sind, deren jeder 18 Nischen für die gleiche Zahl von wahnsinnigen Männern und Frauen enthielten. Es waren dort sieben Männer und sieben Frauen. Die Männer erschienen mir wie erstarrt und der Melancholie anheim gegeben, die meisten waren alt; nur ein junger Mann wurde tobsüchtig und brüllte wie ein Löwe, dann fiel er fast ohne einen Übergang in die ursprüngliche Starrheit zurück, und ein sinnloses Lächeln legte sich auf seine Lippen.
> Die Nischen der Frauen sind nicht alle vergittert, einige der Frauen – obwohl alle Ketten trugen – waren nicht wie die Männer an die Wände ihrer Nischen geschmiedet ...[139]

Sicherlich ist der zeitgenössische Leser angesichts heutiger medizinischer Standards zunächst über die Zustände im Krankenhaus irritiert. Allerdings sollte berücksichtigt werden, dass um 1800 auch in Europa die öffentliche Versorgung von mittellosen körperlich und vor allem geistig Kranken ähnlich gedacht werden muss. Insgesamt fällt der Verfall ins Auge, dem das Krankenhaus unterlag. Die einstmals getätigten Stiftungen dürften prinzipiell noch ebenso gültig sein wie zu Beginn, sieht man einmal von rechtlichen Umwandlungen von Stiftungsmitteln ab. Zudem kann davon ausgegangen werden, dass wohlhabende Kairiner Bürger immer aufs Neue für das Kran-

139 R. Desgnettes zitiert nach Ursula Beyer (Hg.), Kairo. Die Mutter aller Städte, Frankfurt 1983, 77f.

kenhaus stifteten. Jedoch reichte das Geld zur Zeit Napoleons offenbar nur noch zur bloßen Ernährung der Kranken. Eine medizinische Betreuung war nicht mehr gegeben.

Der schlechte Zustand der Anlage, die zur Zeit Desgenettes nur mehr als eine Verwahranstalt für mittellose Kranke diente, wird von diesem selbst auf die Veruntreuung von Stiftungsgeldern zurückgeführt. Dies scheint ein allgemeines Problem der gesamten Rechtsform der Stiftung gewesen zu sein. Immer wieder hört man, dass die zur Beaufsichtigung der Stiftungsmittel vorgesehenen Personen, seien es die Verwalter oder der die Oberaufsicht führende Qadi, sich selbst an diesen Mitteln bereichert hätten.

Ein arabischer Augenzeuge, ᶜAlī Bey al-ᶜAbbāsī, der nur wenige Jahre nach Desgenettes die gleiche Stätte besuchte, äußert sich ganz ähnlich hinsichtlich des Problems der Veruntreuung:

> Neben der Qalaun-Moschee ist ein allgemeines Krankenhaus für Frauen, Männer und Wahnsinnige. Alle diese bedauernswerten Geschöpfe hausen in entsetzlichem Elend und in völliger Mittellosigkeit, während der Verwalter den größten Luxus und verschwenderische Pracht entfaltet ... ich hörte dann, daß das Hospital genügend Renten besaß, daß alle Kranken dort hätten gut behandelt werden können, wenn die Verwaltung nicht Schmutz an den Händen gehabt hätte. Beim Bau des Hospitals hatte man den Komfort und die Rafinesse so weit getrieben, für die Kranken inmitten eines weiten, mit Arkaden und Balkonen umgebenen Hofes einen prächtigen Musikpavillon zu schaffen und ein Orchester anzustellen, das täglich für die Kranken spielen sollte. Alles das ist verschwunden ...[140]

Interessanterweise zieht der eingangs zitierte Ägypter aṭ-Ṭahṭāwī keinen Vergleich zwischen dem Krankenhaus Kairos mit seiner langen Tradition und den in Paris kennengelernten Einrichtungen. Seine Analogien beschränken sich auf einen Vergleich der Freigebigkeit, bei der die Franzosen unterliegen. Ohne Zweifel sind Muslime in hohem Maße bereit, sich Bedürftigen persönlich zuzuwenden und sich für sie mit großem Engagement einzusetzen, gefördert durch eine koranische Hochschätzung des Gebens. Das Beispiel des Māristān in Kairo lehrt jedoch, dass die klassische Form der frommen Stiftung an fehlenden effizienten Kontrollmechanismen krankt, die die Stiftungsmittel dauerhaft gesichert hätten. Auch war die staatliche Einrichtung und Versorgung von gemeinnützigen Stiftungen offenbar immer von der Motivation des jeweiligen Herrschers abhängig, und auch die Existenz eines Dīwān al-aḥbās muss keine nennenswerte Versorgung der Bevölkerung mit sozialen Einrichtungen nach sich gezogen haben.

Heute ist das Qalawūn-Krankenhaus nicht mehr in Betrieb, es ist seit Beginn des 20. Jahrhunderts z.T. durch eine Augenklinik überbaut worden, die in den ehemaligen zentralen Hof hineinragt. Das eigentliche Aussehen des Krankenhauses innerhalb des Gesamtkomplexes ist nur mehr zu rekonstruieren, wozu wesentlich ältere Grundrisse aus dem 19. und vom Beginn des 20. Jahrhunderts beitragen (Abb.).

140 Ali Bey al-Abbassi zitiert nach Beyer, 82ff.

Ein weiterer Aspekt der gestifteten Institutionen zu wohltätigen Zwecken ist ihre Multifunktionalität. Im klassischen Islam werden derartige Institutionen, handelt es sich wie oben um ein Krankenhaus, mit religiösen Bauten kombiniert. Sultan Qalāwūn hat das Krankenhaus an einen Komplex angegliedert, in dem sich sein eigener Grabschrein (*qubba*) sowie eine Moschee und eine kleine Madrasa befinden; diese Gebäudeteile sind bis heute zu besichtigen. Ebenso, nur noch um eine umfangreiche religiöse Hochschule erweitert, wurde die ein Krankenhaus umfassende Anlage der Sulaimaniye in Istanbul durch Sulaimān den Prächtigen (reg. 1520-1566) konzipiert.[141]

Diese Tradition mag mehrere Ursachen haben: Sie wurzelt grundsätzlich in der Konzeption der Moschee als zentraler öffentlicher Einrichtung in islamischen Städten. Waren noch in der Antike und Spätantike eine Vielzahl von öffentlichen Spezialbauten zu finden – die Agora, das Theater, der Tempel, die Bibliothek, das Forum, das Bad – wird vieles davon in der klassischen islamischen Stadt zusammengefasst und in den Funktionen der Moschee aufgefangen. Sie ist immer zugleich ein religiöses Zentrum und ein politisches Forum, je nach Ausprägung kann sie ferner beherbergen: Bibliothek, Schule oder Universität, Obdachlosenasyl, Karawanserei und, über den Brunnen zur rituellen Waschung hinaus, Bad sowie Krankenhaus. Der Islam mit seinem allumfassenden Anspruch prägte den öffentlichen Raum so zentral, dass der Ort des Gebets sich anbot, dort auch eine Vielzahl sozialer Aktivitäten anzusiedeln. Wie Kennedy nachweist, beruht dies auf veränderten politischen Bedingungen, nach denen die islamische Stadt eben nicht mehr primär eine Bürgergemeinschaft bildete, in welcher der öffentliche Raum mit all seinen Spezialbauten einen hohen Stellenwert besaß.[142]

Eine wesentliche Rolle bei der Angliederung von Krankenhäusern an Moscheen wird sicherlich auch die schariatrechtliche Auflage an gemeinnützige Stiftungen gespielt haben, islamischen Zwecken nachzukommen. Dies war zweifelsfrei gegeben, wenn ein größerer Komplex unterstützt wurde, der eine Moschee enthielt. Hier mag auch der Sonderstatus der Medizin im Kanon der Wissenschaften nachwirken. Die Medizin war als auf den Wissenschaften der „Alten", d.h. der Antike, fußend z.T. umstritten und wurde normalerweise nicht an islamischen Madrasen gelehrt, die primär für die islamischen Wissenschaften wie Koranexegese, Ḥadīṯwissenschaft und Recht gedacht waren. Vielmehr wurde die Medizin in antiker Tradition in einem Gesamtkomplex von Philsophie, Astronomie und Naturwissenschaften betrieben.[143] Bei der Unterstützung eines Krankenhauses konnte der Stifter sich des sozialen und islamgemäßen Aspektes somit dann besonders sicher sein, wenn die Anlage an eine Moschee angeschlossen war.

141 Abb. in John Freely, Türkei, München 1988[3], 76.

142 H. Kennedy, „From polis to madina. Urban Change in Late Antiquity and Early Islamic Syria", in: Past and Present 106 (1985), 3-27; Siehe auch Hans G. Kippenberg, Die vorderasiatischen Erlösungsreligionen in ihrem Zusammenhang mit der antiken Stadtherrschaft, Frankfurt 1988, 434-436.

143 Besonders gut erkennbar aus den Biographien von Medizinern, wo deren Studiengebiete aufgelistet sind: Ibn Abī Uṣaibiʿa, Kitāb ʿUyūn al-anbāʾ fī ṭabaqāt al-aṭibbāʾ, hg. v. August Müller, Neuaufl. v. Königsberg 1884, Westmead u.a. 1972.

Von Bedeutung für die Errichtung von religiös-medizinischen Komplexen mag ferner auch die mentale Verknüpfung von körperlichem, seelischem und geistlichem Wohl gewesen sein. All diese Aspekte spielten zusammen, zumindest im Empfinden der gläubigen Patienten. Wenn auch die Ärzte im mittelalterlichen Islam eher in einer antiken als einer islamischen wissenschaftlichen Tradition standen, zumal es sich bei ihnen häufig auch um Juden oder Christen handelte.[144] Ein Indiz für diese geistige Unabhängigkeit vom Islam ist auch die Errichtung des Musikpavillions im Bīmāristān Qalāwūn. Die Musik gilt in der Tradition der griechischen „Lehre vom musikalischen Ethos" auch bei mittelalterlichen Medizinern und Philosophen wie al-Farābī (870-950) als ausgezeichnetes Mittel gegen psychische Krankheiten.[145]

Mit der Kolonialzeit sowie der Entstehung von Nationalstaaten in der Mitte des 20. Jahrhunderts ging in den meisten islamgeprägten Ländern eine Veränderung des Rechtswesens einher. Normalerweise bestehen heute Mischformen, etwa in Nordafrika orientiert am französischen Code Civil, während Teilbereiche, meist das Familienrecht, weiterhin der Scharia folgen. Von Eingriffen betroffen ist auch das Stiftungsrecht, das vor seiner Adaption an westliche Formen in seiner traditionellen Ausprägung für wirtschaftliche Missstände verantwortlich gemacht wurde. Entsprechend stellte man in den meisten Ländern die Stiftungen unter eine staatliche Aufsicht in Form einer Behörde, die erstmals effektiv eine Kontrolle der Stiftungsgelder vornehmen sollte: in Ägypten beispielsweise 1953 und 1957 durch die Gesetze Nr. 247 und Nr. 30 zur Überwachung der gemeinnützigen Stiftungen. In vielen Ländern wurde die Familienstiftung ganz abgeschafft, so in Ägypten 1952 im Gesetz Nr. 180 oder in Libyen 1973 durch das Gesetz Nr. 16 sowie in Syrien durch das Dekret 76 im Jahre 1949. In Ägypten, das seit Jahrtausenden wirtschaftlich wesentlich abhängig von der Landwirtschaft ist, erfolgte 1957 eine Agrarreform, in der selbst gemeinnütziges Stiftungsland enteignet und neu verteilt wurde, wobei das Kapital von Stiftungen in Zukunft in Entwicklungshilfeprojekte fließen sollte.[146]

Ähnliches geschah in der Türkei, wo man Familienstiftungen abschaffte sowie gemeinnützige Stiftungen enteignete und damit verbundenes Land im Rahmen einer Agrarreform neu verteilte: Ab 1935 wurde das Tätigen neuer Stiftungen im Sinne der traditionellen *awqāf* verboten und durch eine moderne Form der gemeinnützigen Stiftung ersetzt, 1954 gründete man die Türkiye Vakıflar Bankasi, die nach zeitgenössischen wirtschaftlichen Gesichtspunkten Finanzdienstleistungen für Stiftungen übernehmen sollte. Auch hier wurde das traditionelle Stiftungswesen offenbar durch moderne, nach westlichen Rechtsformen geprägte Modelle ersetzt. Ein Besuch in der Türkei im Frühjahr 2003 ließ davon jedoch wenig spüren. Beim Besuch mehrerer Koran- und religiö-

144 Exemplarisch über die Dynastie der Fatimiden Köhler, Die Wissenschaft unter den ägyptischen Fatimiden, 111-133.

145 Bürgel, Allmacht und Mächtigkeit, 257-263.

146 A. Layish, Art. „Wakf. 5. In the modern Middle East and North Africa", in: EI^2, Bd. XI, hg. v. P.J. Bearman u.a., Leiden 2002, 78-81, hier 78f.

ser Privatschulen in Izmir (Internat und Koranschule zum Imam Hatip Lyceci, Kuttab Kestane Pasari) wurde angegeben, diese beruhten auf türk. *evkaf*, womit die Gesprächspartner ihrem Verständnis zufolge nach wie vor eine fromme, religiös sehr positiv besetzte Stiftung im Sinne der Scharia verbanden. Die staatliche Kontrolle wurde, zumindest der Gesprächspartnerin gegenüber, als ein Gewinn im Sinne des reibungslosen Ablaufs des Betriebes aufgefasst. In diesem Fall wird deutlich, dass der religiöse Gehalt einer frommen Stiftung und das Verdienst, auf das die Stifter hoffen, nach wie vor wirken, auch wenn sich die rechtlichen Rahmenbedingungen geändert haben.

In diesem Sinne ist auch eine sehr zeitgenössische Form der Stiftung zu beobachten, und zwar als eine Spendenform der bereits erwähnten internationalen Hilfsorganisationen. Islamic Relief ruft zu *waqf* auf, womit in diesem Fall eine Geldanlageform gemeint ist. Eine Spende wird festgelegt, so dass sie schariatrechtlichen Normen gemäß keine Zinsen, sondern anders erzeugte Gewinne abwirft. Diese immer wiederkehrenden Gewinne werden als Stiftungsgut an Islamic Relief abgeführt, wo man daraus im Sinne eines wohltätigen Zwecks die laufenden Kosten bestreitet:

> Waqf bedeutet, ein Vermögen oder Teile davon als Spende zu geben, wo-bei dies nach einiger Zeit Gewinne bringt. Die finanziellen Vorteile dieser Gewinne werden als Spenden für Wohltätige Zwecke eingesetzt, als-so immer wiederkehrend.
> Ihre Waqf_Spende ermöglicht es Islamic Relief seine Kosten zu senken und damit stärkere die Konzentration auf Langzeitprojekte für die Bedürftigen. Die Einnahmen Ihrer investierten Waqf Spende werden die Aktivitäten von Islamic Relief weltweit unterstützen.[147]

Besonders die gegenwärtigen Varianten der Stiftung deuten darauf hin, dass die juristische Form dem Gläubigen nicht so wichtig ist. Es zählen im religiösen Sinne die fromme Absicht des Stifters, der wohltätige Zweck, möglichst im Sinne des Islam, sowie eine Rechtsform, die in minimaler Weise den traditionellen Vorgaben folgt: Mittel werden festgelegt, die dauerhaft einen Ertrag abwerfen, der ebenfalls auf Dauer dem Nutznießer zugute kommen kann.

4. Empirische Studie: Islamische Wohlfahrt in Deutschland

Bereits die Entwicklung klassischer Formen islamischer Wohlfahrt lässt einen internen Variantenreichtum erkennen. Wurde in der bisherigen Übersicht vor allem die Situation in islamgeprägten Regionen des Vorderen Orients samt ihrer Verzahnung mit geistesgeschichtlichen Hintergründen vorgestellt, so soll nun ein Sprung in die Bundesrepublik vorgenommen werden. Seit Jahrzehnten bildet der Islam hier die zweitgrößte Religionsgemeinschaft, und seit langem lassen sich Ansätze zur Entwicklung eines eigenen Wohlfahrtswesens erkennen. Bereits der erste von Muslimen gegründete Gemeindeverein 1922 in Berlin hatte Thomas Lemmen zufolge in seinen Vereinsstatuten

147 Deutsche Homepage www.islamicrelief.de/spenden_waqf.php. Schreibfehler gehen auf das Original zurück (Februar 2003).

u.a. die "Fürsorge für Bedürftige und Kranke" als Punkt angeführt.[148] Heute ist die Landschaft vielschichtig. Soziale Aktivitäten im Sinne religiöser Wohlfahrt finden sich immer noch häufig auf Gemeindeebene, darüber hinaus haben vor allem die Dachorganisationen diesen Aspekt in den Blick genommen. Hinzu kommen eigenständige Hilfsorganisationen und eine ganze Reihe kleiner Initiativen, die ganz speziellen Zielsetzungen folgen, etwa der Betreuung von Kindern oder der von Behinderten. Große Wohlfahrtsträger i.S. von Diakonie oder Caritas sind noch ein Desiderat. Betrachtet man die Wohlfahrtsaktivitäten von Muslimen in Deutschland, so stellen sich diese derzeit vor allem als prozesshafter Vorgang dar: Viele der zu schildernden Initiativen wurden erst jüngst gegründet, islamische Dachorganisationen oder Hilfsorganisationen bauen ihre Aktivitäten immer mehr aus und überdenken neue Formen. Dies alles ist vor dem Hintergrund der Etablierung des Islam als Religionsgemeinschaft zu sehen, wozu u.a. eben auch die Institutionalisierung von Wohltätigkeit gehört. Angesichts der Prozesshaftigkeit des Geschehens ist es besonders interessant zu beobachten, wie die klassischen Formen in eine neue nichtislamische Umwelt übernommen werden, wie weit sie dazu reflektiert und adaptiert oder modifiziert werden.

Methodik

Die folgenden Schilderungen beruhen wesentlich auf Gesprächen, die von Herbst 2003 bis Sommer 2004 mit Muslimen in Deutschland geführt worden sind. Die Gesprächspartner stammen aus verschiedenen Bereichen des religiösen Lebens sowie der Wohlfahrt. Dabei wurde versucht, ein möglichst breites Spektrum abzudecken, das von Moscheegemeinden und deren Dachorganisationen über überregional tätige Hilfsorganisationen bis hin zu Einzelprojekten reicht. Aber nicht nur auf eine Vielfalt auf organisatorischer Ebene wurde geachtet, sondern auch auf die Wiedergabe verschiedener innerislamischer Standpunkte. Die Gesprächspartner waren zunächst die überwiegend männlichen Repräsentanten einer Gruppe, nach Möglichkeit wurde aber immer auch nach engagierten weiblichen Gesprächspartnerinnen gesucht, um der Vermutung nachzugehen, dass deren informelle Hilfe das offizielle organisierte Spektrum nachhaltig ergänzen könnte. Da die Studie keinen Anspruch auf Vollständigkeit erheben kann,[149] sondern im vorliegenden Rahmen nur Tendenzen nachgespürt werden konnte, wurden die Gesprächspartner exemplarisch ausgewählt. Der geographische Ansatz für die Gespräche in Moscheegemeinden war die Stadt Bielefeld, wo das Projekt auch wissenschaftlich angebunden war und sich aus der Präsenz regionaler diakonischer Träger, den v. Bodelschwinghschen Anstalten Bethel sowie dem Ev. Johanneswerk, auch ein

148 Thomas Lemmen, „Die Sozialarbeit muslimischer Organisationen in Deutschland"; in: Klaus D. Hildemann, Klaus Hartmann (Hgg.), Religion – Kirche – Islam. Eine soziale und diakonische Herausforderung, Leipzig 2003, 191-206, hier 191.

149 Dies gilt vor allem auch bezüglich der Zahlenangaben, etwa zur Mitgliederzahl von Vereinen. Diese können nur referiert, aber nicht überprüft werden. Gleiches gilt für Angaben zu Aktivitäten im Ausland.

Bewusstsein für soziale Projekte auf islamischer Seite vermuten ließ. Das dortige Spektrum ergänzend schien ein Blick auf das Rhein-Main-Gebiet sinnvoll, um die im Hinblick auf ihre ausgeprägten Wohlfahrts-Aktivitäten sehr eigentümliche und dort zentrierte Ahmadiyya zu erfassen, wenn diese auch aus klassisch islamischer Perspektive nicht mehr als islamische Gemeinschaft gilt. Um zumindest in einem Fall ein Gespür für mögliche Varianten innerhalb eines Gemeindetyps zu erhalten, wurde ergänzend zur Bielefelder DITIB[150]-Gemeinde auch diejenige in Bad Homburg nahe Frankfurt besucht. Als Dachorganisationen fanden einzig die beiden ganz großen, DITIB und IGMG, Berücksichtigung, weil sie allein zahlenmäßig die absolute Mehrheit der Muslime in Deutschland widerspiegeln. Ebenso wurden vor allem überregional bekannte Hilfsorganisationen betrachtet. Auf der Ebene örtlicher Initiativen werden Beispiele für Hilfe in verschiedenen Lebensbereichen vorgestellt: ein Kindergarten, ein Behindertenhilfeverein, ein Frauennetzwerk sowie Überlegungen zur Errichtung eines islamischen Seniorenheimes.

Für die halbstandardisierten qualitativen Interviews stand folgender Fragenkomplex im Hintergrund:

- Deskription der untersuchten Geimeinde, Organisation oder Initiative
- das Verständnis klassischer Formen islamischer Wohlfahrt,
- die Art ihrer Umsetzung im jeweiligen Fall,
- informelle ehrenamtliche Tätigkeit, insbesondere von Frauen,
- Motivationen der Hilfeleistenden,
- Gruppen der Leistungsempfänger, u.a. auch Nichtmuslime,
- Verortung angesichts des dualen Wohlfahrtssystems der Bundesrepublik,
- Netzwerkbildung oder Zuordnung zu überregionalen Organisationen,
- Verhältnis von Medizin und Islam.

Wo vorhanden, wurde auch Schriftmaterial in die Auswertung einbezogen.

Die DITIB-Gemeinde in Bielefeld

In Bielefeld existiert seit 1972 eine türkische, dem DITIB-Dachverband[151] zugehörige Gemeinde, 1994 konnte man in der Ernst-Rheinstraße ein weiträumiges Gemeindezentrum mit Laden, verschiedenen Gebetsräumen für Männer und Frauen, mit einer Wohnung für den Imam und einem Büro beziehen. Bei dieser Gemeinde handelt es sich um die größte muslimische Gemeinde Bielefelds mit 250 Vereinsmitgliedern, jedoch weit-

150 Die Abkürzungen werden in den entsprechenden Abschnitten erläutert.

151 Diyanet Işleri Türk-Islam Birliği, die „Türkisch-Islamische Union der Anstalt für Religion e.V." vertritt türkische Gemeinden in der Bundesrepublik und ist hier der größte islamische Verband überhaupt. Es besteht eine enge Zusammenarbeit mit der Diyanet-Organisation der Türkei, der offiziellen Organisation des sunnitischen Islam in der Türkei, die sich zum Laizismus des dortigen Staatswesens bekennt. Die DITIB-Gemeinden in Deutschland werden von Imamen der türkischen Diyanet-Organisation betreut. Siehe zur Organisation Spuler-Stegemann, Muslime in Deutschland, 111.

aus mehr Menschen, die regelmäßig am Freitagsgebet teilnehmen sollen, der Imam spricht von 500-600 Menschen. Wie so oft ergibt sich aus dem Gespräch, dass die formale Vereinsmitgliedschaft wenig über das Zugehörigkeitsgefühl zur Moschee-Gemeinde aussagt, es ist z.B. möglich, dass engagierte Gemeindeglieder nicht dem Verein angehören.

In der Bielefelder Gemeinde werden klassische islamische Spendenformen deutlich vom Vereinsbeitrag getrennt: Es ist zu erfahren, dass *zakāt* (türk. *zekat*) und *ṣadaqa* (türk. *sadaka*) sowie *waqf* (türk. *vaqıf*) explizit als Spenden für Arme und Bedürftige aufgefasst werden. Die jährlich abzugebende *zakāt* soll hier häufig informell von einzelnen Gemeindemitgliedern über Verwandte und Bekannte in die Türkei geschickt werden, gleiches gelte von *zakāt ul-fiṭr*, einer Gabe, die speziell Armen das Feiern des Fastenbrechens (arab. *ʿīd al-fiṭr,* türk. *şeker bairamı*) ermöglichen soll, sowie der *ṣadaqa*. Oder aber man überweist Spenden an ein überregionales Konto der DITIB-Zentrale in Köln, die die Beträge dann ihrerseits weiterleitet. Der Verzicht auf eine offizielle islamisch begründete Form gegenseitiger materieller Hilfe in Deutschland wird mit dem deutschen Sozialsystem begründet, das derartige Hilfestellungen überflüssig mache.

Hinsichtlich der am Opferfest vorgesehenen Schlachtung und der Verteilung von Fleisch an Bedürftige, *qurbān*, zeigt sich ein etwas anderes Bild. Zwar wird auch hier Geld für ein Schlachttier in die Türkei überwiesen und dort von Verwandten im Namen des Opferers geschlachtet und das Fleisch an die Bedürftigen verteilt. Aber in diesem Fall ist das Opfer wohl zu sehr Bestandteil der Festpraxis am Opferfest (arab. *ʿīd al-aḍḥā,* türk. *kurban bairamı*), so dass auch die hiesigen Türken schlachten, das Fleisch untereinander verteilen, und es, analog zum üblichen Prozedere, zu einem Teil auch selbst im Festverlauf verarbeiten. Die Praxis der Konservierung von Fleisch, die von einzelnen Hilfsorganisationen angeboten wird, sei zwar, wie der Imam erläutert, islamisch erlaubt, werde jedoch von den Mitgliedern der Gemeinde normalerweise nicht praktiziert.

Der Anteil der Frauen an der informellen innerfamiliären oder der Nachbarschaftshilfe, z.B. bei der Betreuung von Alten oder Kranken, wurde – von den in diesem Falle männlichen Gesprächspartnern – besonders hervorgehoben. Dennoch ist man sich der sich verändernden Gesellschaftsstrukturen bewusst und lehnt z.B. Altersheime nicht grundsätzlich ab, sondern weiß zu berichten, dass selbst die Osmanen bereits vereinzelt Altersheime kannten.

Der Begriff der Stiftung *waqf* wird, wie auch heute in der Türkei anzutreffen, im Sinne einer „Wohlfahrtsinstitution" verstanden. Die Vorstellungen darüber scheinen stark durch die türkischen Stiftungen im Rahmen der Diyanet-Organisation geprägt. Analog zu den klassischen Vorgaben wird erläutert, dass islamische Stiftungen prinzipiell sowohl für Muslime wie auch für Nichtmuslime offenstünden.

Von all diesen Formen wird die Unterhaltung des Gemeindezentrums strikt geschieden, es heißt, die Aufwendungen für das Gebäude, für den Bürobetrieb und ähnliches würden aus der Vereinskasse gezahlt, der Moscheebetrieb mit der Finanzierung des Imams hingegen über Diyanet sichergestellt. Von diesen Formen seien *zakāt* und *ṣadaqa* zu trennen, die speziell für die Armen vorgesehen seien. Dabei wurde auf die koranischen Grundlage für soziales Engagement verwiesen, wo die Reichen aufgefordert werden, von ihrem Besitz den Armen zu geben. Insgesamt besteht also ein Bewusstsein für die Trennung verschiedener Bereiche von Hilfsleistungen: Materielle Hilfe im Sinne der klassischen Spenden wird in der Türkei umgesetzt, in der Bundesrepublik sieht sich die Gemeindeleitung eher für das spirituelle Heil der Mitglieder verantwortlich, d.h. für die Gewährleistung des Gebets und für Koranunterricht. In diesem Zusammenhang bekundeten die Gesprächspartner, d.h. der Imam sowie zwei anwesende Übersetzer, dass, wenn auch darüber hinaus kein sichtbares Engagement, z.B. in Form von Jugendgruppen o.ä. bestünde, die Gemeindemitglieder eng miteinander verbunden seien und durch diese Kontakte ebenfalls z.B. seelische Notlagen abgefangen werden könnten und auch der Imam durchaus so etwas wie Seelsorge betriebe. In Deutschland verstünde man die Moschee primär als einen Ort der religiösen Orientierung, wenn man sich auch darüber klar sei, dass diese im klassischen Islam und auch in der Türkei weitaus vielschichtigere, auch soziale, Funktionen übernähme. Der Unterschied wurde mit rechtlichen Hürden und dem vergleichsweise geringeren Grad der Institutionalisierung des Islam in Deutschland begründet.

Hieran anknüpfend entwickelte sich ein Rückblick auf die Geschichte der islamischen Wohlfahrt der Türkei, vor allem im Bereich der unter den Osmanen ausgeprägten Stiftungen. Der Imam berichtete von Krankenhäusern und erwähnte auch zwei heute von Diyanet unterhaltene Krankenhäuser in Istanbul und Ankara sowie die Sulaimaniye-Moschee in Istanbul, wo sich noch heute ein Geburtsklinik befände und wo zur osmanischen Zeit gleichermaßen islamisches Recht wie Medizin unterrichtet wurden. Man ist sich der den gesamten Menschen umfassenden Lehre des Islam mit ihrer Affinität zur Medizin bewusst, verweist auf die sufischen Traditionen des Islam sowie auf die gesundheitsfördernde Funktion von Gebet und Fasten. Trotz dieses nicht ohne Stolz hervorgehobenen Potenzials heißt es, beschränke man sich in Bielefeld auf die Moschee-Funktion der religiösen Orientierung.

DITIB in Bad Homburg

Ergänzend soll die Bad Homburger DITIB-Gemeinde mit in den Blick genommen werden. 1998 konnte eine auch nach außen erkennbare Moschee gegründet werden, die Ulu Cami. Die Moscheegemeinde, bzw. die „Türkisch Islamische Union e.V.," hat heute etwa 400 eingetragene und Vereinsbeitrag zahlende Mitglieder. Die Zugehörigkeit einzelner Familienmitglieder variiert, mal ist das männliche Familienoberhaupt Mitglied, mal sind es mehrere Familienangehörige, darunter auch Frauen. Grundsätzlich kann aufgrund dieser Struktur mit mehr als 400 Menschen gerechnet werden, die sich der Gemeinde zugehörig fühlen. Allerdings sollen nach Angabe des Imams nur etwa 200[152] Personen regelmäßig am Gemeindeleben, d.h. insbesondere dem Freitagsgebet, teilnehmen; an Festtagen wird diese Zahl jedoch weit überschritten. Die Gemeinde setzt sich vorwiegend aus türkisch-stämmigen Arbeitnehmern und Selbständigen zusammen, die z.T. bereits seit Jahrzehnten in Deutschland leben. Im Vorfeld der Moscheegründung ging aus dem engeren Kreis der Gemeindemitglieder eine Initiative hervor, die das Gespräch mit deutschen Förderern suchte und die Moscheegründung ermöglichte. Die bisherigen Imame sowie verschiedene Gemeindemitglieder engagieren sich – als einzige der muslimischen Gemeinden des Ortes – seit Gründung der Moschee intensiv beim interreligiösen und interkulturellen Dialog der Stadt in einem entsprechenden Arbeitskreis oder durch Moscheeführungen für Schulklassen etc.

Bei den Gesprächen ergab sich ein bemerkenswertes Bild, das der Situation in Bielefeld entspricht: Klassische Institutionen islamischer Wohlfahrt sind den Gemeindemitgliedern sehr wohl bekannt und werden auch praktiziert, allerdings leben die Nutznießer kaum vor Ort. „Hier haben wir ja alles", fasste eine Interviewpartnerin zusammen.

Einzig im Bereich der informellen Hilfe wird auch in Deutschland in Notsituationen unkompliziert gehandelt: Besonders Frauen bekochen unversorgte Kranke, machen Krankenbesuche, betreuen ältere Familienmitglieder oder nehmen sich gegenseitig bei Zeitnot die Kinder ab. Diese Hilfe dehnt sich u.U. auch auf Nichtmuslime aus, ein männlicher Gesprächspartner berichtete von einem deutschen Nachbarn, einem alten Herrn, dem er z.B. mit den Einkäufen hilft.

Als Orientierung für derartiges, auch über innerislamische Hilfe hinausgehendes Handeln wurde einerseits auf den Koran verwiesen, denn der Koran rufe zur Unterstützung sämtlicher bedürftiger Menschen auf. Andererseits hieß es wiederholt, dies sei eine über die rein religiöse Vorgabe hinausgehende Selbstverständlichkeit. Eine derartige praktische und gleichermaßen informelle Hilfe wurde von den Gesprächspartnern dezidiert von der *ṣadaqa* getrennt aufgefasst.

Auf dem Gebiet der institutionalisierten Formen ergab sich folgendes: Fromme Gemeindemitglieder geben *ṣadaqa* in besonderen Notsituationen, wenn elementare Bedürfnisse nach Wohnung, Nahrung oder Gesundheitsversorgung gestillt werden müssen. Mit der *ṣadaqa* wird dabei überwiegend eine materielle und vor allem finanzielle Spende verbunden. Als Beispiel wurde auf Erdbeben in der Türkei verwiesen.

Die Verteilung des *qurbān*-Fleisches am Opferfest organisiert jede Familie für sich. Eine Befragte berichtete, dass man das geopferte Tier an sieben Familien verteilt und einen Anteil auch gemeinsam verzehre, z.T. werden auch moderne Techniken zur Haltbarmachung wie das Tiefgefrieren verwendet. Die Konservierung in Dosen und Versendung des Fleisches ins Ausland, wie sie vereinzelt durch überregionale Hilfsorganisationen ermöglicht wird, werde nicht genutzt, jedoch eine ganz ähnliche privat

152 Dieses Verhältnis scheint ungewöhnlich, kommen doch normalerweise wesentlich mehr Personen zum Freitagsgebet als es eingeschriebene Vereinsmitglieder gibt. Möglicherweise hat dieses Verhältnis in Bad Homburg mit der Finanzierung des Moschee-Neubaus und einer Motivierung zur Mitgliedschaft zu tun.

organisierte Form: Türken in Bad Homburg bitten Ihre Verwandten in der Türkei, dort ein oder auch zwei Tiere schlachten und an die dort lebenden Armen verteilen zu lassen.

Für die *zakāt* gilt ähnliches. Auch hier entscheidet jede Familie – unter der Beteiligung der männlichen wie der weiblichen Mitglieder – für sich, wo die *zakāt* sinnvoll einzusetzen sei. Gemeinhin entscheidet man sich nach Bekunden der Befragten für Empfänger in der Türkei, wobei in einer quantitativen Umfrage ermittelt werden könnte, um was für Empfänger es sich hierbei handelt. Grundsätzlich können dies sowohl weitläufigere Verwandte oder Bekannte sein, als auch Personen, denen die Hilfe vermittelt über die Spenden an DITIB zukomme. Die Auskunft der Gemeindemitglieder deckt sich mit der des Imams und von Vorstandsmitgliedern, dass die Moschee-Gemeinde als solche keine *zakāt* empfange, es sei denn, um diese an die Dachorganisation weiterzuleiten. Dies mag auch daran liegen, dass die Gemeindemitglieder bereits einen Vereinsbeitrag an die Gemeinde entrichten. Wird darüber hinaus doch an die Moschee gespendet, dann fließen die Gelder in die Tilgung des Kredits zum Moscheebau. – Solange dieser Kredit nicht abgezahlt ist, erübrigt sich auch die Frage nach der weiteren Verwendung der Armensteuer. Der Imam hofft darauf, in der Zukunft von derartigen Einkünften auch soziale Projekte finanzieren zu können, derzeit sei an so etwas nicht zu denken. Die Gemeindeaktivitäten basieren somit auf einem elementaren Grundprogramm aus Gottesdienst und Koranschule für Kinder.

Wie sich bereits im Zusammenhang mit der *zakāt* andeutet, ergeben sich aufgrund hiesiger institutioneller und rechtlicher Rahmenbedingungen Veränderungen in den klassischen Formen. Möglicher Weise würden auch in Bad Homburg mehr Gemeindemitglieder die Armensteuer an die Moscheegemeinde geben, wenn nicht sowieso schon ein Vereinsbeitrag geleistet und nicht durch die DITIB-Dachorganisation die Vermittlung der *zakāt* vor allem an Bedürftige im Ausland organisiert würde. Im Fall möglicher frommer Stiftungen, *awqāf*, ist es noch komplizierter bestellt. Nach deutschem Recht existiert diese Form nicht, gleichwohl besitzt die Gemeinde in Bad Homburg eine Moschee, die im klassisch Islam vermutlich als fromme Stiftung gegründet worden wäre. Nach Auskunft der Träger ist sie ein Vereinsgebäude, das – da nicht vorhanden – nicht mit Stiftungsgeldern, sondern aufgrund von Krediten errichtet werden konnte. Diese Kredite sind zu geringem Teil durch die bundesdeutsche DITIB-Zentrale, die Türkisch Islamische Union der Anstalt für Religion e.V. in Köln, gewährt worden, z.T. durch Gemeindemitglieder und zum Teil durch deutsche Banken. Der DITIB-Kredit ist islamgemäß zinsfrei, ebenso wie die Privatkredite, für den Bankkredit müssen Zinsen entrichtet werden. Dieser letzte Kredit soll baldmöglichst getilgt werden, da laut Auskunft des Imam immer wieder Gemeindeglieder kritisieren, hier entgegen islamischer Traditionen an einem Kredit-System mit Zinsen zu partizipieren, wenn auch als Schuldner und nicht als Kreditgeber.

Eine Affinität zu einer Moschee als klassischer From frommer Stiftungen ist im angeschlossenen Lebensmittelladen gegeben. Dort werden bescheidene Gewinne erzielt, die längerfristig der Moschee und hier wiederum z.Z. der Baufinanzierung zukommen.

Allerdings wird diese Konstruktion von ihren Trägern nicht im Sinne von *waqf* aufgefasst, es gibt auch keinen Stifter dieses Ladens.

Die ATIB-Gemeinde in Bielefeld

Seit 1988/89 befindet sich in der Wörthstraße eine Moschee mit Gemeindezentrum, getragen von einem Verein, der dem ATIB-Verband Avrupa Türk Islâm Birliği angehört, im Deutschen zu finden als „Türkisch-Islamische Kulturvereine in Europa". Diese Dachorganisation ist verglichen mit DITIB und IGMG weitaus kleiner, und die Gemeinden binden wieder eine eigene Klientel, die zumeist etwas säkularer geprägt ist und ihre Identität offenbar stark aus der Rolle als Gastarbeiter bezieht.[153] Zum Verein in Bielefeld gehören ca. 114 zahlende Mitglieder, angeschlossen ist noch ein eigenständiger Sportverein mit 85 Mitgliedern. Die Gemeinde hat keinen festen Imam, im Regelfall engagieren sich Gemeindeglieder ehrenamtlich als Vorbeter, zeitweise werden Imame von auswärts eingeladen, immer werden diese durch die Gemeinde selbst finanziert. Gesprächspartner war der Vorstandsvorsitzende, der gleichzeitig auch als Öffentlichkeitsreferent und Dialogbeauftragter fungiert.

Die Armenspende von mindestens 2,5 % des jährlich angesparten Vermögens wie auch die *ṣadaqa* leitet die Gemeinde weiter an den Dachverband. Unter dessen Adresse findet sich auch die angegliederte Hilfsorganisation MHW, Moslemisches Hilfswerk. Für Spenden liegen in der Moschee Kuverts mit Aufdruck des MHW und der Sure 6, 90 in türkischer Übersetzung bereit, in die ein Geldbetrag gelegt werden kann. Außen sind Name und Adresse sowie der Zweck – *zakāt*, *zakāt al-fiṭr* oder eine andere Spende – einzutragen, so dass die Buchführung über die Spenden möglich wird. Man vertraut dem MHW, dass es die Spendengelder im Sinne des Islam verwendet. Daneben organisiert man auch hier primär im privaten Rahmen das Abgabensystem, es wird betont, dass an erster Stelle die Versorgung der Verwandten neben Mutter und Vater stünden, um deren Wohl man sich auch materiell sorgt. Im gleichen Rahmen erfolgt auch das *qurbān*-Opfer: privat organisiert oder über das MHW.

Die Moschee ist in der Regel nicht der Empfänger von klassisch islamischen Spendenformen, sie trägt sich durch den Vereinsbeitrag und „Kollekten", zu denen ca. einmal im Monat aufgerufen wird. Hinzu kommen eigene Formen geringer aber dauerhafter Einnahmen, z.B. ein Getränkeautomat oder ein gegen Gebühr zu nutzender Billiardtisch für Jugendliche. Daneben unterstützt auch der Verband die Gemeinde bei besonderem Bedarf, z.B. wenn im Ramadan ein Imam verpflichtet wird oder wenn am Wochenende religiöser Unterricht durch auswärtige Referenten stattfindet.

Im Sinne der *ṣadaqa* wäre eine Reihe von Initiativen zu nennen, die die Mitglieder jedoch kaum als religiös motivierte Hilfeleistung auffassen, sondern eher als soziales Engagement. So wird ehrenamtlich eine leider kaum genutzte Hausaufgabenhilfe ange-

153 Spuler-Stegemann, Muslime in Deutschland, 125.

boten, Frauen richten Kinderfeste zu den islamischen Feiertagen aus, wo die Kinder Geschenke bekommen; wie überhaupt die Frauen als vergleichsweise engagierter als die Männer beschrieben werden, wenn es gilt, in der Gemeinde Aktivitäten zu entwickeln. Gut organisiert ist die Versorgung von Kranken, so finden sich an einem Schwarzen Brett Namen und Adressen von Kranken, mit dem Aufruf, sie zu besuchen. Gleiches soll für Kondolenzbesuche gelten. – Wenn es um die Rückführung Verstorbener in die Türkei geht, die noch immer die Regel darstellt, leistet wieder das MHW finanzielle Unterstützung. Darüber hinaus gibt es im Moscheeverein einen eigenen Dialogbeauftragten als Ansprechpartner für Christen und Anfragen anderer Art.

Islamische Stiftungen bestehen im Zusammenhang mit der Gemeinde nicht. Als im weiteren Sinne artverwand wird das MHW empfunden, nämlich als eine selbst auf Dauer angelegte aus mildtätigen Spenden finanzierte Organisation, die sich im Sinne des Islam für Bedürftige einsetzt: Dort eingegangene Spenden sollen z.T. wieder zurückzufließen in die Erhaltung der Moscheen, die Grundversorgung mit islamischer Bildung, wenn Imame oder Referenten bezahlt werden, oder durch die Unterstützung von Hinterbliebenen, z.B. zur Rückführung Verstorbener.

Zur Zeit werden von der Gemeinde keine langfristigen Projekte, etwa im Sinne von Stiftungen, geplant. Ein Kindergartenprojekt wie das im Umfeld des Bielefelder Islamischen Zentrums initiierte würde prinzipiell durchaus unterstützt; es sei an der Zeit, dass auch Muslime wie griechisch-stämmige Gastarbeiter die Möglichkeit erhielten, ihre eigenen Bildungseinrichtungen aufzubauen. Dabei geht der Gesprächspartner aufgrund von positiven Berichten von muslimischen Kindern in christlich geprägten Kindergärten davon aus, dass auch ein islamischer Kindergarten offen für Kinder anderer Glaubensrichtungen sein sollte.

Insgesamt wird deutlich, dass sich in dieser Gemeinde vorwiegend Laien und dabei nur sehr wenige Personen intensiv im Ehrenamt engagieren. Das Bewusstsein für die klassischen Formen der Wohlfahrt und die Reflexion über Möglichkeiten, diese in Deutschland umzusetzen, scheint wenig ausgeprägt, was offenbar mit dem vergleichsweise geringen Grad an Kenntnissen über islamische Traditionen zusammenhängt. Die Gemeinde scheint für ihre Mitglieder vorwiegend ein soziales Gefüge sowie eine Anlaufstelle bei allen möglichen, vor allem auch sozialen und säkular-rechtlichen Fragen zu bieten. Die Religion spielt dabei natürlich eine Rolle, steht dabei aber nicht so sehr im Vordergrund wie in den anderen besuchten Gemeinden.

Die VIKZ-Gemeinde in Bielefeld

In der Bielefelder Gaswerkstraße befindet sich ein vor allem in Inneren imposanter, in ehrenamtlicher Arbeit mit Kalligraphien und Malereien ausgeschmückter Moscheekomplex. 1997 wurde das Gebäude in der Gaswerkstraße erworben und restauriert. Heute enthält es den prächtigen Gebetsraum, einige Büros sowie einen kleinen Laden.

Das Dachgeschoss soll noch zu einem Schülerwohnheim ausgebaut werden, wie es sie bereits z.B. in Mannheim oder Duisburg gibt. Die als Verein organisierte Gemeinde ist Mitglied im Verband Islamischer Kulturzentren und setzt es sich analog zum Verband zum obersten Ziel, die islamische Bildung, aber auch das weltliche Bildungsniveau, vor allem bei Kindern und Jugendlichen, zu erhöhen. Die Zahl der eingetragenen Vereinsmitglieder beträgt um die 100, beim Freitagsgebet sollen etwa 250, an islamischen Feiertagen mehr als 300 Menschen die Moschee besuchen. Die Mitglieder der Gemeinde sind mehrheitlich Arbeiter, aber inzwischen finden sich in der dritten Generation von einst als Gastarbeitern gekommen Türken auch zunehmend Akademiker. Gesprächspartner waren der Vorstandsvorsitzende und der Imam.

Zu Fragen der klassischen Wohlfahrtsformen gaben der Imam der Gemeinde und der Vereinsvorsitzende Auskunft: Die *zakāt* wird in diesem Fall vorwiegend an die Gemeinde gegeben, die bemüht ist, ihre laufenden Kosten, zusätzlich auch durch die Vereinsbeiträge und weitere Spenden, weitestgehend selbst zu tragen. Betont wird dabei, dass die Armenspende normalerweise nicht an den Verband VIKZ fließe. Dies entspräche dem klassischen Modell der lokalen Moschee-Gemeinde als Empfänger bzw. Verwalter der Armenspende.

Die Gemeindemitglieder zahlen gemäß den klassischen Vorgaben 2,5 % des über das Jahr angesammelten Vermögens. In dieser Gemeinde findet sich ferner die Form, dass Frauen von ihrem Schmuck geben, dazu zählt auch das Gold, das sie als Brautgabe (*mahr*) erhielten und das traditionell die finanzielle Rücklage einer Frau bildet. Je nach Vermögens- und Einkommensverhältnissen der Frau spendet in einer Familie u.U. auch sie die Armensteuer oder der Mann gibt diese stellvertretend für die Familie.

Die Verwendung der *zakāt* dient ganz wesentlich der Verwirklichung der Bildungsziele des VIKZ. Denn hier liegen die Hauptaktivitäten: Im Gemeindezentrum finden schon jetzt nicht nur der Freitagsgottesdienst und die ganz gewöhnlichen Gemeindezusammenkünfte zu den Festtagen statt, sondern verstärkt Jugendarbeit, bei der besonders am Wochenende und an gesetzlichen Feiertagen durch den Imam und dessen Frau, eine theologisch ausgebildete *hoca hanım,* Religionsunterricht erteilt wird. Dieser ist nach Geschlechtern getrennt für Jungen und für Mädchen vorgesehen. Geplant ist ein Ausbau dieser Programme durch die Einrichtung eines sich in der Antragsphase befindlichen Schülerwohnheimes, in dem die Schüler und Schülerinnen nach dem Besuch der öffentlichen Schule wohnen und weiteren Unterricht erhalten sollen. Dafür müssten auch hauptamtliche pädagogisch ausgebildete Kräfte eingestellt werden, die dann ebenfalls z.T. von der Gemeinde bezahlt werden müssten, so dass man in Zukunft hohe Kosten auf sich zukommen sieht, die die *zakāt* weiter binden würden.

Die Jugendarbeit weist aber auch Komponenten auf, die weniger religiös geprägt sind. Dabei engagiert sich ein Diplomingenieur, der den Jugendlichen bei z.B. schulischen Problemen zur Verfügung steht und auch Fragen wie die „Karriereplanung" gemeinsam mit ihren angeht. Um die Jugendarbeit attraktiver zu machen, gibt es bereits jetzt eine Tischtennisplatte und in Zukunft sind auch sportliche Aktivitäten wie z.B.

Fußball geplant. Vor allem in den Schulferien stehen Ausflüge in andere Gemeinden oder Picknicks auf dem Programm, gemeinsam mit weiteren religiösen Schulungen.

Für Erwachsene sind an fünf Tagen in der Woche religiöse Veranstaltungen vorgesehen, die der Imam durchführt, parallel leitet die *hoca hanım* etwa zweimal pro Woche solche für Frauen. Die Veranstaltungen für Frauen sind seltener, weil diese familiär stärker eingebunden sind. Der Imam ist auch in Fragen der Seelsorge, oft auch verbunden mit ritual-rechtlichen Fragen, seinen Gemeindemitgliedern ein qualifizierter Ansprechpartner. Sein Gehalt und seine Unterbringung werden z.T. durch die Gemeinde und dabei anteilig auch durch die Armenspende getragen, ein Anteil wird auch vom VIKZ-Dachverband beigesteuert.

Andere klassische Empfängerkreise der *zakāt* scheinen, zumindest was die Weitergabe der Gelder durch die Moschee betrifft, weniger berücksichtigt; es steht davon abgesehen jedoch jedem Mitglied frei, die Armensteuer z.B. an eine Hilfsorganisation zu geben. Die tatsächlich Armen und Bedürftigen, welche Sure 9, 60 nennt, ortet man eher in der Türkei oder anderen Ländern, hier in Deutschland sieht man aufgrund des vergleichsweise gut funktionierenden sozialen Systems keinen Bedarf von seiten der Gemeinde aus offiziell tätig zu werden. Anders sieht es mit informellen Hilfestellungen aus, die vorkommen, jedoch diskret und ohne Einrichtung einer festen institutionalisierten Form durchgeführt werden. Die klassische Vorgabe, Reisende zu beherbergen, die in anderen Gemeinden z.T. durch die Vergabe von Stipendien an muslimische Studenten umgesetzt wird, ist hier ebenfalls nicht regulär vorgesehen. So bleibt als Kernpunkt das, was man in der Sure 9, 60 als „Unterstützung auf dem Weg Allahs" (*fī sabīl Allāh*) findet, hier verstanden als Förderung islamischen Bildung. Nicht einmal die Sachwalter der Armensteuer (*al-ᶜāmilīna ᶜalaihā*) werden wie koranisch vorgegeben und somit legitim durch einen Anteil der Einnahmen finanziert. Die Verwaltung der Gemeinde und des Vereins erfolgt ehrenamtlich.

Die *zakāt al-fiṭr,* die Abgabe kurz vor dem Fest des Fastenbrechens, wird in dieser Gemeinde als eine Pflicht (*wāğib ᶜamal*) aufgefasst, anlässlich der in einer Familie gemäß der Anzahl sämtlicher Familienmitglieder, selbst Neugeborener, 10 Euro gespendet werden.

Der Komplex der *ṣadaqa* gestaltet sich ebenfalls vielschichtig, sowohl was die Gaben als auch was die Empfängerkreise betrifft. Sie wird zunächst grundsätzlich als ein „Almosen" verstanden, d.h. als eine finanzielle Spende. Diese kann in beliebiger Höhe unabhängig von einem bestimmten Termin erfolgen. Z.T. werden die Vereinsbeiträge von den Mitgliedern als *ṣadaqa* aufgefasst, in Notsituationen werden Spendenaufrufe gestartet, die den Kollekten in Kirchen ähneln. Dabei hilft man sich durchaus auch in den VIKZ-Gemeinden der Region gegenseitig bei finanziellen Engpässen. Besonders bei Naturkatastrophen startet die VIKZ-Zentrale überregionale Spendenaufrufe, die dann über die Imame an die Gemeinden weitergegeben werden. In diesen Fällen, heißt es, zeigen sich besonders die Frauen engagiert und spendenfreudig.

Aber auch die *ṣadaqa*, verstanden als tätige Hilfeleistung, ist ausgeprägt: Dazu zählt zunächst das ehrenamtliche Engagement im Verein, z.B. in der Jugendarbeit. Zu islamischen Feiertagen ist es üblich, dass man in Krankenhäusern auch einem nicht persönlich bekannte muslimische Patienten besucht, um ihnen Trost zu spenden. Als selbstverständlich und wieder eine klassische Domäne der Frauen gilt die häusliche Betreuung und Versorgung von Kranken und alten Menschen sowie die Unterstützung von Hinterbliebenen. Darüber hinaus veranstalten die weiblichen Vereinsmitglieder von Zeit zu Zeit Basare, wo sie Handarbeiten und Kulinarisches vertreiben und die Gewinne wiederum der Gemeinde zur Verfügung stellen. Der Imam weist abschließend darauf hin, dass die *ṣadaqa* als solche nur schwer einzugrenzen sei – ein Bild, das sich bei sämtlichen Gesprächen ergab und das auch schon in Koran und Ḥadīṯ angelegt ist.

Das *qurbān*-Opfer zum Opferfest wird auch in dieser Gemeinde vorwiegend im Heimatland umgesetzt. Der Weg ist der private Kontakt mit einem Geldtransfer und dem Ziel, Armen in der Türkei Fleisch zukommen zu lassen. Aus aktuellem Anlass fand sich im Flur des Gemeindezentrums eine Liste mit namentlichen Nennungen der Spender und der Höhe ihrer Gaben, die zwischen 1 und 10 Tieren schwankten. Diese Liste soll sämtliche Mitglieder zu einer Opfergabe animieren.

Die Gesprächspartner erklärten es mit der besonderen Frömmigkeit der Mitgliederschaft ihrer Gemeinde, dass sie noch weitere Formen des Opfers kennen und auch regelmäßig praktizieren: Das *adak-kurbane* (türk.), „Opfer verbunden mit einem Gelübde“, also ein Tier, das man im Krankheitsfall in der Hoffnung auf Gesundung opfert, sowie türk. *akike,* arab. *ʿaqīqa,* eine Schlachtung zum Dank der Geburt eines Kindes. Das Fleisch wird wie am Opferfest Bedürftigen zugeführt.

Islamische Stiftungen im klassischen Sinne meinte man zunächst in Deutschland nicht zu kennen, d.h. es werden auch im Rahmen der VIKZ keine Institutionen im Sinne der *waqf* begründet. Im Laufe des Gesprächs[154] entstand das Bewusstsein, dass die Moschee eigentlich in vielen Aspekten einer klassischen islamischen Stiftung entspricht: Sie ist eine Örtlichkeit, die im Sinne Allahs geführt wird – vor Ort besonders deutlich durch die Schuhabgabe am Eingang noch vor dem Bereich der Büros und des Ladens – ; sie ist auf Dauer angelegt, die Einnahmen des kleinen, nur intern genutzen Ladens kommen ausschließlich der Moschee zugute. Die spezifische Rechtsform einer Stiftung mit Stifter und Stiftungsgut und juristischer Fixierung von Nutznießer und Verwalter fehlen zwar, aber es scheint, als wären traditionelle Elemente einer *waqf*-Moschee – wie der Laden – hier unbewusst fortgeführt worden. Das Grundstück und Gebäude gehören rechtlich gesehen de facto der VIKZ-Zentrale.

Diese solle sich den Angaben zufolge auch mit dem deutschen Stiftungsrecht auseinandersetzen und prüfe, ob dieses nicht auch für die Zukunft Möglichkeiten für islamische Einrichtungen besitze. Solche Einrichtungen zielen nach wie vor primär auf die islamische Bildung und den Ausbau der Schülerwohnheime möglichst in allen Gemeinden. Islamische Kindergärten oder Altersheime sind nicht geplant. Man orientiert sich

154 Es ist vor allem in der Form des qualitativen Interviews kaum zu vermeiden, dass es auch zu inhaltlichen Interaktionen zwischen dem Fragenden und den Befragten kommt. In diesem Fall wurde dies beiden Seiten bewusst und soll daher an dieser Stelle kenntlich gemacht werden.

an islamgemäßen Formen, die Bielefelder Diakonieeinrichtungen oder staatliche Wohlfahrt dienen nicht bewusst als Vorbild.

Da die Mitgliedschaft in einer islamischen Gemeinde vom Grad der persönlichen Frömmigkeit abhängt, sammeln sich in der Bielefelder VIKZ-Gemeinde vor allem besonders fromme Menschen, die den Islam in spiritueller Hinsicht für sich und ihre Kinder praktizieren möchten. Der passende Weg dazu scheint die intensive Beschäftigung mit islamischen Lehren zu sein, die auch den ausgeübten Formen von Wohltätigkeit eine Richtung gibt. Öfter fiel im Gespräch die Wendung, man gebe und handle dem Wunsch und Willen Allahs gemäß, und dies liege den Mitgliedern besonders am Herzen. Die oft erwähnte Tatsache, dass die Gemeinschaft ideelle Affinitäten zu und historische Verwandtschaft mit einem türkischen Sufiorden, den Suleimancıler, aufweist,[155] stützt den Eindruck des Gesprächs: Mitglieder von Sufiorden räumen ihrer Spiritualität normalerweise besonders viel Zeit und Raum in ihrem Leben ein. Die noch zu intensivierenden Unterrichtsangebote, die geplante feste Einbindung von Kindern und das selbstlose Engagement der Laien lassen sich in dieser Hinsicht deuten.

Das Islamische Zentrum in Bielefeld

Beim Islamischen Zentrum handelt es sich um eine vorwiegend arabisch und zum großen Teil marokkanisch geprägte Gemeinde mit einem hohen Anteil von Akademikern, besonders Medizinern. Im Unterschied zu den zuvor vorgestellten und türkisch geprägten Gemeinden ist dieser Verein eine rein örtliche Initiative, die institutionell keiner überregionalen Dachorganisation untersteht. Nach einer Gemeindespaltung, die u.a. auf unterschiedliche Auffassungen der Frauenrolle zurückging, begründete das heutige – hinsichtlich der traditionellen Geschlechtertrennung liberalere – Islamische Zentrum 1997 seine Gemeinde in den Räumen in der August-Bebel-Straße. Dem Moschee-Verein gehören offiziell etwa 46 Mitglieder an, zum Freitagsgebet erscheinen jedoch um die 300 Personen. Einen fest angestellten Imam gibt es nicht, man behilft sich mit dem Engagement von Gemeindemitgliedern und zeitweiligen Gast-Imamen.

Die *zakāt* wird hier eher nicht an die Moschee gegeben. Die Gesprächspartnerin, ein Mitglied des Vorstandes, erläuterte, inwiefern die Armenspende individuell geleistet würde; dabei kamen ganz klassische Formen zur Sprache, die auch Besitz im Herkunftsland, in diesem Fall Ägypten, einschließen: Auf dortigen Landbesitz entfiele ein Abtrag, der den dort tätigen Bauern zugute komme. Frauen spendeten auch in dieser Gemeinde Teile ihres Schmucks, wenn er ein Jahr lang nicht getragen würde, sondern eine Form von Besitz und Wertanhäufung darstelle. Sehr verbreitet bei den Vereinsmitgliedern sei das Spenden an moderne Hilfsorganisationen wie Muslime Helfen.

155 Lemmen, „Die Sozialarbeit muslimischer Organisationen in Deutschland", 197.

Dies sei eine besonders praktikable und naheliegende Möglichkeit; in der Gemeinde lägen bereits Überweisungsvordrucke aus.

Hinzu kommt im Islamischen Zentrum ein umfangreicher Bereich von Aktivitäten, die jedoch von den Mitgliedern nicht bewusst als *ṣadaqa* qualifiziert werden: Insbesondere für den nach sechs Jahren abgeschlossenen Abtrag des Moscheegebäudes fanden Sammlungen statt, wie überhaupt jeden Freitag und an den Abenden des Ramadan eine „Kollekte" gesammelt wird. Darüber hinaus erfolgen auf Anfrage bei der Gemeinde z.B. Gefängnisbesuche mit einer Art Gefängnisseelsorge. Eine Selbstverständlichkeit seien Krankenbesuche und Unterstützung im Bekannten- und Familienkreis. Persönliche psychische Probleme und Fragen zur Scharia, etwa in Scheidungsfällen, werden ebenfalls in privaten freundschaftlichen Gesprächen durchdacht.

Insgesamt zeugen einfallsreiche Aktivitäten vom Engagement der Gemeinde. So wurde das Fleisch der beim Opferfest geschlachteten Tiere zeitweise zu zwei Dritteln an ein örtliches Asylantenheim gegeben. Grundsätzlich erfolgt auch hier die von Türken gepflegte Opferung sowohl im Heimatland als auch in Deutschland. Dabei werden auch Angebote von Hilfsorganisationen genutzt, so Muslime Helfen, die gegen Überweisung eines Betrags ein Tier schlachten, konservieren und das Fleisch in den Orient schicken.

Die fromme Stiftung *waqf* wird mangels finanzieller Möglichkeiten der Gemeindemitglieder vor Ort nicht umgesetzt. Auch hier böten jedoch die Programme von Hilfsorganisationen Möglichkeiten, kleinere Beträge in Form einer dauerhaft Gewinn abwerfenden Stiftung anzulegen. Sehr beliebt, vor allem bei weiblichen Mitgliedern, sei die in großen Hilfsorganisationen vorgesehene Übernahme von Patenschaften nach dem Vorbild der SOS-Kinderdörfer. Auch überregionale islamische Frauenorganisationen engagierten sich in diesem Bereich.

Eine eigenständige Form der Fürsorge bildet die Unterhaltung einer gemeindeeigenen sogenannten Sozialkasse. Diese wird aus Spenden finanziert und dient der Unterstützung vor allem muslimischer Studenten oder anderer Personen ohne familiären Rückhalt. Sie erhalten in Notlagen finanzielle Hilfe, u.U. wird bei privaten Schwierigkeiten Geld für eine vorübergehende Unterbringung in einem Hotel zur Verfügung gestellt. Dabei werde abgewogen, ob der Antragsteller wirklich bedürftig sei.

Ebenfalls unabhängig von einer Zuordnung zu bestimmten klassischen Formen der Wohltätigkeit arbeiten Gemeindemitglieder ehrenamtlich in verschiedensten Bereichen: Die Gemeinde organisiert Arabischunterricht sowie einen islamkundlichen Unterricht auf Deutsch, ein interkulturelles Kindergartenkonzept befindet sich, entwickelt von ausgebildeten Sozialpädagoginnen, in der Antragsphase, man unterhält in eigenen Räumen ein Jugendzentrum. Ein eigenes Altenheim wurde noch nicht in Betracht gezogen, es heißt, hier seien die familiären Traditionen zu stark.

Wenn auch ein vielfältiges Engagement der Gemeindemitglieder zu beobachten ist, so strebt das Islamische Zentrum nicht an, auf allen möglichen Ebenen der sozialen Wohlfahrt islamische Parallelinstitutionen zu entwickeln. Islamische Krankenhäuser werden angesichts der vorhandenen medizinischen Versorgung als überflüssig eingestuft, wie auch einer islamisch geprägten Medizin, etwa im Sinne der Prophetenmedizin, kein eigener Stellenwert eingeräumt wird. Es sei höchstens zu konstatieren, dass die muslimischen Ärzte der Gemeinde für muslimische Patienten eine besondere Vertrauensstellung besäßen. Wichtiger erscheint es der Gemeinde, den Bereich der islamischen Bildung auszubauen. Aufgrund der Mitgliederstruktur entwickelt sich derzeit ein Gemeindeprofil, das über das Gemeindeleben hinaus einen intellektuell geprägten und an gesellschaftlichen Fragen interessierten Islam auch nach Außen vermittelt, z.B. in eigenen Seminarveranstaltungen oder im Interreligiösen Dialog.

Milli Görüş in Bielefeld

Die Milli Görüş-Gemeinde scheute, auch aufgrund einer Anweisung der Zentrale der IGMG, das persönliche Gespräch. Grund war offenbar die verbreitete Skepsis, die die konservative Gemeinschaft hinsichtlich ihres Spendenverhaltens erfährt. Das vorliegende Thema schien so brisant, dass auf hochrangigere Gesprächspartner verwiesen wurde. Daher konnten Informationen in diesem Fall nur auf einer überregionalen Ebene gesammelt werden.

Die Ahmadiyya-Gemeinde in Frankfurt[156]

Die Ahmadiyya-Gemeinde in Frankfurt fällt aufgrund ihrer Größe und Aktivität aus dem Rahmen der sonstigen muslimischen Gemeinden heraus. Sunniten und Schiiten würden sagen, sie gehöre auch aufgrund ihres Bekenntnisses nicht zur islamischen Umma, doch für die vorliegende Untersuchung sind dogmatische Unterschiede zu vernachlässigen, zumal diese Gemeinschaft prinzipiell hinsichtlich ihrer Wohlfahrtsbestrebungen den gleichen traditionellen Formen folgt wie andere Gemeinschaften auch.

Ahmadis sind in der Bundesrepublik stark vertreten, insgesamt mit ca. 30 000 bis 40 000 Mitgliedern. Dies resultiert aus der Asylpolitik und der Aufnahme der im Ursprungsland Pakistan mit dem Argument der Häresie verfolgten Gemeinschaft. Ihre deutsche Zentrale liegt in Frankfurt, was ein Stück weit die dort intensiven Aktivitäten im Bereich der Wohlfahrt erklärt. Es gibt mehrere „Bezirke" *(ḥalqāt)* der Ahmadiyya in der Stadt mit insgesamt 3000-4000 Mitgliedern und zwei Moscheen. Die Nuur-Moschee wurde bereits 1959 errichtet, die wesentliche größere Moschee in Frankfurt Bonames entstand um das Jahr 2000. Sie umfasst einen Gebetsraum, ein Jugendzentrum, Büroräume, Wohnräume der Imame sowie eine Kantine. Grundsätzlich ist man als Verein organisiert.

156 Ich danke Herrn Hadayatullah Hübsch für das informative Gespräch sowie das zur Verfügung gestellte Material.

Die klassischen Spendenformen finden sich in erweiterter Form: Im klassischen Sinne werden *zakāt* und *ṣadaqa* an die Frankfurter Gemeinde gezahlt, hinzu kommt hier noch ein separater Vereinsbeitrag (pers. *chanda aam*). Alle diese Gelder werden von einem Finanzkommitee des Vereins gemäß dessen Bedürfnissen verteilt: Zur Erhaltung von Räumlichkeiten, zu ihrer Ausstattung mit Geräten, zur Finanzierung der Imame, zur Vergabe von Studienstipendien oder -hilfen, zur ausgeprägten Jugend- und Gemeindearbeit und nicht zuletzt für den Verlag „Der Islam“, der das deutschsprachige Schrifttum der Ahmadiyya publiziert. Bei Finanzknappheit werden Aufrufe an die Mitglieder gestartet, zusätzlich zu spenden.

Ferner soll es bereits seit den 20er Jahren, initiiert vom 2. Kalifen, in den damaligen Verbreitungsgebieten der Ahmadiyya Initiativen zum Bau von Krankenhäusern und Schulen gegeben haben, besonders in Indien. Im selben Sinne wird heute die *zakāt* auf Gemeindeebene für internationale Hilfsfonds gesammelt, z.B. einen Afrika-Fond (*nusrat-jahan*, „Hilfe für die Welt“) oder den Syedna Bilal Fund. Ersterer soll durch Khalifatul Mesih III., Hazrat Hafiz Mirza Nasir Ahmad (im Amt 1965-1982), angelegt worden sein, der bei einer Afrika-Reise zur Hilfeleistung angeregt fühlte. Hier werden seit den 70er Jahren in verschiedenen Ländern wie Sierra Leone, Kenia oder Nigeria von dortigen Ahmadiyya-Mitgliedern Krankenhäuser und Schulen errichtet. Arme werden dort kostenlos behandelt, Wohlhabende müssen ein Entgeld entrichten. Hinzu kommt eine eigentümliche Form der *waqf*, nämlich *waqf-e arzi*, „Spende von (eingegrenzter) Zeit“, d.h. Helfer aus vornehmlich westlichen Ländern verpflichten sich für eine gewisse Zeit in Afrika zur Mitarbeit in Hilfsprojekten. Mittels des Bilal-Fonds werden in Pakistan Hausbauprojekte initiiert.

In die gleichen Fonds kann auch *ṣadaqa* (in der anglisierten Teminologie der Gemeinschaft *sadqa*) gezahlt werden. Für die Geber ist damit eine Spende zur Linderung existenzieller Not verbunden. Dies wird auch im Bewusstsein möglicher muslimischer Spendenempfänger in Deutschland im Sinne eines „Almosen“ für Bedüftige aufgefasst. Hier besteht ein gewisses Problem darin, dass niemand als Almosenempfänger dastehen möchte und derartige Gaben in der Bundesrepublik nur sehr diskret verteilt werden können.

Zudem bestehen zahlreiche Möglichkeiten zur informellen Hilfe. Hier entwickelt sich auf Gemeindeebene ein weites Feld von Initiativen mit ehrenamtlichem im weiteren Sinne sozialem Engagement: Männer und besonders Mädchen und Frauen der Frauenorganisation Lajna besuchen zum Ende des Ramadan oder in der Weihnachtszeit Krankenhäuser und Altersheime und übergeben kleine Geschenke wie Rosen und Schokolade, junge Männer säubern an Neujahr Parkanlagen oder die Straßen von Feuerwerkskörpern. H. Hübsch berichtete von einem Krug in seinem Haus, in dem permanent von Familienmitgliedern kleine Beträge als *sadqa* gesammelt würden. Hinzu kommt der Bereich einer gänzlich informellen spontanen, meist von Frauen geleisteten Hilfestellung im Familien- und Bekanntenkreis, wenn beispielsweise Frauen traditionell für den Haushalt von Trauernden drei Tage lang kochen, wenn gegenseitig Kinder betreut werden, wenn Krankenbesuche gemacht werden. Wie auch schon in anderen

Gesprächen, so wurde auch hier geäußert, dass kaum zwischen einem allgemeinen islamisch-kulturellen Ethos der Hilfe für Notleidende und der *ṣadaqa* getrennt werden könne. Selbst wenn eine Spende oder Tat offiziell als solche gewertet werden könnte, würde dieses Handeln als eine Selbstverständlichkeit praktiziert und nicht als eine zu erfüllende religiöse Pflicht im Sinne des Verdienstgedankens. Dennoch besteht ein Bewusstsein, dass diese Gaben und Taten im Sinne der *zakāt* und der *ṣadaqa* in spiritueller Hinsicht eine Reinigungsfunktion haben und den Gläubigen insofern stärken.

Die Fromme Stiftung *waqf* findet sich in der Praxis nicht. Der Gesprächspartner gab zu diesem Aspekt zu bedenken, dass das Ethos des Gebens im Islam verhindere, umfangreiche Spenden aus Geltungsdrang öffentlich zu machen.[157] Anstelle von Großspenden in Form einer Moschee o.ä. nach klassischem Vorbild, was im juristischen Rahmen der Bundesrepublik kaum umsetzbar sei, würden anonym größere Beträge an die Gemeinden oder Hilfsfonds gegeben.

Die nach islamistischen Interpretationen in der Sure 9, 60 angelegte Möglichkeit, *zakāt*-Spenden im Rahmen des militanten Ǧihād auszugeben, wenn man ein „Tätigwerden auf dem Weg Allạhs" mit diesem gleichsetzen möchte, wird von der Ahmadiyya explizit ausgeschlossen. Mit der Ausnahme eines Kampfes zur Selbstverteidigung bekennt man sich hier in einer Tradition des 19. Jahrhunderts zu einem quietistischen Ǧihād im Sinne einer persönlichen inneren Auseinandersetzung. Damals wurden innerhalb der Ahmadiyya extremistische Aktionen gegen die britische Kolonialmacht abgelehnt, auch mit dem Argument, dass diese ja für die Ahmadiyya Religionsfreiheit garantierten, so H. Hübsch im Gespräch. Aktuell kann man in der Frankfurter Gemeinde eine kopierte Sammlung mit Zitaten von Mirza Ghullam Ahmad erhalten, wo dieser sich gegen Gewalt in Glaubensdingen ausspricht. Hinsichtlich einer denkbaren internen Kontrollinstanz zur Weitergabe von Spenden wird auf die Statuten des Vereinsrechts verwiesen, wo über den Verbleib von Mitteln Rechenschaft abgelegt werden muss.

Als Motor für die Aktivitäten im Bereich der Wohlfahrt und des sozialen Engagements kann neben den üblichen religiösen Grundlagen auch auf die stark ausgeprägten missionarischen Bestrebungen der Ahmadiyya verwiesen werden. Natürlich wird mit Besuchen in Altersheimen zur Weihnachtszeit auch für die Gemeinschaft geworben. Gleichwohl ist dies für die Beteiligten ein Zeichen ihres Glaubens und dessen Forderung nach Fürsorge für andere, verbunden mit der Möglichkeit der spirituellen Reinigung. Wir müssen davon ausgehen, dass aus diesem Grunde vor allem das Spendenwesen sehr ausgeprägt ist; einen entsprechenden Hinweis liefert die Homepage der internationalen Ahmadiyya-Gemeinschaft:[158]

> To achive the highest grades of excellence and purification, spending in the cause of Allah is proclaimed a virtue of great merit subordinated only to the performance of prayer. It ist a measure of the grand

157 Siehe hierzu auch: Hadayatullah Hübsch, „Grundlagen im Islam", in: Fundraising. Handbuch für Grundlagen, Strategien und Instrumente, hg. v. Fundraising Akademie, Wiesbaden 2003, 47-52, hier 49f.

158 www.alislam.org/library/tahir1.html (Dezember 2003)

spiritual revolution brought about by the Promised Messiah that the Ahmadis are always prepared and eager to spend money in the cause of Allah. Their zeal for such voluntary sacrifices has been ever growing having greatly accelerated in the era of Hazrat Khalifatul Masih IV.

Der DITIB-Dachverband

Die Mehrzahl der deutschen türkischen Gemeinden sind als juristische Personen Mitglieder in der DITIB-Dachorganisation, die ihrerseits mit dem türkischen Amt für Religiöse Dienste, Diyanet, zusammenarbeitet. DITIB, d.h. „Diyanet Işleri Türk-Islam Birliği, Türkisch-Islamische Union der Anstalt für Religion e.V.“, umfasst gemäß einer am Sitz in Köln zu erhaltenden Informationsmappe derzeit 867 Moscheevereine und zusätzlich noch ca. 80 andere Vereine wie z.B. eine Beerdigungsgesellschaft oder die „Türkisch-islamische Sportunion“. Gegründet wurde DITIB 1984.

Über eine zentrale Kontonummer sammelt und verwaltet DITIB die überwiegend im Ramadan eingehenden *zakāt*, *zakāt al-fiṭr* und *ṣadaqa*-Spenden, die entweder auf Gemeindeebene oder selbständig von den DITIB-nahen Muslimen gegeben werden. Mit einer Affinität zu Stiftungen wird ferner die *ṣadaqa ǧārīya* gefördert, d.s. Aufwendungen für Projekte, die dauerhaften Nutzen für die Allgemeinheit und Verdienst für den Spender versprechen, z.B. durch den Bau von Brunnenanlagen.

Wie allgemein bei Muslimen üblich wird in hohem Maße allen diesen klassischen Formen nachgekommen. Dabei hat sich in Köln eine beeindruckende Fülle von Initiativen ausdifferenziert, die ganz überwiegend ehrenamtlich ausgefüllt werden. Wie immer wurde auf Nachfrage, hier im Gespräch mit dem Vereinsvorsitzenden Rıdvan Çakir und einem Vorstandsmitglied, die Antwort gegeben, dass dieses Engagement nicht bewusst als *ṣadaqa* gewertet werden könne, eine solche Bewertung obliege allein Allah.[159] Die Finanzierung der hauptamtlichen Mitarbeiter wird demgegenüber aus Mieteinnahmen, Vereinsbeiträgen und weiteren von den klassischen Formen unabhängigen Spenden bestritten, die türkische Diyanet versorgt allein die Imame der Einzelmoscheen.

Vor allem für die *zakāt* gilt, dass diese nach dem Verständnis von DITIB nicht für Institutionen, etwa für den Bau von Moscheen, ausgegeben werden dürfte, sondern ausschließlich bedürftigen Einzelpersonen zukommen müsse. Insofern fördert DITIB über die *zakāt* in Deutschland vorwiegend Stipendiaten, und in dieser Gruppe wiederum in Deutschland aufgewachsene Personen eher als Türken, die unmittelbar aus der Türkei kommend eine Finanzierung für ein Studium in Deutschland suchen. Eine Fächerbeschränkung besteht hier nicht, sondern es wird nach Einzelanträgen und deren

159 An dieser Stelle setzte unter den Befragten eine Reflexion über das eigene Verhalten ein, und es wurde eine – amüsante – aber treffende Differenzierung vorgenommen: Wenn ein ehrenamtlich tätiges Vorstandsmitglied sich zu einem Gespräch wie dem gerade stattfindenden einfinde und dafür keine Fahrtkostenerstattung beanspruche, dann entspräche dies der *ṣadaqa*.

wissenschaftlicher Qualität entschieden. Ferner werden Publikationsbeihilfen für wissenschaftliche Qualifizierungsarbeiten gegeben. DITIB möchte hiermit einen gesamtgesellschaftlichen Nutzen erzeugen, was auch mit einer allgemeinen Aufgeschlossenheit des Islam für Wissenschaft begründet wird.

Einen näheren Blick verdienen die Moscheen als potenzielle Empfänger und Verteiler klassischer Spendenformen, was so bei DITIB nicht der Fall ist. Als Institution kann der Argumentation zufolge also kein DITIB angeschlossener Moscheeverein wieder Nutznießer der *zakāt* sein, was zusätzlich auch das Vereinsrecht mit dem Prinzip der Gemeinnützigkeit verhindern würde. Einzelpersonen und Funktionsträger einer Moschee wie der Imam werden zudem aus der Türkei von Diyanet finanziert. Als einzige Möglichkeit zur Förderung von Moscheen ergeben sich Projekte, die auf Gegenseitigkeit angelegt sind: DITIB vergibt z.B. Kredite zum Bau von Moscheen an die einzelnen Gemeinden, die dann später zurückgezahlt werden müssen. Hierzu wurde ein eigener Fond eingerichtet, an dem sich einzelne Moscheevereine beteiligen, und der auf Antrag Bauvorhaben fördert; in diesem Fall gehen jedoch keine Gelder der klassischen Spendenformen ein.

Ferner werden zu einem geringen Teil Reisende unterstützt, d.h. Einzelpersonen, die auf Reisen in eine finanzielle Notlage geraten sind, die sie schriftlich begründen müssen. Im Hintergrund scheint auch hier die Sure 9, 60 zu stehen, die auf bestimmte Empfängergruppen wie die Reisenden rückschließen lässt. Die dort primär erwähnte Gruppe der Armen und Bedürftigen wird im Regelfall nicht in Deutschland verortet und als Empfänger der *zakāt* nicht eigens erwähnt.

Zudem findet sich als eine Ramadan-unabhängige Variante die Notfallhilfe, die sich aus *ṣadaqa* speist und die primär die Zielgruppe Arme und Bedürftige bedenkt. Im Falle von Katastrophen wie Erdbeben oder dem Hochwasser in Sachsen richtet DITIB zentrale Sammelmöglichkeiten ein und gibt Spendenaufrufe heraus. So seien an einem Freitag rund 160 000 Euro zusammengekommen, die an die Städte Dresden und Magdeburg übergeben wurden. Bei einem Erdbeben bei Istanbul 1999 kam es spontan zur Zusammenarbeit mit dem Roten Kreuz, wobei nicht nur Gelder sondern – der *ṣadaqa* entsprechend – vor allem Sachspenden eingingen: Decken, Kleidung, Zelte. Eine gezielte auf Dauer angelegte Zusammenarbeit mit anderen Hilfsorganisationen, die in Notfällen zum Tragen kommen könnte, besteht jedoch nicht.

Angedacht wird allerdings die Einrichtung einer eigenen Hilfsorganisation im Rahmen einer weiteren klassischen Form der Hilfe für Bedürftige, der *qurbān*-Spende, die idealer Weise Menschen mit Fleisch versorgt, die sich dies sonst nicht leisten können. Bisher wird die Opferung und Verteilung von Tieren anlässlich des Opferfestes von der Diyanet angeschlossenen Stiftung Diyanet vaqfı von der Türkei aus organisiert; DITIB ermöglicht in diesem Rahmen den Kauf von Opfertieren durch deutsche Türken, und die Tiere werden dann stellvertretend andernorts geschlachtet. Hierbei bestehen Kontakte zur internationalen Islambank mit Sitz im saudi-arabischen Jidda. Über diese Bank wird bisher bereits in vergleichbarer Kooperation die Pilgerfahrt organisiert, und hier bestehen Anknüpfungspunkte, um ein eigenes Netzwerk der Versorgung Armer auf dem Balkan, in Zentralasien oder auch in Afrika zu organisieren.

Darüber hinaus hat sich DITIB jedoch in hohem Maße intern ausdifferenziert und praktiziert eine Reihe zeitgemäßer Formen sozialer Hilfeleistung. Die Zentrale dient zunächst als Anlaufstelle für Fragen aller Art. Auch ohne eigene Hotline nach der Art der türkischen Diyanet-Telefonseelsorge werden permament aufkommende Fragen schariatrechtlicher Natur beantwortet, ebenso wie solche, die sich z.B. aus Mischehen zwischen Muslimen und Christen ergeben; und auch Nichtmuslime mit Informationsbedarf werden hausintern an qualifizierte Gesprächspartner weitergeleitet. Anruferinnen erhalten auf Wunsch eine weibliche Gesprächspartnerin. Als der größte deutsche allgemein anerkannte Dachverband ist DITIB auch Ansprechpartner für deutsche Organisationen. Als aktuelles Beispiel wird auf eine Anfrage des nordrheinwestfälischen Roten Kreuzes verwiesen, das um eine Adressenliste muslimischer Notfallseelsorger gebeten hatte. Man begleitet ferner derzeit die Einrichtung von Gebetsräumen in Kölner Krankenhäusern ebenso wie ein Kölner DITIB-Referent regelmäßig Vorträge bei der Polizei hielt, bei denen Wege der Überbringung von Todesnachrichten an Muslime vermittelt wurden. Ferner pflegt man ein gesellschaftliches Engagement: So ruft die Zentrale auf zu örtlichen Initiativen wie den Besuch von Justizvollzugsanstalten und Krankenhäusern. Die DITIB-Zentrale beherbergt eine Bildungsabteilung, die neben Hausaufgabenhilfe zeitweise sogar als ABM-Maßnahme staatlich gefördert Deutsch-Sprachkurse für Türken aber auch Türkischkurse für Deutsche anbietet. Im Bereich Bildung sind auch Frauen als Lehrerinnen aktiv tätig. Nicht zuletzt pflegt man über einen eigenen Beauftragten den Interreligiösen Dialog.

Als angeschlossenen Verein beherbergen die Räume der Zentrale einen Beerdigungshilfeverein. Die Mitglieder, ca. 145 000 Familien, tragen kollektiv die anfallenden Kosten für die Überführung Verstorbener ins Heimatland, und sachkundige Vereinsmitglieder begleiten die nötigen Vorgänge um den Tod eines Mitglieds durch verwaltungstechnische Hilfeleistung. Dieser Verein denkt derzeit verstärkt über eine Satzungänderung nach, gemäß derer auch soziale Notlagen abgedeckt werden könnten. Ferner gibt es im Haus eine Jugend- und Sportabteilung, wo Karate- und Kampfsportarten aber auch Gymnastik für Frauen angeboten werden und neben etablierten Fußballmannschaften derzeit eine Mädchenmannschaft aufgebaut wird. Im Bereich der Jugendarbeit sieht DITIB grundsätzlich ein wichtiges Feld, u.a. wurden durch die Zentrale Veranstaltungen zur Gewaltprävention durchgeführt, die Kultur- und Bildungsabteilung organisiert im Rahmen der Jugend- und Erwachsenenbildung Musik- und Volkstanzkurse, aber auch Sommercamps sowie Studienreisen.[160]

Das Thema Stiftungen ist derzeit noch nicht aktuell. Die klassische Form der *waqf* wird neben der artverwandten der *ṣadaqa ǧārīya* nicht praktiziert. Eine Übertragung ins deutsche Stiftungsrecht wird überdacht, jedoch sieht man sich vor allem finanziell nicht in der Lage, Stiftungsvermögen aufzubringen, um Stifungen zu begründen. Aber

160 Nachzulesen in eigenen Broschüren zum Kursangebot.

vor dem Hintergrund der türkisch-osmanischen Geschichte, die eine Vielzahl von Stiftungen kannte, kann man sich derartiges perspektivisch durchaus vorstellen, etwa in Form von Seniorenheimen oder Kindergärten.

IGMG in Deutschland

IGMG (Islam Toplumu Milli Görüş), die „Islamische Gemeinschaft Nationale Weltsicht“, ist neben DITIB die nächstgrößte Vereinigung von Türken in Deutschland. Während DITIB rein zahlenmäßig den Zentralrat der Muslime prägt, dominiert Milli Görüş den Islamrat. Nach eigenem Bekunden zielt der Verband untergeordneter Moscheevereine darauf, kulturelle, religiöse, politische und soziale Interessen der Mitglieder zu fördern. Die Angaben zur Größe schwanken. Im Gespräch mit dem gegenwärtigen Generalsekretär Oğuz Üçüncü war von ca. 300 Moscheevereinen in Deutschland die Rede.[161] Milli Görüş ist mit der Europazentrale in Köln, Regional- und Ortsvereinen sehr hierarchisch und straff organisiert.
Die deutsche und gleichermaßen europäische Zentrale in Köln gibt Linien, z.B. auch für Hilfsaktionen, vor, die dann in den einzelnen Ortsvereinen umgesetzt werden. Da IGMG grundsätzlich ein islamisch-konservatives bis islamistisches Weltbild pflegt und dieses aktiv auch in Deutschland stärken möchte, wird der Verein seit langem vom Verfassungsschutz beobachtet, was IGMG eine Sonderstellung im Spektrum islamischer Organisationen verleiht. Zum Teil ist hiervon auch die Frage nach Wohlfahrt im Rahmen von Milli Görüş betroffen, einen gesonderten Blick bedarf hier der Umgang mit Sure 9, 60. Grundsätzlich folgt man aber auch dort ganz im Rahmen des Bekannten den klassischen Vorgaben für *zakāt* und verwandte Formen.

Die *zakāt* wird jeweils vor Ort in den Einzelgemeinden gesammelt. Während des Ramadan, des Monats, in dem traditionell diese Spende abgeführt wird, stehen zu diesem Zweck in den Moscheen Sammelboxen, in die die Gläubigen, normalerweise anonym in Briefumschlägen ihre Spende geben. Auf den Umschlag wird notiert, ob diese explizit als *zakāt* oder auch als andere Gabe, etwa als *zakāt al-fiṭr* oder *ṣadaqa* gedacht ist. Bereits auf Gemeindeebene werden die Gelder gesammelt, es wird Buch über die Eingänge geführt, und sie werden weiter an die Zentrale nach Köln gesandt. Eine andere Möglichkeit besteht ferner darin, direkt an die IGMG eine Überweisung zu tätigen. Die Höhe bemisst sich wie immer auf 2,5 % des innerhalb eines Jahres angesparten Vermögens. Zur Orientierung verteilt Milli Görüş schriftliche Informationen mit Modellen der Berechnung der eigenen Abgabe. Neue Herausforderungen stellen dabei auch immer neue Finanzierungsformen wie z.B. Derivate. Die Gläubigen erhalten hier eine Art Rechtsbeistand, wie sie diese modernen Formen mit ihrer Be-

161 Ursula Spuler-Stegemann schrieb 1998 von 500 Vereinen. Spuler-Stegmann, Muslime in Deutschland, 119. Auch die Internetseite (www.igmg.de) nennt derzeit eine vergleichbare höhere Zahl lokaler Gemeinden, bezieht sich damit aber offenbar auf ganz Europa.

rechnung der *zakāt*, die ja klassisch-islamischen Rechtstraditionen folgt, in Deckung bringen können. Insgesamt fällt in den vergangenen Jahren auf, dass die Spendeneingänge zurückgehen, was auf eine Verschlechterung der allgemeinen wirtschaftlichen Situation und auch der der Mitglieder von Milli Görüş zurückgeführt wird.

In der Zentrale entscheidet sich, wofür die Gelder eingesetzt werden. Als Leitfaden dient die Sure 9, 60, wo die Empfängergruppen potenzieller Hilfe beschrieben werden. Die Sorge für die Armen und Bedürftigen wird umgesetzt, indem man z.B. Katastrophenhilfe leistet oder sich vor Ort um Notfälle kümmert. Der normalerweise vorhandene Ehrbegriff bzw. eine Scham derjenigen, deren Rente z.B. knapp wird, soll dabei berücksichtigt werden. Als Bedürftige gelten u.a. auch Studenten, die man gezielt finanziert. In der Sure 9, 60 werden ferner die Verwalter der Almosen als legitime Empfängergruppe genannt. Hieraus rechtfertigt man die eigene vergleichsweise stark ausgeprägte Organisation, wo in der Zentrale von IGMG zahlreiche Mitglieder hauptberuflich tätig sind. Spuler-Stegemann schreibt aufgrund einer internen Quelle von 1995 von damals über 8000 Mitarbeitern.[162]

Ein auch unabhängig von Milli Görüş nur schwer einzugrenzender Aspekt ist die Sorge für den „Weg Allahs" (*fī-sabīl Allāh*). Im Regelfall meint dies die Ausübung der ganz normalen religiösen Aktivitäten wie den Unterhalt einer Moschee. Im Gegensatz zu z.B. DITIB, deren Imame ja aus türkischen Geldern von Diyanet finanziert werden, müssen bei Milli Görüş in Deutschland grundsätzlich alle Aktivitäten selbst bestritten werden. Dazu gehört u.a. auch die über die *zakāt* abgedeckte Bezahlung der Imame. – Klassisch kann unter diesen Punkt auch die bewusste Förderung des eigenen Glaubens fallen. Hierzu entwickelt man analog eine zeitspezifische Haltung, nach der die Aktivitäten für die Gemeinschaft einen „benefit" bringen sollen, der über das Abhalten von Korankursen hinausgeht. Zu diesem Zweck wird ganz bewusst eine dem Verband nützliche Eliteförderung betrieben. Dazu werden besonders Studenten von Fächern mit einer sozialpolitischen Ausrichtung per Stipendium finanziert: Juristen, Sozial-, Politik-, Islamwissenschaftler, aber auch Informatiker. Zusätzlich fördert man ganz bewusst europaweit etwa 155 Studentinnen, die in der Türkei als Kopftuchträgerinnen in den laizistischen Universitäten nicht studieren dürfen. In Deutschland und manch anderen Ländern stellt dies keinen Hinderungsgrund dar.

Ebenfalls unter die Rubrik des „Wegs Allahs" fällt der Ǧihād, der seinerseits ein sehr weitreichendes Bedeutungsspektrum besitzt, von spiritueller Weiterentwicklung des Einzelnen über Mission bis hin zu im weiteren Sinne politischen Aktionen. Hier war zu erfahren, dass Milli Görüş auch religiös-politische Unabhängigkeitsbewegungen fördert, z.B. in Xinjiang im Westen Chinas, wo große muslimische Bevölkerungsteile leben und nachgewiesen von der chinesischen Regierung Repressalien erleiden.[163] Dieser Punkt ist sicherlich besonders heikel, weil hier eine innerreligiöse positiv be-

162 Spuler-Stegemann, Muslime in Deutschland, 119.

163 Daniela Heuer, Die Politisierung ethnischer Identitäten im internationalen Staatensystem. Muslime unter chinesischer Herrschaft, Frankfurt u.a. 2000, 242-259, 311-356.

legte Perspektive, im Sinne Allahs und des Islam zu handeln, u.U. mit westlichen Einschätzungen von Terrorismusförderung kollidiert. Argumentiert wurde mit dem *umma*-Gedanken, der klassisch islamischen Idee der Solidarität innerhalb der internationalen islamischen Gemeinschaft.

Abschließend wurden als Empfängergruppe die Reisenden genannt. Dazu zählen wieder ausländische Studierende, hinzu kommen Anfragen von muslimischen Besuchern in Deutschland. Die Anfragen werden dabei – wie auch im Falle der „Bedürftigkeit" – normalerweie an die örtlichen Gemeinden gerichtet, und dortige Mitarbeiter schätzen ein Gesuch ein, und geben es, wenn es glaubwürdig erscheint, an die Zentrale weiter.

Die *ṣadaqa* wird ähnlich wie die Armenspende an die Zentrale in Köln geleitet und dort wird darüber verfügt. In diesem Bereich kommt es immer wieder auch zu spontanen Hilfsaktionen, z.B. im Fall von Naturkatastrophen wie dem Erdbeben im Iran in Bam. Dann bildet sich in Köln eine Kommission, die über Hilfsmaßnahmen nachdenkt, per Fax wird an alle Imame der Ortsvereine ein Spendenaufruf gestartet, den diese im Freitagsgebet an die Gemeinden weiterleiten. So gehen schon am Tag nach dem Spendenaufruf die Gelder ein. In den Einsatzgebieten wird über bestehende persönliche Kontakte eine sinnvolle Verwendungsmöglichkeit gesucht. Dies können lokale Hilfsorganisationen sein, mit denen man bereits in anderen Zusammenhängen Kontakte hatte. Solche Kontakte bestehen im Vorfeld vor allem über „Opfertierkampagnen", wenn am Tag des Opferfestes überall in der islamischen Welt Tiere geschlachtet werden. Bei den Mitgliedern von Milli Gürüş ist es durchaus verbreitet, dafür zu spenden, damit über eine Organisation dann in anderen Erdteilen stellvertretend geschlachtet wird, und das Fleisch dort sinnvolle Verwendung findet. Eine institutionalisierte Kontrolle der Geldflüsse bei Katastropheneinsätzen besteht nicht, anstelle dessen wird auf der Basis des Vertrauens und der Einschätzung von Kontaktpersonen gearbeitet. Das gemeinsame Ziel von Geber, Milli Görüş, und Empfänger, einer örtlichen Organisation, müsse darin bestehen, existentielle Not zu lindern. Dieser persönliche Kontakt wird als ausreichende Kontrolle gegen eine Fehlleitung der Gelder angenommen. Zum Teil versuche man neben einer aktuellen Krisenhilfe auch dauerhafte Spuren zu hinterlassen, so baue man gemeinsam mit anderen z.Z. in der iranischen Stadt Bam, die von einem Erdbeben zerstört wurde, eine Schule.

Umfangreiche Stiftungen im Sinne der *waqf* oder des deutschen Stiftungsrechts existieren nicht. Dies wird mit einer gewissen Scheu dem deutschen Staat gegenüber begründet, dem man sich mit einer auf Dauer angelegten Stiftung quasi anvertrauen würde. Diese Form wird jedoch offenbar als potenzielle Möglichkeit überdacht, es heißt, vor allem in den letzten Jahren setze ein Umdenken über die Akzeptanz deutscher Rechtsformen ein, da man bewusster eine langfristige Etablierung der Türken in Deutschland realisiere. Bisher sind Besitztümer wie Liegenschaften der IGMG ausgegliedert in einen eigenen Verein, die „Moscheebau- und Unterstützungsgemeinschaft".

Befragt nach dem Aufbau einer eigenen Hilfsorganisation oder der Etablierung von Einrichtungen für bestimmte Zielgruppen, wurde explizit der Gedanke der Subsidiarität[164] ins Spiel gebracht: Man bevorzuge die Form des unmittelbaren Engagements auf Gemeindeebene, weil dies dort die gemeinschaftliche Identität und somit das Wohl aller fördere, z.B. beim Moscheebau aus Eigeninitiative. Aktivitäten im Rahmen der Katastrophenhilfe erfolgen somit immer eher spontan, unter Einbindung der Gemeindemitglieder, die bei dieser Gelegenheit in großem Umfang spenden.[165] Es werden intern keine weiteren Hilfsorganisationen empfohlen, allerdings z.T. durchaus gutgeheißen; genannt werden hier diejenigen, die allgemein als die anerkanntesten gelten können, Islamic Relief oder Muslime Helfen.

Darüber hinaus sollen auch in Zukunft keine Institutionen wie islamische Kindergärten eingerichtet werden, mit der Begründung, keine islamischen Parallelorganisationen aufbauen zu wollen, was der Integration nicht förderlich sei. Eine ganz spezielle Zielgruppe, allerdings nicht im klassisch islamischen Sinne, sondern aus einer sozialen Perspektive heraus, ist die Betreuung von Ford-Arbeitern in Köln in einem eigenen Verein, dem „Muslimischen Sozialwerk". Hier werden Arbeiterinteressen gefördert, z.B. mit dem Ziel, Türken in Betriebsräte zu bringen u.ä. Auch hier ist die Organisationsform der Verein.

Davon abgesehen haben sich in der IGMG-Zentrale durchaus moderne Formen der Fürsorge etabliert, so soll es eine Telefonhotline speziell von und für Frauen geben, die hier seelsorgerliche Hilfe erhalten. Das Engagement von Frauen bewegt sich allerdings überwiegend im Rahmen der traditionellen Rollenvorgaben. So helfen Frauen besonders engagiert in Familie und Bekanntschaft, z.B. bei Krankheit oder Tod, sie spenden, und sie beteiligen sich in großem Ausmaß innerhalb der Gemeinde, z.B. durch Kochen zum gemeinsamen Fastenbrechen im Ramadan in den Moscheen.

Islamic Relief

Islamic Relief wird von deutschen Muslimen sämtlicher Richtungen immer wieder als eine seriöse und allgemein anerkannte Hilfsorganisation genannt.[166] Viele deutsche oder in Deutschland lebende Muslime spenden an diese internationale Hilfsorganisation, der derzeitige Vereinsvorsitzende und Chefredakteur der internen Zeitschrift *Partnership*, Tarek Abdelalem, spricht von rund 1 Million Euro empfangener Spenden

164 Das Subsidiaritätsprinzip der katholischen Soziallehre schien darüber hinaus keinem der anderen Gesprächspartner geläufig zu sein. Es spricht vom hohen Reflexions- und Bildungsgrad der Führungsschicht von Milli Görüş.

165 Man kann hier natürlich kritisch fragen, wie es um das Subsidiaritätsprinzip bestellt ist, wenn die Initiative und Form einer Hilfsaktion von der Zentrale in Köln ausgehen und geplant werden.

166 Thomas Lemmen bewertet die Organisation kritischer und verweist auf hintergründige personelle Beziehungen zu den ägyptischen Muslimbrüdern. Lemmen, „Die Sozialarbeit muslimischer Organisationen in Deutschland", 204f.

im Jahr. Hinsichtlich des Themas der vorliegenden Studie, der Frage, wie Muslime in Deutschland eigene Formen der Wohlfahrt etablieren, liegt wieder ein Sonderfall vor: Einerseits lässt sich an diesem Beispiel – nicht zuletzt auch anhand der zahlreichen Informationen der internen Zeitschrift – sehr gut verfolgen, wie hier eine professionelle Hilfsorganisation entstanden ist, die gleichzeitig Wurzeln in klassisch islamischen Formen der Hilfeleistung besitzt. Andererseits kommen die Aktivitäten nur in sehr geringem Maße auch sozialen Projekten in Deutschland zugute. Und so ist die nähere Betrachtung von Islamic Relief vor allem interessant, um Potenziale für eine deutschlandbezogene muslimische Wohlfahrt zu erkennen. Wie so oft sehen Muslime sich hierzulande gut durch vorhandene Institutionen versorgt und lassen ihre Hilfe vorwiegend ärmeren Regionen der Welt zugute kommen. Abdelalem informierte darüber, dass von den Organisatoren durchaus seit längerem an Projekte wie Behinderten- oder Altenhilfe in Deutschland gedacht würde, man aber auf Spendengelder angewiesen sei und hier seitens der potenziellen Spender keine Resonanz erwarten würde, da Muslime sich mit ihrem Spendenverhalten am Grad der Bedürftigkeit orientierten.

Die Hilfsorganisation wurde 1984 von Hany El-Banna und Ihsan Shbib in Birmingham gegründet. Als Auslöser werden die Hungerkatastrophen in Äthiopien und dem Sudan Anfang der 80er Jahre genannt. Zu dieser Zeit mobilisierten weltweit Hilfsorganisationen Spender, und auch Muslime fühlten sich angesichts der ethischen Grundlagen ihrer Religion zur tätigen Hilfe veranlasst.

Mit Birmingham als Hauptquartier erweiterte sich die Organisation stetig, sie gründete nationale Niederlassungen in den USA und anderen europäischen Ländern; in der BRD unter wechselnden Namen, zunächst als „Muslim relief weltweit“, heute offiziell als „Islamic Relief Humanitäre Organisation in Deutschland e.V.“ mit der Vereinsgründung im Jahr 1996. Gründungsmitglied ist hier der ägyptischstämmige Arzt Tarek Ali, der selbst geraume Zeit in Birmingham verbrachte. Islamic Relief besteht heute aus nur ca. 12 Vereinsmitgliedern, wobei die Einkünfte aus dem Vereinsbeitrag gegenüber den Spendeneinnahmen zur Gesamtfinanzierung nahezu keine Rolle spielen. Es gibt 7 hauptamtliche und ca. 30 ehrenamtliche Mitarbeiter am Hauptsitz Köln und in der Niederlassung Berlin. Insgesamt sind die Mitarbeiterinnen leicht in der Überzahl. Die Motive zur Mitarbeit schwanken zwischen religiöser Motivation im Sinne der *ṣadaqa* und allgemeinen humanitären Gründen.

Neben den europäischen und amerikanischen Niederlassungen, die vor allem dem Fundraising dienen, existiert ein Netz logistischer und organisatorischer Standorte vor allem in islamisch geprägten Ländern von Mali bis Bangladesh; in der jüngsten Ausgabe von *Partnership* wird beispielsweise die Eröffnung eines neuen Regionalbüros im Jemen beschrieben.[167] Die Einsatzorte liegen wiederum vorwiegend in islamisch geprägten Ländern von der Sahararegion über den Balkan, den Vorderen Orient, Afghanistan bis nach Indien. Von den Regionalbüros aus wird die längerfristige Hilfe in den Regionen organisiert. In Katastrophenfällen verschafft sich ein britisches für derartige

167 Khalid Al Mulad, „Neues Büro im Jemen“, in: Partnership 23/24 (Frühling 2004), 33.

Situationen ausgebildetes Nothilfeteam einen Überblick, nach Plan werden Kontakte zu Botschaften und zu anderen internationalen Organisationen wie UNHCR oder Roter Halbmond aktiviert, um dann gemeinsam sinnvoll agieren zu können.[168] In Notsituationen wird aber auch in Nordeuropa geholfen, z.B. anlässlich des Hochwassers in Sachsen im Jahr 2002.[169] Überwiegend richtet sich die Hilfestellung, vor allem was die auf Dauer angelegten Projekte betrifft, jedoch an Menschen im Ausland.

International hat Islamic Relief den Status einer NGO, bekennt sich offiziell zu den humanitären Idealen von Rotem Kreuz und Rotem Halbmond und nennt eine Reihe hochrangiger Kooperationspartner auf internationaler Ebene: von der EU, UN, UNHCR bis zu UNICEF. Vor allem in der Zeitschrift *Partnership* werden derartige Kontakte gerne hervorgehoben, was die Seriosität der Organisation auch in den Augen der Spender untermauert.[170] Es wird auch über den Spendenverbleib Rechenschaft gegeben, so in Beilagen von *Partnership* im Sommer 2003 und 2004 „Ramadan & Kurban Update“ und „Ramadan & Qurban Bericht“.

Ausgehend von der akuten Hungerhilfe wurden die Felder der Hilfsmaßnahmen sukzessive erweitert. Als solche werden gegenwärtig angeführt: a) Hilfsprogramme bei Naturkatastrophen, b) seit 1986 Hilfsprogramme für Waisen, die u.a. über Patenschaften organisiert werden, von denen bis heute über 4000 bestehen sollen, c) Entwicklungshilfeprojekte, die auf eine Grundversorgung mit sauberem Wasser zielen, d) Entwicklungshilfe im medizinischen Bereich, ferner wird e) Alphabetisierungs- und Bildungsarbeit genannt, f) sollen Projekte der Einkommenssicherung dauerhaft Hilfe zur Selbsthilfe garantieren. Hierbei wird z.B. mit einer klassischen schariatrechlichen Kreditform, *murābaha*, einem zinsfreien Kredit, gearbeitet, der z.T. direkt in Form von einkommenssichernden Gütern wie Tieren oder Nähmaschinen vergeben wird.[171]

Aus dem Bisherigen lässt sich konstatieren, dass im Kanon der lt. koranischen Vorgaben zu versorgenden Personengruppen in differenzierter Weise der Forderung zur Unterstützung der Armen Folge geleistet wird – allerdings ohne, dass bei der Beschreibung von Projekten in den Informationsmaterialien explizit auf diese Grundlage verwiesen würde; hier ist kaum ein Unterschied zu anderen großen humanitären Organisationen erkennbar, Leser erhalten primär Informationen über einzelne Projekte, den Spendenverbleib, die Organisationsstruktur etc. Die Organisation spricht somit sicherlich auch eher säkulare Muslime an.

168 Siehe Yusuf Hamed, „Der steinige Weg zur Erlösung“, in: Partnership 21 (Frühling 2003), 12-14; Adeel Jafferi, „Projekt: Aufräumung Bagdads“, in: Partnership 23/24 (Frühling 2004), 13.

169 Jamal-El-Din Belke „Nach der Flut“, in: Partnership 21 (Frühling 2003), 18. Im Gespräch nennt Tarek Abdelalem auch die Medienaufmerksamkeit für die Flutopfer in Sachsen als ausschlaggebend, warum Muslime hier erstmals für ein deutsches Projekt in großem Umfang gespendet hätten.

170 Taqua Imam, „Alpengipfel“, in: Partnership 23/24 (Frühling 2004), 33 mit Informationen über ein Treffen des Islamic Relief Gründers Hany El-Banna mit Kamel Morjane, dem stellvertetenden Hohen Flüchtlingskommissar des UNHCR, sowie mit Ahmad Nourbala, dem Präsidenten des Iranischen Roten Halbmondes, in Genf. Sowie Partnership 20 (Winter 2002), 12.

171 www.islamicrelief.de/projekte_einkommenssicherung.php (Februar 2003).

Die islamische Bindung wird an anderen Stellen sichtbar: Wesentlich geschieht dies bei der Überweisung von Spenden. Sowohl auf Überweisungsformularen als auch bei den Möglichkeiten im Internet sind – neben neutralen Spenden – klassische Spendenformen genannt, für die sich ein Geber entscheiden kann: *zakāt*, *sadaqa*, *waqf* und spezielle *qurbān*-Spenden.[172] Auf der deutschen Homepage sind über diese Formen Auskunft erteilende Seiten deutlich anderen Seiten nachgeordnet. Erst wer sich hier durch die Rubriken „Über uns", „Länderinfos", Projekte", „Aktuelle Aufrufe" bis hin zu „Spenden" durchgeklickt hat, findet Verweise auf die klassischen Formen institutionalisierter islamischer Wohlfahrt: Die *zakāt* wird kurz und nüchtern im Hinblick auf den vorgeschriebene Höhe der Abgabe erläutert (wobei die Schreibfehler des Originals in den Zitaten übernommen werden):

> Zakat ist die dritte Säule im Islam und Pflicht für jeden Muslim. Es um-fasst 2,5 % des Vermögens eines Mus-lims, wenn es die Nisab-Grenze übersteigt. Nisab ist die Mindest-Vermögensgrenze, die Zakat bestimmt. Sie beträgt 87,48 Gramm Gold, das ca. 1.800.00 DM entspricht.
> Ihre Zakat-Spende kommt den Bedürftigen mittels Hilfsprojekten zugute, die derzeit eingerichtet sind.

Die *sadaqa* wird in ihrer religiösen und ethischen Dimension plastischer durch ein Zitat eines Prophetenwortes:

> Der Prophet (sas) sagte, dass jede kleine Tat, die man errichtet, um Allah zu dienen oder jemand anderen das Leben zu erleichtern als Sadaqa zählt und den Segen auf diejenige Person bringt, die die gute Tat vollbracht hat.
> Ihre Sadaqa-Spende wird den Men-schen, die sie am dringendsten brau-chen, ein besseres Leben ermöglichen. Wie viel auch immer sie spen-den, es wird ein Lächeln auf den Gesichtern der Bedürftigen hinterlassen.

Auch *awqāf* sind möglich durch festzulegende Spenden, deren Anlagegewinn jeweils zweckgebunden abgeführt wird:

> Waqf bedeutet, ein Vermögen oder Teile davon als Spende zu geben, wo-bei dies nach einiger Zeit Gewinne bringt. Die finanziellen Vorteile dieser Gewinne werden als Spenden für Wohltätige Zwecke eingesetzt, als-so immer wiederkehrend.
> Ihre Waqf_Spende ermöglicht es Islamic Relief seine Kosten zu senken und damit stärkere die Konzentration auf Langzeitprojekte für die Bedürftigen. Die Einnahmen Ihrer investierten Waqf Spende werden die Aktivitäten von Islamic Relief weltweit unterstützen.

Ferner werden kurz eine ganze Reihe weiterer Spendengattungen erläutert, wie die *zakāt al-fitr*, eine Geldspende im Ramadan; ferner eine Lebensmittelspende, die während des Ramadan auszuführen ist, im vorliegenden Rahmen in Form von in Not-

172 Partnership 20 (Winter 2002), 12. Die drei zitierten sowie weitere Spendenformen im Internet: www.islamicrelief.de/spenden_zakat.php (Februar 2003), www.islamicrelief.de/spenden_sadaqa.php (Februar 2003), www.islamicrelief.de/spenden_waqf.php (Februar 2003), www.islamicrelief.de/spenden_qurbani.php (Februar 2003), www.islamicrelief.de/spenden_ramadan.php (Februar 2003).

standsgebieten verteilten Lebensmittelpaketen umgesetzt; sowie das sogenannte *qurbān* oder *qurbānī*, eine Verteilung von Fleisch des Tieres, das am Opferfest geschlachtet wird. An diesem Beispiel wird die organisatorische Beziehung zur Zentrale von Islamic Relief in England deutlich: Von dort aus wird laut Gesprächsauskunft international die Schlachtung organisiert, die aufgrund der günstigen Fleischpreise für Lamm in Neuseeland stattfindet, wo das Fleisch konserviert und dann in bedürftige Regionen versandt wird.

Darüber hinaus verweist die Organisation auch in der Zeitschrift die Spender immer wieder auf die zugrundliegende islamische Ethik der Hilfeleistung, wobei diese Tendenz zuzunehmen scheint. In der Informationsbroschüre Nr. 20, Winter 2002, fand sich neben den islamischen Spendenrubriken im Text kein einziger expliziter Hinweis auf den Islam, nur ein beiliegender Kalender für 2003 wies die Kalligraphie eines Koranverses, die Sure 2, 177 auf: „... spende von Deinem Vermögen, aus Liebe zu Ihm ...“. Im Heft Partnership 21, Frühling 2003, verfasste dann, zusätzlich zu den üblichen religiös neutralen Berichten über Hilfseinsätze aller Art, der Gründer Hany El-Banna ein Editorial „Das Gute im Menschen“. Dort gibt er explizit – mittels Koranzitaten und Verweisen auf den Prophten – eine islamische Begründung für die Hilfe für Bedürftige, die allerdings darüber hinaus deutlich als allgemein menschliche Pflicht gekennzeichnet wird, welche weder auf Geber- noch Empfängerseite vor religiösen oder ethnischen Grenzen Halt machen sollte.[173] Das Heft 23/4 (Frühling 2004) weist dann die islamische Bindung wesentlich deutlicher aus als die vorhergehenden: Der Chefredakteur Tarek Abdelalem schreibt eingangs über die Fürsorge für andere als Zeichen der Opferbereitschaft und als Möglichkeit des Gottesdienstes (*ʿibāda),* und die Rückseite des Heftes ziert ein Hadith mit Anspielung auf die Hilfsprogramme zur Wasserversorgung „Wasser ist die wohltuendste Gabe“; ebenso wie zahlreiche kleinere Beiträge über Formen der islamischen Einbindung in deutsche Diskurse von Wohlfahrt informieren.[174]

Dass Beweggründe mit einer Verankerung im Bereich der Religion den Ausschlag geben, ist nicht zuletzt durch visuelle Symbole und Anspielungen ersichtlich, die das Geschehen in einen islamischen Rahmen stellen: Das Logo der Organisation ist durch eine Moschee geprägt, wobei eine solche im islamischen Kontext allgemein das bildhafte Symbol ist, das aus einem semisakralen Bereich heraus auf die Religion rückverweist. Dies wird z.B. in parallelen Fällen deutlich, wenn eine Firma für halal-geschlachtetes Fleisch Moscheeelemente in ihrer Werbung verwendet.[175] Nicht außer acht zu lassen ist im Rahmen dieser religiöse Assoziationen weckenden Elemente bereits der Name „Islamic Relief“.

173 Hany El-Banna, „Das Gute im Menschen“, in: Partnership 21 (Frühling 2003), 7-9.

174 Tarek Abdelalem „Opferbereitschaft, Opfergabe und ihre Bedeutungen“, in: Partnership 23/24 (Frühling 2004), 3 sowie 4-8.

175 Beinhauer-Köhler, „‘Sacralizing consumerism’? – Werbung im Islam“, in: Symbolon. Symbole des Alltags (2002), Publikation in Vorbereitung.

Die eingehenden Spenden bestätigen dieses Changieren zwischen allgemein humanitärer und religiös gebundener Motivation: Der Vorstandsvorsitzende Tarek Abdelalem informierte darüber, dass ca. 60 % der jährlichen Spenden *zakāt*-, *ṣadaqa*- und *qurbān*-Spenden seien, die vorwiegend im Monant Ramadan eingingen, während etwas weniger als 40 % länderorientierte allgemeine humanitäre Spenden seien, die zumeist der Rubrik Notfallhilfe angehörten.

Muslime Helfen

Auch „Muslime Helfen e.V." steht als deutsche in Verbindung zu einer internationalen Hilfsorganisation, zu Muslim Aid, wobei die Kooperation über personelle Verknüpfungen auf Vorstandsebene eher in der Art eines Netzwerkes zu denken ist, als dass man Muslime Helfen als deutsche Unterorganisation von Muslim Aid bezeichnen könnte. Gegründet wurde Muslime Helfen 1985 als Verein, der heute etwa 50 Mitglieder zählt. Die Mitgliederzahlen verraten aber auch hier wie im Fall der Moscheegemeinden wenig über die tatsächlich Engagierten. Muslime Helfen verfügt über 12 der Auskunft zufolge unterbezahlte, aber hochgradig motivierte hauptamtliche Mitarbeiter und im deutschsprachigen Raum, also auch in Österreich und der Schweiz, über ca. 400 ehrenamtliche sogenannte Ansar[176]. Das Konzept der Ansar zielt auf „Bürgernähe"[177], die Helfer stehen unkompliziert zur Verfügung, wenn Broschüren zu verteilen, Plakate zu kleben oder, zunehmend, Informationsveranstaltungen wie unlängst zu Wasser- oder Waisenprojekten durchgeführt werden. Sie sind auch Ansprechpartner, wenn vor Ort finanzielle Notlagen Einzelner zu begutachten sind, die sich hilfesuchend an Muslime Helfen gewandt haben.

Der islamische Hintergrund und die religiöse Motivation der Hilfeleistung werden in dieser Organisation sehr bewusst betont als Teil der eigenen Identität und als eine Art „Mehrwert", der über die rein materielle Hilfeleistung hinausgeht. So finden sich auf der Homepage überaus ausführliche Seiten, auf denen die klassischen Spendenformen *ṣadaqa, zakāt, ṣadaqa ǧārīya, qurbān* und *aqīqa* sehr genau unter Zuhilfenahme von Koransuren und Hadithen erläutert werden. Klassisch begründet wird auch die Fürsorge für Waisenkinder.[178] Besonders interessant ist eine Rubrik über die Zinsen (*ribā*) aus schariatrechtlicher Perspektive. Hier wird auf die Möglichkeit hingewiesen, Verstöße gegen das islamische Recht zu bereinigen, indem man unrechtmäßig bei nichtislamischen Banken erhaltene Zinsen spendet. Dies könne aber nicht als all-

176 Von arab. *anṣār*, „Helfer", Bezeichnung für frühislamische Anhänger des Propheten.

177 So die Formulierung im Gespräch. Gemeint ist offenbar etwas wie das Subsidiaritätsprinzip.

178 www.muslimehelfen.de/spezial/spenden_im_Islam.htm (30.07.2004), www.muslimehelfen.de/spezial/sadaqa.htm (30.07.2004), www.muslimehelfen.de/spezial/zakat.htm (30.07.2004), www.muslimehelfen.de/waisen/index.htm (30.07.2004), sowie die Stichworte „kurban", „sadaqa_dscharija", „aqiqa" u.a.

gemeines Prinzip gelten, da diese Gelder an sich religiös verboten (*ḥarrām*) seien und dies dann auch etwa eine *zakāt*-Spende im religiösen Sinne verunreinige, was schließlich zu einer Schädigung auch der Hilfsprojekte führe. Nur, um sich der Zinsen einmalig zu entledigen, könnten sie als solche gekennzeichnet gespendet werden, und dann z.B. in Sanitäranlagen umgesetzt werden.[179] Diese Überlegung verdeutlicht, dass hinter Muslime Helfen ein sehr starker Drang steht, sich in jeder Hinsicht islamgemäß zu verhalten. Die Vermutung, dass für diese minutiösen Überlegungen ein islamischer Jurist beratend zur Seite gestanden habe, bestätigte sich im Gespräch nicht; die Informationen wurden vielmehr von engagierten Laien zusammengetragen.

Auch die Motivation zum Spenden geht über die Förderung eines rein humanitären Engagements hinaus und wird explizit religiös begründet:

> Spenden (Sadaqa oder Infaq) dient der Erziehung und Läuterung der Seele, sowie dazu, Allahs Gunst und Zufriedenheit zu erlangen. Durch die Reinigung der Seele ist der Gläubige in der Lage, die Dinge um sich herum klarer zu sehen und somit auch besser zu bewerten. Sich ohne annehmbaren Grund vom Spenden zurückzuhalten, bedeutet dagegen Schmutz und Krankheit für die eigene Seele und trübt die geistige Sicht.[180]

Das Spenden ist also eine religiöse Pflicht für den Besitzenden und eine spirituelle Übung gleichermaßen. Ensprechend soll die Spendenfreudigkeit in den vergangenen Jahren eher angestiegen sein, trotz der allgemeinen wirtschaftlichen Entwicklung, die sich auch auf manche Hilfsorganisation negativ ausgewirkt hat. So werden im Jahr rund 1.000 000 Euro an Spenden eingenommen, mit einem Höhepunkt im Ramadan und dem Opferfest, wenn auch hier die meisten *ṣadaqa-*, *zakāt-* und *qurbān*-Spenden eingehen. Da sich Muslime Helfen aber vorwiegend als eine Katastrophen- und Kriegsopferhilfe versteht, besteht das ganze Jahr über Bedarf an Hilfeleistung, was sich auch im Spendenverhalten widerspiegelt. Insgesamt zeichnet sich deutlich ab, dass Frauen häufiger spenden als Männer und sich besonders der Waisenhilfe annehmen.

Der Schwerpunkt der Arbeit besteht in der Notfallhilfe. Nur ein sehr geringer Anteil fließt in soziale Projekte in Deutschland. Auch von Muslime Helfen wurde beim Hochwasser in Sachsen spontan Hilfe organisiert. Und immer wieder wenden sich Einzelne im Falle der Verschuldung an die Organisation, die dann in hoffnungslosen Fällen bis zur Höhe des Sozialhilfesatzes helfend eintritt. Längerfristige Projekte etwa im Bereich der Behindertenhilfe oder der Errichtung eines Altenheimes werden intern diskutiert, wobei durchaus ein Bedarf erkannt wird, man jedoch mehrheitlich dem etablierten Kernbereich der Arbeit, der Katastrophen- und Kriegsopferhilfe treu bleiben möchte. Hier gibt es Schwerpunkte in allen Krisengebieten der Welt, angefangen bei Palästina, Afghanistan, dem Irak u.a.m. Das Postulat nach politischer Neutralität einer humanitären Hilfsorganisation wird u.a. auch umgesetzt, indem man Spenden ablehnt, wie es im Fall einer Spende des Auswärtigen Amts für die Afghanistanhilfe geschehen

179 www.muslimehelfen.de/spezial/riba.htm (30.07.2004).

180 www.muslimehelfen.de/spezial/spenden_im_islam.htm (30.07.2004).

sein soll, da man die deutsche Regierung in diesem Fall als eine „Kriegspartei“ wahrnahm.[181] Grundsätzlich ist ein reflektierender Umgang mit heiklen Fragen um die Aktivitäten einer Hilfsorganisation zu beobachten: Die Internetseiten wie auch das Interview lassen wenige Fragen offen, man bemüht sich erklärtermaßen um Transparenz.[182]

Humanity First

„Humanity First e.V.“ ist die Wohlfahrtsorganisation der Ahmadiyya. Der vierte Kalif – wie die vierte Führunspersönlichheit in der Terminologie der Ahmadiyya genannt wird – soll, beeindruckt von der Tätigkeit des Roten Halbmonds eine eigene Hilfsorganisation ins Leben gerufen haben. Als ein weiterer Grund wird die vielfache Behinderung sozialer Aktivitäten auf Gemeindeebene genannt, besonders in den Ländern, in denen sich die Ahmadiyya nicht frei entfalten kann. Im Jahr 1997 wurde daher zunächst in Großbritanien eine erste Niederlassung von Humanity First begründet. Die Intention war u.a. auch die Schaffung einer modernen flexiblen Hilfsorganisation, die organisatorisch ein Eigenleben gegenüber den Gemeinden führt, und die als humanitäre Organisation zusätzlich auch andere Zielgruppen ansprechen kann. Von Beginn an bis heute bemühte man sich, parallel zu nationalen Zentren der Ahmadiyya um die Gründung zahlreicher Schwesterorganisationen von Humanity First. Niederlassungen gibt es heute z.B. in den USA, in Norwegen, aber auch bereits in afrikanischen Ländern wie Mauritius. Während andere islamische Hilfsorganisationen vorwiegend in westlichen Ländern Geld für unterentwickelte Länder sammeln, ist man hier zumindest langfristig auch um die Etablierung von Niederlassungen in ärmeren Ländern bemüht, nicht zuletzt, um Hilfsprojekte vor Ort besser organisieren zu können und vermutlich auch, um so dem missionarischen Ziel der Mitgliedergewinnung nachkommen zu können.

Enstprechend den jeweiligen rechtlichen Rahmenbedingungen mag die Organisationsstruktur von Land zu Land etwas variieren. In Deutschland geschah die Gründung bereits 1997 in der Form eines eingetragenen mildtätigen Vereins, d.h. eines Vereins, der vor allem Hilfe für extreme Notsituationen wie Naturkatastrophen leistet. Heute ist die Organisation zwar rechtlich unabhängig von den Gemeinden, es ergeben sich jedoch Synergien, insofern als Humanity First unentgeldlich Büroräume des deutschen Zentrums der Ahmadiyya in Frankfurt Bonames nutzen kann.

Die Hilfsmaßnahmen wirken wesentlich improvisierter als bei den zuvor geschilderten großen Hilfsorganisationen, und wie noch deutlich wird, entspricht dies durch-

181 Die politische Neutralität endet jedoch bei einer mehr oder weniger deutlichen antiisraelischen und antiamerikanischen Parteinahme in den aktuellen politischen Konflikten, nachzulesen bei den Projektbeschreibungen, z.B.:
www.muslimehelfen.de/projekte/palaestina.htm (30.07.2004),
www.muslimehelfen.de/projekte/afghanistan.htm (30.07.2004).

182 www.muslimehelfen.de/profil/index.htm (30.07.2004).

aus dem durch Humanity First angestrebten Profil: So erfolgt die Wahl der Projekte z.T. mit Blick auf räumlich nahe Problemregionen. Z.B. begann man in der Bundesrepublik 1997 mit dem Erstellen von Lebensmittelpaketen, die auf Lkws in den Kosovo transportiert wurden. Auch bei der Flutkatastrophe in Sachsen 2002 wurde spontan geholfen, indem in der Region Wittenberg eine Küche etabliert wurde, die über drei Wochen lang dort diverse tätige Hilfsteams mit Essen versorgte. Es sollen insgesamt rund 120 Mitglieder der Ahmadiyya für jeweils einige Tage im Einsatz gewesen sein.

Aber auch in entfernter liegenden Regionen engagiert man sich, so beim Erdbeben 1999 in der Türkei, wo die Hilfe von ca. 5 Freiwilligen aus Deutschland gemeinsam mit der Ahmadiyya-Gemeinde in Istanbul koordiniert wurde. Die Stadt Istanbul stellte zwei Busse zur Verfügung, die zum Transport von Nahrungsmitteln und weiteren freiwilligen Helfern, meist türkischen Studenten, dienten. Für rund 35 000 DM, die in Deutschland gesammelt worden waren, kaufte man Nahrungsmittel, die dann im Erdbebengebiet verteilt wurden.

Für Mosambique sammelte man anläßlich einer dortigen Flutkatastrophe 1999 in Deutschland Spenden, die an die dortige Niederlassung von Humanity First übergeben wurden. Die praktische Arbeit wurde dann von Helfern vor Ort ausgeführt.

Die Organisation der Projekte erfolgt immer spontan, Humanity First verfügt nicht über ausgebildete oder hauptamtliche Mitarbeiter, die sich auf verschiedene Krisenszenarios vorbereiten würden. Dies soll sich auch auf absehbare Zeit nicht ändern, was mit dem eigenen Ethos der humanitären Hilfe der Ahmadiyya zusammenhängt. Die Tätigkeit der gesamten Hilfsorganisation erfolgt ehrenamtlich, mit dem Ziel, die laufenden Kosten unter 1% der Einnahmen durch Spenden zu halten. Diese Form hat Folgen für eine denkbare Zusammenarbeit mit anderen Hilfsorganisationen: Eine solche wird nicht ausgeschlossen, auch erschiene eine Koordination im Vorfeld, beispielsweise mit dem Roten Halbmond, sinnvoll, würde aber, wie in anderen Hilfsorganisationen gängig, feste Mitarbeiter erfordern. Eine derartige Umstrukturierung wird jedoch nicht beabsichtigt.

Längerfristig angestrebt wird jedoch eine Änderung des Vereinsstatus von „mildtätig“ zu „gemeinnützig“, um sich so auch in Deutschland dauerhafter engagieren zu können, gedacht wird dabei z.B. an die Betreuung von Obdachlosen.

Der Vereinsvorstand und Leiter von Humanity First in Deutschland, Mansoor Ahmad, erläuterte im Gespräch das Ethos der humanitären Hilfe, die unmittelbar mit dem Glauben an Allah verknüpft gedacht wird. Dienst an Gott und an der Menschheit (*khidmat haliq*) gelten gleichermaßen als religiöse Pflicht. Insofern wird innerhalb der Ahmadiyya von Kindheit an ein soziales Engagement erlernt, Jugendliche engagieren sich bei Aktionen wie dem Reinigen der Straßen an Neujahr, Frauen besuchen Alte und Kranke – auf Gemeindeebene „wetteiferten“ verschiedene Gruppen geradezu um neue Möglichkeiten der zwischenmenschlichen Hilfe. Diese Aktivitäten könnten als eine Art Training für anspruchsvollere Einsätze in Katastrophengebieten gelten. Immer ist diese Hilfe vor Ort oder im Ausland völlig freiwillig und wird von den Beteiligten als eine religiöse Pflicht verstanden, als *waqf-e arzi*, als „Opfer“ – wie der Begriff übersetzt wurde – „von Lebenszeit". Hier kommt der klassische Begriff für eine religiöse Stiftung im übertragenen Sinn zur Geltung.

Die Spenden, die z.B. durch Verteilen von Handzetteln primär unter Gemeindemitgliedern für die Einsätze von Humanity First gesammelt werden, werden von diesen dagegen als *sadqa* aufgefasst. Dies entspricht der klassischen Bedeutung dieser Form als einer zeitlich und im Umfang ungebundenen Gabe. Daneben entrichten die Vereinsmitglieder Vereinsbeiträge, derzeit zwischen 5 und 10 Euro im Jahr.[183]

Die *zakāt* wird nicht an Humanity First gegeben, sondern an die Gemeinde. Das Sammeln der Armensteuer würde auf Seiten des Islam ein Regelwerk erfordern, das nicht mit den Statuten der Hilfsorganisation in Deckung zu bringen sei.

Andere Formen wie ein zentralisiertes Opfern und Konservieren von Opferfleisch anlässlich des Opferfestes sind zwar bekannt, werden aber nicht praktiziert. Zu solchen speziellen Anlässen werde gewöhnlich von Gemeindemitgliedern noch einmal eigens für ein Projekt in einer notleidenden Region gespendet, dies obliege jedoch der ganz persönlichen Entscheidung des Einzelnen.

Die vor allem bei islamistischen Richtungen bekannte potenzielle Verwendung von Spendengeldern für einen militant verstandenen Ǧihād wird in diesem Fall bewusst ausgeschlossen. Da die Ahmadiyya, wie im Abschnitt zur Gemeinde erläutert wurde, ein „quietistisches" Verständnis vom „heiligen Krieg" besitzt und diesen als persönliche Vervollkommnung des Einzelnen versteht, scheint die Gefahr der indirekten Förderung militanter Aktivitäten nahezu ausgeschlossen. Da bei Humanity First zudem keine Armensteuer gesammelt wird, stellt sich die Frage nach dem Ǧihād hier nicht direkt. Darüber hinaus bemüht man sich der Auskunft zufolge bewusst, politisch brisante Maßnahmen auszuschließen. Beispielsweise Patenschaften für palästinensischen Waisen sind wie Patenschaften im engeren Sinne überhaupt unbekannt. Stattdessen kennt man eine Form der anonymen „Familienhilfe", vorwiegend für Äthiopien. Die Anonymität wird wieder mit einer islamischen Ethik des Gebens begründet, nach der man beim Empfänger keine Schuldgefühle einem konkreten Spender gegenüber aufkommen lassen möchte.

Ingesamt scheinen ein quietistisches Verständnis vom Ǧihād zusammen mit dem fortwährenden missionarischen Bemühen um neue Mitglieder indirekt zu bewirken, dass die Einsätze von Humanity First auch westlichen Kriterien von humanitärer Hilfe genügen.

183 Ursula Spuler-Stegemann zitiert das Orientinstitut mit einem Hinweis, dass intern ein Zwang zum Spenden aufgebaut werde, der Mitglieder dazu bringe, 25% ihres Vermögen an „Hilfswerke" abzutreten. Spuler-Stegemann, Muslime in Deutschland, 57.

Halima Kindergarten e.V.

Der Halima Kindergarten in Karlsruhe ist das erste hier zu beschreibende Projekt, das auf eine bestimmte Zielgruppe ausgerichtet ist, und dabei nicht von einer bestimmten islamischen Gemeinde oder Gemeinschaft getragen wird. Der Kindergarten geht zurück auf eine Elterninitiative, die sich 1994 zusammentat. Muslimische Eltern und beteiligte kinderlose Muslime hatten zu dieser Zeit[184] das Gefühl, dass muslimische Kinder in städtischen oder kirchlichen Kindergärten nicht ausreichend kultur- und religionsspezifisch betreut würden und wollten einen islamischen Kindergarten einrichten. Es vergingen von der Vereinsgründung an fünf Jahre, bis die Genehmigungsverfahren abgeschlossen waren und der Halima Kindergarten öffnen konnte. Er ist in der Lage 22 Kinder aufzunehmen, die z.Z. alle muslimisch sind. Von der Konzeption her ist es jedoch ein für alle Religionsgemeinschaften offener Kindergarten, den auch bereits christliche Kinder besucht haben.

Zur Betreuung stehen drei Erzieherinnen zur Verfügung, davon zwei in Deutschland aufgewachsene Türkinnen; in einer früheren Phase war dort auch eine Nichtmuslimin angestellt. Auch auf der Ebene der Erzieherinnen ist man also grundsätzlich nicht nur auf den Islam fixiert.

Das pädagogische Konzept sowie der Flyer[185] zeigen einen modernen Standards entsprechenden Kindergarten. Der islamische Faktor ist dabei einer multikulturellen Erziehung und einer Erziehung zur Toleranz und Respektierung anderer nachgestellt. So heißt es es z.B. über die Ziele einleitend im Flyer „Im Zusammen- und Miteinanderleben, gegenseitigen Austausch und Bereicherung zwischen Kindern und auch Erwachsenen verschiedener Kulturen, Nationalitäten und Religionen ermöglichen."[186]

Klischees von autoritärer islamischer Erziehung in klassischen Koranschulen wird deutlich entgegengewirkt durch den Hinweis auf die Erziehungsmethoden:

- Berücksichtigung der Aufnahmefähigkeit, Bedürfnisse und Wünsche der Kinder durch liebevollen und geduldigen Umgang miteinander
- Anregung der Kinder zur eigenständigen Problemlösung
- keine Bestrafung durch Erzeugen von Angst, durch Schläge, Anschreien oder Bedrohung ...

Im pädagogischen Konzept kommt die religiöse Erziehung erst recht spät zur Sprache, nachdem zuvor ausgiebig die Schwerpunkte Spielen, Soziales Lernen, Sprechen

184 Die Gesprächspartnerin machte an dieser Stelle deutlich, dass sich diese Situation inzwischen sehr verändert habe, und man wisse, dass in kirchlichen Kindergärten heute normalerweise eine hohe Bereitschaft für die Integration von muslimischen Kindern bestehe.

185 Ich danke dem Halima Kindergarten e.V. für den Erhalt des umfangreichen unveröffentlichten pädagogischen Konzepts: "Pädagogisches Konzept des Halima Kindergartens e.V.". Zur näheren Information ist ferner die unveröffentlichte Diplomarbeit Jutta Grupp, Manuela Lieb, Islamische Kindergärten in Deutschland – Ein neuer Weg zur Integration?, Tübingen 2002 (Institut für Erziehungswissenschaften) zu erwähnen.

186 Ausführlicher im Konzept, 22f.

und Sprache behandelt werden. Im Gespräch wird deutlich, dass die Förderung der Deutschkenntnisse einen nicht unerheblichen Anteil der Erziehung ausmacht.

Der grundsätzlich aber doch bestehende islamische Kontext wird kenntlich durch den Namen – Halima war die beduinische Amme des Propheten – sowie die formale Gestaltung des Konzeptes und Flyers, indem ersteres mit der Basmala überschrieben und letzterer durch einen kalligraphischen Koranvers geschmückt ist: „Wahrlich, Allah gebietet Gerechtigkeit, Wohltat und Freigebigkeit gegenüber den Nächsten ...!" (Sure 16, 90).

Im Konzept wird erläutert, dass es keine „neutrale", sondern immer nur eine geprägte religiöse Erziehung geben könne,[187] in diesem Fall gewährleistet durch das Vorbild der Erzieherinnen oder das gemeinsame Feiern religiöser Feste oder die Erläuterung lokaler Festbräuche durch engagierte Eltern. Zielgerichtet werden islamische Inhalte dann jedoch in kindgerechter und dadurch dennoch in eher offener Form nahegebracht, z.B. liegt ein Schwerpunkt der inhaltlichen Vermittlung auf der Idee der Natur als Gottes[188] Schöpfung. Dies soll erreicht werden durch Erfahrungen mit der Umwelt, z.B. Erde, Wasser, Wachsen, Vergehen, Wetter und Wind, rhythmisch-musikalischer und ästhetischer Erziehung. Auch die theologische Begründung für dieses Vorgehen betont die Geschaffenheit des Kosmos und daher die Eingebundenheit der Menschheit in einen größeren Kontext als Idee vieler Religionen.[189] In der Regel soll sich in der Praxis z.Z. zweimal in der Woche eine Erzieherin dem Thema Religion widmen. Sie erzählt religiöse Geschichten, derzeit überwiegend aus dem Koran, die Kinder illustrieren diese durch selbstgemalte Bilder, oder sie werden durch Puppenspiele veranschaulicht. – Allein hieraus lässt sich schließen, dass kein streng-orthodoxes islamisches Weltbild im Hintergrund stehen kann, denn sonst wäre die Arbeit mit Abbildungen von Lebewesen problematisch.[190]

Noch deutlicher zeigt sich der islamische Anspruch bei einem Aspekt der religiösen Erziehung, der für das vorliegende Thema besonders interessant ist, bei dem Aspekt „Menschen brauchen einander". Im Hintergrund prägt hier das klassische islamische Ethos der Fürsorge für Bedürftige, das in der theologischen Begründung auch explizit mit dem Vorbild Muhammads begründet wird: „In seinem Reden und Handeln verwirklichte z.B. Muhammad die Zuwendung Gottes zum Menschen. Er zeigt die Fragwürdigkeit von Vorurteilen und wendet sich Außenseitern zu. Er gibt dadurch eine Richtung an, auf die hin auch das Zusammenleben im Kindergarten gestaltet und verändert werden kann." In der Praxis sollen mit den Kindern daher z.B. Seniorenheime besucht oder Kindergartenfeste mit Behinderten veranstaltet werden.[191]

187 Konzept, 27f.

188 Im Konzept steht tatsächlich „Gott" und nicht „Allah", was vermutlich aus dem Bestreben rührt, auch für nichtmuslimische Kinder offen zu sein. Konzept, 29.

189 Konzept, 30.

190 Immer wieder wird mit Visualisierungen von Lebewesen gearbeitet, z.B. in der Puppenecke, Konzept 35, beim Backen von z.B. Tierfiguren wie Hasen, 39.

191 Konzept, 36.

Die kleinen Einblicke zeigen, dass der Kindergarten zwar für Muslime eingerichtet wurde und sie auch schwerpunktmäßig betreut, es sich aber darüber hinaus um einen Kindergarten mit üblichen pädagogischen und religionspädagogischen[192] Konzepten handelt. Dies gilt auch für die Frage nach Rekursen auf die kennengelernten klassischen Formen islamischer Wohlfahrt. Der Halima-Kindergarten ist seinem Selbstverständnis zufolge ein soziales Projekt von Muslimen, durchaus aus dem Bewusstsein heraus, dass hier im weiteren Sinne Handlungsbedarf für ein Engagement zugunsten eines „Nächsten" besteht. Die Formen entsprechen dabei vollkommen denen anderer sozialer Projekte in der Bundesrepublik, ohne, dass dies von den Organisatoren in irgendeiner Form als Mangel empfunden würde. Formell ist man als Verein organisiert, die Eltern haben einen monatlichen Beitrag zu leisten, ebenso wie finanziell potente Eltern und weitere Personen im Flyer zur Unterstützung des Projektes aufgefordert werden. Die Begriffe *ṣadaqa*, *zakāt* oder *awqāf* spielen dabei weder vordergründig, noch, dem Gespräch zufolge, als Motivation im Hintergrund eine Rolle. – Offenbar ist man sich der funktionalen Kompabilität klassischer Stiftungen und eines deutschen Kindergartens nicht bewusst. Selbst die explizite Erwähnung eines islamischen Ethos der Fürsorge als Erziehungsziel im Konzept weckt bei den Organisatoren keine Assoziationen zu klassischen Formen islamischer Wohlfahrt.

Mit einem ähnlichen Tenor endete ein Vorgespräch bei der nicht zustande gekommenen näheren Kontaktaufnahme mit einer Kindertagesstätte in Frankfurt „Die Ameisen". Bei der Erwähnung der klassischen Formen islamischer Wohlfahrt fühlte man sich in keiner Weise angesprochen oder zuständig und distanzierte sich als bewusst „moderne" Einrichtung davon.[193]

Atem-Zentrum Türkischer Behinderter in Deutschland e.V.

Atem, ein Akronym aus „Almanya Türk Engelliler Merkezi", übersetzt „Zentrum Türkischer Behinderter in Deutschland" wurde im Juni 2002 in Köln gegründet. Die Initiative geht von dem Diplom-Sportlehrer Nurettin Konar aus, der derzeit über das Thema Behindertensport promoviert. Über Erfahrungen in Praxisseminaren an Sonderschulen wurde er auf die besondere Problematik türkischer behinderter Kinder und Jugendlicher aufmerksam, die aufgrund sprachlicher und kultureller Besonderheiten zusätzlich zu üblichen deutschen Formen der Behindertenhilfe weitere spezifische Möglichkeiten der Hilfestellung benötigen. Im Vorstand des Vereins finden sich eine Reihe deutsch-türkischer, überwiegend weiblicher Fachleute mit Qualifikationen im Bereich Psychologie und Pädagogik. Der Verein umfasst derzeit ca. 30 Familien und noch einmal 15 Einzelpersonen, Behinderte und deren Angehörige.

192 Aufschlussreich ist hier der Vergleich mit der Untersuchung evangelischer Kindergärten in Frankfurt; siehe Beitrag Frase.

193 Und diese Reserviertheit schien nicht mit Ängsten vor der Thematik „Spenden" zu tun zu haben.

Der Verein stellt ein Forum für gemeinsamen Austausch zur Verfügung, man zielt primär ab auf vertiefte Information der Mitglieder sowie Beratung Außenstehender. Dies erfolgt beispielsweise über Informationsabende und -wochen oder das Feiern gemeinsamer Feste. Dazu trägt auch die derzeit in der sechsten Ausgabe in 10 000 Exemplaren erscheinende zweisprachige Zeitschrift GazeteAtem bei,[194] die auch in der DITIB-Zentrale in Köln ausliegt und das Vereins-Projekt in größerem Umfang publik macht. Die Beiträge, die jeweils in türkisch und deutsch erscheinen, thematisieren z.B. die Behindertenwoche im Mai 2004, Behinderung aus Sicht des Islam, Integration von Menschen mit Behinderungen oder Alterskrankheit bei Kindern und liefern zunächst oft Grundinformationen. Ferner wird über die Zeitschrift ein entstehendes Netzwerk der deutsch-türkischen Behindertenhilfe greifbar, so informiert GazeteAtem auch über Ümit e.V., einen Verein, der Behinderten in Deutschland wie der Türkei helfen möchte, oder einen Verein aus Ankara-Etlik, der sich lernbehinderter Kinder annimmt. Nicht zuletzt finden sich in der Zeitschrift eine Rechtsberatung und Erfahrungsberichte.

In der Türkei wie in Deutschland wächst unter Türken ein Bewusstsein für Behinderte als Bevölkerungsgruppe mit eigenen Bedürfnissen sowie für die Notwendigkeit ihrer Unterstützung. Diese Tendenz, die sich in der Türkei mit einem laut Konar zumindest in Großstädten stetig wachsenden Standard der Behindertenbetreuung zeigt, sei auch bei Türken in Deutschland auszumachen. So versteht sich der Verein als eine Initiative aus einer türkischstämmigen Bevölkerungsgruppe heraus, die selbst in ihrem Umfeld mit Behinderungen konfrontiert ist und die damit aktiv im positiven Sinne umgehen möchte; nicht zuletzt soll unter Türken, die oftmals ein Informationsdefizit zum Thema Behinderung haben, Aufklärungsarbeit geleistet werden. Dabei sollen nicht nur die Behinderten selbst, sondern ihre ganzen Familien gefördert werden. Genutzt wird dies vorwiegend von den Müttern der Behinderten, die besonders die Initiative zur Förderung des Wohls ihrer Kinder ergreifen. Über das geschaffene Informations- und Austauschforum hinaus plant Atem kein eigenes türkisch geprägtes Behindertenzentrum o.ä., der Verein zielt vielmehr auf die Integration türkischstämmiger Behinderter und ihrer Familien in die deutsche Gesellschaft, z.B. in Form von durch Atem initiierten Sportveranstaltungen an Sonderschulen, die dort für alle Jugendlichen offenstehen. Grundsätzlich steht der Verein durchaus auch deutschen Behinderten oder ihren Familien offen.

Da Atem aus einem säkularen Anliegen heraus enstanden ist, finden sich auf organisatorischer Ebene keine Bezüge zu klassischen Formen islamischer Wohlfahrt. Der Verein finanziert sich durch neutrale Spenden, nicht durch *ṣadaqa* oder *zakāt*. Der Islam spielt jedoch als kultureller Hintergrund der türkischen Behinderten eine Rolle, wie der Artikel über die Bewertung von Behinderung im klassischen Islam in GazeteAtem zeigt.[195]

194 GazeteAtem 6 (Mai-Juni 2004).
195 İsmail Altıntaş, „Menschen mit Behinderung im Islâm", in: GazeteAtem 6 (Mai-Juni 2004), 6f.

Das Huda-Frauennetzwerk und die gleichnamige Zeitschrift[196]

Wieder handelt es sich um eine Initiative von und für eine bestimmte Bevölkerungsgruppe, nämlich islamische Frauen in Deutschland, und dies wieder unabhängig von einer örtlichen Moscheegemeinde. Huda ist eine in der Bundesrepublik überregional bekannte Zeitschrift für Musliminnen. Bei den Gesprächen mit Musliminnen auf Gemeindeebene wurde immer wieder auch auf Huda verwiesen. Als Bezeichnung wählten die Initiatorinnen einen Begriff, der sowohl ein religiöser Terminus ist, *al-hudā*, „die Rechtleitung", als auch ein Frauenname. Dabei stand ganz am Anfang nicht ein gezielter Plan, ein Netzwerk und eine Zeitschrift für Frauenfragen zu begründen. Am Anfang standen vielmehr einige muslimische Mütter, die sich insbesondere um Fragen der Mutterschaft, besonders das Stillen, Gedanken machten; die heutige Vereinsvorsitzende Karimah Körting Mahran war Beraterin in der La Leche Liga, einer internationalen gemeinnützigen Organisation, die über das Stillen informiert. Von diesem Ausgangspunkt aus realisierten die Musliminnen, dass es keinerlei speziell muslimische Frauen in Deutschland informierende Organe gab. So wurde vor ca. 10 Jahren die vierteljährlich erscheinende Zeitschrift Huda gegründet. Aufgrund reichhaltig zugehender Zuschriften erweiterte sich der inhaltliche Fokus schnell und reichte bald über Fragen der Mutterschaft hinaus in den Bereich von Frauenrechten und -fragen allgemein, sei es auf schariatrechtlicher oder säkular juristischer Ebene. Heute ist die Zeitschrift ein liberal-islamisches Organ, das im weitesten Sinne ein Forum zu Fragen zur Lebensform und Perspektive von Frauen bietet und zu gesellschaftlichen Entwicklungen überislamisch, innerfeministisch[197] und auch islamkritisch[198] Stellung nimmt. Die Zeitschrift trägt dabei die Handschrift von Musliminnen, für die die Wahrnehmung einer gesellschaftlichen Rolle eine Selbstverständlichkeit ist. Aktuelle, auch im Internet unter der Homepage nachlesbare Artikel behandeln neben der andauernden Schleierdiskussion – hier meldet sich z.B. die Frauenbeauftragte des Zentralrats der Muslime in Deutschland zu Wort –, das Sorgentelefon des deutschen Kinderschutzbundes, iranische sozialkritische Filme, aber auch allgemeine über Frauenthemen hinausgehende gesellschaftliche Fragen wie Stellungnahmen zu den Attentaten auf jüdische Synagogen in Istanbul sowie ein interreligiöses islamisch-jüdisches Seminar. Darüber hinaus werden Grundlagen des Islam, z.B. zu Muhammad, vermittelt.[199]

196 Grundsätzlich werden Netzwerk und Zeitschrift auch bei U. Spuler-Stegemann, Muslime in Deutschland, 206-208 vorgestellt. Einige Details sind seit Erscheinen dieser Publikation noch hinzugekommen, so liegen z.B. nähere Informationen über die Resonanz auf den Vornamenservice vor.

197 Siehe z.B. den offenen Brief an Alice Schwarzer: www.huda.de/zeitschrift/aktuelleausgaben/50064594b609e0405.html (27. Mai 2004).

198 Auf der Homepage gibt es eine Rubrik „Frauen klagen an", wo Misshandlungen von Frauen als Missbrauch des Islam kritisiert werden, z.B. bezüglich des Prozesses gegen Safiya Husaini in Nigeria, der die Steinigung droht, gegen Säureattentate gegen Frauen in Bangladesh oder die Beschneidung von Rechten von Afghaninnen. www.huda.de/5006459408125fc07.html (27. Mai 2004).

199 www.huda.de/aktuelleausgaben/index.html (27. Mai 2004).

1996 wurde der Verein Huda e.V. gegründet. Mitglieder erhalten mit ihrem Beitrag die Zeitschrift kostenlos, Netzwerk und Zeitschrift sind auch hier miteinander verzahnt. Der innere Kreis von Huda beschränkt sich auf vier Mitglieder, die sich sämtlich ehrenamtlich engagieren, darunter eine im Iran ausgebildete islamische Theologin und Juristin. Die Herausgabe der Zeitschrift ist dabei nur ein Projekt unter anderen. Zeitweise versuchte man unter dem Motto „Schwestern helfen Schwestern" in kleinem Rahmen in Deutschland Häkelarbeiten ägyptischer Frauen zu vertreiben, um diesen eine finanzielle Unterstützung zu ermöglichen. Etabliert hat sich das Sorgentelefon, bei dem nicht nur Musliminnen, sondern auch Frauen aus Mischehen mit muslimischen Männern anrufen, wobei Ehe- und Scheidungsfragen dominieren. Hier können rechtliche Informationen sowohl zu traditionell islamischen Eheregelungen als auch zu deutschem Recht eingeholt werden. Der orientalistisch betreute Vornamenservice, der muslimischen Eltern Unterstützung gewähren soll, wenn sie bei Ämtern Schwierigkeiten haben, ihren Kindern in Deutschland unbekannte Namen zu verleihen, wird leider wenig wahrgenommen. Eine Studienberatung für muslimische Studentinnen wird aufgrund des Wegzugs der Betreuerin heute nur mehr über E-Mail angeboten. Gearbeitet wird derzeit an der stärkeren Vernetzung mit oder Kontaktierung von regionalen und überregionalen Frauengruppen. In Planung sind auch Seminare, für die neben inhaltlichen Schwerpunkten Entspannungsübungen sowie eine Kinderbetreuung angedacht werden. Phasenweise unterhielt eine der Akteurinnen mit Genehmigung des Schulamts eine Koran-Werkstatt in einer Grundschule; inzwischen ist hier die Vermittlung von Islamkenntnissen in den regulären Schulunterreicht integriert. Eines der Vorstandsmitglieder betreut speziell den Interreligiösen Dialog. Darüber hinaus vermittelt Huda bei Anfragen an andere in Deutschland tätige Initiativen oder Organisationen, z.B. an den Halima-Kindergarten in Karlsruhe oder an die Hilfsorganisation Muslime Helfen.

Befragt nach dem Stellenwert von klassisch islamischen Formen der Fürsorge für Huda wurde auch hier auf den ersten Blick kein Bezug erkannt. Das Netzwerk oder die Zeitschrift erhalten keine *zakāt* oder *ṣadaqa*-Spenden, genauso wenig, wie es Bezüge zur Rechtsform der Stiftung gibt. Überhaupt werden die Kosten der Zeitschrift so gerade eben durch die Zeitschriftenabonements bzw. einige „Solidaritäts-Abbonements" gedeckt. Auch das ehrenamtliche Engagement der Organisatorinnen wird von ihnen nicht als *ṣadaqa* gewertet. Sie sehen vielmehr die gesellschaftliche Notwendigkeit, sich zu engagieren. Hier stellt sich im Vergleich zu mehrheitlich von Männern getragenen Projekten die Frage, ob sich dabei nicht ein typisches – auch in anderen Religionsgemeinschaften erkennbares – Phänomen zeigt: Die muslimischen Frauen gehen zunächst sehr selbstverständlich von ehrenamtlichem Engagement aus und bemühen sich in den eben kennengelernten Fällen Kindergarten und Netzwerk nicht, auch klassische Instrumente der finanziellen Förderung ihrer Projekte zu nutzen.

Ein islamisches Seniorenheim?

Nach dem Thema professioneller Altenbetreuung für Muslime in Deutschland gefragt, äußerten sich fast sämtliche Befragten ablehnend.[200] Man erinnerte immer wieder daran, dass im Islam laut Koran die Versorgung alter Menschen Aufgabe der jüngeren Familienmitglieder sei. Allerdings ist man sich z.T. der wachsenden Notwendigkeit für Seniorenheime angesichts sich vor allem in Städten wandelnder Familienstrukturen durchaus bewusst, so führt z.B. die türkische, an die Religionsorganisation Diyanet angeschlossene Vaqıf-Stiftung in Istanbul ein Altersheim (siehe Beitrag Özdemirci).

Bisher ist jedoch keine Initiative von Muslimen erkennbar, auch in Deutschland ein solches zu errichten. Gleichzeitig werden in Notfällen, wenn eine Familie die Betreuung nicht leisten kann, jedoch durchaus deutsche Einrichtungen angenommen. In besonderem Maße gilt dies für das explizit auch für Muslime konzipierte Heim des DRK in Duisburg. Dies soll näher beschrieben werden, vor allem, weil die dortigen Verantwortlichen von regen Anfragen und Informationsbesuchen durch muslimische Moschee-Vereine sowie eine Resonanz in türkischen Medien berichten.[201] Dies deutet auf ein durchaus vorhandenes Interesse am Thema, wobei man sich offenbar im Vorfeld am Beispiel Duisburg orientiert:

Das multikulturelle Seniorenzentrum „Haus am Sandberg“ des DRK Landesverbandes Nordrhein e.V. im Stadtteil Duisburg-Homberg wurde im Jahr 1997 fertiggestellt und bezogen.[202] Es verfügt über 91 Plätze, von den etwa zehn von Türken aus dem Einzugsgebiet mit besonders hohem türkisch dominiertem Migrantenanteil genutzt werden. In der Konzeption versuchte man genau dieser Tatsache gerecht zu werden, da diese Bevölkerungsgruppe entgegen anderslautender Lebenspläne häufig ihr Alter in Deutschland verbringt. Das Haus zeichnet sich durch zweisprachiges Pflegepersonal sowie durch zahlreiche Details der Einrichtung aus, die unterschiedlichen kulturellen Prägungen Rechnung tragen: Im Keller befindet sich ein kleiner Gebetsraum mit eigener Waschgelegenheit für die rituellen Waschungen. Dieser wird jedoch de facto weniger von den stark pflegebedürftigen oder sich u.U. nicht an der Religion orientierenden Bewohnern genutzt, umso mehr jedoch von deren Besuchern, die zu den Gebetszeiten dann eine gute Möglichkeit zum Gebet finden. In der Küche wird selbstverständlich auf die islamischen Speisevorgaben geachtet, ebenso wie Kochnischen auf den Fluren und dortige Sitzgelegenheiten ermöglichen, dass größere Besuchergruppen sowie Bewohner auf Anfrage oder mit Betreuung auch selbst dort kochen, so dass

200 Dies kann auch mit der Fragesituation zusammenhängen und der Tatsache, mit einer Nichtmuslimin über das Thema zu sprechen.

201 Z.B. Ali Osman Yayla, „Gurbette mahsun bayram“, in: Team 2/10 (2003), 8f.; siehe auch Andrea Stuppe, „Zerplatzte Träume“, in: Spiegel 11 (2001), 54.

202 Zu näheren Informationen siehe auch die im Haus mit deutschem und türkischem Text versehene Informationsmappe sowie die unveröffentlichte Diplomarbeit an der Fachhochschule Düsseldorf, Fachbereich Sozialarbeit: Dirk Kosick, Thomas Mecklenbeck, Ansätze für eine Evaluation der psychosozialen Angebote eines multikulturellen Seniorenzentrums, Düsseldorf 2003.

auch umfangreichere Familien wie gewohnt und in angenehmem Umfeld zusammenkommen können. Für eine seelsorgerliche Betreuung besteht Kontakt zu örtlichen Imamen, die das Zentrum besuchen, ähnlich wie auch islamische Gemeindegruppen als religiös motiviertes soziales Engagement oft zu spontanen Besuchen erscheinen. Angebote wie das gemeinsame Feiern der Bairam-Feste oder eine türkische Frühstücksrunde sollen der Identität der muslimischen Bewohner entgegenkommen, während sie gleichzeitig – wie die Feiern christlicher Feste – für alle Bewohner offenstehen.[203]

Die dahinter stehende Philosophie soll aber nicht in erster Linie dem Islam Rechnung tragen, sondern den individuellen Lebensumständen durch „Hilfestellung, Betreuung, qualifizierte und aktivierende Pflege und dies unabhängig von Nationalität, ethnischer Zugehörigkeit, Geschlecht, sozialer Stellung und religiöser oder politischer Überzeugung“, so im Deckel der Informationsmappe zu lesen. Der Islam steht hier also nicht im Vordergrund, sondern ähnlich wie in Seniorenheimen mit christlicher Trägerschaft bildet die Religion ein Angebot, das die Bewohner wahrnehmen können, wenn sie dies möchten.

Die Zahl der Bewohner und die Tatsache von weiteren etwa fünf muslimischen Personen, die auf der Warteliste für einen Heimplatz stehen, zeigt, dass sich türkisch-muslimische Bewohner in diesem multikulturellen Konzept wiederfinden. Zum Vergleich kann auf ein Seniorenheim des Bielefelder Johanneswerkes, einem Träger der Diakonie, hingewiesen werden. Es liegt direkt gegenüber der städtischen DITIB-Moschee, weshalb die Heimleiterin wiederholt Kontakt zu der islamischen Gemeinde aufgenommen hat, um die prinzipielle Offenheit ihres Hauses auch für muslimische Bewohner zu signalisieren. Es ist jedoch seit Jahren zu keiner einzige Anfrage gekommen. Begründet wurde dies auch hier von muslimischer Seite mit dem Ideal, die altgewordenen Verwandten im Familienkreis zu pflegen. Ein Grund könnte jedoch auch in der explizit christlichen Trägerschaft liegen, die, wenn auch unbegründet, Skepsis hervorruft.

5. Fazit

Die Vielfalt der Formen islamischer Wohlfahrt in Deutschland lässt sich, versucht man sie abschließend methodisch zu durchdringen, am ehesten diskursiv erfassen. Ihren Hintergrund bilden klassische, zu ihrer Zeit selbst der Entwicklung unterworfene Formen, wie der erste Teil verdeutlichte. Ein Stück weit wird bei der Untersuchung islamischer Wohlfahrt mit Schwerpunkt Deutschland auch der kasuistische Charakter der

203 Kosick und Mecklenbeck haben angesichts ihrer Evaluation Verbesserungsvorschläge hinsichtlich der kulturellen Angebote mit dem Ziel der Integration der Menschen beider Religionsgemeinschaften: Die islamisch geprägten, aber für alle offenen Veranstaltungen (Feste, Koranlesung) würden im gesamten Haus vergleichsweise weniger angenommen als die christlichen, während die Muslime insgesamt mit Ausnahme der speziell auf sie zugeschnittenen Angebote kaum andere Formen (mediterraner Markt, Kegeln, Kino etc.) nutzten. Vgl. Kosick/Mecklenbeck, 90, 93.

Scharia deutlich, wo unter veränderten Rahmenbedingungen seit Jahrhunderten immer neu die Quellen Koran und Sunna befragt werden und es eben keine abschließend kodifizierte Definition geben kann, was *zakāt*, *ṣadaqa* oder *waqf* ausmache. Somit ist die auch vor Ort anzutreffende leicht variable Interpretation einer maßgeblichen Sure wie 9, 60 innerislamisch betrachtet ein ganz natürlicher Vorgang. Die in der Sure genannten *zakāt*-Empfänger müssen ja in Analogie als Zielgruppen der Gegenwart bestimmt werden, und hier kursieren unterschiedliche Meinungen, wie diejenige, die Empfänger dürften nie Institutionen, es müssten immer existenziell Bedürftige sein, während anderswo aus diesen Geldern die Tätigkeit eines Dachverbandes finanziert oder Bildungseinrichtungen unterstützt werden. Wie im Orient, wo schon im Mittelalter Scharia und profane Gesetzgebung namens *qānūn* de facto ineinanderspielten, wenn ein Herrscher z.B. Landreformen vornahm, wovon Stiftungsbesitz betroffen war, so vermischen sich auch in Deutschland die klassischen schariatrechtlich geprägten Formen von Wohlfahrt und das hiesige Rechtssystem. Da beispielsweise die Sammlung der *zakāt* in Vereinen erfolgt, stellt das Vereinsrecht die rechtlichen Rahmenbedingungen bereit.

In systematischer Hinsicht schien das Modell einer religiöse Wohlfahrt begründenden Trias von Geber, Empfänger und ideellem Transzendenzbezug nützlich, um im Islam bestehende Bezüge durchzuarbeiten. Interessanter Weise kam gerade am Beispiel Islam auch die eingangs angesprochene Affinität zum Opfer öfter zum Tragen, besonders deutlich in den Formen des *qurbān* und Artverwandtem.

Methodisch verhalf die Verknüpfung von empirischer Studie und Aufarbeitung historischer Hintergründe unter besonderer Berücksichtigung geistesgeschichtlicher Diskussionen zur Relativierung und Erweiterung beider Zugänge: Bezüglich der Form der *ṣadaqa* waren die Interviews regelmäßig etwas unbefriedigend, da die Gesprächspartner stets verneinten, ihr meist ehrenamtliches Engagement als *ṣadaqa* zu verstehen. Das qualitative Interview ist hier offenbar nur bedingt ein geeignetes Instrument, um Näheres in Erfahrung zu bringen. Der nichtmuslimischen Gesprächspartnerin gegenüber wollte man sich nicht mit religiös verdienstvoller Tätigkeit brüsten, und vermutlich noch weniger den oft anwesenden weiteren muslimischen Gesprächspartnern gegenüber. Die Vorarbeiten über den historisch gewachsenen Charakter der *ṣadaqa*, die zwischen gänzlich informeller und vielseitiger religiös-sozialer Aktivität changiert, sowie die Kenntnis eines islamischen Ethos des Gebens ließen solche Reaktionen jedoch verständlich werden. Ebenso wie umgekehrt auch das empirische Beispiel das historische Bild um neue Facetten erweiterte: Klassisch galt es als ein Standard, die *zakāt* an die örtliche Moscheegemeinde zu geben, von wo aus Bedürftige im näheren Umfeld betreut wurden. Dieser Fall scheint in Deutschland derzeit so gut wie nie vorzukommen, meist leiten die Gemeinden die *zakāt* weiter.

Die Untersuchung belegt insgesamt, dass Muslime in Deutschland zweifelsohne in beeindruckendem Maße Hilfe für Bedürftige leisten. Vor dem Horizont der Etablierung und Institutionalisierung ursprünglich aus anderen Regionen stammender Religionsgemeinschaften in Deutschland ist ein kurzer Blick auf die Dachorganisation DBU, die

„Deutsche Buddhistische Union", hilfreich. Hier wurde, was sich bei den Muslimen in diesem Maße bisher nicht erkennen lässt, bereits nach dem Vorbild von Diakonie und Caritas über die Einrichtung einer bundesweiten buddhistischen Wohlfahrtsorganisation nachgedacht, die Mitglied im Paritätischen Wohlfahrtsverband werden sollte. Praktische Gründe haben das Entstehen einer solchen Organisation jedoch bisher verhindert.[204] Dennoch scheint man hier mit solchen Überlegungen weiter, was auf die bundesweite einheitliche Dachorganisation zurückzuführen ist. Eine solche haben deutsche Muslime bisher nicht gegründet, und dies mag auch ein Grund für die bei ihnen anzutreffende Vielfalt der Formen von Wohlfahrt sein.

Die empirische Betrachtung lässt erkennen, dass die klassischen Formen sehr weitgehend auch in der Bundesrepublik gepflegt werden, allerdings mit unterschiedlichen Schwerpunkten. Vor allem die Ramadan-gebundenen Spenden *zakāt* und *zakāt al-fiṭr* sowie ferner *qurbān* werden meist über die Dachorganisationen oder Hilfsorganisationen oder durch private Kontakte ins Ausland gegeben. Mit diesen Spenden möchte man vorwiegend wirklich existenziell Bedürftige erreichen, die hier vor Ort aufgrund des deutschen Gesundheits- und Wohlfahrtssystems nicht gesehen werden.

Etwas flexibler wird die *ṣadaqa* gehandhabt, was auch ihrem ursprünglich informellen Charakter entspricht. Die *ṣadaqa* wird das ganze Jahr über gegeben, häufig ebenfalls anlässlich von Naturkatastrophen oder Kriegen; und dies kann auch in Deutschland der Fall sein, z.B. beim Hochwasser in Sachsen 2002. Als der Kategorie *ṣadaqa* zugehörig wird aber auch oft das Ehrenamt derjenigen Muslime verstanden, die sich in den vielfältigen geschilderten Feldern von der Hausaufgabenhilfe auf Moscheeebene bis zur Mitarbeit in einer Hilfsorganisation betätigen. Dies geschieht natürlich im Rahmen einer auch hier vorhandenen Tugend des Gebens, so dass die direkt danach Befragten regelmäßig äußerten, ihre Tätigkeit entspreche möglicherweise der *ṣadaqa,* geschehe jedoch keineswegs in der Hoffnung auf religiöses Verdienst.[205]

Auch die *ṣadaqa* wird wie die *zakāt* über die meist in den Moscheegemeinden vorgegebenen Wege gesammelt: über die Dachorganisationen oder bevorzugte Hilfsorganisationen, die u.a. im weitesten Sinne Entwicklungshilfe im Ausland betreiben. In beiden Fällen, der *ṣadaqa* und der *zakāt,* vor allem bei letzterer, lehnt man sich sehr eng an die koranischen Vorgaben in Sure 9, 60 an. So erhalten diese Spenden vor allem diejenigen, die als arm und bedürftig gelten (*al-fuqarāʾ wa-l-masākīn*). Bei der Interpretation der folgenden in der Sure genannten Punkte bestehen unterschiedliche Auffassungen: Während die DITIB-Dachorganisation der Auffassung ist, die *zakāt* dürfe in keinem Fall an Organisationen fließen, sondern nur an bedürftige Individuen, verwendet Milli Görüş die Spenden zu einem gewissen Teil auch zum Ausbau der eigenen Organisation, nach der Maßgabe, die Armenspende diene auch dafür, diejenigen zu unterstützen, die sie verwalten (*al-ʿāmilīna ʿalaihā*). Der besonders heikle Punkt,

204 Martin Baumann, Deutsche Buddhisten. Geschichte und Gemeinschaften, Marburg 1995², 264f.

205 Hier mag auch die Form des Interviews an ihre Grenze stoßen und nur eingeschränkt zu befriedigenden Antworten führen.

wieweit die Maßgabe, die *zakāt* befördere diejenigen auf dem Wege Allahs (*fī sabīl Allāh*), womöglich als militärischer Ǧihād aufgefasst wird, spielt am Rande in das Thema der vorliegenden Studie hinein, wenn auch der Fokus auf sozialen Projekten in Deutschland liegt. In den meisten Fällen scheinen die Spenden für mildtätige Zwecke verwendet zu werden, und schon die Interpretation dieses Punktes ist dann eine rein religiös-soziale. Einzig die weitere Interpretation der von Milli Görüş erteilten Informationen lässt ahnen, dass – z.B. mit der genannten Unterstützung politischer Unabhängigkeitsbewegungen von Muslimen in Xinjiang – hier ein Potenzial für die Unterstützung von Aktivitäten im Ausland vorliegt, das auch einem gewaltbereiten Ǧihād entsprechen könnte. Aber auch die in den beschriebenen etablierten und anerkannten Hilfsorganisationen gängige Form der Kinderpatenschaften mag politisch in eine Grauzone hineinspielen, gibt es doch immer auch Patenschaften für Waisen in Palästina, die möglicher Weise die Nachkommen von Selbstmordattentätern sind. Hier ist die Antwort auf die Frage, ob ein Spender oder eine Organisation damit womöglich ebenfalls zumindest indirekt den Ǧihād unterstützen, Auslegungssache. Muslime und vor allem Musliminnen, die laut einer Aussage im Interview bevorzugt Patenschaften übernehmen sollen, sind hier sicherlich allein der Auffassung ein gutes Werk zu tun. Oft wurde im Gespräch geäußert, bereits das Vereinsrecht verlange eine regelmäßige Offenlegung der Aktivitäten und Finanzen, der man selbstverständlich nachkomme. Sinnvoll wäre allerdings angesichts der politischen Debatten, die sich an heiklen Punkten entzünden, eine offensiv betriebene und umfangreiche Bereitschaft zur Selbstkontrolle und zur Transparenz der eigenen Aktivitäten, der sich bisher vor allem Muslime Helfen in erkennbarem Maße verschreibt.

In vielen Fällen scheint *fī sabīl Allāh* als Förderung islamischer Bildung, Theologie oder Bildung überhaupt aufgefasst zu werden. Entsprechende Maßnahmen, die durch *zakāt* und *ṣadaqa* finanziert werden, finden sich zahlreich: angefangen bei der Vergabe von Stipendien für diverse Studienfächer durch DITIB oder Milli Görüş oder den Aufbau islamischer Internate durch die VIKZ-Moscheen. Die Hintergründe hierfür sind vielfältig. Sie reichen von Bemühungen, die eigene Integration als islamische Religionsgemeinschaft bewusst zu fördern bis, im Falle der VIKZ, zu Parallen zur Inneren Mission des 19. Jahrhunderts. Angesichts der auch unter Muslimen voranschreitenden Säkularisierung möchte man dort zumindest für sich und die Mitglieder der eigenen Gemeinschaft ein islamisch-konservatives Weltbild fördern.

Interessant ist die Affinität zwischen *ṣadaqa* und *waqf*, die bereits ganz zu Beginn des Islam manifest war, denken wir zurück an die erste Überlieferung, in der der zweite Kalif ᶜUmar auf Geheiß des Propheten Land einer Oase stiftete, um von seinem Ertrag dauerhaft den Armen spenden zu können, wofür der Terminus *ṣadaqa* verwendet wurde.[206] In der Bundesrepublik wurde kein Fall gefunden, in dem eine Einrichtung

206 Ibn Ḥağar al-ᶜAsqalānī, Buluġ al-marām min adillat al-aḥkām, hg. v. Muhḥammad Ḥamīd al-Faqā, Kairo 1933, 191 (Bāb al-waqf). Siehe auch eine Kurzfassung der Überlieferung bei Buḫārī: „Der Prophet sprach zu ᶜUmar: Spende von seinem Grundstock (*aṣlihi*), (d. h.) verkaufe nicht, aber verbrauche seinen Ertrag und spende damit." Buḫārī, Ṣaḥīḥ, Bd. II/3, 70 (Kitāb al-buiyūᶜ, Bāb awqāf).

mit sozialer Zielsetzung als islamische Stiftung verstanden würde. Allerdings werden auf der Ebene der *ṣadaqa* stiftungsähnliche Modelle entwickelt, so die *ṣadaqa ǧārīya,* eine Teilspende zu einem größeren Projekt, z.B. einem Brunnen, der dann wie die klassische *waqf* dauerhaft Nutzen bringen soll. Solche Modelle finden sich vorwiegend in den überregionalen Hilfsorganisationen wie Muslime Helfen. Islamic Relief kennt ein ganz ähnliches Modell, das direkt als *waqf* bezeichnet wird, von seiner Form her aber genau der *ṣadaqa ǧārīya* entspricht: kleine Spenden werden auf Dauer angelegt, so dass deren Gewinn dauerhaft die Kosten der Organisation vermindern soll.

Die Form der Stiftung scheint den Äußerungen zufolge bisher an verschiedenen Komponenten zu scheitern: Einzelne Muslime in Deutschland sind selten vermögend genug, um eigenständige Stiftungen mit wohltätiger Zielsetzung gründen könnten. Muslime werden sich erst jüngstens bewusst, nicht nur vorübergehend aus beruflichen Gründen hier zu leben, sondern sich dauerhaft zu etablieren, was auf Dauer ausgerichtete Stiftungen sinnvoll machen würde. Und schließlich gibt es aufgrund des andauernden Integrationsprozesses eine gewisse rechtliche Hürde, die offenbar bisher verhindert zu erkennen, dass sich eine klassische islamische Stiftung, die immer auch einen gewissen säkularen Charakter hatte, und deutsches Stiftungsrecht so unähnlich nicht sind, zumal wenn man bedenkt, dass auch in den islamgeprägten Ländern wie der Türkei das Stiftungsrecht an moderne Rechtsformen adaptiert wurde.

Auffällig ist, dass jenseits der Moscheegemeinden und ihrer Dachorganisationen sowie überregionaler Hilfsorganisationen der Bezug zu den klassischen Formen von Wohlfahrt abnimmt. Weder der islamische Kindergarten, noch der Behindertenhilfeverein, noch das Frauennetzwerk erhalten *zakāt, ṣadaqa* oder verstünden sich gar als islamische Stiftung. Es sind vielmehr soziale Projekte, die in Anlehnung an deutsche Formen als Vereine begründet wurden. Der Faktor Islam ist ein Identitätsmerkmal der Organisatoren sowie der Zielgruppe. Ähnlich wie es im säkularen Umfeld christliche Kindergärten gibt, Diakonie und Caritas mit christlichem Hintergrund Behinderteneinrichtungen begründet haben und man christliche Frauengruppen findet, wünschen die Musliminnen und Muslime für sich Vergleichbares. In keinem vorgefundenen Fall war dies jedoch mit einem Exklusivanspruch verbunden, wie auch die christlichen Initiativen überwiegend aufgeschlossen für Menschen anderen religiösen Hintergrunds sind. Die islamische Bindung geht in keinem dieser Fälle so weit, dass man auch nur anstreben würde, finanzielle Unterstützung aus den klassischen islamischen Formen der Wohltätigkeit zu erhalten. Man arbeitet meist ehrenamtlich oder wie im Falle des Kindergartens mit niedriger finanzieller Auslastung, und zumeist sogar ohne, dass dieser Einsatz als *ṣadaqa* aufgefasst würde. Oft mag dies daran liegen, dass bei den Initiatoren kein ausgeprägter islamisch-theologischer Hintergrund vorhanden ist und damit schlicht das Wissen um diese Möglichkeiten zu fehlen scheint, ausgenommen hiervon ist das Frauennetzwerk. In allen diesen Initiativen möchten sich Muslime in erster Linie sozial engagieren, aber eben als Muslime.

Perspektivisch wird es interessant zu beobachten, ob und wann beide Formen zusammengeführt werden, wann auf Moschee- und Dachverbandsebene oder derjenigen der überregionalen Hilfsorganisationen soziale Projekte für Zielgruppen in Deutschland umgesetzt werden, die bisher vorzugsweise auf der Ebene einzelner Initiativen bestehen. Dies ist bisher einzig als Gedankenspiel greifbar, beispielsweise in Form eines islamischen Altersheims, das sowohl DITIB als auch Muslime Helfen zumindest andenken. In dieser Hinsicht ist der Fall der Ahmadiyya besonders interssant, insofern als dort die Bereiche Ortsgemeinden, Dachverband und Hilfsorganisation eng verzahnt sind. Auch die missionarische Zielsetzung mag eine Unterstützung sozialer Vorhaben in Deutschland fördern, so die angedachte Obdachlosenhilfe. Allerdings wird hier weniger damit zu rechnen sein, dass ein höheres Maß an Institutionalisierung dieser Formen einsetzt, da man die informelle Hilfe auf seiten der Mitglieder als spirituelle Übung versteht.

War auf der Ebene der theoretischen Grundlagen islamischer Hilfe für Bedürftige die Medizin ein wichtiger Faktor, mit dem sich, angefangen bei der Prophetenmedizin bis über die Einrichtung von Krankenhäusern als islamischen Stiftungen, im klassischen Islam eine eigene Tradition herausgebildet hatte, so finden sich in der Bundesrepublik vergleichsweise wenig Ansätze zu deren Fortführung. Man weiß wohl vereinzelt von der Tradition der Medizin im Islam, folgt aber auf der Ebene von Hilfsmaßnahmen, insbesondere innerhalb der Hilfsorganisationen, der modernen Medizin. Allerdings ist man sich dort z.T., so bei Muslime Helfen, der spirituellen Dimension einer Hilfe, die im religiös geprägten Kontext erfolgt, sehr bewusst und sieht dies als ein besonderes Qualitätsmerkmal, das gegenüber einer rein humanitären Hilfe überlegen sei. Die Entwicklung deutscher Träger von Diakonie und Caritas, wo der religiöse Faktor eher als ein Angebot besteht und Mitarbeiter u.U. individuell wenig von religiöser Motivation getragen werden, scheint im Islam derzeit noch nicht eingetreten zu sein. Obwohl der Eindruck sicher von den jeweils Befragten abhängig ist: Das Bewusstsein für den eigenen religiösen Hintergrund, der als positives Merkmal einzubringen ist, ist wie erwähnt in den organisierten Strukturen des Islam in Deutschland größer als auf der Ebene einzelner kleiner Initiativen, wo meist das humanitäre Engagement im Vordergrund zu stehen scheint. Ein weiterer Faktor ist zudem auch die Größe der Institutionen: Beispielsweise sind die islamischen Hilfsorganisationen immer noch vergleichsweise klein, so dass sich dort leicht die im engeren Sinne islamisch motivierten Mitarbeiter sammeln können.

Frauen sind auf allen Ebenen der Hilfeleistung entscheidend beteiligt, wenn sie auch in den großen Dach- und Hilfsorganisationen selten federführend sind und ihre Tätigkeit sehr oft ehrenamtlich erfolgt. Dies ist bis zu einem gewissen Grad eine Parallele zur Tradition der Diakonissen, ohne deren aufopferndes Engagement die Errichtung der bis heute tätigen diakonischen Träger gar nicht möglich geworden wäre. Dies entspricht durchaus auch dem allgemeinen Bild der Berufstätigkeit von Frauen in der

Bundesrepublik, die ebenfalls nach wie vor im sozialen bzw. im Bildungsbereich einen Schwerpunkt hat, und wo ebenfalls die eigentlichen Entscheidungsträger ganz überwiegend Männer sind. Das Engagement von Musliminnen spiegelt die Entwicklungen im Rahmen einer islamischen Frauenbewegung, die sich, im Westen oft unterschätzt, seit dem späten 19. Jahrhundert intensiv mit den Aufgaben von Frauen in der modernen Gesellschaft auseinandersetzt. Seither gilt es selbst in konservativen Kreisen als sehr positiv, wenn eine Frau sich – am Beispiel der Prophetentochter Fāṭima orientiert – im Bereich der Bildung, insbesondere der religiösen Bildung oder im sozialen und medizinischen Bereich engagiert.[207] Seitdem ergreifen zahlreiche Frauen Berufe in diesen Sparten. Entsprechend konnte im Rahmen der Studie immer wieder engagierten Frauen begegnet werden, die zahlenmäßig die Mitarbeiter einer Hilfsorganisation wie Islamic Relief dominieren, die als Kinderbetreuerin, Lehrerin oder theologisch ausgebildete Predigerin in der DITIB-Organisation tätig sind, die als Kindergärtnerin, Pädagogin, Psychologin oder Juristin in Initiativen wie dem islamischen Kindergarten, dem Behindertenhilfeverein Atem oder dem Frauennetzwerk Huda mitarbeiten oder diese begründeten.

Auf längere Sicht wird vermutlich auch ein Umdenken erfolgen bezüglich der Notwendigkeit, sich im sozialen Bereich in Deutschland zu engagieren. Bisher hieß es ja vielfach wiederholt, hinsichtlich des verglichen mit den Heimatländern gut ausgebauten Sozialsystems sei es nicht nötig, dass sich Muslime vor Ort eigens organsierten. Angesichts der hiesigen Umstrukturierungen im staatlichen Sozialsystem scheint es jedoch auf lange Sicht durchaus auch sinnvoll und vermutlich unumgänglich, dass Muslime sich hier innerhalb des dualen Systems paritätischer Wohlfahrt engagieren. Dies muss nicht implizieren, dass damit ein Parallelsystem entstünde, das die Integration verhindert, was oft als ein Argument gegen die Etablierung eigener Kindergärten etc. vorgebracht wurde. De facto praktizieren Muslime bereits in vielerlei Hinsicht das Subsidiaritätssystem, indem sie sich allein aufgrund traditioneller religiöser Vorgaben zunächst vor Ort im unmittelbaren Umfeld um Verwandte und Bekannte kümmern, wenn diese in Not geraten. Die exemplarisch aufgezeigten und auf verschiedene Zielgruppen ausgerichteten sozialen Projekte sowie die Ansätze der Dachverbände, sich z.B. in Form von Beerdigungshilfevereinen oder finanzieller Notfallhilfe nicht nur auf Bedürftige im Ausland zu konzentrieren, sprechen die gleiche Sprache. Somit wird die weiter fortschreitende Etablierung einer islamischen Wohlfahrt in größerem Umfange vermutlich Teil ihres allgemeinen Integrationsprozesses sein.

207 Bärbel Beinhauer-Köhler, Fāṭima bint Muḥammad. Metamorphosen einer frühislamischen Frauengestalt, Wiesbaden 2002, 238-264.

Religion und die Ausdifferenzierung von Wohlfahrtssystemen im interkulturellen Vergleich

von

Karl-Wilhelm Dahm

Eine zeitgemäße Organisierung von Sozialsystemen, also von Wohlfahrtspflege, von Gesundheitswesen, von Hilfe für Benachteiligte usw. wird im Zuge der tiefgreifenden sozioökonomischen Umbrüche unserer Zeit sowohl in Deutschland wie europa- und weltweit diskutiert und experimentiert. Verglichen werden vor allem Leistungsfähigkeit und Kosten der verschiedenen Systeme; darüberhinaus geht es um ethische Motivation, um die Balance von Eigenverantwortung und Risikoabsicherung durch die Solidargemeinschaft, um die notwendige Reichweite von karitativer Hilfe und um die Aktivierung zur Selbsthilfe.

Eine herausragende Rolle hat für die Sozialsysteme in allen Kulturen die Religion innegehabt; das gilt für deren Entstehung und Geschichte, es gilt auch für die Bereiche Motivation und Commitment. In den letzten Jahrzehnten hat augenscheinlich das öffentliche und auch das wissenschaftliche Interesse an Rolle und Funktion von Religion im gesellschaftlichen Leben generell und im Wohlfahrtsbereich speziell nachgelassen: Das ist in Deutschland, besonders nach der Wiedervereinigung, und das ist noch stärker in Europa, etwa in den Debatten zur EU-Verfassung, zu beobachten. Ein solches Desinteresse am Faktor Religion aber beeinträchtigt ein angemessenes Verständnis für das Gewordensein und damit für die Verschiedenheit nicht nur von Kulturen und Subkulturen – sondern in concreto gerade das der europäischen Sozialeinrichtungen. Weitgehend außer Acht bleiben etwa die Zusammenhänge von religiöser Einstellung und diakonischer Motivation, nicht zuletzt bei der Rekrutierung von Mitarbeitern und der Organisierung von charity-Aktivitäten. Vernachlässigt wird auch, warum religiös orientierten Einrichtungen (z.B. katholische oder evangelische Krankenhäuser oder Altenheime) nicht selten mehr Akzeptanz und Vertrauen entgegengebracht wird als säkularen – oder auch, warum umgekehrt konfessionelle Einrichtungen von anderen Individuen oder Gruppen eher abgelehnt werden.

Zwar wird dem Trend zur Vernachlässigung des „Faktors Religion“ im gesellschaftspolitischen Alltag durch eine nachdrückliche Vertretung kirchlicher Interessen oder auch in einer theologischen „Auftrags“-Argumentation entgegenzuwirken versucht. Doch spielen dabei religionssoziologische oder empirisch interkulturelle Gesichtsunkte, beispielsweise vergleichende und verstehende Analysen nur eine untergeordnete Rolle. Das aber ist für eine sachgerechte inhaltliche Debatte über angemessene Sozialeinrichtungen erforderlich und besonders angesichts zunehmender interkultureller Vernetzungen und entsprechender Probleme innerhalb Europas wie in der weltweiten Globalisierung sogar unabdingbar. Mannigfach sind darum die Bestrebungen, dem offenkundigen Defizit entgegenzuwirken und sich dieser Thematik neu zu öffnen; ihnen schließt sich der folgende Beitrag an. Ausgangspunkt ist die doppelte Beobachtung, wie stark und fundamental Religion einerseits in allen Kulturen in die jeweiligen charity-Aktivitäten involviert ist, wie vielfältig und unterschiedlich sich aber andererseits die Formen und Auswirkungen des Faktors Religion darstellen.

Die sich daraus ergebende Frage, ob und wie sich die Fülle von religiösen Implikationen im Bereich der Wohlfahrtssysteme in Vergleichbarkeiten und Ähnlichkeiten strukturieren läßt, soll unter folgenden Gesichtspunkten in Angriff genommen und ansatzweise erörtert werden:

Die Geschichte der charity-Aktivitäten von der spontanen Aktion etwa des barmherzigen Samariters bis hin zum modernen Sozialstaat und zu neuem Engagement in „ehrenamtlicher“, freiwilliger und unbezahlter Arbeit, kann verstanden werden als ein anhaltender Prozess von Anpassungsversuchen an veränderte gesellschaftliche Realitäten, mit anderen Worten: durch immer neue „Ausdifferenzierungen“ des Grundimpulses. In Hinsicht auf die impliciten oder expliciten Zusammenhänge mit Religion soll dieser Prozess hier in sechs Stufen solcher Ausdifferenzierungen strukturiert werden:

1. Der Grundimpuls aller charity und seine inhaltliche Ausdifferenzierung in unterschiedlichen Motivationsstrukturen
2. Universale Entschränkung
3. Institutionalisierungen als Ergänzung von spontanem und kontingentem Hilfehandeln
4. „Hilfe zur Selbsthilfe“ als weiterführender Impuls
5. Die Beziehung zum Staat: Kooperation, Subsidiarität oder Verdrängung
6. Reaktivierung von voluntary work.

Diese Stufen sollen nicht als einlinige historische Abfolge und auch nicht im Sinne eines Fortschrittsgedankens verstanden werden. Einige dieser Stufen konnten und können gleichzeitig, andere einander überlappend in Erscheinung treten. Sie konnten auch zeitlich versetzt wirksam werden. (Beispielsweise finden sich in den gesellschaftlichen und karitativen Entwicklungen der Zeit von 1825 bis 1875 in Deutschland erstaunliche Ähnlichkeiten mit den Prozessen in mehreren Entwicklungsländern in der nachkolonialen Zeit von 1950 bis 2000: So verdreifacht sich in diesen vergleichbaren Zeiträumen die Bevölkerungszahl; gleichzeitige Landflucht führt zu Ausuferungen, zum Verlust überkommener familiärer Bindungen und damit häufig zu Verelendung und sozialem Chaos; die Religionssysteme nicht nur der Christen, sondern auch der Moslems und der Hindus sehen sich herausgefordert, neue und unkonventionelle charity-Aktivitäten zu etablieren.)

Im Blick auf Lebensäußerungen der Religion finden sich vergleichbare kulturelle Entwicklungen unseres Erachtens auf allen sechs Differenzierungsstufen. Das soll an Vergleichen zwischen den drei Hochreligionen Christentum, Islam und Hinduismus eklektisch angedeutet werden. Für die anderen Religionen steht uns zur Zeit zu wenig aufbereitetes Material zur Verfügung. Was den Buddhismus angeht, scheinen selbst potentielle Quellen nicht ausreichend erschlossen. Auch für Islam und Hinduismus müssen wir uns gelegentlich auf Primärerfahrungen, Befragungen, Berichte und Sekundär-Literatur beschränken. Für die 4. Stufe von Ausdifferenzierung, nämlich „Hilfe zur Selbsthilfe" war auch im Blick auf Islam und Hinduismus kaum verwertbares Material zugänglich. Doch kann die inhaltliche Tendenz unserer Hypothesen deutlich werden. Eine realitätsgerechte Verifizierung, Modifizierung oder Falsifizierung dieser zunächst nur skizzierten Hypothesen muss weiterer Forschungsarbeit überlassen bleiben.

1. Der Grundimpuls aller charity und seine inhaltliche Ausdifferenzierung in unterschiedlichen Motivationsstrukturen

Grundimpuls: „Du sollst Deinen Nächsten lieben wie Dich selbst" (Lev.19,18). Inhalt und Intention dieses Grundimpulses von sozialer Ethik in der Bibel finden sich ebenso in allen Religionen und Kulturen dieser Welt. Sie sind allerdings nach Formulierung und religiösem Kontext nicht einfach identisch mit dem biblischen Gebot – und darum in ihrer Gleichheit nicht immer leicht zu erkennen.

a) Christentum: Als Konkretion (in manchen Folgewirkungen auch als Grenze) dieses Grundimpulses ist in der Christentumsgeschichte immer das Jesus-Wort Matth. 25, 35-36 aufgefasst worden: nämlich als individuelle Hilfe oder Beistand für den Hungernden, den Durstenden, den Fremden, den Frierenden, den Kranken und den Gefangenen. Die Qualifizierung des Notleidenden durch das Jesuswort „Das habt ihr mir getan" hat in der Geschichte der christlichen Diakonie mehrfach starke Motivationen ausgelöst und bestehende charity-Aktivitäten erneuert und vitalisiert.

b) Islam: Sadaqa und Zakat gelten als von Allah angeordnete Pflichtabgabe zu Gunsten der Bedürftigen. Diese Pflichtabgabe erscheint Christen nicht selten als „gesetzlich" im theologischen Sinn. Jedoch ist diese Abgabe im ursprünglichen Sinn des Korans wohl nicht als Forderung im „gesetzlichen" Sinne gedacht, sondern als Reaktion auf das große Geschenk der Gnade, das Allah den Seinen zuwendet. Der gläubige Muslim schenkt, weil er beschenkt worden ist. Dieses Schenken ist der Liebe vergleichbar, die eine Mutter ihren Kindern zuwendet, ohne den Wunsch nach Gegenleistung zu äußern oder auch nur zu denken. Sadaqa und Zakat können so als Nächstenliebe im biblischen Sinne verstanden werden.[1]

c) Hinduismus: Gott kann in allen Lebewesen erscheinen, gerade auch in dem Armen. Für viele gilt darum: Der Arme ist Inkorporation Gottes oder: er ist schlichtweg Gott. Sorge für den Armen ist in diesem Sinn Gottesdienst. „Der Arme" kann auch

1 Vgl. Beitrag Edmund Weber, Allahs Mütterlichkeit und die muslimische Nächstenliebe.

sprachlich bedeuten „der Nächste". Eine inhaltlich-ethische Nähe zu biblischen Gedanken und speziell zu Matthäus 25 ist unverkennbar.

Ausdifferenzierung in vergleichbare Motivationsstrukturen

Wer immer sich mit Gebot und Geschichte der Nächstenliebe beschäftigt, muss auch über die Frage nachdenken, warum Menschen in überwältigenden Zahlen dieses Gebot aufgenommen und in ihrem Leben zu praktizieren versucht haben, also mit Fragen der Motivation. Unter unserem Gesichtspunkt des interkulturellen Vergleichs muss diese Frage dahin weitergeführt werden, ob sich in dem Komplex unterschiedlicher Motivationsmöglichkeiten interkulturell ähnliche Strukturen feststellen lassen. Wir unterscheiden dazu zunächst vier religionspsychologisch unterscheidbare Motivationsbündel.

Erstens: Gehorsam gegenüber dem apodiktischen göttlichen Gebot
Das autoritäre „Du sollst" der Zehn Gebote und ähnlicher religiöser Texte fordert einen absoluten Gehorsam, der das Gebot ausführt, ohne nach dem „Warum?" zu fragen. Zweifellos war im Judentum, im Christentum und auch im Islam eine solche Haltung des absoluten Gehorsams über viele Jahrhunderte vorrangig verbreitet; sie ist es in einzelnen Regionen aller Religionskulturen sowie in bestimmten fundamentalistischen Kreisen bis heute.

Zweitens: Verehrung des Gottes, der im notleidenden Nächsten dem Gläubigen entgegentritt (bestimmte Hindu-Traditionen, Christusbild aus Mt. 25 „Das habt ihr mir getan".)
Nächstenliebe wird als fromme Verehrung oder Anbetung dieses Gottes als unmittelbar sakraler Dienst für diesen Gott, als „Gottesdienst" empfunden. Die Argumentationslinie ist mutatis mutandis dem lutherischen Verständnis von „Beruf als Gottesdienst" ähnlich. Jedenfalls geht es hier nicht um ein Handeln, das in einem direkten Sinne auf Gegenleistung aus ist. Das Verehrungsmotiv dürfte in manchen römisch-katholischen, sicher auch in hinduistischen Subkulturen eine wichtige Rolle spielen; mit dem islamischen Gottesbegriff dürfte es nur schwer vermittelbar sein.

Drittens: Anspruch auf Gegenleistung
In allen Kulturen zweifellos am weitesten verbreitet ist das wiederum vielschichtige Motivationsbündel, das auf Gegenleistung zielt. Der Gläubige praktiziert Nächstenliebe, um dafür belohnt zu werden: bald oder irgendwann. Die Herausforderung dieser logisch gleichen Struktur von „Leistung und Gegenleistung" in vielen dieser Motivationsbündel dürfte jedoch dem qualitativen Differenzierungsbedürfnis vieler religiös engagierter Menschen nicht ausreichen; das Motivbündel „Nächstenliebe auf Gegen-

leistung" soll daher in drei religionspsychologisch eigenbetonte Teilmotivationen gegliedert werden:

(1) Nächstenliebe als eine religiöse Leistung, die der Werkgerechtigkeit im theologischen Sinn ähnelt, also quasi-soteriologisch auf Heilserwerb ausgerichtet ist. Ihre Leistungen werden insbesondere und spätestens im Jenseits, „im Himmel" belohnt. Sie werden auch im Jüngsten Gericht eingefordert. – Charity im Sinne dieses Leistungsgedankens dürfte von allen hier angeführten Motivationskomponenten über Jahrhunderte hin sowohl im Christentum aller Konfessionen als auch im Islam mit Abstand an erster Stelle gestanden haben. Dieses Verständnis hat bis ins 19. und 20. Jahrhundert bei den Einrichtungen von Innere Mission und Caritas eine vorrangige Rolle innegehabt.

(2) Nächstenliebe als religiöse oder profane Leistung, die in erster Linie darauf aus ist, beim Mitmenschen, beim Nächsten, beim Pfarrer ... als Gegenleistung Dankbarkeit, Akzeptanz, Anerkennung hervorzurufen. – Religiöse und profane Motivationskomponenten können sich hier auf vielfältige Art mischen.

(3) Nächstenliebe als Vorleistung für Gegenseitigkeit im Sinne der Goldenen Regel: „Was ihr nun wollt, dass euch die Menschen tun sollen, das tut ihnen zuerst" (Matth. 7,12).

Die Teilmotivationen (2) und (3) scheinen im Zuge von Säkularisierungsprozessen gegenüber der ursprünglich engeren religiösen Motivation in allen Kulturen in den Vordergrund zu treten.

Viertens: Nächstenliebe ohne Bedingungen
Im Mitmenschen (dem „Nächsten") das autonome Geschöpf Gottes zu sehen, ihm zu helfen, wo es wirklich nötig ist, und nicht nach Gegenleistung zu fragen, gilt für viele Christen unserer Zeit als „richtiges" Verständnis christlicher Nächstenliebe. In der Praxis des Handelns muss sich diese Motivation nicht von vergleichbaren „humanistisch-agnostischen" oder „sozialistischen" Beweggründen und auch nicht von einer hinduistischen oder buddhistischen Motivation unterscheiden. Unterschieden bleiben freilich die Kraftfelder der Motivationserneuerung, wie sie jeder Religionsgemeinschaft je anders zu eigen sind.

2. „Universale Entschränkung"

Im Alten Testament ist der „Nächste" (Lev. 19,18) offenkundig vorrangig oder ausschließlich auf den israelischen Volksgenossen bezogen; nicht auf Angehörige anderer Stämme, Völker oder Religionsgruppen. Das gilt über viele Jahrhunderte auch für die anderen Religionen: Dienst am Nächsten oder „am Armen" ist zunächst überall auf die eigene Familie, die eigene Sippe, das eigene Volk bezogen; anders gesagt: auf den „sozialen Nahbereich" oder die „Mikroebene" der gesellschaftlichen Lebenswelt. Die Überschreitung dieses Nahbereiches, d.h. die Ausweitung der Nächstenliebe auch auf Angehörige eines anderen Stammes oder anderer Völker wird theologisch als „universale Entschränkung“ bezeichnet. Seit der Geschichte vom barmherzigen Samariter gilt sie vielfach als spezifisch christlich, als zentraler christlicher Impuls für eine weltweite Humanisierung und damit als Indiz für einen höheren humanitären Wert der christlichen Ethik. Inzwischen hat die Ethikforschung aber gezeigt, dass zumindest die Ausweitung des Gebotes der Nächstenliebe auf den „Fremden“, auf den „fernen Nächsten“, der nicht zur eigenen Gruppe gehört, durchaus auch im Koran und in den Grundauffassungen des Hinduismus gefordert wird. Allerdings verbirgt sich diese „Entschränkung“ dort nicht selten in einem semantischen oder sozialen Kontext, der dem westlichen Christen dieses universalisierte Verständnis nicht unmittelbar zugängig macht. Doch gilt diese „Entschränkung“ als eine der wichtigsten Ausdifferenzierungen der Ethikgeschichte.

a) Christentum: Die universale Entschränkung wird unzweideutig durch Jesus selbst proklamiert, besonders deutlich in der erwähnten Geschichte vom barmherzigen Samariter (der ja nicht dem Volke Israel angehört; Luk. 10, 25-36); zentral aber ist auch die Transzendierung der Nächstenliebe über die “Fernstenliebe“ hinaus bis zur Feindesliebe (Bergpredigt, Matth. 5,43-45). Sie scheint bis heute ein christliches Spezifikum, das sich in anderen Religionen nicht findet.

b) Islam: Im „Vertrag von Medina“ regelt Mohammed das Zusammenleben mit den Juden, also mit einer nichtmuslimischen Religionsgruppe. In der Umma, dem örtlichen Gemeinwesen, hat jede Gruppe ihren gesicherten Lebensraum. Zu dem geregelten Miteinanderleben gehört auch die gegenseitige Hilfe im Sinne der Nächstenliebe. Nach der mainstream-Tendenz des Koran bejaht Allah die Pluralität religiös unterschiedlich ausgerichteter Subgruppen innerhalb eines Gemeinwesens.

c) Hinduismus: Das Dharma (etwa: „religiöses Heil“) gilt allen Menschen, den Menschen in allen Kasten; ein ethisch relevanter Gegensatz zwischen eigener und fremder (Volks-) Gruppe kommt in der Frühzeit und darum auch in den Büchern wohl schon deshalb nicht vor, weil es, bevor der Islam kam, dieses Problem gar nicht gab: unter dem weiten und sehr dehnbaren Mantel des Hinduismus gab es offensichtlich keine formierten Subgruppen mit anderer Religion oder in tief wurzelnder ethnischer Verschiedenheit.

3. Institutionalisierungen als Ergänzung von spontanem und kontingentem Hilfehandeln

Schon in übersichtlichen Dörfern und Siedlungen des Nahbereiches, wo jeder jeden kennt und entsprechende soziale Kontrollen auch die Betreuung von Bedürftigen regeln, gab und gibt es Ungleichheiten sowie nicht vorausberechenbare oder zu erwartende Zufälligkeiten (Kontingenzen) in der Versorgung von Kranken und Benachteiligten. Reiche wurden und werden in der Regel besser betreut als Arme; wer früher in einer Großfamilie lebte, hatte mehr Chancen, ausreichend betreut zu werden als Alleinstehende, seien es Singles oder alt gewordene Paare. Die Betreuungsdefizite vergrößerten sich im Zuge von Bevölkerungswachstum und Verstädterung, von Migration und Anonymisierung. Die Gesellschaft reagierte mit der Einrichtung von Hospitälern, Armenhäusern, Suppenküchen für Notleidende. Die charity wurde gleichsam von der üblichen spontanen Kontingenz ausgebaut zu personübergreifenden Regelungen. Sie überschritt damit auch institutionell (nicht nur spontan wie der barmherzige Samariter) den Nahbereich der face to face relations, öffnete und engagierte sich für die anonyme Beziehungswelt etwa von Verstädterungsregionen. Wiederum waren es religiöse Gruppen oder Initiativen, die diese Institutionalisierung karitativer Einrichtungen organisierten. Die Versorgung Notleidender sollte nicht dem Zufall oder der Willkür überlassen bleiben. Die Einrichtungen, besonders Krankenhäuser waren nicht auf die Enge des sozialen Nahbereichs festgelegt. Sie sind selbst ein Baustein der „Meso“-Ebene des gesellschaftlichen Lebens, auf der die Einrichtungen des Nahbereiches übergriffen werden. Der Zugang zu den karitativen Einrichtungen sollte allen Bedürftigen in gleicher Weise offen stehen, die pflegerische und ärztliche Betreuung selbst Schritt um Schritt professionalisiert werden.

a) Christentum: Seit der frühen Christenheit waren es vornehmlich christliche Orden und Klöster, die sich der Notleidenden in Beherbergung und Krankenversorgung annahmen und spezielle Krankenstationen und Freitische oder Suppenküchen unterhielten und schließlich Hospitäler errichteten.

Im Mittelalter wurden solche kirchlichen Initiativen fortgesetzt, aber zusätzlich ergänzt und ausgeweitet durch Stiftungen, die durchweg von religiös motivierten Laien eingerichtet wurden. Jahrhunderte später, im Zusammenhang der neuzeitlichen Differenzierungsschübe hat zumindest im Deutschland des 19. Jahrhunderts auch die Ausdifferenzierung des religiösen charity-Impulses ihre stärkste und einflussreichste Manifestation gefunden. Auslöser und Motor dieser Entwicklung waren die Industrialisierung und ein gewaltiges Bevölkerungswachstum (die erwähnte Verdreifachung in den nur 50 Jahren von 1825 bis 1875) und die sich daraus ergebenden gravierenden gesellschaftlichen Veränderungen, vor allem eine ausufernde soziale Verelendung. Wiederum waren es betont christliche Institutionen wie insbesondere die protestantische „Innere Mission“ und die katholische Caritas, die sich der aufkommenden neuen „Sozialen Frage“ mit großem Engagement und weitreichender Wirkung stellten: 1820 wurde bei Bochum das erste „Rettungshaus für verwahrloste Kinder und Jugendliche“ von einer evangelischen Initiative gegründet, 1832 in Hamburg durch Amalie Sieveking der erste „Weibliche Verein für Armen- und Krankenpflege“, 1836 die erste „Diakonissen-Anstalt“ in Kaiserswerth, 1867 Bethel, „Die Stadt der Barmherzigkeit“. Entsprechende Entwicklungen finden sich zeitlich etwas später im deutschen Katholizismus; sie wurden wesentlich von kirchlich gebundenen Laien getragen. In beiden großen Religionssystemen, dem Protestantismus und dem Katholizismus, wuchsen die charity-

Institutionen jetzt über die „Meso"-Ebene, die Welt der fachspezifischen Organisationen und Institutionen hinaus, viele ihrer Einrichtungen waren auf die Gesamtgesellschaft, die sogenannte „Makro"-Ebene ausgerichtet. Beide konfessionell geprägten Großorganisationen „Innere Mission" (seit 1848; ab 1976 „Diakonisches Werk") und Caritasverband (seit 1897) gelangten in Deutschland zu gesellschaftspolitisch großem Einfluss und hoher mentaler Bedeutung.; sie haben sich in den folgenden 150 Jahren eklatant weiter ausdifferenziert: 1930 gab es im deutschen Sprachraum über 35.000 Diakonissen, die Betheler Anstalten beschäftigten (1930) ca. 2.000 MitarbeiterInnen, heute sind es ca. 13.000. Gegenwärtig stellen Caritas und Diakonisches Werk die mit Abstand größten „freien Wohlfahrtsverbände" in Deutschland dar und beschäftigten im Jahr 2001 jeweils mehr als 400.000 berufliche MitarbeiterInnen.

Nicht unwichtig für den interkulturellen Vergleich ist, dass diese beiden großen deutschen charity-Organisationen zwar von ihren Ursprüngen her betont „christlich" im konfessionellen Sinne ausgerichtet, nicht aber Teil der organisierten Amtskirche waren und sind. Im 19. Jahrhundert gab es nicht selten konzeptionelle und organisationspolitische Differenzen zwischen den Institutionen der Inneren Mission und der Amtskirche; auch im 20. Jahrhundert wurde bei aller inhaltlichen Konvergenz die jeweilige Selbständigkeit immer betont.

b) Islam: Die islamischen charity-Impulse haben sich ebenso wie die christlichen seit langem und dann besonders stark in den globalen Modernisierungsprozessen zu eigenen Organisationen ausdifferenziert.[2] Die Bezeichnungen und Begriffe der islamischen Einrichtungen erscheinen dem westlichen Beobachter allerdings zunächst fremd und schwer anschlussfähig an westlich-christliche Begrifflichkeit: „Zakat" kann wörtlich die jährlich zu zahlende, im Prinzip im Koran geforderte Armensteuer meinen; das Wort kann aber, wie erwähnt, auch im Sinne von „Nächstenliebe", nämlich als Dankbarkeit gegenüber Gottes Gnade verwendet werden. „Waqf" bedeutet die fromme Stiftung. „Qurban" bedeutet ursprünglich Opferfleisch, wird aber später auch als organisierte Spende von Nahrungsmitteln verwendet. Auch der oben vorgestellte theologische Zentralbegriff „Sadaqa" (Almosen als göttlich verordnete Pflichtabgabe) kann im Sinne einer selbständigen Institution verstanden werden. Alle 4 Begriffe, Sadaqa, Zakat, Qurban und Waqf, können also einerseits auf geforderte individuelle Leistungen hinweisen und andererseits auf einen Institutionalisierungsprozess aufmerksam machen. Mit letzterem deutet sich eine Vergleichbarkeit mit anderen Kulturen auf dieser Stufe der Ausdifferenzierung an, wenngleich eine 1:1-Übertragung auf christlich-westliche Formen der Institutionalisierung bisher wiederum nicht möglich erscheint. Vielleicht finden sich aber in fortschreitender Forschung indices, die auch auf dieser Stufe der Ausdifferenzierung eine genauere Vergleichbarkeit ermöglichen.

2 Siehe Beitrag Beinhauer-Köhler, Formen islamischer Wohlfahrt in Deutschland.

c) Hinduismus: Da erfahrungswissenschaftliche Beschreibungen und Analysen uns nicht vorliegen, beschränke ich mich auf Primärbeobachtungen während eines Studienaufenthaltes in Delhi und seiner Umgebung (2002). Diese Primärbeobachtungen haben die in Europa vielfach anzutreffenden Vorstellungen von einem religiös bestimmten Defizit an persönlicher karitativer Einstellung und erst recht an organisierten Institutionen der charity auf das gründlichste widerlegt und korrigiert. Die dem Diakonischen Werk in Deutschland ungefähr vergleichbare karitative Großorganisation SEWA (= „Dienst") gründet ihr Selbstverständnis ausdrücklich in der hinduistischen Religion. Sie arbeitet ähnlich differenziert wie das Diakonische Werk in zahlreichen unterschiedlichen Bereichen: während des Studienprogramms konnten wir Kindergärten und Krankenhäuser, Schulen in Slum-Gebieten, Heime für ausgesetzte Kleinstkinder und nicht zuletzt riesige „Freitische" (= Suppenküchen) kennen lernen. Auf dem Jahreskongress der Gesamtorganisation des SEWA, an dem ca. 150 Leiter unterschiedlicher karitativer Einrichtungen teilnahmen, wurden Themen oder die Sorgen der Einrichtungsleiter diskutiert, die weithin dem entsprachen, was auf deutschen Diakonie-Kongressen verhandelt wird. Für interkulturelle Vergleiche relevant ist vor allem, dass sich hier ebenso wie im Islam und in der abendländischen Christenheit ähnlich strukturierte Ausdifferenzierungsmuster vorfinden; sie zeigen unseres Erachtens, dass Reaktion und kreative Anpassung an die neuen sozioökonomischen Herausforderungen durchaus zu einer Nivellierung der religiös-kulturellen Traditionen führen können. Auch hier sind Einzelaspekte in Ähnlichkeit und Unterschied näher zu erforschen.

Ein bemerkenswertes Spezifikum soll bereits hier erwähnt werden: der überaus hohe Anteil von Leistungen, die sowohl im Hinduismus wie im Islam „ehrenamtlich", genauer: im Stil eines voluntary commitment ohne Honorar erbracht werden. Konkreter ist darüber weiter unten zu handeln.

4. „Hilfe zur Selbsthilfe" als weiterführender Impuls

Die Organisierung von Hilfe zur Selbsthilfe ergänzt das überall vorherrschende Prinzip einer geschenkweisen karitativen Versorgung ohne Erwartung einer Gegenleistung. Auf den ersten Blick erscheint diese Stufe weniger spektakulär als die Ausdifferenzierung von so vielen Teilsystemen institutionalisierter charity im 19. und 20. Jahrhundert mit ihren mächtigen Krankenhauskomplexen und Sozialstationen, mit ihren Beratungsstellen und Seniorenheimen in dunklen Arbeitervierteln oder auf Mallorca. Doch ist bei näherem Hinsehen dieser Schritt von der geschenkhaften Betreuung hin zur „Hilfe zur Selbsthilfe" von großer gesellschaftlicher Tragweite. Er ist nicht nur wirtschaftlich notwendig angesichts leerer (Versicherungs-) Kassen des modernen Wohlfahrtsstaates. Er bezeichnet auch nicht nur den Überschritt von paternalistisch-fürsorglichem Versorgungsdenken zu mündiger Eigenverantwortung. Er ist vielmehr auch und gerade zentral im Grundgedanken der Nächstenliebe angelegt. Denn dieser Grundgedanke kann sich schlechterdings nicht darin erschöpfen, dass Not und Armut durch milde Gaben an Hungernde oder Frierende gemindert werden; seine Logik zielt vielmehr dahin, den Notleidenden aus seiner Not zu befreien, den Armen aus seiner Armut herauszuführen.

a) Christentum: Dass im Sinne dieser Logik unbedingt der Schritt zur Selbsthilfe getan werden muss, hat im Kontext christlich motivierter sozialer Verantwortung als einer der ersten Friedrich Wilhelm Raiffeisen (1818-1888) entdeckt und mit dem von ihm entwickelten Genossenschaftsmodell zu weltweiter Wirkung gebracht. Bundespräsident Lübke hat dieses Modell 1965 als das schlechthin erfolgreichste Exportgut Deutschlands in den letzten 150 Jahren bezeichnet. Friedrich Wilhelm Raiffeisen stammte aus einer pietistisch geprägten Pfarrersfamilie und hat sich zeitlebens gefragt, wie er dem Jesuswort aus Matth. 25 „Was ihr getan habt diesen Ärmsten, das habt ihr mir getan" angesichts des auch ihm bevorstehenden Jüngsten Gerichtes gerecht werden könne. Als langjähriger Dorfbürgermeister in verarmten Gemeinden, deren Bürger zum großen Teil durch Missernten, Wucherzins und Überschuldung ins Elend geraten waren, stellte er immer von neuem fest, dass die überkommene karitative Unterstützung der Notleidenden nicht ausreichte, um die Bauern aus ihrem Elend und besonders aus ihrer Abhängigkeit von zinswuchernden Geldverleihern wirklich herauszuführen. Er erkannte, dass wirksame Hilfe nicht auf Brot oder Kleiderspenden beschränkt bleiben könne, sondern dass ihnen ermöglicht werden müsse, in eigenem Engagement und in eigener Arbeit, also durch Selbsthilfe wieder Boden unter die Füße zu bekommen. Es gelte, dafür die nötigen Rahmenbedingungen zu schaffen. Die besten Rahmenbedingungen sah er nach allerlei oft schwierigen Experimenten, Selbsthilfe zu stimulieren, in Genossenschaften und Darlehenskassen, die örtlich begrenzt, darum überschaubar und in face-to-face-relations sozial kontrollierbar sind. Bei der staatlichen und auch bei den kirchlichen Bürokratien fand er zunächst wenig Resonanz und Rückhalt für seine Ideen; sie sahen in diesen Ideen und Initiativen eher einen sozialrevolutionären Sprengstoff. Er versuchte deshalb, an anderer Stelle anzusetzen, nämlich bei dem meist tief verankerten religiösen Verantwortungsgefühl seiner Mitbürger selbst; er kooperierte dabei organisatorisch wie motovationspsychologisch eng mit den Pfarrern der verschiedenen jeweils experimentierenden Gemeinden. Nach jahrelangen, mehrfach scheiternden Versuchen gelang es schließlich, jenes Regelwerk zu entwickeln, das in seiner jetzt 150-jährigen Erfolgsgeschichte in den Agrarbereichen weltweit und besonders in den Entwicklungsländern in nur kleinen Variationen übernommen werden sollte. Beim Tode Raiffeisens 1888 wurden in Deutschland ca. 200 Genossenschaften gezählt; 40 Jahre später, 1931, bei Gründung einer die deutschen Länder übergreifenden Genossenschafts-Zentralbank in Berlin waren es 40.000 Genossenschaften und wiederum 70 Jahre später, im Jahre 2001 waren es weltweit 450.000, davon fast 80 % in agrarischen Gebieten der Entwicklungsländer. Das Urteil von Bundespräsident Lübke hat sich auch in Hinsicht auf die quantitative Entwicklung des Raiffeisenmodells bestätigt!

Der Idee einer religiös motivierten Hilfe zur Selbsthilfe folgte 50 Jahre nach Raiffeisen und auf anderen Wegen als dem Genossenschaftsmodell eine ganze Reihe sogenannter „Evangelischer Sozialreformer“. Exemplarisch dafür mag der Protagonist der Betheler Anstalten stehen, Pastor Friedrich von Bodelschwingh (1831-1910). Neben den Kranken und Schwerbehinderten, die in Bethel eine menschenwürdige Heimat, die nötige Pflege und karitative Versorgung fanden, wuchs die Zahl derer, die leichter behindert oder sozial desintegriert waren. Dezidiert tat Bodelschwingh hier die entscheidenden Schritte über die karitative Hilfe hinaus zu einer „Selbsthilfe“, die sowohl der seelischen Gesundheit der oft psychisch kranken Anstaltsbewohner dienen sollte als auch der wirtschaftlichen Existenzsicherung des stadtähnlich angewachsenen Anstaltskomplexes, der „irdischen Heimstätte“ von zeitweise bis zu 10.000 Patienten plus einer etwa gleich großen Zahl von Pflegekräften und anderen Mitarbeitern.

b) und c) Islam und Hinduismus: In den vor- und außerchristlichen Religionen wie auch im vorneuzeitlichen Christentum gibt es sicher ebenfalls solche kooperativen Organisationsformen, die so etwas wie Selbsthilfe initiieren und stützen (wie etwa das „gotong royong“ im indisch-malayisch geprägten Süd- und Südostasien). Doch ist bisher noch nicht verwertbar erforscht worden, ob und wie sich im Zuge der neuzeitlichen Modernisierungsschübe auch außerhalb Europas vergleichbare Großstrukturen wie die Raiffeisen-Genossenschaften aus der religiösen Grundmotivation von charity ausdifferenziert haben.

5. Die Beziehung zum Staat: Kooperation, Subsidiarität oder Verdrängung

„Die Soziale Frage lösen kann nur der Staat“. Dieser dezidierte Satz des Reichskanzlers Otto von Bismarck (um 1880) richtete sich u.a. gegen die politische Unterstützung von Projekten der Inneren Mission, insbesondere gegen die von Friedrich von Bodelschwingh und damit indirekt gegen eine gesellschaftlich vorrangige oder dem Staat gegenüber zu mächtige Zuständigkeit des Religionssystems im Bereich von Sozialpolitik und Wohlfahrtspflege. Zwar stand hinter dieser Einstellung Bismarcks ein unmittelbares politisches Interesse: In seiner Auseinandersetzung mit denjenigen politischen Kräften, die wie die damalige Sozialdemokratie die bestehende monarchistisch-patriarchalische Gesellschaftsordnung revolutionieren wollte, sollte das „Reich als wohltätige Institution“ und eine tendenzielle Sozialstaatlichkeit als Machtmittel eingesetzt werden und zugleich die bestehende Verfassung als menschenfreundlich legitimieren. Doch geht das Bismarck-Wort in seiner Problemanzeige weit über ein tagespolitisches Interesse hinaus: Es zeigt an, dass sich im Zuge der neuzeitlichen Differenzierungsprozesse insgesamt nicht nur die alte Kongruenz von Flächenstaat und religiöser Konfession, sondern insbesondere die überkommene Vorrangstellung des jeweiligen Religionssystems für Sinnfragen, Ethik und charity langsam auflösen.

Gleichzeitig aber erfolgt (gerade im 19. Jahrhundert) eine weitere Ausdifferenzierung von Institutionen der religiös motivierten charity wie Innere Mission oder Caritas. Diese Institutionen mussten ähnlich wie in Deutschland so in Europa und später weltweit in allen Kulturen ihr Verhältnis zum Staat neu bestimmen; darüber hinaus aber auch ihr Verhältnis zu den sich überall entwickelnden profan ausgerichteten Wohlfahrtsinstitutionen. Der damit angedeutete Prozess verlief schon in Europa überall unterschiedlich, weltweit ist angesichts der unterschiedlichen kulturellen Traditionen die Spannbreite der Möglichkeiten noch weit größer. Sehr grob lassen sich folgende Beziehungsmuster unterscheiden:

5.1 Einfache Identität von Staat, Religionssystem und Wohlfahrtsinstitutionen. Die religionsnahen Wohlfahrtseinrichtungen sind in die staatliche Organisation eingeordnet Beispiele: Insbesondere islamische Gottesstaaten wie Saudi-Arabien oder Iran.

Auch im Hinduismus finden sich partielle Identitäten zwischen Religionssystem und Politiksystem. Im Christentum lässt *einfache* Identität sich in protestantischen Territorien der frühen Neuzeit beobachten (z.B. Hessen), besonders aber in Städten (wie Straßburg, Zürich, Genf). Es dürfte sich aber im Laufe der Zeit überall eine Art Zwei-Reiche-Lehre durchgesetzt haben, auch wenn sich in der Realität hinsichtlich der Steuerung von Wohlfahrtssystemen gelegentlich Dominanzansprüche zeigen: ebenso seitens des Staates wie seitens der Kirchen, nämlich dann, wenn die grundsätzliche Trennung von Staat und Kirche vorübergehend ignoriert wird und es zu Machtkämpfen im Sozialbereich kommt.

5.2 Partielle Kongruenz: Das Religionssystem und die ihm nahestehenden Wohlfahrtseinrichtungen sind in Teilbereichen ihres Handelns frei und eigenverantwortlich; in anderen Teilbereichen werden sie bis in Einzelheiten vom Staat gesteuert – sowohl durch ideologische Kontrollen als durch finanzielle Zuwendungen oder Entlastungen. *Beispiel:* Als Entlastung des Religionssystems könnte etwa der Einzug der religiösen Armensteuer (Zakat) durch staatliche Behörden in einigen islamischen Ländern verstanden werden; das ist im Kern dem in Deutschland üblichen Einzugsverfahren der Kirchensteuer durch staatliche Finanzämter nicht unähnlich. Auch in Indien finden sich „partielle Kongruenzen".

5.3 Subsidiaritätsgesetze zur staatlichen Förderung von religionsnahen Wohlfahrtseinrichtungen. Die religionsnahen Wohlfahrtsinstitutionen sind im Rahmen der staatlichen Verfassung zwar frei und eigenverantwortlich für die Inhalte und die Organisation ihrer charity-Arbeit. Sie werden aber vom Staat in Ausführung des Subsidiaritätsprinzips vorrangig gefördert und geraten damit in eine gewisse Abhängigkeit, zumindest in der Sicht ihrer Klienten und Konkurrenten. Dieses System hat über 6 Jahrzehnte die Sozialpolitik der Bundesrepublik Deutschland beeinflusst; es findet sich tendenziell aber auch in islamischen und in hinduistischen Ländern.

5.4 Kooperatives Nebeneinander von Staat und unabhängigen religionsnahen Wohlfahrtsinstitutionen. „Profane", von Staat, Städten oder Landkreisen getragene Wohlfahrtsinstitutionen arbeiten in fairem Wettbewerb unter tendentiell gleichen Bedingungen wie die religionsnahen Wohlfahrtseinrichtungen. *Beispiel:* Ein solches wettbewerbsorientiertes Nebeneinander findet sich besonders deutlich in den USA, wo übrigens die meisten religionsnahen charity-Aktivitäten bis heute auf der Ebene des sozialen Nahbereiches, etwa der Kirchengemeinde organisiert werden und kaum überregionale Organisationsstrukturen entwickelt sind. Weitere Modelle dieses Nebeneinanders haben sich in Deutschland einerseits im Bismarckreich und andererseits in der Weimarer Republik herausgebildet. Für das Bismarckreich ist besonders charakteristisch, dass es zum großen Teil protestantisch engagierte und kirchlich gebundene Laien waren, die die „Sozialen Sicherungssysteme" als Kernstück des späteren Sozialstaats entwickelten, nämlich Gesetze zur Krankenversicherung (1883), zur Unfallversicherung (1884) und zur Alters- und Invalidenversicherung (1899). Exemplarisch genannt für diese Art der Ausdifferenzierung des charity-Impulses sei Theodor Lohmann (1831-1905), der seine sozialethische Prägung unmittelbar, wie er selbst oft betont, im lutherisch-pietistischen Milieu der Inneren Mission erfuhr, sein Lebensthema in der Sozialen Frage sah und als Jurist und Ökonom zum wichtigsten Protagonisten der Versicherungs-Gesetzgebung in der Bismarckzeit wurde. Von ähnlich wichtiger Bedeutung für die Sozialpolitik der Nach-Bismarckzeit sollten die meist auch für die Innere Mission engagierten führenden Repräsentanten der „christlich-sozialen Bewegung" (A. Stoecker, F. Naumann u.a.), und ab 1890 des Evangelisch-Sozialen Kongresses werden.

Auf katholischer Seite gab es vergleichbare Entwicklungen. In noch stärkerem Maße als bei den Protestanten waren es Laien, die die katholisch-soziale Bewegung ausbauten; freilich weniger in Kooperation als vielmehr wegen des „Kulturkampfes" in ständiger Spannung zum Staat.

5.5 Staatlich intendierte Nachrangigkeit von religionsnahen gegenüber profanen Wohlfahrtsinstitutionen. Um eine Gleichheit, besonders in der Versorgung aller Bedürftigen, nämlich sowohl der religiös engagierten Staatsbürger wie der dezidierten Agnostiker, Atheisten oder sonstig motivierten Kirchengegner zu gewährleisten, soll der Einfluss der sogenannten „Tendenzbetriebe", bei denen häufig eine direkte oder indirekte missionarische Absicht vermutet wird, gemindert werden. *Beispiele:* Intentionen dieser und verwandter Art finden sich bereits seit dem 1. Weltkrieg in sozialdemokratisch dominierten Ländern wie den skandinavischen Wohlfahrtsstaaten oder in Großbritannien. Sie finden sich aus machtpolitischen Gründen – wie das Eingangszitat zeigte – selbst bei Bismarck, der sich für seinen Privatbereich stets zu einer bewußten (protestantischen) Religiosität bekannte. Sie spielen im Zuge der je unterschiedlichen Modernisierungsprozesse aber auch in anderen Kulturen, ansatzweise in der Türkei, in Indien oder in Indonesien eine erhebliche Rolle.

5.6 Unterdrückung religionsnaher Wohlfahrtsinstitutionen durch Staaten mit ideologischem Absolutheitsanspruch. Drastische Beispiele dafür sind der NS-Staat und das Sowjet-Imperium. Charity im Sinne von Nächstenliebe und der Sorge um den Schwachen (Matth. 25) passte weder in das sozialdarwinistische Menschenbild des NS-Staates noch in den religionskritischen Omnipotenz-Anspruch des Staatsozialismus.

In veränderter Form findet sich jedoch eine solche Unterdrückung von religionsnahen charity-Institutionen, insbesondere von christlichen Einrichtungen auch in den Diktaturen der nachkolonialen Dritten Welt: in Südamerika ähnlich wie in Afrika und Südostasien – sei es, dass deren gesellschaftskritische Proteste oder sei es, dass deren westlich-christliche Grundhaltung (in islamistisch dominierten Staaten) abgelehnt wird.

Die damit kurz skizzierten Beziehungsmuster zwischen Staat und religionsnahen Wohlfahrtsinstitutionen deuten an, dass im Zuge der Modernisierungs- und der damit konstitutiv verwobenen Säkularisierungsprozesse in allen Kulturen neue organisatorische Ausdifferenzierungen des charity-Impulses gerade auch gegenüber dem jeweiligen Politiksystem nötig wurden und werden. Da sich mit dem Modernisierungsprozess auch die Ausformungen des Politiksystems zwischen den Extremen totalitärer Staat, Gottesstaat, konstitutionelle Monarchie und freiheitliche Demokratie fast andauernd änderten, ergab sich für die Ausdifferenzierungen des charity-Impulses auf dieser Stufe eine außerordentliche Vielfalt an Erscheinungsformen.

Wiederum sind diese Erscheinungsformen in manchen Kulturen noch kaum wissenschaftlich erhoben und analysiert. Doch verweisen schon die nur angedeuteten Beispiele auf kulturübergreifende strukturelle Ähnlichkeiten.

Insgesamt sind diese 6 Beziehungsmuster aus der christlich-abendländischen Sozialgeschichte gewonnen worden. Dort sind alle Muster noch im 20. Jahrhundert deutlich zu beobachten.

In Islam und Hinduismus werden Übergangsprozesse zwischen den Mustern 1 und 4 deutlich erkennbar, manchmal freilich nach Art der Springprozession: zwei Schritte vor, zwei zurück.

6. Die Reaktivierung von voluntary work

Betrachtet man die verschiedenen Stufen der Ausdifferenzierung des charity-Impulses unter dem Gesichtspunkt geschichtlicher Entwicklung, dann lässt sich für die historiografisch überschaubaren 2.500 Jahre als Haupttrend eine zunehmende Institutionalisierung mit entsprechender Binnendifferenzierung, Professionalisierung und Systemsicherung feststellen. Dieser Haupttrend wird seit einigen wenigen Jahrzehnten ergänzt oder korrigiert durch das Phänomen einer der Institutionalisierung sich entziehenden wachsenden Zahl von sogenannten „Ehrenamtlichen“, d.h. von freiwillig, in der Regel unbezahlt und institutionell wenig oder gar nicht verankerten Mitarbeitenden.

Die Ursachen dafür sind vielfältig: Auf der einen Seite werden schon wegen der demografischen Veränderungen immer mehr Leistungen angefragt: im Gesundheitswesen, der Altenbetreuung, der Unterstützung von Arbeitslosen, usw.. Gleichzeitig werden die Finanzierungsmöglichkeiten der Gesellschaft im Zuge von Wirtschaftskrisen, wiederum „demografischem Faktor“ und weltweitem Konkurrenzdruck immer enger. Die Zahl der haupt- und nebenberuflich Mitarbeitenden muss in allen Wohlfahrtsbereichen eingeschränkt werden.

Auf der anderen Seite wächst die Zahl derer, die in der nachberuflichen Lebensphase oder als Nichtberufstätige (etwa Ehepartner) über ein hohes Maß an disponibler Zeit verfügen. Manche von ihnen sind daran interessiert, diese freie Zeit für Tätigkeiten zu nutzen, die sie selbst als sinnvoll empfinden – und die sich nicht im Konsum der vielerlei Freizeitangebote vom Fernsehen über den Fußballplatz bis zum Mallorca-Tourismus erschöpfen soll. Beide Tendenzen: zunehmender Bedarf an Leistungen und ein zunehmendes Potential an verfügbarer Zeit zusammenzuführen, wird darum von den Wohlfahrtsverbänden wie auch von sozial engagierten Privatinitiativen in zunehmendem Maße versucht. Dabei wird häufig gefragt, ob diese Aktivierung weiterhin auf einen religiösen Grundimpuls zurückzuführen ist. Im Sinne einer direkten Deduktion kann das sicher nicht nachgewiesen werden; manchmal wird sogar von ehrenamtlich Aktiven ausdrücklich betont, dass ihr Engagement aus humanitärer, nicht aus kirchlich-religiöser Motivation komme. Trotzdem bestehen unseres Erachtens konstitutive, wenn vielleicht auch verdeckte Zusammenhänge mit dem Grundimpuls religiöser charity. So ist etwa der christliche Grundimpuls der Nächstenliebe vermutlich so tief in unseren abendländischen Wertsystemen internalisiert, dass er auch in Lebensentwürfen, die sich dezidiert als nichtchristlich oder agnostisch verstehen, gleichsam in säkularisierter Form weiterwirkt. Die gleiche Beobachtung kann man im übrigen auch im Gespräch mit säkularisiert-aufgeklärten Indern im Bezugsrahmen des Hinduismus machen.

Die andere Seite betrifft die Mobilisierungs- und Organisierungsmöglichkeiten der Bereitschaft zum commitment für voluntary work. Offensichtlich bedarf es dazu funktionsfähiger Organisationen im sozialen Nahbereich, also an der Basis der Lebenswelt. Das Beispiel skandinavischer oder angelsächsischer Wohlfahrtsstaaten hat gezeigt, was u.a. schon in den 1970er Jahren von dem schwedischen Gesellschaftskritiker Gunnar Myrdal beklagt wurde, wie schwer es nämlich ist, „Ehrenamtliche“ zu gewinnen, zu schulen und ihren Einsatz zu organisieren, wenn einmal die nichtstaatlichen, etwa kirchlichen Basisinstitutionen weggefallen sind. In Skandinavien sind tatsächlich durch die Delegation aller Wohlfahrtsaktivitäten an den Staat die Einrichtungen der Kirche zur Gewinnung und Umsetzung von voluntary work fast völlig weggebrochen. Selbst die latente Bereitschaft zu diesem Engagement kann dann nur schwer fruchtbar gemacht werden.

a) Christentum: Auf voluntary work aufgebaut ist beispielsweise die in vielen Regionen der USA praktizierte Betreuung von Obdachlosen: mehrere Gemeinden unterschiedlicher Kirchen oder sogar unterschiedlicher Religion (jüdische oder hinduistische) schließen sich zu einem Verbund zusammen und betreuen die Obdachlosen ihrer Region reihum je eine Woche. Ein wichtiger Nebeneffekt dabei ist, dass das diakonische Element des christlichen Glaubens von den Gemeindegliedern selbst und nicht nur gleichsam stellvertretend durch professionell betriebene Einrichtungen wie Diakoniestationen wahrgenommen und damit bewusst gehalten wird. Dabei entwickelt sich beiläufig ein Gemeinschaftsgefühl des Christseins auch über konfessionelle Grenzen hinweg. Im Übrigen bedeutet offenbar gerade die strenge non-profit-Ausrichtung ein stark motivierendes Moment für das voluntary engagement der US-amerikanischen Gemeindeglieder.

b) Islam: Angesichts des hohen Anteils von Laien auf allen Ebenen religiöser Organisation ist anzunehmen, dass auch im Islam das voluntary commitment in den Wohlfahrtseinrichtungen eine große Rolle spielt. Genauere Zahlen oder Beispiele liegen uns aber nicht vor.

c) Hinduismus: Die der Hindu-Religion eng verbundene „Sewa" (= Dienst)-Institution in Indien ist etwa der „Inneren Mission" des 19. Jahrhunderts vergleichbar. Sewa betreibt Krankenhäuser und Kinderheime, Suppenküchen und Schulen für die Slum-Bevölkerung. All diese Einrichtungen können allerdings nur existieren, weil die Mehrzahl ihrer Mitarbeiter „ehrenamtlich", unbezahlt und freiwillig tätig ist. Mindestens jeder zweite Arzt arbeitet zwei- bis sechs mal monatlich voluntary. Ähnliches gilt für Krankenschwestern oder Lehrer, die jeweils aus einem anderen Job ihr Geld beziehen; es gilt insbesondere für die Mitarbeiter in den Verwaltungen, durchweg ehemalige Staatsbeamte, die – früh pensioniert – ihre Arbeitskraft ganztägig und unbezahlt der Sewa zur Verfügung stellen. Schwierigkeiten, jemanden zu solchem Dienst zu motivieren, scheint es kaum zu geben. Die Grundimpulse hängen direkt oder indirekt mit dem religiösen Interesse für das eigene Karma zusammen – gegebenenfalls auch in säkularisierter Form: ein wohlhabender Kaufmann unterhält auf eigene Kosten ein Dorf für Lepra-Kranke einschließlich der Betreuungspersonen; er selbst arbeitet ein bis zwei mal wöchentlich praktisch mit. Nach seiner Motivation gefragt, antwortet er, dass eine solche karitative Arbeit zu seinem Lebenssinn mehr beitrage als „jedes Jahr nach Europa zu reisen".

Gerade diese Einstellung, die von nicht wenigen Indern in verantwortlicher Position geteilt und praktiziert wird, hat die deutschen Kongressteilnehmer sehr beeindruckt. Sie ist dem oft beklagten Verlust von social responsibility auf den Führungsetagen westlich-christlicher Kulturen entgegengesetzt. Sie kann aber die zahlreichen Initiativen zum voluntary work auf anderen Ebenen des deutschen gesellschaftlichen Lebens ermutigen und bestätigen. Sie macht deutlich, dass es sich bei der interkulturellen Einflussnahme von charity-Verständnis und charity-Aktivitäten nicht um Einbahnstraßen, etwa um eine konstitutive Vorreiterrolle des westlichen Christentums handelt, sondern um eine vielfältige Gegenseitigkeit.

Kirchenhistorische Skizze zum Verhältnis von Diakonie und öffentlichem Wohlfahrtswesen in Deutschland

von

Matthias Benad

Vorbemerkung

Zur Orientierung: Den Einsatz für Schwache und Hilfsbedürftige bezeichnet man im Christentum mit den Begriffen Diakonie (von griechisch diakonia = Dienst) oder Caritas (lateinisch für Liebe, Nächstenliebe). Beide Begriffe sind überkonfessionell. Sie bezeichnen heute in Deutschland aber auch die zwei christlichen Wohlfahrtsverbände, die den beiden großen Konfessionen zugeordnet sind: Die katholische *Caritas*, gegründet 1897, und die protestantische Diakonie, die sich als evangelisches *Diakonisches Werk* 1976 konstituiert hat; sie ging hervor aus der 1848 gegründeten *Inneren Mission* der deutschen evangelischen Kirche.

In beiden Verbänden gibt es Stiftungen, die der türkischen-muslimischen Einrichtung des vakif ähneln, aber diese sind nur eine unter verschiedenen Erscheinungsformen diakonischer Arbeit. Insofern gibt es einen gewissen sachlichen Unterschied zu dem Gegenstand, den Herr Harun Özdemirci in seinem parallelen Beitrag behandelt.

Außerdem will ich als wichtigen Unterschied festhalten, dass es in Deutschland keine staatliche Anstalt für religiöse Angelegenheiten gibt; das Staatskirchentum, das im deutschen Protestantismus fast 400 Jahre bestanden hatte, wurde 1918 abgeschafft. Einen staatlichen Minister für Kirchenangelegenheiten gab es in Deutschland zuletzt 1935 bis 1941 unter den Nationalsozialisten.

Schließlich sei noch kurz auf die zentrale Grundlage christlicher Wohlfahrtstätigkeit hingewiesen, die im Hintergrund meiner Ausführungen steht. Der Einsatz für Schwache und Hilfebedürftige wurzelt im Doppelgebot der Gottes- und Nächstenliebe als der Summe aller göttlichen Vorschriften. Die Gebote der Nächstenliebe (3. Mose 19,18) und der Gottesliebe (5. Mose 6, 4 und 5) finden wir bereits in der Bibel der Juden. Im Neuen Testament der Christen wird das Nächstenliebegebot als oberster ethischer Leitsatz nachdrücklich ins Zentrum gerückt[1] und zusammen mit dem Gebot der Gottesliebe als das wichtigste Gebot bezeichnet. Bei Markus 12, 28–31[2] findet sich dazu die klassische Überlieferung:

1 Matthäus 19, 16–22; Johannes 13, 34; Galater 5, 13-15, Römer 13, 8-10; Jakobus 2, 8-11; 1. Johannes 2,7ff.

2 Vgl. Matthäus 22, 34–40, Lukas 10, 25–28; vgl. auch Matthäus 5, 43–48. Hervorhebungen von mir, M.B.

Und ein Schriftgelehrter ... trat heran und fragte ihn: „Was für ein Gebot ist das erste von allen?“ Jesus antwortete: „Das erste ist: *Höre Israel, der Herr, unser Gott, ist e i n Herr. Und du sollst den Herrn, deinen Gott lieben aus deinem ganzen Herzen und aus deiner ganzen Seele und aus deinem ganzen Denken und aus deiner ganzen Kraft.* Das zweite ist dies: *Du sollst deinen Nächsten lieben wie dich selbst!* Größer als dies ist kein anderes Gebot.“

1. Gegenwärtige Situation

Die Wohlfahrtstätigkeit des deutschen Protestantismus, die Diakonie, wird heute nach außen vertreten durch das *Diakonische Werk* (DW) der Evangelischen Kirche Deutschlands, das sich 1976 konstituiert hat. In ihm sind die Fachverbände der verschiedenen Arbeitsfelder und die Diakonischen Werke der Landeskirchen vertreten. Als einer von fünf Spitzenverbänden der freien Wohlfahrtspflege[3] ist das DW heute fest eingebunden ins öffentliche Wohlfahrtssystem.[4]

Die wichtige Rolle der freien Wohlfahrtsverbände im deutschen Sozialsystem hängt zusammen mit der Bestimmung des Grundgesetzes, dass die Bundesrepublik ein demokratischer und sozialer Rechtsstaat sei. Ausgehend von dieser Vorgabe, ist das deutsche Wohlfahrtssystem dual und subsidiär organisiert.

Dual meint, dass Träger von staatlichen und nichtstaatlichen Organisationen nebeneinander in der Wohlfahrt tätig sind. Das hat zur Folge, dass die zu bewältigenden Aufgaben[5] heute zu nur knapp zwei Fünfteln vom Staat (auf den verschiedenen Ebenen der Kommunen, Länder und des Bundes) wahrgenommen werden; zu rund drei Fünfteln werden sie geleistet von freien, nichtstaatlichen Trägern, die in den genannten fünf Spitzenverbänden zusammenschlossen sind. Alle Träger erhalten für erbrachte Leistungen Gelder aus verschiedenen Pflegekassen. Für Investitionen gibt es staatliche Zuschüsse und Kredite. In allen Bereichen wird derzeit ein massiver Sparkurs gesteuert.

Alle freien Träger verfügten im Jahr 2000 zusammen über mehr als 1,1 Millionen Arbeitsplätze.[6] Allein die Verbände der beiden großen christlichen Kirchen, die katholische *Caritas* und das evangelische *Diakonische Werk*,[7] leisteten mehr als 75% der von den freien Trägern erbrachten Wohlfahrtsarbeit. Bezogen auf das gesamte deutsche Wohlfahrtssystem lag ihr Anteil im Jahr 2000 bei rund 45%.

3 Die fünf Spitzenverbände der freien Wohlfahrtspflege sind *Caritas*, *Diakonisches Werk*, *Arbeiterwohlfahrt*, *Deutsches Rotes Kreuz* und der *Deutsche paritätische Wohlfahrtsverband*.

4 Gleiches gilt für den Katholizismus.

5 Hierzu gehören z.B.: Krankenhäuser (z.T. auch als freie Unternehmen), Kindergärten, Krankenpflegestationen, Psychiatrien, Erziehungsheime, Behinderteneinrichtungen, Beratungsstellen, Rehabilitationszentren etc.

6 Vgl. Udo Krolzik, „Zwischen Markt und Mildtätigkeit. Chancen und Perspektiven der Diakonie im vereinten Europa“, in: zeitzeichen 3/2003, 8–10, hier 8.

7 1976 gebildet aus der Inneren Mission, die bereits seit der Wende zum 20. Jh. als evangelischer Wohlfahrtsverband agierte, und dem 1945 gegründeten Evangelischen Hilfswerk der Evangelischen Kirche in Deutschland.

Die Beteiligung der freien Wohlfahrtsverbände ist so stark, weil in Deutschland das *Subsidiaritätsprinzip* gilt. Nach diesem aus der katholischen Soziallehre stammenden Grundsatz wird den freien, nichtstaatlichen Trägern im Wohlfahrtssektor Vorrang vor dem staatlichen Handeln eingeräumt, weil davon ausgegangen wird, dass die ihnen zugrunde liegenden Initiativen (Vereine, Stiftungen etc.) besonders bürger- und familiennah sind. Die freien Träger unterstützen das staatlichen Wohlfahrtssystem subsidiär;[8] wo sie tätig sind, brauchen staatliche Organe nicht tätig zu werden.

Die Nähe zum einzelnen gilt gemeinhin als ein traditionelles Charakteristikum der kirchlichen Wohlfahrtstätigkeit. Große Teile der Arbeit von *Caritas* und *Diakonischem Werk* sind an die örtlichen Kirchengemeinden angebunden (z.B. Kindergärten und Krankenpflegestationen). Wo große Diakonieunternehmen als überörtliche Träger auftreten, bemühen Sie sich je nach Arbeitsfeld um enge Kooperation mit Gemeinden und Kirchenkreisen.

Die in Deutschland gegebene Verzahnung von christlicher Wohlfahrtstätigkeit und öffentlichem Sozialwesen ist keineswegs selbstverständlich, sie ist historisch gewachsen. In der folgenden Skizze soll zunächst das Verhältnis von karitativem Handeln und weltlicher, öffentlicher Wohlfahrt im Horizont der Geschichte des westlichen Christentums umrissen werden (Teil 2). Sodann will ich den Blick auf die deutsche Entwicklung der letzten 200 Jahre richten, in denen die bürgerliche Modernisierung (mit der Entwicklung großer Industrien und städtischer Ballungsräume) grundlegende Veränderungen für die christliche Religionsorganisation und für das Wohlfahrtswesen mit sich brachte. Hier liegen die historischen Gründe für das gegenwärtige Modell des Wohlfahrtsstaates mit seiner starken Stellung der freien (und insbesondere der christlichen) Wohlfahrtstätigkeit (Teil 3). Am Schluss stehen Überlegungen zur historisch theologischen Bewertung des starken Wandels, dem Diakonie ausgesetzt war und ist (Teil 4).

2. Kirchenhistorische Grundlinien bis ca. 1800

Die Evangelien schildern Jesus von Nazareth als Verkündiger der barmherzigen Zuwendung Gottes zu den Menschen und als Heiland der Armen, Kranken und Bedürftigen. Nach neutestamentlicher Überlieferung gehören christliche Glaubensverkündigung und tätige Nächstenliebe (Diakonie) von Anfang an zusammen.

Die Ausgestaltung institutionalisierter christlicher Nächstenliebe und ihr Verhältnis zum weltlichen Wohlfahrtswesen unterliegt jedoch im Laufe der Geschichte weitreichenden Veränderungen.

Die irdische politische Ordnung wurde von den frühen Christen zwar nicht grundsätzlich abgelehnt. Dennoch war die Frühzeit bestimmt von der *Distanz der Gemeinden zur Welt*. Ihr sozialer Ort lag i.d.R. in den Unter- und Mittelschichten der antiken

8 Vgl. Dierk Starnitzke, Diakonie als soziales System, Stuttgart 1996, 33 f.

Städte. Die Distanz zur Welt wurde konstituiert in der Feier des Todes und der Auferstehung Christi; mir ihr war die Erwartung des baldigen Weltendes und der Wiederkehr Jesu verbunden. In der Feier wurde das Brot der Armen gesammelt, gesegnet und an die Bedürftigen ausgeteilt; Kranken wurde es nach Hause gebraucht. Dafür gab es eigens das *Amt des Diakons.* Er stand anfangs als geweihter Amtsträger neben Bischöfen und Priestern, hatte feste liturgische Aufgaben im Gottesdienst zu erfüllen, hielt die Gemeinde zum Geben an und organisierte ihre materielle, tätige Nächstenliebe. Auch Frauen konnten das Amt ausüben, wie es scheint aber sehr bald nur mit eingeschränkter Befugnis.

Im 2. Jh. wurde infolge innerkirchlicher Lehrkonflikte das Bischofsamt gestärkt. Dadurch verlor der Diakon die Selbständigkeit in der Amtsführung und wurde mehr und mehr zum Gehilfen des Bischofs.

Nach der Anerkennung des Christentums als einer im römischen Reich zugelassenen Religion durch Kaiser Konstantin (ab 312) wurde die Stellung der Bischöfe der (früh-) byzantinischen Beamtenhierarchie angepasst, die Diakone wurden nun ihre Vermögensverwalter mit gottesdienstlicher und fürsorgerlicher Nebenfunktionen. Die Diakonatsweihe sank herab zur bloßen Vorstufe der Priesterweihe. Ob und in wie weit das Kirchenvermögen zum Wohl der Armen eingesetzt wurde, lag fortan ganz in der Verantwortung des Bischofs.[9]

Seit Kaiser Konstantin konnte die Kirche in Testamenten bedacht werden. Daher nahm das *Stiftungswesen* einen enormen Aufschwung, viele Laien stifteten zu Gunsten der Armen. Wie bereits bei den gemeindlichen Almosen in vorkonstantinischer Zeit stand bei solchen Stiftungen der Gedanke des Heilserwerbs durch *religiöses Verdienst* (meritum) im Vordergrund.

Mit der Zulassung des Christentums (312) und mit seiner Erhebung zur Staatsreligion (380) trat die in der Frühzeit in den Gemeinden allgegenwärtige Erfahrung des Gegensatzes zur Welt – d. h. zugleich: zur sozialen Umwelt – zurück.[10] Das Bewusstsein des Herausgerufenseins aus der Welt (Ekklesia) wurde fortan besonders in Askentenkreisen gepflegt, die damals rasch anwuchsen. Seit der 2. Hälfte des 4. Jhs. übernahmen Klostergemeinschaften verstärkt diakonische Aufgaben. So übertrug Basilius der Große als Bischof von Caesarea, dem heutigen Kayseri, um 370 Mönchgemeinschaften vor seinem Bischofssitz gelegene Fremdenherbergen und Krankenhäuser.

Ab etwa 400 vernichteten die unsteten Verhältnisse der Völkerwanderungszeit vor allem im Westen die alten kommunalen und staatlichen Strukturen. Es folgten politisch und ökonomisch äußerst instabile Zeiten. Die Einkünfte, auf denen diakonische Stiftungen und die bischöfliche Armenfürsorge bisher beruhten, gingen weithin verloren;

9 Versuche einer Wiederbelebung seiner ursprünglichen Funktion, zuletzt auf dem 2. Vatikanum, zeitigten keinen dauerhaften Erfolg.

10 Eindrückliches Beispiel ist die Hofgeschichtsschreibung des Euseb von Caesarea (265–339) mit ihrer panegyrischen Glorifizierung des christlichen Kaisertums Konstantins.

vieles wurde zweckentfremdet, auch von kirchlichen Amtsträgern. In Klöstern hingegen wurden karitatives Bewusstsein und diakonische Praxis eher gepflegt.

Mit der Herausbildung stabiler ländlich-feudaler Strukturen im 8./9. Jh. konnten sich auf der Ebene des inzwischen geschaffenen Netzes ländlicher Pfarreien einfache Versorgungsstrukturen um Grundherrschaft, dörfliche Nachbarschaft und Familie ausbilden. Daneben zeigten sich Ansätze zu intensiverer Armenfürsorge besonders in den Klöstern, aber auch bei Stiftskirchen und Bischofssitzen, die zur Zeit Karls des Großen (+814) mit Unterstützung des Königtums reformiert bzw. reorganisiert wurden. Alles das spielte sich aber unter den Bedingungen einer Gesellschaft ab, die stets unter Mangelwirtschaft litt und dauernd von Hunger und Seuchen bedroht war.

In den folgenden Jahrhunderten bis zur Reformation ist die Trennung von weltlicher und geistlicher Sphäre nicht immer klar auszumachen; gleiches gilt für die weltliche und kirchliche Armenfürsorge. Während in der Weihehierarchie die untergeordnete Stellung des Diakons unverändert bleibt, wird im politischen Zusammenhang der Diakonatsgedanke ausgeweitet: Das Königtum (respektive Kaisertum) sieht seit Karl dem Großen im Schutz der Armen, Witwen und Waisen und in der Festigung der öffentlichen Ordnung seine *diakonische* Aufgabe. Andererseits übernehmen geistliche Würdenträger weltliche Ordnungsaufgaben.[11]

Im 10./11. Jh. erfuhr die Diakonie dadurch eine praktische Intensivierung, dass in den benediktinischen Reformklöstern Mönchsgemeinschaften systematisch Aufgaben der Armen- und Krankenversorgung übernahmen und ausbauten. Hier ist beispielhaft die von Cluny ausgehende Reformbewegung zu nennen.[12] Aber auch das geschah unter den Bedingungen einer Mangelwirtschaft, in der die Menschen stets durch Hunger und Seuchen elementar bedrohten waren.

Seit dem 11. Jh. wuchs die Bevölkerung. Im Zuge zunehmender Mobilität auf Handels-, Kreuz- und Pilgerfahrten wird das *Hospitalwesen* stark ausgebaut. Schwertführende Orden von Rittermönchen und geistliche Krankenpflegegenossenschaften übernahmen hier während der Kreuzzüge die Initiative. Hilfsbedürftige und Kranke

11 Zur kaiserlichen Amtskleidung gehört auch die Dalmatika, seit der Spätantike Amtskleid des Diakons, das, unter der Kasel getragen, auch Bestandteil der bischöflichen Ponitfikalkleidung ist. Vgl. LThK 2. Aufl., 3, 130.
Im ausgehenden 10. und 11. Jh. bekommen Bischöfe und Äbte des Reiches im Zuge der Entfaltung des ottonisch-salischen Reichskirchensystems vom deutschen König Funktionen des weltlichen Regiments (Grafenrechte) übertragen; daraus gehen die geistlichen Fürstentümer hervor, die größtenteils bis 1803 Bestand haben. Auch dieser Vorgang kann im Sinne eines politischen Diakonats interpretiert werden.

12 Im Süden und Westen Europas beteiligen sie sich zudem an der Gottesfriedensbewegung (treuga Dei) zur Eindämmung des adligen Fehdewesens. Das Bemühen, auf diese Weise zur öffentlichen Ordnung beizutragen, lässt sich ebenfalls als Ausübung einer politisch-diakonischen Funktion verstehen.
Gleiches gilt für die gregorianischen Reform, in der sich die römische Kirche ab etwa 1050 quasi-staatliche Machtfunktionen aneignete, indem sie die schiedsrichterliche Obergewalt des Papstes über den weltlichen Adel durchsetzte und damit – wenigstens dem Anspruch nach – die Leitung der Feudalhierarchie in (West-) Europa erreichte.

wurden dabei als „Herren“ angesehen, weil in ihnen Christus gegenwärtig ist; sie zu pflegen galt als Dienst an Gott.

Angesichts der krassen Gegensätze von arm und reich, die sich in den aufblühenden Städten Europas im 12. und 13. Jh. entwickelten, wurde über die *religiöse Bedeutung der Armut* heftig gestritten. Eine breite Armutsbewegung brachte häretische und orthodoxe religiöse Strömungen hervor. Es entstanden die Bettelorden, die die innere Reform der Kirche betrieben und abweichende Positionen als Häresien bekämpften.

Zur selben Zeit nahm das städtische Stiftungswesen zugunsten von Elenden und Armen einen enormen Aufschwung. Daraus entwickelte sich bis zur Reformation ein überwiegend von frommen Laien getragener und oft von der weltlichen Gewalt beaufsichtigter Wohlfahrtsbereich. Er wurde auch gegen kirchliche Instanzen verteidigt, weil eine Entfremdung der Stiftungsmittel zugunsten kirchlicher Pfründner drohte.

Auch jetzt stand der Verdienstgedanke stark im Vordergrund; er war eng verbunden mit der Lehre vom Fegefeuer als dem jenseitigen Reinigungsort, an dem Christen nach dem Tode für bereits vergebene, aber noch nicht durch irdische Genugtuungswerke abgegoltene Sünden Buße leisten sollten.

An diesem Punkt setzte um 1520er Jahren die *Reformation* an, die die Lehre vom Fegefeuer bestritt und den Verdienstgedanken verwarf. Wo die Reformation sich durchsetzte, wurden Klöster und fromme Bruderschaften aufgehoben, Messen zugunsten der Seelen Verstorbener abgeschafft. Die einschlägigen Stiftungen wies man einer zentralen Kasse, dem *Armenkasten* zu, aus der auch Bedürftige zu versorgen waren.

Um Unabhängigkeit von Rom zu gewinnen, wurden im Anschluss an Luthers Adelsschrift von 1520 die lokalen Kirchenwesen einschließlich Schule und Armenfürsorge den weltlichen Gewalten übertragen.

Versuche einiger Reformatoren, den Diakonat als geistliches Amt wiederzubeleben, misslangen weitgehend, weil städtische Obrigkeiten und Territorialherren Zurückhaltung übten. Sie hatten lange mit der römischen Kirche um Aufsichtsrechte gerungen und wollten nun die Entstehung allzu selbständiger protestantischer Kirchenwesen (einschließlich der diakonischen Einrichtungen) nicht zulassen.

Die Zusammenfassung geistlicher Stiftungen im protestantischen Armenkasten unter der Kontrolle der Obrigkeit hatte von Anfang an einen Konstruktionsfehler: Der Kasten diente auch zur Finanzierung der Pastoren- und Lehrergehälter und zur Bestreitung der Baulasten in Kirche und Schule. Wenn in ökonomischen Krisen, vor allem aber in den Kriegs- und Notzeiten des 17. Jh., kaum noch Einkünfte zur Verfügung standen, wurden besonders die Aufwendungen für Bedürftige eingeschränkt. Hier erwies sich die Einbindung der Kirche in Staat und Kommune als ungünstig für die Armenpflege.

Deshalb sind ab der zweiten Hälfte des 17. Jahrhunderts vielerorts Versuche zu beobachten, wieder eine eigenständige kirchliche Armenfürsorge aufzurichten und sie mit Erziehungsmaßnahmen und verschärfter Kirchenzucht gegenüber den Armen zu verbinden. Diese Versuche wurden z.T. von den Regierungen beargwöhnt und behindert, z.T. aber auch staatlicherseits gefördert. Es kommt zur Errichtung neuer Stiftungen und zu einer Gründungswelle von Waisen-, Zucht- und Arbeitshäusern. Hier spielte der um 1700 aufblühende Pietismus eine wichtige Rolle; dabei handelte es sich um eine auf Innerlichkeit, Liebe zu Gott und zum Nächsten gestimmte Frömmigkeitsbewegung, die auf praktizierten Glauben Wert legte. In der Folgezeit neigte der aufgeklärte Staat des 18. Jhs. dazu, die Caritas wieder ganz unter seine Fittiche zu nehmen.[13]

3. Diakonie, Kirche und Staat im 19. und 20. Jh.

Nach den politischen Umwälzungen der französischen Revolution und der napoleonischen Kriege brachten vorindustrielle Massenarmut, Industrialisierung und Verstädterung im 19. und 20. Jh. soziale Probleme nie da gewesenen Ausmaßes, aber auch völlig neue Lösungsmöglichkeiten. Seit den 1880er Jahren wurden dann in Deutschland Ansätze einer Entwicklung zum Sozialstaat erkennbar.[14]

Die evangelischen Kirchen waren nach 1815 zunächst nicht in der Lage, eine eigene Armenfürsorge zu entwickeln. Bis weit ins 19 Jh. waren sie dadurch in ihrer Entwicklung behindert, dass sie von den Regierungen als landesherrliche Behörde geleitet wurden; sie sollten vor allem einen Beitrag zur obrigkeitlichen Ordnungspolitik ("obrigkeitliche Policey"[15]) leisten. Die religiöse und diakonische Eigenverantwortung der Bevölkerung konnte sich deshalb nur schwer entwickeln.

Die deutsche Gesellschaft war zu Beginn des 19. Jh. noch ganz überwiegend agrarisch geprägt; Ortskirchengemeinde und weltliche Gemeinde waren noch weithin identisch. In Krankheit und Not mussten Familie und Nachbarschaft Hilfe leisten. Wo das nicht möglich war, sollte (wie seit Jahrhunderten) der Armenkasten einspringen oder in schlechten Hospitälern Pflege geleistet werden; vagabundierende Bettler wurden abgewiesen.

Im Zuge von Industrialisierung und Verstädterung wurden besonders in der zweiten Jahrhunderthälfte die überkommenen Lebensverhältnisse gründlich durcheinander gewirbelt; das geschah mit großen regionalen und zeitlichen Unterschieden. Bevölkerungswachstum und die Einführung maschineller Produktion in den industriellen Zentren Europas führten schon ab 1820 in Großstädten wie Hamburg, aber auch in man-

13 In Preußen mutiert der Hallesche Pietismus August Hermann Franckes unter dem Soldatenkönig Friedrich Wilhelm I. zum Staatspietismus mit erzieherischer Funktion in der preußischen Armee und am ganzen Volk.

14 Ins Vorfeld gehört die Bismarcksche Sozialgesetzgebung mit Kranken- und Unfall- sowie Alters- und Invaliditätsversichung 1883, 1884, 1889.

15 In Preußen wurden während der ersten Hälfte des 19. Jh. Erweckungsversammlungen von der Geheimpolizei überwacht.

chen stark bevölkerten ländlichen Regionen wie in Minden-Ravensberg zum *protoindustriellen Pauperismus*.[16]

Angesichts schlechter Zukunftsperspektiven verließen vor allem junge Menschen das übersichtliche soziale Gefüge der ländlichen Orts- und Kirchengemeinden. Wer eine Schiffpassage zahlen konnte, ging nach Nordamerika, andere zogen zu den neuen Zechen und Industrien, z.B. an Rhein und Ruhr. In der neuen städtischen Umwelt herrschten andere Lebens-, Arbeits- und Wohnverhältnisse als zuvor, die bisherig gewohnte soziale Kontrolle des Dorfes entfiel; ehedem durch Religion und Brauchtum vermittelte Normen büßten an Wirkung ein.[17]

Früher, auf dem Land, hatten patriarchalische Bindungen das Verhältnis Gutsherr/Knecht bestimmt; in besonderen Notlagen musste der Herr Nachsicht üben und Hilfe leisten. Nun herrschte massenhafte Lohnarbeit ohne geregelte soziale Pflichten. In materieller Not fehlten außerdem die einst auf dem Dorf verfügbaren familiären, nachbarschaftlichen, kirchlichen oder kommunalen Hilfen. In den Ballungszentren nahm die Bevölkerung rasch zu und unterlag starker Fluktuation. Die Menschen zogen oft um, es herrschte extremer Wohnungsmangel.[18] Sittliche Gefährdung und materielle Ver-

16 So geschah es z.B. in der Grafschaft Minden-Ravensberg um Bielefeld herum, wo die Bevölkerungsdichte schon am Anfang des 19. Jh. bei deutlich mehr als 100 Personen pro qkm lag, so hoch wie sonst nirgendwo in Preußen – und sich in den folgenden Jahrzehnten weiter steil nach oben entwickelte; dort sahen sich tausende Spinner und Weber, die von ländlicher Heimarbeit lebten, dem wirtschaftlichen Ruin gegenüber, weil sie ab 1820 mit billigen Produkten aus maschineller Textilproduktion in England und Belgien konkurrieren mussten. Die in hohem Maße von Hunger, Armut und Verelendung bedrohte evangelische Landbevölkerung dieses Gebietes wurde stark von einer christlichen Erweckung der Herzen erfasst: Die Gläubigen wurden von Prediger aufgefordert, sie sollten sich ihrer Sünden bewusst werden und sich in einer Willensentscheidung Jesus Christus als ihrem persönlichen Heiland anvertrauen. Sodann wurde Ihnen Vergebung im Namen Jesu zugesprochen und ihr Inneres durch die immer wieder betonte persönliche Zuwendung des Erlösers nachhaltig gestärkt. Gleichzeitig wurden ihnen strenge religiöse Lebensregeln an die Hand gegeben, die dabei halfen, die Umbrüche im Leben durchzustehen. Vgl. Gertrud Angermann, Land-Stadt-Beziehungen. Bielefeld und sein Umland 1760-1860, Münster 1982; Frommes Volk und Patrioten. Erweckungsbewegung und soziale Frage im östlichen Westfalen, hgg. v. Josef Mooser, Regine Krull, Bernd Hey und Roland Gießelmann, Bielefeld 1989.

17 Die neuen Lebensverhältnisse verlangten in zunehmendem Maße Eigensteuerung, Selbstverantwortung und Selbsthilfe der Individuen. Hier lag die besondere Chance einer im Herzen verankerten, das Individuum orientierenden und stärkenden Frömmigkeit, wie sie in Erweckungkreisen gepflegt wurde. Ähnlich geprägte Zuwanderer fanden in den neuen städtisch-industriellen Siedlungsräumen zueinander, gründeten religiöse Vereine, in denen sie sich gegenseitig sozialen Halt, religiöse Orientierung und Hilfe in Notlagen gewährten.

18 So stieg z.B. von 1871 bis 1882 die Einwohnerzahl Berlins um rund 20 % auf über eine Million, wobei die Zuwanderung weit höher war, weil bei dieser Angabe die hohe Abwanderung bereits abgerechnet ist. So kamen etwa 1872 ca. 133.600 Personen nach Berlin, aber rund 77.700 verließen im selben Zeitraum die Stadt. Vgl. Martin Greschat, „Die Berliner Stadtmission“, in: Protestanten in der Zeit, Kirche und Gesellschaft in Deutschland vom Kaiserreich bis zur Gegenwart, hg. von Jochen-Christoph Kaiser, Stuttgart u.a. 1994, 23.
Die innerstädtische Fluktuation war außerordentlich hoch, weil in den Ballungsräumen Wohnraum fehlte. 1882 waren z.B. nur ca. 8 % der Berliner Wohnungen seit zehn Jahren von denselben Personen bewohnt, die übrigen hatten ihre Bewohner bis zu zehn Mal gewechselt - ebd. In Berliner Arbeiterquartieren lebten

elendung (durch Krankheit, Arbeitsplatzverlust, Alkoholmissbrauch, Kinderarbeit, Jugendkriminalität, Verwahrlosung, Prostitution) erreichten bisher unbekannte Dimensionen. Die an den neuen Industriestandorten überkommenen, noch auf vorindustrielle Verhältnisse zugeschnittenen Wohlfahrtinstitutionen konnten keine ausreichende Hilfe leisten. Der Aufbau einer effektiven Armenfürsorge, von Betreuungs-, Erziehungs- und Bildungseinrichtungen für die nachwachsende Generation, von Krankenhäusern und Behindertenanstalten war dringend geboten. Auch das Pfarrsystem musste den neuen Lebensverhältnissen angepasst werden.[19]

Der Staat war aber weder willens noch in der Lage, das Kirchenwesen und die Wohlfahrtsorganisation auszubauen. Also war Selbsthilfe nötig. In die entstehende Lücke stießen die diakonischen und missionarischen Initiativen des freien, *sozialen Protestantismus*: Private Stiftungen, Vereine und nicht zuletzt die neugegründeten *Mutterhäuser* für Diakonissen und Diakone übernahmen Aufgaben der Diakonie und schufen Ersatz für Mängel in der Kirchen- und Gemeindeorganisation. Erstmal seit der Reformation bildeten sich im Protestantismus wieder auf Dauer religiöse Genossenschaften, die Klöstern ähnelten.

Die vielfältigen Initiativen des sozialen Protestantismus schlossen sich ab 1848 in der Inneren Mission (*IM*) zusammen; 1898 bildete sich die katholische *Caritas*.[20] Die Innere Mission entwickelte sich um 1900 zum evangelischen Wohlfahrtsverband, der selbständig neben den Landeskirchen, aber doch in enger Abstimmung mit ihnen agierte. Bis zum Ersten Weltkrieg wurden zahlreiche Werke der Inneren Mission zu eigenständigen Partnern des Staates in Angelegenheiten der Wohlfahrtspflege. Analoges vollzog sich im katholischen Bereich. So wurden die religiösen Kräfte der christlichen Konfessionen für die Lösung der sozialen Probleme fruchtbar gemacht.

Die Not während des Krieges 1914–1918 und in der Nachkriegszeit beschleunigte die Entwicklung der Inneren Mission zum Wohlfahrtsverband, so dass die Arbeitsbeziehungen zum Staat sich auch in der Weimarer Republik weiter festigten. In der Weimarer Verfassung von 1919 war erstmals in der deutschen Geschichte das Prinzip

1872 oft mehr als zehn Menschen in einem Raum, 1880 hatten mehr als 15 % aller Wohnungsinhaber in Berlin ihre Betten an "Schlafgäste" untervermietet – ebd.

19 Voraussetzung für eine Anpassung des Pfarrsystems an die neuen Verhältnisse war die Eigenständigkeit der evangelischen Kirchen und die Einführung eines Abgabensystems, dass den Aufbau neuer Kirchen, die Errichtung von Pfarreien und die Besoldung der Pastoren erlaubte. Das Ringen um eine Emanzipation der protestantischen Kirchen von den Staatsverwaltungen durchzieht als ein Grundthema die Geschichte des Protestantismus in den deutschen Ländern vom Wiener Kongress bis zum Ersten Weltkrieg. Im Laufe des 19. Jh. kam es Schritt für Schritt zur Errichtung eigener kirchlicher Leitungsorgane neben den staatlichen Ministerien, zum Aufbau eigener Verwaltungsbürokratien, zur Einrichtung von Vertretungsorganen (Synoden) mit paritätischer Beteiligung von Pfarrern und Gemeindevertretern und zur Einführung von Kirchensteuern. So kamen die evangelischen Landes- und Provinzialkirchen im letzten Drittel des 19. Jh. langsam auf eigene Füße. So bereitete ihnen das Ende des landesherrlichen Kirchenregiments 1918 und die anschließende vorsichtige Trennung von Kirche und Staat zwar noch ideologische, aber keine schwerwiegenden institutionellen Probleme.

20 Ähnliche Entwicklungen wie die oben für den Protestantismus beschriebenen sind, mit konfessionsspezifischen Abweichungen, auch im deutschen Katholizismus zu beobachten.

des Wohlfahrtsstaates verankert. Unter dem Einfluss der katholischen Zentrumspartei, die mit den Sozialdemokraten in vielen Regierungen eine Koalition einging, wurde das Subsidiaritätsprinzip in der Sozialgesetzgebung berücksichtigt. Bei der Bewältigung der Kriegsfolgelasten war der Staat auf die Mitarbeit der freien Wohlfahrtspflege, insbesondere der starken konfessionellen Verbände angewiesen.

Trotz guter Zusammenarbeit im Wohlfahrtssektor lehnte der Protestantismus die Republik als politisches System ab, weil sie 1918 aus einem Aufstand hervorgegangen war. Man hielt es für einen Verstoß gegen den Willen Gottes, dass die von ihm eingesetzten, gekrönten Häupter des protestantisch-deutschen Kaiserreiches von 1870/71 gestürzt worden waren. Der Demokratie stand der Protestantismus überwiegend mit Ablehnung gegenüber.

Bei der Entwicklung der IM zum Wohlfahrtsverband im religionsneutralen Staat von Weimar sahen die leitenden Funktionäre des sozialen Protestantismus ein weiteres Problem: Es fiel ihnen schwer zu akzeptieren, dass die Innere Mission als einer unter mehreren Wohlfahrtsverbänden mit unterschiedlicher weltanschaulicher Prägung auftreten musste.[21] Solchem Pluralismus in Staat und Gesellschaft war man abgeneigt. Er widersprach dem umfassenden kulturmissionarischen Konzept, mit dem die IM Mitte des 19. Jh. angetreten war. Ihr Ziel war das weltanschauliche Monopol des konservativen Protestantismus in einem evangelisch-deutschen Obrigkeitsstaat gewesen, indem die von Gott eingesetzten Landesherren regierten.

Deshalb begrüßte man in der evangelischen Kirche und in der Inneren Mission 1933 die nationale Revolution Adolf Hitlers. Man hoffte, der *Nationalsozialismus* (*NS*) werde auf allgemein christlicher Grundlage ein autoritäres Regime errichten; dieses Regime werde dem 1918 untergegangen Kaiserreich ähneln und dem deutschen Protestantismus seine weltanschaulichen Konkurrenten vom Halse schaffen; *Deutsche Evangelische* [Reichs-] *Kirche* und *Innere Mission* würden sich unter einer von Hitler geführten Rechtsregierung frei entfalten können; der Katholizismus einschließlich seines Wohlfahrtsverbandes, der *Caritas*, würde auf den zweiten Rang verwiesen werden.

Bald stellte sich jedoch heraus, dass der Nationalsozialismus eigene religiöse Ambitionen hatte und die Wirkungsmöglichkeiten der (mittlerweile im Innern zerstrittenen) evangelischen Kirche massiv beschnitt; den Wohlfahrtsverbänden der Kirchen machte der NS mit einem eigenen Wohlfahrtsverband, der Nationalsozialistischen Volkswohlfahrt, zunehmend Konkurrenz. Als die Nationalsozialisten 1939 Europa und die Welt mit ihrem rassistischen Raubkrieg zu überziehen begannen, fingen sie fast zeitgleich in Deutschland mit systematischen Morden an Behinderten und psychisch Kranken an. Die Aktion, die sich als Probelauf zu den Judenmorden erwies, kostete

21 Zu den Mitbewerbern gehörten schon in den zwanziger Jahren die katholische Caritas, der Jüdische Wohlfahrtsverband, das allgemein-humanitäre Rote Kreuz, bald auch die sozialdemokratische Arbeiterwohlfahrt sowie weitere Initiativen, die in einem weiteren Wohlfahrtsverband zusammengefasst waren.

auch vielen Patienten aus christlichen Anstalten das Leben. In Kirchenkreisen regte sich – allerdings recht verhaltener – Widerstand.

Infolge dieser Erfahrungen mit dem NS-Regime setzte sich im deutschen Protestantismus nach 1945 der Konsens durch, dass evangelische Kirche in Zukunft vom Staat unabhängig sein müsse. Anders als 1918 wurde die 1949 nach westlichem Vorbild in Westdeutschland gegründete parlamentarisch-demokratische Bundesrepublik in kirchlichen Kreisen weithin akzeptiert. Das im Grundgesetz verankerte Prinzip des Wohlfahrtsstaats, das (wie schon in den zwanziger Jahren) mit dem Subsidiaritätsgedanken verbunden war, wurde als günstige Voraussetzung für eine umfassende Mitarbeit der konfessionellen Wohlfahrtsverbände im Sozialstaat angesehen und genutzt. Der ökonomische Aufschwung erlaubte ab den 1960er Jahren jenen enormen Ausbau des Wohlfahrtswesens unter der starken Beteiligung der Caritas und der Diakonie, auf den eingangs hingewiesen wurde.

Angesichts der umfassenden Eingliederung der christlichen Wohlfahrtsverbände ins öffentliche Sozialsystem wird aber gegenwärtig vielfach die Frage gestellt, worin denn der spezifisch christliche (respektive: der spezifisch katholische oder protestantische) Beitrag zu den sozialen Dienstleistungen bestehe, die ganz ähnlich auch von anderen freien oder staatlichen Trägern erbracht werden könnten. Die Frage verschärft sich angesichts der Einsparungen, die gegenwärtig überall im Wohlfahrtswesen erbracht werden müssen. Außerdem taucht als Problem auf, dass viele Klienten und zunehmend auch Mitarbeiter diakonischer Einrichtungen die christliche Tradition nicht mehr kennen oder einer anderen Religionsgemeinschaft angehören. Besonders hat die Zahl der Muslime zugenommen. Wie sollen sich die Einrichtungen von Diakonie und Caritas dazu stellen?

4. Schale und Kern, Gesetz und Evangelium: Zur historisch-theologischen Bewertung diakonischen Handelns

Der tiefgehenden Wandel, dem Diakonie im Laufe ihrer Geschichte immer wieder ausgesetzt war, lässt die Frage nach dem Wesen christlicher Liebestätigkeit aufkommen. Wie sind die historischen Entwicklungen – einschließlich der Irrwege – theologisch zu bewerten?

Immer wieder musste und muss in der Geschichte der Diakonie die Frage gestellt werden, welche lang Zeit gültige Ordnungen zu revidieren und neu zu formulieren seien, um dem Doppelgebot der Gottes- und Nächstenliebe gerecht werden zu können. Es stellt sich damit die Frage nach Kern und Schale der christlichen Botschaft[22] und nach ihrem Verhältnis zum geschichtlich-veränderlichen Kontext. Nach evangelischem Be-

22 Vergleiche hierzu Edmund Weber, Gottes Liebe in Jesus Christus und Allah Rahman – Ein theologischer Kooperationsversuch, Vortrag beim Symposion Din ve Hayat/Religion und Leben an der Theologischen Fakultät der Dokuz Eylül Üniversitesi Izmir am 15.4.2003, unveröffentlichtes Skript.

kenntnis ist der Kern der christlichen Botschaft die Verkündung des Evangeliums von Gottes freier und beständiger Vergebung der Sünden. Nach Martin Luther hat christliche Verkündigung die Aufgabe, das *Wort Gottes als Gesetz und als Evangelium* bekannt zu machen und dabei beide *klar voneinander zu unterscheiden*. Die Erkenntnis, dass diese Unterscheidung nötig sei, erlebte er als entscheidenden theologischen Durchbruch.[23]

Gesetz und Evangelium sind für Luther beide verbum Dei, Gottes Wort zum Heil der Menschen; sie ergänzen aber einander nicht derart, dass Christus später, allgemeiner und genauer mitgeteilt hätte, was Mose, bezogen auf das Volk Israel, schon früher verkündet hatte. Sie stehen auch nicht konträr gegeneinander, in dem Sinne, dass das Evangelium als richtig und gültig, das Gesetz aber als falsch und ungültig aufzufassen wäre. Vielmehr sind beide zueinander disparat und haben hinsichtlich Zweck, Geltungsbereich und Wirkung *nichts miteinander zu tun*.

> Luthers theologischer Durchbruch war die Erkenntnis, daß [...] Gesetz und Evangelium keinen gemeinsamen Nenner haben, daß sie ihre eigene Existenzbedeutungen besitzen. Das discrimen inter legem et euangelium [also: Die Unterscheidung von Gesetz und Evangelium; M.B.] erkennt, daß die beiden verba Dei dann in der Heilsökonomie ihre heilsame Wirkung tun können, wenn sie unvermischt und ungetrennt zur Sprache gebracht werden.[24]

Beide, Gesetz und Evangelium, müssen nebeneinander das Ihre tun. Das *Gesetz* dient zur Ordnung der Welt und zur Erkenntnis des Menschen über sein Verhältnis zu Gott. Es schreibt die Verehrung Gottes und die guten Werke vor und verbietet und straft die bösen. Die Grundformeln hierfür sind die Zehn Gebote – und das eingangs zitierte Doppelgebot der Gottes- und Nächstenliebe, das im Neuen Testament als oberster Leitsatz ins Zentrum der Ethik gerückt worden ist.[25]

Luther beharrt darauf, dass Christen nicht aus der Pflicht entlassen sind, das Gesetz zu erfüllen, damit es den Menschen zum Guten dienen kann. Deshalb muss es immer neu verkündigt und befolgt werden. Zur Verwirklichung der Intention des Gesetzes zur Gestaltung der Welt ist die Vernunft anzuwenden, die keineswegs eindeutig, sondern strittig ist (– Luther bezeichnet sie Gelegentlich als „des Teufels Hure“[26]).

23 In seinen Tischreden hat sich Luther über diese zentrale theologische Erkenntnis geäußert: „Zuvor mangelt mir nichts, denn dass ich keine Unterscheidung von Gesetz und Evangelium machte, hielt alles für eines und sagte, dass Christus sich nicht von Mose unterscheide, höchstens hinsichtlich des Zeitpunkts und des Vollkommenheitsgrades. Aber da ich die Unterscheidung fand, dass eines das Gesetz sei, ein anderes aber das Evangelium, da riss ich her durch.“ WA 5, 210 (Nr. 5518). Vgl. dazu Edmund Weber, „Discrimen inter legem et euangelium. Vergegenwärtigung der Sache protestantischer Theologie“; in: Ders., H.C. Stoodt, *Inter Legem et Evangelium*, Frankfurt am Main u.a. 1994 (Theion III), 111–122, die Übersetzung danach 112.

24 Ebd.

25 Vgl. Dierk Starnitzke, Die Konzentration der neutestamentlichen Ethik auf das Liebesgebot. Antrittsvorlesung als Privatdozent für Neues Testament am 4. Juni 2003, erscheint in Wort und Dienst, Jahrbuch der Kirchlichen Hochschule Bethel 28 (2005).

26 Vgl. Bernhard Lohse, Martin Luther. Eine Einführung in sein Leben und Werk. Berlin/DDR 1983 (Originalausgabe München 1981), 179.

Mit Bezug auf den Apostel Paulus betont Luther ebenso nachdrücklich, dass kein Mensch durch die Erfüllung des Gesetzes, durch irgendwelche Taten oder Werke vor Gott gerecht wird (vgl. Römer 3, 21–23). Hingebungsvollste Gottesliebe, inbrünstige Gemeinschaft und gelungener Einsatz für den Nächsten tragen zur Vollendung des Menschen bei Gott nichts bei. Das schafft allein das *Evangelium*, die frohen Botschaft, die in der Mitteilung besteht, dass Gott sich den Menschen barmherzig zuwendet und von sich aus frei und beständig die Sünde vergibt (Römer 3, 28; 8, 31–39). Wir Menschen richten dabei nichts aus, sondern können das Heil nur von außen – extra nos – empfangen. Das ist Inhalt und Sinn der frohen Botschaft. Die dogmatische Aussage, dass Jesus Christus die menschgewordene zweite Person des dreieinigen Gottes ist, besagt, dass die Sündenvergebung für den Menschen aus Gott selbst stammt und von ihm vollzogen wird. Mann kann auch sagen: In Christus zeigt sich Gott als der Allerbarmer, der Barmherzige.

Aufgabe der Verkündigung ist es, Gesetz und Evangelium mit ihren unterschiedlichen Zwecken in der Sprache der Zeit und in Bezug zu den sich wandelnden weltanschaulichen und politisch-sozialen Gegebenheiten zu formulieren und Gestalt werden zu lassen.

Vor diesem Denkhintergrund sind die in dieser kurzen Skizze beobachteten unterschiedlichen Phänomene der Gottes- und Nächstenliebe, die einander ablösenden Frömmigkeitsformen und diakonischen Konzepte als Werke des Gesetzes zu betrachten, die zur Gestaltung des Lebens in der Welt nach Gottes Gebot aufgetragen sind, aber in Hinblick auf die letzte Bestimmung des Menschen bei Gott nichts bewirken.

Sie hängen ebenso ab von kulturellen Mustern, Denktraditionen, politischen und ökonomischen Gegebenheiten wie von Vorprägungen Einzelner oder ganzer Menschengruppen (Schichten, Klassen, Milieus), und sie sind je bezogen auf individuelle und gesellschaftliche Entwicklungen. Kurzum: Sie sind historisch gebunden und unterliegen mehr oder weniger raschen Veränderungen.

Angesichts des in innerprotestantischen Kontroversen oft zu vernehmenden Vorwurfs der Gesetzlichkeit gegen die eine oder andere Form der Frömmigkeit oder des Lebenswandels sei ausdrücklich betont: Menschen können in ihrer irdischen Existenz nur *Gesetz* verwirklichen, *nicht jedoch Evangelium*. Das Evangelium kann nur gehört oder als Sakrament am Leib gespürt bzw. geschmeckt – und geglaubt werden. Im Glauben daran, dass Gott aus seiner Barmherzigkeit fortwährend voraussetzungslos Sünden vergibt, können Menschen sich auf die Welt einzulassen und die Erfüllung des Gesetzes wagen. Solches Verhalten nannte Luther „tapfer sündigen“.[27]

27 Als Luther 1521 auf der Wartburg saß und der skrupulöse Philipp Melanchthon in Wittenberg nicht wusste, wie er ohne den Rat des älteren Freundes in den theologischen und religiösen Turbulenzen in Wittenberg die Reformation voranbringen sollte, ohne Fehler zu machen, schrieb Luther ihm: „Wenn du ein Prediger der Gnade bist, so predige eine wahre und keine erdichtete Gnade. [...] Gott heilt nicht erdichtete Sünder. Sei ein wahrhaftiger Sünder und sündige kräftig, aber glaube noch kräftiger und freue dich in

Die Botschaft von der freien Gnade Gottes, von der Vollkommenheit, die der Mensch ohne eigenes Zutun geschenkt bekommt, stellt gegenüber allen faktischen menschlichen Realisierungen des Gesetzes einen grundsätzlichen Vorbehalt dar. Protestantische historische Theologie weiß darum, dass die von ihr beobachteten Realisierungen der Gottes- und Nächstenliebe historisch gebundene Werke des Gesetzes sind (so wie ihr eigenes Vorgehen es auch ist). Deshalb weist sie auf Bedingtheiten, Zusammenhänge und Entwicklungen, auf Gelungenes, Irrtümer, schwere Fehler, gegebenenfalls auch auf Verbrechen hin, fällt aber kein abschließendes theologisches Urteil, sondern verweist auf den barmherzigen Gott.

Literatur:

Quellen zur Geschichte der Diakonie, hg. v. Herbert Krimm, 3 Bde., Stuttgart 1960, 1963.

Gottfried Hamman, Die Geschichte der Diakonie. Praktizierte Nächstenliebe von der Antike bis zur Reformationszeit, Göttingen 2003.

Jochen-Christoph Kaiser, Sozialer Protestantismus im 20. Jahrhundert. Beiträge zur Geschichte der Inneren Mission 1918-1945, München 1989.

Die Macht der Nächstenliebe. 150 Jahre Innere Mission und Diakonie 1848-1998, Katalog zur gleichnamigen Ausstellung im Auftrag des Deutschen Historischen Museums und des Diakonischen Werkes der Ev. Kirche in Deutschland, hgg. v. Ursula Röper und Carola Jüllig, Berlin 1998.

Christoph Sachße und Florian Tennstedt, Geschichte der Armenfürsorge in Deutschland, 3 Bde. Stuttgart u.a. 1980, 1988, 1992.

Sozialer Protestantismus und Sozialstaat. Diakonie und Wohlfahrtspflege in Deutschland 1890 bis 1938, hgg. v. Jochen-Christoph Kaiser und Martin Greschat, Stuttgart 1996.

Dierk Starnitzke, Diakonie als soziales System, Stuttgart 1996.

Christus, der ein Sieger über Sünde, Tod und Welt ist." Zitiert nach Christian Möller, „Reformatorische Spiritualität: Begeisterung für das Alltägliche", in: *Deutsches Pfarrerblatt* 6 (2004), 284–287, hier 285.

Orte für Kinder – Evangelische Kinderbetreuung in einem multireligiösen Kontext: Wie Eltern ausländischer Herkunft die religionspädagogische Arbeit in evangelischen Betreuungseinrichtungen wahrnehmen*

von

Michael Frase

Einleitung

Das Diakonische Werk des Evangelischen Regionalverbandes Franfurt am Main führte im Frühjahr des Jahres 2003 erstmalig eine Befragung in den evangelischen Kindertagesstätten durch, um die Wahrnehmung einer evangelischen Kinderbetreuungseinrichtung durch die Eltern aus einer anderen Religionsgemeinschaft zu erfragen. Ca. 37% (Stand Mai 2003) der Kinder in den evangelischen Kindertageseinrichtungen sind ausländischer Herkunft und gehören zum Großteil einer nichtchristlichen Religionsgemeinschaft an. Durch die Befragung sollte untersucht werden, wie sich in der alltäglichen Arbeit in den Einrichtungen das Zusammenleben von christlichen, muslimischen und andersreligiösen Kindern auswirkt. Gefragt wurde danach, wie die Arbeit der evangelischen Kindertagesstätte durch die Eltern der Kinder wahrgenommen wird. Es galt zu klären, ob die konfessionell geführten Einrichtungen einen Beitrag leisten, um in einem multikulturellen Umfeld Verständnis und Toleranz besonders im Hinblick auf religiöse Vorstellungen und Grundhaltungen zu fördern, oder ob eher die Abgrenzungen der verschiedenen Religionsgemeinschaften deutlicher zum Tragen kommen. Im folgenden werden die Ergebnisse der Untersuchung auf der Basis der allgemeinen Situation von Kindern von Frankfurt am Main dargestellt und erste Schlussfolgerungen aus der Untersuchung gezogen.

Die Situation von Kindern in der Stadt Frankfurt am Main

In Frankfurt am Main leisten die evangelischen Kirchengemeinden mit ihren Kindertageseinrichtungen einen wichtigen Beitrag zur Versorgung von Kindern bis zu sechs Jahren mit Plätzen in Kindertagesstätten; für ältere Kinder besteht darüber hinaus ein Hortangebot. Die evangelische Kirche trägt maßgeblich zur Einlösung des Rechtsanspruches der Eltern auf einen Kindergartenplatz bei. Vom Ausgabevolumen

* Die Untersuchung und Publikation wurde gefördert von der Dr. med Nelly Hahne-Stiftung Stuttgart.

sind die Haushalte der Kindertagesstätten die größte Einzelposition im Haushalt des Evangelischen Regionalverbands und der Kirchengemeinden in Frankfurt am Main. 56 Kirchengemeinden unterhalten als Träger 80 Kindertagesstätten. Damit löst die Evangelische Kirche einen Anspruch ein, den sie selbst seit langem formuliert hat. Die traditionell geprägte Arbeit mit Kindern in Betreuungseinrichtungen ist nämlich ein wesentlicher Beitrag der evangelischen Kirche zur Unterstützung und Förderung des Lebens von Familien in der Großstadt. Dieses Anliegen ist umso wichtiger, da als Motivation des Wegzugs von Familien aus Frankfurt am Main häufig angegeben wird: „Wohngegend war nichts für Kinder"[1].

Doch nicht nur das in Frage gestellte Umfeld der Kinder, in dem sie in Frankfurt aufwachsen müssen, wird kritisch gesehen, sondern auch die Lebenssituation von Frankfurter Kindern. Oftmals sind gerade sie von sozialer Bedürftigkeit betroffen. Am Ende des Jahres 1998 lebten 5420 Kinder unter 7 Jahren und 4746 Kinder zwischen 7 und 14 Jahren von Sozialhilfe. Zwar sind die Zahlen durch die Verbesserung des Familienlastenausgleichs seit 1996 zurückgegangen, aber es bleibt bei einer überdurchschnittlichen Sozialhilfe-Betroffenheit von Kindern in Frankfurt a. M.[2] Zwischen 1985 und 1995 war die Zahl der Kinder, die in Sozialhilfehaushalten lebten, stark angestiegen.[3] Hier sind besonders stark auch Kinder von Familien ausländischer Herkunft betroffen. Mit einer Sozialhilfequote von 15,8% der Unter-15-jährigen ausländischen Jugendlichen – im Vergleich zu 4,8% der deutschen Vergleichsgruppe – fällt diese deutlich höher aus.[4]

Frankfurt ist eine Stadt, in der Kinder zunehmend zu einer Minderheit gehören. In 76,9% (Stand 1998) der Haushalte leben gar keine Kinder mehr und seit den 90er Jahren wird immer deutlicher, dass diese Tendenz stetig steigt: „Während die Anzahl der Haushalte in Frankfurt während des Untersuchungszeitraumes zunahm, scheint Frankfurt jedoch immer weniger der Ort für Haushalte mit Kindern zu sein."[5] Im Jahr 1998 leben in 76,9% (276.400 Haushalte) aller Frankfurter Haushalte keine Kinder mehr. Nur in 12,3% (44.200 Haushalte) wächst ein Kind auf, in 8% (28.900 Haushalte) zwei und nur in 2,7% (9.800 Haushalte) sind es drei oder mehr Kinder, d.h. nur in 23% der Haushalte wachsen noch Kinder auf.[6] 1995 lebten 18,4% aller Minderjährigen in der Stadt in Familien mit einem alleinerziehenden Elternteil. Ende 1994 weisen

1 Im Folgenden wird auf die aktuelle Sozialberichterstattung Bezug genommen: Frankfurter Sozialbericht, Teile I-VI, hg. v. Dezernent für Soziales und Jugend, verf. v. Herbert Jacobs, Frankfurt a. M. 2000-2003, hier: Frankfurter Sozialbericht, Teil III: Wohnungsversorgung, 21.

2 Frankfurter Sozialbericht, Teil II: Sozialhilfeempfänger, 20.

3 Vgl. Peter Bartelheimer, Risiken für die Soziale Stadt, erster Frankfurter Sozialbericht, Frankfurt a. M. 1997, 39 – schon für die neunziger Jahre des letzten Jahrhunderts lässt sich eine Zunahme der Kinder, die in Sozialhilfehaushalten im Zeitraum 1985-1995 leben, feststellen: „Die Zahl der Kinder, die in Sozialhilfehaushalten leben, hat sich jedoch mehr als verdoppelt. Ende 1994 bezogen 11,6% der deutschen Kinder und 18,3% der nichtdeutschen Kinder unter 7 Jahre Hilfe zum Lebensunterhalt."

4 Frankfurter Sozialbericht Teil II: Sozialhilfeempfänger, 28.

5 Frankfurter Sozialbericht Teil III: Wohnungsversorgung, 25.

6 Frankfurter Sozialbericht Teil III: Wohnungsversorgung Tabelle A2/10.

die Statistiken zum Bezug der Hilfe zum Lebensunterhalt aus, dass 47,4% dieser Kinder diese Sozialhilfeleistungen beziehen. Für die Arbeit in Kindertagesstätten ist bei der Planung und Entwicklung von Betreuungskonzepten das Armutsrisiko dieser Kinder zu berücksichtigen.[7] Besonders zu beachten ist von daher die Situation alleinerziehender Mütter. Bereits der erste Frankfurter Sozialbericht hat 1997 darauf hingewiesen, dass in Frankfurt am Main fast jedes sechste Kind in Haushalten alleinerziehender Mütter aufwächst, während es im Umland der Rhein-Main Region diese Situation auf jedes neunte zutrifft.[8]

Vor diesem Hintergrund wird der Beitrag, den die evangelischen Kindertagesstätten für das Leben mit und von Kindern in der Großstadt leistet, besonders wichtig. Eine Kindertagesstätte ist nicht nur ein Ort für die Betreuung von Kindern auf Zeit, sondern wird zunehmend zu einem Raum, in dem Kinder sich ihrem Alter entsprechend entfalten können und dennoch behütet und beschützt aufwachsen. Kindertagesstätten werden zu Erfahrungs- und Erlebnisinseln für Kinder in einer Stadt, die zunehmend von Kinderlosigkeit geprägt wird.

In der Orientierung auf die Lebenssituation von Familien hat sich das Angebot von Kindertagesstätten in den letzten Jahren ständig verändert. Dabei wurde dieses Angebot immer stärker ausdifferenziert. Der klassische Kindergarten, der bereits vor über 100 Jahren die ersten halbtäglichen Betreuungsangebote entwickelte, hat sich inzwischen auf Ganztagsbetreuung, Zweidrittelbetreuung und Betreuung mit oder ohne Mittagessen eingestellt. Zunehmend wurde aber auch dem Bedarf nach Betreuung immer jüngerer Kinder entsprochen. Das Eintrittsalter wurde gesenkt. Es gibt Einrichtungen, die altersgemischte Gruppen anbieten, in denen auch Unter-Dreijährige bereits aufgenommen werden.

Wenn wie oben bereits genannt 37% der Kinder in evangelischen Betreuungseinrichtungen ausländischer Herkunft sind, gilt es, deren Lebenssituation im Besonderen zu betrachten. Kontinuierlich hat sich in den letzten Jahren die Zusammensetzung der Jugendlichen (Altersgruppe der 15- bis 25-jährigen) in Frankfurt zu Gunsten der Kinder ausländischer Herkunft verschoben. Zwischen 1985 und 1995 ging die Zahl der deutschen Jugendlichen um die Hälfte zurück, die der Zahl der Jugendlichen ausländischer Herkunft wuchs um die Hälfte. 47% der Jugendlichen hatten nach 1995 keinen deutschen Pass.[9] Bei den Schulabgängern fällt auf, dass die Hälfte der ausländischen

7 Peter Bartelheimer, Risiken für die Soziale Stadt, 39: dieses höhere Verarmungsrisiko wird durch den aktuellen Sozialbericht bestätigt: Frankfurter Sozialbericht, Teil II: Sozialhilfeempfänger, 21 „Hierbei gab es in der Sozialhilfe rund anderthalbmal so viele Alleinerziehenden-Haushalte wie Paar-Haushalte mit Kindern, während in Frankfurt insgesamt nur jeder vierte Haushalt mit Kindern ein Alleinerziehenden-Haushalt ist. Damit liegt eine deutlich überdurchschnittliche Sozialhilfebetroffenheit von Alleinerziehenden und ihren Kindern vor. Die überdurchschnittliche Sozialhilfequote von Kindern ist vor allem auf die überdurchschnittliche Betroffenheit alleinerziehender Eltern zurückzuführen"; vgl. dazu auch dort Anm. 35 und 36.

8 Peter Bartelheimer, Risiken für die Soziale Stadt, 53.

9 Peter Bartelheimer, Risiken für die Soziale Stadt, 39.

Jugendlichen die Schule höchstens mit einem Hauptschulabschluss verlässt.[10] Die Sozialberichterstattung weist ein deutlich höheres Sozialhilferisiko für Ausländer auf. 1998 lag der Ausländeranteil an der Frankfurter Wohnbevölkerung bei 26,6%, die Quote bei den Sozialhilfeempfängern nicht-deutscher Nationalität bei 38,3%.[11]

Das Angebot in den evangelischen Kinderbetreuungseinrichtungen hat die Aspekte der Unterstützung Alleinerziehender und die Verbesserung der Chancen der Kinder ausländischer Herkunft verstärkt in den Blick zu nehmen. Die Kindertagesstätte kann durch die Förderung der Sprachfähigkeit und des gegenseitigen kulturellen und religiösen Verständnisses einen wesentlichen Beitrag zur Integration und Perspektive in der Schul- und Berufsausbildung leisten. Von diesem Anspruch her ist die erstmalige Befragung der Eltern von Kindern ausländischer Herkunft geleitet worden.

Zur multikulturellen und multireligiösen Situation von Kindern

Frankfurt ist seit vielen Jahren von einer multikulturellen und multireligiösen Situation geprägt. Aus diesem Grund hat die Stadt Frankfurt am Main bereits 1989 das Amt für multikulturelle Angelegenheiten (AmkA) eingerichtet. Mit besonderen Publikationen und Ratgebern soll auf die besonderen Bedürfnisse und Situationen der Mitbürgerinnen und Mitbürger ausländischer Herkunft eingegangen werden, Orientierung und Tipps für Anlaufstellen, für Beratung und Austauschmöglichkeiten.[12]

In Frankfurt am Main werden zurzeit 132 höchst unterschiedliche Religionsgemeinschaften gezählt. Hinzu kommen noch 14 interreligiöse bzw. ökumenisch orientierte Einrichtungen und Interessensverbände.[13]

10 Peter Bartelheimer, Risiken für die Soziale Stadt, 39; diese Entwicklung bestätigt auch der aktuelle Sozialbericht: Frankfurter Sozialbericht, Teil II, 27 und Anm.41: „Während 1998 rund die Hälfte der ausländischen Jugendlichen in Frankfurt nur den Hauptschulabschluss erreichte oder ganz ohne Schulabschluss blieb, hatte von den deutschen Schulabgängern rd. die Hälfte die Fachhochschul- oder Hochschulreife ... Von den Zuwandererkindern schafften aber nur 8,5% das Abitur, 27,6% die mittlere Reife und 43,6% den Hauptschulabschluss. Und rund 15% blieben ganz ohne Schulabschluss.“; die Folgen der Integration in den Arbeitsmarkt sind entsprechend ... vgl. auch: Frankfurter Sozialbericht, Teil I: Risiken und Chancen des Frankfurter Arbeitsmarktes, 74 „ – Das Arbeitslosigkeitsrisiko ist für Arbeitnehmer ohne (formale) berufliche Qualifikation weit höher und für Fachhochschul- und Universitätsabsolventen niedriger ... - Die Arbeitslosenquote ausländischer Mitbürger und Mitbürgerinnen liegt deutlich über der von deutschen.“

11 Frankfurter Sozialbericht, Teil II: Sozialhilfeempfänger, 26 „Die Sozialhilfequote der Ausländer ist deutlich höher als die der Deutschen (8,9 gegenüber 4,7%). Insbesondere ausländische Frauen sind stark von Sozialhilfe betroffen.“

12 Multikultureller Ratgeber für Frankfurt am Main, hg. v. Der Magistrat der Stadt Frankfurt am Main, Frankfurt 2001, 4. Auflage.

13 Religionen der Welt – Gemeinden und Aktivitäten in der Stadt Frankfurt am Main, hg. v. Amt für multikulturelle Angelegenheiten der Stadt Frankfurt am Main, bearb. v. Abena Bernasko und Stefan Rech, Frankfurt am Main 2003, 3. Auflage, 10.

Während der Anteil der den Volkskirchen zugehörigen Bürgerinnen und Bürger seit Jahren sinkt, wachsen die Gemeinden der ausländischen Mitbürgerinnen und Mitbürger an.[14]

Der Mitgliederschwund der römisch-katholischen Kirche wird gedämpft von den Gemeinden, die ausländischer Muttersprache sind und in Frankfurt am Main inzwischen 31% der Katholiken ausmachen. Die evangelische Kirche profitiert nicht in vergleichbarem Maße vom Zuzug und weist auch bisher in ihren eigenen Erfassungen keine gesonderten Statistiken für Evangelische ausländischer Herkunft aus.[15]

In Frankfurt am Main stellen die größte Gruppe der anderen Religionsgemeinschaften die Muslime. Ungefähr 35% der ausländischen Bürgerinnen und Bürger Frankfurts (ca. 60.000 Personen) umfassen die muslimischen Religionsgemeinschaften. Nur 10% der Gesamtbevölkerung der Stadt sind Muslime. Unberücksichtigt bleibt davon die hohe Einbürgerungsquote insbesondere der Türken. Die Gemeinschaft der Muslime in Frankfurt am Main weist eine vielfältige Struktur auf. In der Öffentlichkeit hingegen werden Muslime oft als einheitlicher Block wahrgenommen.[16]

Diese Vielfalt der Lebenssituationen in Frankfurt am Main findet sich inzwischen auch in den evangelischen Kinderbetreuungseinrichtungen wieder. In einer statistischen Auswertung vom Mai 2003 sind von den 4.848 in evangelischen Kindertageseinrichtungen betreuten Kindern 1.794 (= 37%) ausländischer Herkunft. Die größte nicht-christliche Gruppe bilden die Muslime. 843 Kinder gehören der muslimischen Religionsgemeinschaft an. Mit 508 Kindern bilden die Türken innerhalb der Muslime die größte Einzelgruppe. Zählt man die 40 buddhistischen und 23 hinduistischen Kinder noch hinzu, so ergibt diese Gruppe mit 50,5% der Kinder ausländischer Herkunft genau die Hälfte. Insgesamt 18,7 % der betreuten Kinder gehören diesen Religionsgemeinschaften an. Die Einzelauswertung von 79 untersuchten Kindertagesstätten und Horten ergibt eine Gesamtzahl von 89 in den Kindertagesstätten vertretenen Nationen.

Auch in den konfessionellen Kindergärten bildet sich zunehmend die Gesamtsituation der Stadt Frankfurt am Main ab.[17] Wenn auch statistisch eine Ungenauigkeit dadurch entsteht, dass nicht bei allen Kindern die Religionszugehörigkeit angegeben wird, so lässt sich allerdings aus dem Herkunftsland diese als Annäherungswert

14 Zahlen des Amtes für Statistik, Wahlen und Einwohnerwesen der Stadt Frankfurt am Main weisen für 2001 von den 666.476 Einwohnern 169.499 der evangelischen und 171.346 der römisch-katholischen Kirche aus. Das entspricht etwa 25,3 % für die evangelische und 25,6 % für die römisch-katholische Kirche. Zitiert nach Religionen der Welt, 14, Anm. 2.

15 Religionen der Welt, 14.

16 Religionen der Welt, 15.

17 Eine im Frühjahr 2004 abgeschlossene trägerübergreifende Untersuchung hat erstmals eine Zusammenstellung der Kinder ausländischer Herkunft oder aus Aussiedlerfamilien stammend erarbeitet. Die Statistik weist für die untersuchten Träger- und Dachverbände folgende Quoten aus: Anteil von Kindern aus ausländischen Familien oder Aussiedlerfamilien bei den städtischen Einrichtungen 49,55 %; bei den evangelischen Einrichtungen (ERV) 38,19 %; bei den katholischen Einrichtungen (CV) 44,57 %; bei den Einrichtungen frei-gemeinnütziger Träger 22,81 %; Angaben aus: Bericht – Kurzfassung, Platzkostenvergleich für Kindertagesstättenplätze in Frankfurt am Main, bearb. v. I.F.S.-GmbH München, Rainer Haase, Monika Schulz, April 2004, 19.

erschließen. Manche Kinder haben auch keine Nationalität angegeben, so dass 53 Kinder mitgezählt wurden, die unter den Nationen als Sonstige geführt werden.

Der Anteil der Kinder ausländischer Herkunft in den einzelnen evangelischen Kinderbetreuungseinrichtungen schwankt stark. So belaufen sich die Spitzenwerte in einzelnen Einrichtungen auf über 80%, während andere Einrichtungen nur einen ganz geringen Prozentsatz ausländischer Kinder aufweisen.

Wenn man bedenkt, dass keine der Kindertagesstätten durch eine evangelische Kirchengemeinde vor dem Hintergrund gegründet wurde, in einer multireligiösen Situation ein konfessionelles Angebot vorzuhalten, sondern die konfessionellen Kindergärten durch die Veränderung der Bevölkerungsstruktur im Stadtteil zunehmend in die Situation gekommen sind, dass Kinder anderer Religionszugehörigkeit betreut werden, gilt es festzuhalten, dass die konzeptionelle Anpassung an diese veränderte Bevölkerungssituation im Einzugsbereich der evangelischen Kindertagesstätten erst nachrangig entwickelt worden ist[18]. Die Motivation, Kindergärten zu betreiben, rührte zunächst aus dem Betreuungsinteresse der Kirchengemeinde für die evangelischen Kinder, das heißt die ihr durch Taufe zugeordneten Kinder evangelischer Familien.

Auf diese neuen pädagogischen Herausforderungen reagieren die Kindertagesstätten oft nur durch die Ausrichtung einer neuen pädagogischen Konzeption. Von den 80 Kindertageseinrichtungen weisen lediglich 17 keine Konzeption auf. Die übrigen haben abgeschlossene Konzeptionen oder beschäftigen sich zurzeit mit einer Anpassung und erarbeiten Neue. Die religionspädagogische Dimension findet in diesen Konzeptionen Beachtung. Die multireligiöse Situation in der Einrichtung fordert geradezu heraus, sich Gedanken über die Art der Betreuung der Kinder zu machen. In der Erklärung des Rates der Evangelischen Kirche in Deutschland zum Auftrag der evangelischen Kindertageseinrichtungen wird auf diesen Aspekt in folgender Weise eingegangen:

> Diese spezifische Formen christlicher Glaubenspraxis, die für Kinder und Eltern in evangelischen Kindertagesstätten angeboten werden, wollen sowohl Einladung zur Lebensbegleitung als auch sinnstiftend und glaubensöffnend sein. Kinder, die aus einem wenig oder gar nicht religiös geprägten Kontext kommen oder einer anderen Religion angehören, haben die Möglichkeit, diese Praxis partiell mit zu vollziehen, müssen dies aber nicht. Wichtig ist für diese Kinder die Bereitschaft, den christlichen Glauben und seine Praxis kennen zu lernen und sich damit auseinander zu setzen. Sie sollen nicht vereinnahmt werden, sondern ihnen wird Respekt entgegengebracht, unabhängig davon, ob sie sich mit dem christlichen Glauben

18 Siehe hierzu auch Frieder Harz, „In kultureller Vielfalt leben“, veröffentlicht in der 2002 von der Bundesvereinigung Evangelischer Tageseinrichtungen für Kinder e.V. (BETA) herausgegebenen Broschüre *Vielfalt leben – Profil gewinnen: Interkulturelle und interreligiöse Erziehung und Bildung in evangelischen Tageseinrichtungen für Kinder*, 9-23; Ernstpeter Meurer „Glaubenskommunikation unter interkulturellen Bedingungen“, in: Heinz Schmidt und Renate Zitt (Hgg.), Diakonie in der Stadt: Reflexionen – Modelle – Konkretionen, Stuttgart 2003, 90-100 und Christoph Schwöbel, „Kultur – Glaube – Glaubenskommunikation. Über die Praxis des christlichen Glaubens im Pluralismus der Kulturen“, ebd., 101-112.

identifizieren oder aber Distanz wahren. In jedem Fall können sie offen ihre eigenen Überzeugungen in den Dialog „über Gott und die Welt" einbringen und von ihrem eigenen Glauben erzählen.[19]

Eine Klärung des eigenen religionspädagogischen Standpunkts wird notwendig. Neue Konzeptionen gehen deutlich auf den multireligiösen Kontext der Kinder ein. So werden als Ziele formuliert:

Elemente die für uns wichtig sind:
1. Kennenlernen des christlichen Glaubens
2. Toleranz und Akzeptanz gegenüber anderen Religionen, mit denen die Kinder konfrontiert werden.[20]

Oder es wird als Ziel der Arbeit formuliert:

Was die Kinder in unserer Einrichtung erfahren und erleben:
• Kinder mit unterschiedlichen religiösen Vorerfahrungen kommen in unsere Kindertagesstätte. Sie lernen ihre eigenen und andere religiösen Vorstellungen und Gottesbilder kennen
• Im Alltag erleben Kinder gemeinsam Rituale, Verse und Gebete, Rollenspiele und Feste
• Kinder lernen kulturelle Hintergründe kennen und erhalten Informationen über andere Lebensweisen.[21]

In einem weiteren Entwurf wird formuliert:

Wir feiern mit den Kindern die christlichen Feste und begegnen anderen Religionen und Kulturen mit Respekt, Toleranz und Interesse.[22]

Die Religionspädagogik wird ausgerichtet auf:

Im täglichen Miteinander in der Kindertagesstätte werden die Kinder durch das Vorbild der Erzieherinnen und die Vermittlung ethischer und christlicher Werte im Sinne unseres Verständnisses von Toleranz, Achtung und Nächstenliebe erzogen. Dies geschieht immer im Bewusstsein der Lebenswelten der Kinder und ihrer unterschiedlichen religiösen Vorerfahrung.[23]

19 Wo Glaube wächst und Leben sich entfaltet, der Auftrag evangelischer Kindertageseinrichtungen, eine Erklärung des Rates der Evangelischen Kirche in Deutschland, hg. v. Kirchenamt der EKD, Gütersloh 2004, 25; dem Thema des interkulturellen Kontextes wird ein eigener Abschnitt gewidmet: 6. In Vielfalt leben: Evangelische und Bildung in einem interkulturellen Kontext, 41-44, dort besonders der Absatz „Konsequenzen", 44: „ – Evangelische Kirchengemeinden und Kindertagesstätten nehmen die kulturelle und religiöse Vielfalt als lebendigen Bestandteil ihrer Arbeit wahr. – Die Kindertagesstätte bietet Raum für Kinder und Eltern aus verschiedenen Kulturen und Religionen und ist damit ein Ort gelebter Vielfalt. – Kirchengemeinden und Kindertagesstätten werden bei der konzeptionellen Entwicklung von evangelischer Erziehung und Bildung in einem interkulturellen und interreligiösen Horizont durch ihre Landeskirchen und die Diakonischen Werke ihrer Kirchen ermutigt und unterstützt. – Das evangelische Profil der Einrichtungen wird vor dem Hintergrund der religiös-kulturellen Vielfalt gestärkt und möglichst deutlich zur Geltung gebracht"; vgl. auch: Perspektiven zur Weiterentwicklung des Systems der Tageseinrichtungen für Kinder in Deutschland, hg. v. Bundesministerium für Familie, Senioren, Frauen und Jugend, Berlin 2003, darin der Abschnitt „Förderung von Kindern mit einem anderen kulturellen Hintergrund", 29-30.
20 Religionspädagogik in der Konzeption der Kindertagesstätte der Mariengemeinde.
21 Konzeption der Kindertagesstätte der Martinusgemeinde: Religionspädagogische Arbeit und Ziele.
22 Konzeptionsentwurf der Kindertagesstätte der Kirchengemeinde Bonames.
23 Konzeptionsentwurf der Kindertagesstätte der Friedensgemeinde.

Die Kindertagesstätte in Sindlingen-Süd benennt in ihrem Konzept konkrete Vorhaben in der Betreuung von Kindern anderer Religionsgemeinschaften:

> Im Kindergarten bieten sich vielfältige Möglichkeiten, die multikulturelle Situation als gegenseitige Bereicherung und Lernchance für alle Beteiligten zu leben. Dies beginnt bei der Gestaltung des täglichen Alltags, z.B.:
> - bei der Berücksichtigung islamischer und anderer Speisegebote, denen einzelne Kinder unterliegen,
> - beim Interesse und Nachfragen bei Erzählungen der Kinder aus ihrer häuslichen Situation, wenn sie z.B. festlich gekleidet oder mit rot gefärbten Händen in den Kindergarten kommen,
> - durch die Aufwertung von Mehrsprachigkeit in Form regelmäßiger Einbeziehung von Liedern, Begrüßungsformeln, Zahlen in fremden Sprachen etc.,
> - durch die Bereitstellung von Bilderbüchern, die über das Leben in anderen Ländern oder über das Leben von Minderheiten hier bei uns berichten,
> - durch den Versuch, mit Hilfe von Bildern und Einrichtungsgegenständen Kindern aus anderen Kulturkreisen „Heimatgefühl" zu vermitteln.
> - Besonders deutliche Zeichen können bei der Gestaltung von Festen gesetzt werden. Im Rahmen interkultureller Pädagogik leistet Religionspädagogik einen wichtigen Beitrag zu einer nicht ausgrenzenden Identitätsbildung und ist damit Erziehung zum Frieden.[24]

Auswertung der Befragung

Die durchgeführte Befragung im 1. Halbjahr 2003 ermöglichte es erstmalig, einen Eindruck darüber zu gewinnen, wie Eltern und Kinder ausländischer Herkunft und anderer Religionszugehörigkeit die evangelische Kindertageseinrichtung erleben.[25]

Da 37% unserer Kinder ausländischer Herkunft sind und zum Großteil einer nichtchristlichen Religionsgemeinschaft angehören, ist das Miteinander in der Kindertagesstätte nicht nur vom Anspruch der Konzeption des Trägers und der Mitarbeiterinnen und Mitarbeiter her zu bewerten, sondern auch aus der Sicht der Eltern und Kinder mit

24 Konzeption der Kindertagesstätte der Kirchengemeinde Sindlingen, Punkt 9: Unser Verständnis von Religionspädagogik und 9.1: Das Zusammenleben von Menschen verschiedener Kulturen, 15; vgl. auch den Konzeptionsentwurf der Zachhäus-Kindertagesstätte der Paul-Gerhardt-Gemeinde, dort insbesondere den Punkt Interkulturelle Erziehung; weiter siehe die religionspädagogische Arbeit im Konzept der Bethlehemgemeinde und die Konzeption der Apostelgemeinde, 20 unter dem Stichwort Religiöse Feste „Wichtig ist in unserer Einrichtung auch das muslimische Zuckerfest geworden, zu dem eine Mutter dieser Glaubensrichtung den Kindern vom Brauch des Festes erzählte. Im Anschluss werden verschiedene Köstlichkeiten, die die Eltern dazu mitbringen, probiert"; auch in den neuen Broschüren der Kindertagesstätten, die sich werbend an die Eltern wenden, ihre Kinder in einer evangelischen Kindertagesstätte anzumelden, finden multireligiöse Aspekte zunehmend Eingang, siehe Flyer der Kindertagesstätte „Regenbogenland", 2003; Flyer der Kindertagesstätte der Philippusgemeinde, 2003; Flyer der Kindertagesstätte der Erlösergemeinde in Oberrad, 2003; Flyer der Kindertagesstätte der St. Nicolai-Gemeinde, 2003; Flyer der Kindertagesstätte der Christuskirchengemeinde, 2003.

25 Organisatorisch wurde die Befragung durch die Mitarbeiterinnen und Mitarbeiter des Arbeitsbereichs Kindertagesstätten des Diakonischen Werks für Frankfurt a. M. in Zusammenarbeit mit den Leiterinnen der Kindergärten, Kindertagesstätten und Horte der Evangelischen Kirchengemeinden durchgeführt. Der Fragebogen wurde im Diakonischen Werk konzipiert. Die Auswertung der Fragebögen und Zusammenführung der Ergebnisse, sowie die Vorarbeiten zu den Grafiken wurden von Frau Vera Bloemer vorgenommen.

zu bedenken. Ausschlaggebend für die Wahl der Kindertagesstätte ist in der Regel zunächst einmal die Nähe zum eigenen Wohnort. Das ist nicht verwunderlich, da auch evangelische Eltern durchaus das Kriterium „Wohnortnähe“ sehr hoch werten.

Darüber hinaus aber ist zu fragen: Lassen sich differenziertere Aussagen über die Motive und auch den Erkenntnisfortschritt, der sich bei Eltern und Kindern ausländischer Herkunft und anderer Religionszugehörigkeit ergibt, machen?[26]

Angefragt wurden 79 Kindertagesstätten und Horte. In diesen wurden entsprechend der Auswertung nach der Anzahl der Kinder anderer Religionszugehörigkeit insgesamt 400 Fragebögen an die Eltern verteilt. Davon wurden 167 Fragebögen ausgefüllt, sodass eine Rücklaufquote von 42% erreicht wurde. 75% dieser beantworteten Fragebögen lassen sich einer bestimmten Kindertagesstätte zuordnen, der Rest wurde ohne entsprechende Angabe zurückgeschickt.

Vier Kindertagesstätten weisen die Besonderheit auf, dass mehr als 10 beantwortete Fragebögen zurückgekommen sind. Hier werden sich zukünftig noch differenziertere Auswertungen bezogen auf diese Einrichtungen durchführen lassen. Um das Verständnis der Fragebögen zu erleichtern, wurde neben den in deutscher Sprache abgefassten Fragebögen eine Übersetzung ins Türkische und Arabische mit versandt. Erwähnenswert ist deshalb, dass wir in unserer Befragung seitens der Türkisch-Islamischen Union der Anstalt für Religion (Diyanet Isleri Türk-Islam Birgli „DITIB“) unterstützt wurden.[27] Neben der Möglichkeit, vorgegebene Antworten anzukreuzen, wurden auch offene Fragen gestellt, die zu ausführlicherer Antwort motivieren sollten. Manchmal zeigen die Antworten auf, dass sicherlich aufgrund von Sprachschwierigkeiten die Frage nicht richtig verstanden wurde und deswegen die Antwort nicht ausgewertet werden konnte. Problematisch erschienen die Begriffe „multikulturell“ und „multireligiös“. Es sind Begriffe, die wir in unseren Diskussionen verwenden, die sich aber anscheinend bei den Mitbürgerinnen und Mitbürgern ausländischer Herkunft sprachlich nicht wiederfinden. Insgesamt lässt sich feststellen, dass die Befragung eine überwiegend positive Reaktion hervorgerufen hat, und auch die Arbeit der evangelischen Kindertagesstätten eine günstige Bewertung erfährt.

Die grundsätzliche Zufriedenheit mit der Arbeit unserer Kindertagesstätten kommt oftmals zum Ausdruck. Auch die Möglichkeit, durch die Art der Befragung erstmals selbst Stellung zu der Arbeit zu nehmen, erfuhr große Anerkennung: „Wir sind von dem Schreiben positiv überrascht worden, da man dadurch das Gefühl bekommt, dass Sie sich Gedanken zu dem Thema machen und das ist richtig.“ Die wenigen negativen

26 Der Fragebogen wurde in folgende Teile gegliedert:
1. Angaben zu Nationalität und Religionszugehörigkeit der Eltern und Kinder
2. Kontakte zu einer Gemeinschaft der eigenen Religionszugehörigkeit
3. Gründe und Motive für die Auswahl einer evangelischen Kinderbetreuungseinrichtung
4. Wahrnehmung der religionspädagogischen Arbeit der Einrichtung.

27 Bei der Abfassung des Fragebogens in türkischer Sprache wirkte auch Herr Mehmet Emin Köktaş mit. Er ist der erste Inhaber der Stiftungsprofessur für islamische Religion an der Frankfurter Johann Wolfgang v. Goethe Universität. Beteiligt war weiterhin Herr Hüseyin Kurt von der Türkisch-Islamischen Union (DITIB). Die Übertragung in die arabische Sprache wurde von Tharwart Kades vorgenommen.

Äußerungen wurden vor allen Dingen fernmündlich in die Geschäftsstelle des Diakonischen Werkes gemeldet. Hier wurde vor allen Dingen die Sorge zum Ausdruck gebracht, dass man vermutete, mit dieser Befragung sei eine Gesinnungsüberprüfung vorgesehen. Eine aufgebrachte Anruferin fragte nach, ob wir sie alle für Al-Qaida-Mitglieder und „Schläfer" in der Gesellschaft hielten. Die Nationalität der Befragten macht deutlich, dass auch in evangelischen Kindertageseinrichtungen die weitgestreute Pluralität der Herkunftsländer vorzufinden ist. Die Auswertung der Staatsangehörigkeit in den beantworteten Fragebögen ergibt, dass 35 Nationen vertreten sind. Bei der Befragung wurde ausführlich nach der Nationalität der Kinder und Eltern gefragt. Doppelte Staatsbürgerschaften wurden auch berücksichtigt. Nicht immer wurden die Staatsbürgerschaftsfragen komplett ausgefüllt oder nur für einen Elternteil angegeben. Es überrascht nicht, dass die größte Gruppe der Befragten die türkische Staatsangehörigkeit hat, gefolgt von der deutschen. Die Nationalitäten sind bereits bei den Eltern oftmals so ausdifferenziert, dass die beiden Elternteile unterschiedliche Nationalitäten angeben, so dass die Kinder aus einem multikulturellen Hintergrund in der Familie heraus in die Einrichtungen kommen. 18% der Väter, 7% der Mütter und 17% der Kinder haben eine doppelte Staatsbürgerschaft. In den meisten Fällen ist eine der Staatsbürgerschaften die deutsche.

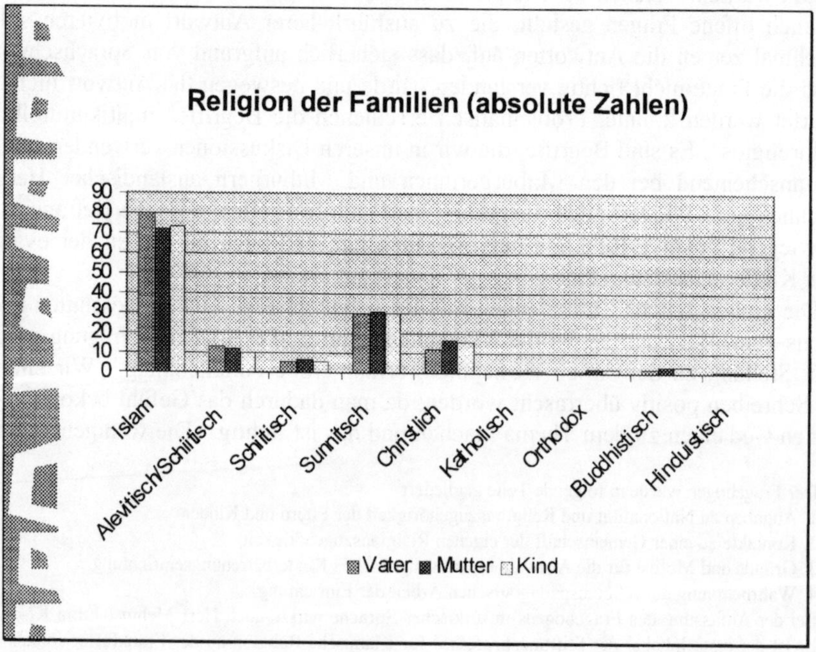

Bei der Frage nach der Religionszugehörigkeit wird die Schwerpunktsetzung im Islam deutlich. Allerdings machten 18% der Befragten keine Angaben zur Religion. Die Auswertung derjenigen, die sich zur Religionszugehörigkeit geäußert haben, zeigt, dass 85% der Familien den unterschiedlichen Richtungen des Islam zuzuordnen sind. 12% der Familien bekennen sich zum christlichen Glauben. Nur eine kleine Minderheit gibt als Religionszugehörigkeit buddhistisch oder hinduistisch an.

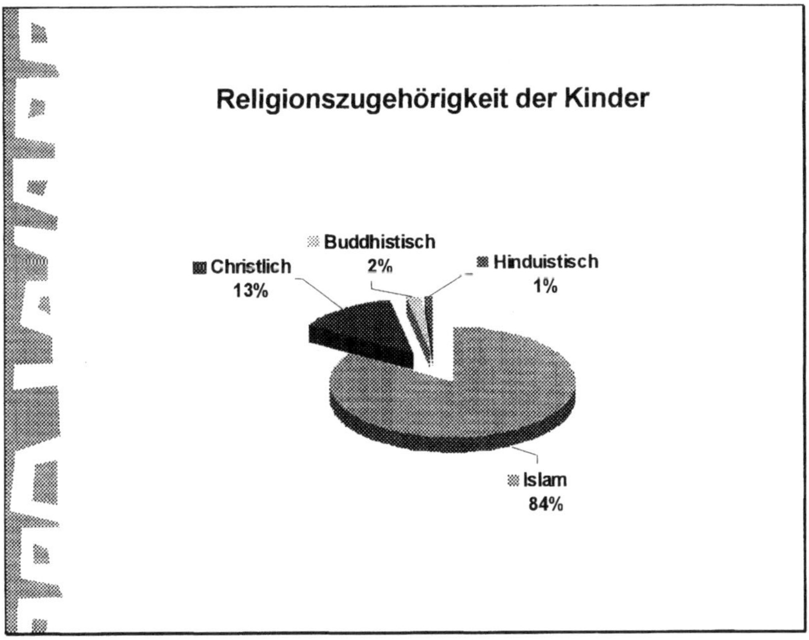

Bezogen auf die Kinder verteilt sich die Religionszugehörigkeit entsprechend. 84% gehören dem Islam an, 13% sind christlich, 2% buddhistisch und 1% hinduistisch.

Interessant ist, dass die Eltern der meisten Kinder seit vielen Jahren in Deutschland leben. Einige der Eltern sind bereits in Deutschland geboren worden. Im Durchschnitt sind die Väter seit 18 Jahren, die Mütter seit 16 Jahren in Deutschland. 52% der Mütter sind Hausfrauen. Die Bandbreite der Berufe ist groß – von Arbeitern über Selbständige und Angestellte bis zu Hausfrauen. Von den Kindern sind 96% in Deutschland geboren, zumeist in Frankfurt. Nur bei 4% wurden keine Angaben gemacht oder sonstige Geburtsorte genannt. Die Kinder der befragten Eltern waren im Durchschnitt 5,5 Jahre alt. Dieser hohe Schnitt hängt auch damit zusammen, dass Hortkinder, die ja bis zu 10 Jahre alt sind, in die Befragung mit einbezogen wurden. Es lässt sich allerdings erkennen, dass die Fragebögen eher von den Eltern zurückgeschickt worden sind, die schon längere Zeit die Kindertagesstätte kennengelernt haben. Der zurückgegebene Fragebogen ist sicherlich auch als Vertrauensbeweis für die Einrichtung zu bewerten.

74% der Eltern machten Angaben, wie lange das Kind schon in der Kindertagesstätte ist, nämlich durchschnittlich 1,6 Jahre.

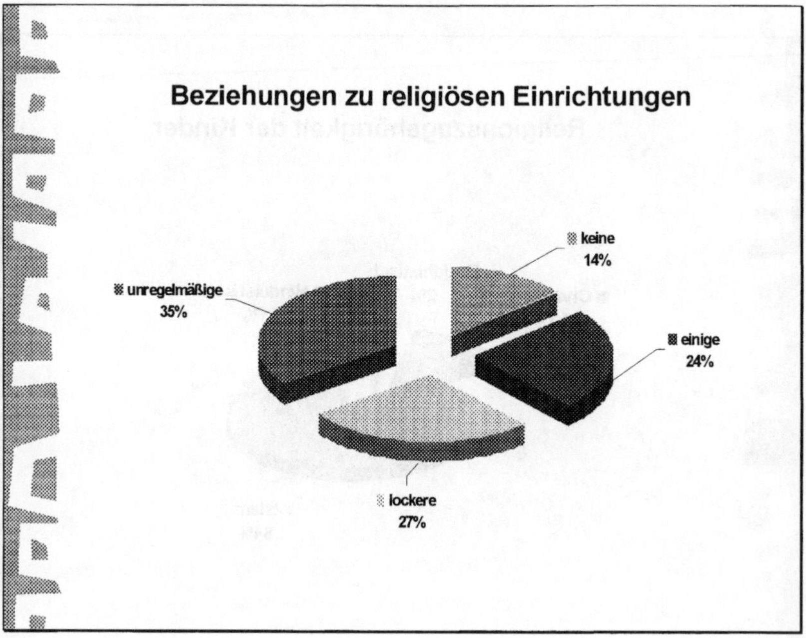

Es wurde gefragt, in welcher Weise die Familien Kontakt zu eigenen religiösen Einrichtungen haben. Interessant ist, dass hierzu 81% keine Angaben gemacht haben. Von denen, die antworteten, gaben 14% an, dass sie keinerlei Beziehung unterhalten; 86% gaben an, dass sie einen lockeren oder unregelmäßigen Kontakt pflegen.

Es wurde gefragt, welche Rolle der Charakter als evangelische Einrichtung bei der Auswahl der Kindertagesstätte gespielt hat.

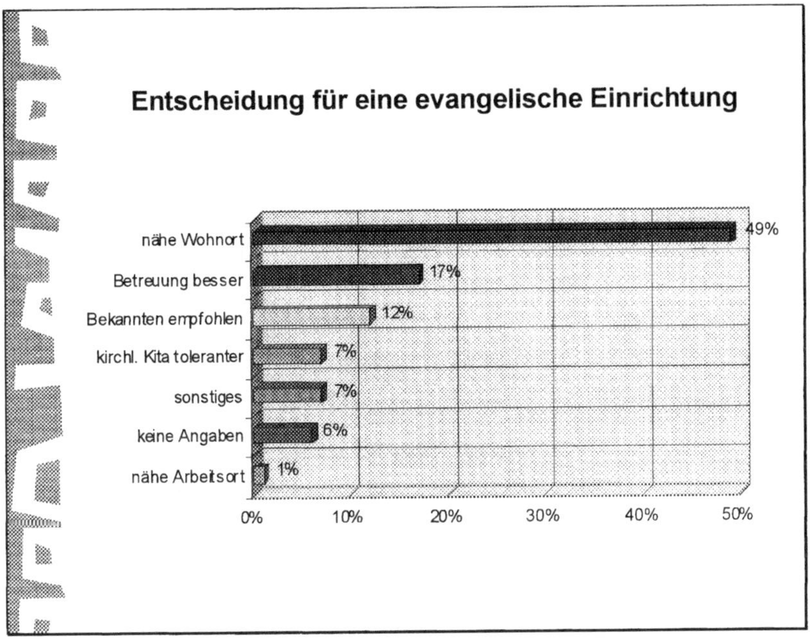

Dass 49% der Befragten angaben, dass der Wohnort das entscheidende Auswahlkriterium war, überrascht nicht. Danach folgt als zweithöchst gesetzte Angabe die Qualität der Betreuung mit 17%. Persönliche Empfehlungen waren die Grundlage für 12% der Entscheidungen, aber auch die erwartete größere Toleranz gegenüber ausländischer Herkunft gaben 7% der Befragten an. 28% allerdings gaben überhaupt keine Gründe an. Bei den Kommentierungen zu diesem Thema wurde der Wunsch geäußert, dass das Kind in der sozialen Umgebung der Wohnung Kontakte knüpfen kann und über die Kindertagesstätte auch Kontakt zu anderen Kindern erhält. Interessant ist, dass auch einzelne Angaben ein klares Bekenntnis zum protestantischen Glauben formuliert haben. „Da das Kind evangelisch getauft wurde, soll es auch in diesem Glauben erzogen werden." Einzelne Kommentare verleihen auch der Hoffnung Ausdruck, dass christliche Werte vermittelt werden und dass gerade besonders an christliche Einrichtungen ein höherer erzieherischer Anspruch gestellt wird. Auch das Image der evangelischen Kindertagesstätte als nicht zu konservativ wird formuliert. Sogar islamische Eltern geben in diesem Zusammenhang an: „Die Religion, der Glaube an den einen Gott, ist für mich gegenüber meinen Kindern wichtig. Demzufolge erwarte ich eine größere Toleranz gegenüber anderen Religionen als im Allgemeinen." Gerade durch die religiöse Ausrichtung der Kindertagesstätte wird ihr zugetraut, dass dort mit der Religiösität der Kinder eines anderen Glaubens tolerant und behutsam umgegangen wird. Die Toleranz der protestantischen Kirche wird positiv bewertet. „Weil wir fanden, dass die Evangelischen besser mit uns zurechtkommen können und es uns leichter ist, mit Evangelischen zu integrieren" antworteten Eltern, deren Herkunftsland der Iran ist. Islamische Eltern verbinden mit einer evangelischen Kindertagesstätte „christlich beten/hören von Gott ist grundsätzlich wichtig." Die oftmals tolerante Einstellung der Eltern selbst wird auf die Kindertagesstätte übertragen und das Integrationsziel dann auch entsprechend so formuliert: „Weil es für uns eigentlich keinen Unterschied zwischen Muslims und anderen Religionen gibt." „Wir sind sehr offen. Es gibt nur einen Gott. Wir sind offen für den christlichen Glauben." antwortete ein türkisch-alevitisches Elternpaar.

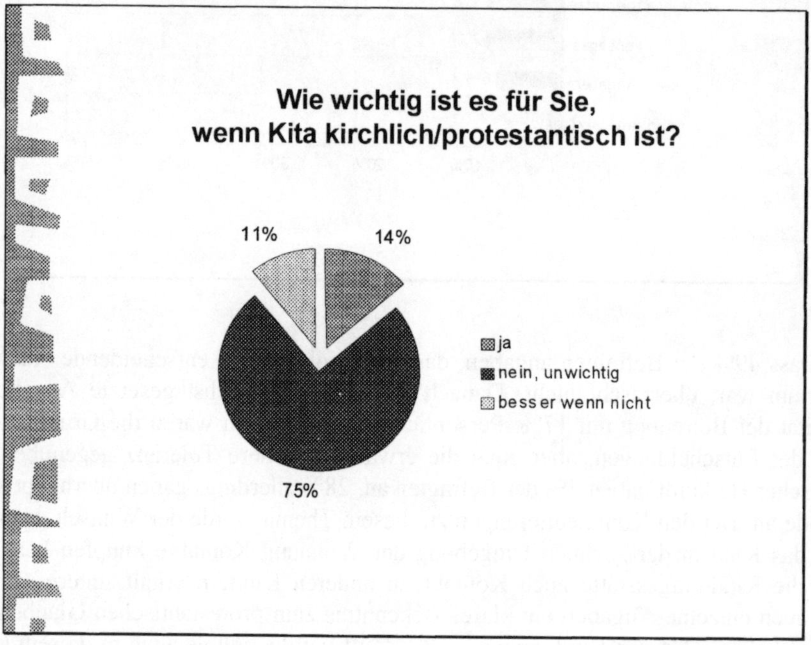

Trotz dieser positiven Äußerungen ist die Bedeutung des christlichen Kontextes der frühkindlichen Erziehung dennoch für die meisten Eltern nicht entscheidend. Auf die Frage, ob es für sie wichtig war, dass die Kindertagesstätte kirchlich/protestantisch ist, gaben 75% der Eltern, die diese Frage beantworteten, an, dass dies für sie ein nachrangiges Kriterium war. 11% geben offen zu, dass es für sie besser wäre, wenn kein kirchlicher Bezug vorhanden wäre. 14% antworten klar, dass die konfessionelle Bindung für sie wichtig und gut ist. Insbesondere für christlich orientierte Eltern ist es wichtig, dass die „evangelisch/christlichen Feiertage kindgerecht vermittelt werden." Demgegenüberstehend werden auch Positionen formuliert, die den christlichen Hintergrund eher relativieren: „Solange die Religion in der Erziehung keine Rolle spielt, ist es uns gleich, in welche Kita unser Kind geht." Positive Kommentare formulieren dann: „Das Kind lernt beide Religionen kennen." Dieses verbinden die Eltern auch besonders mit Festen und Traditionen. Hier wird ein Kontrast zu den städtischen Kindertagesstätten deutlich, wenn Eltern zum Ausdruck bringen, dass „wir unseren Kindern Weihnachten, Ostern und all die schönen Kinderfeste nicht vorenthalten wollen."

Von besonderer Wichtigkeit war die Beantwortung der Frage, ob die Eltern denn bemerken, dass die Kindertagesstätte in kirchlicher Trägerschaft geführt wird:

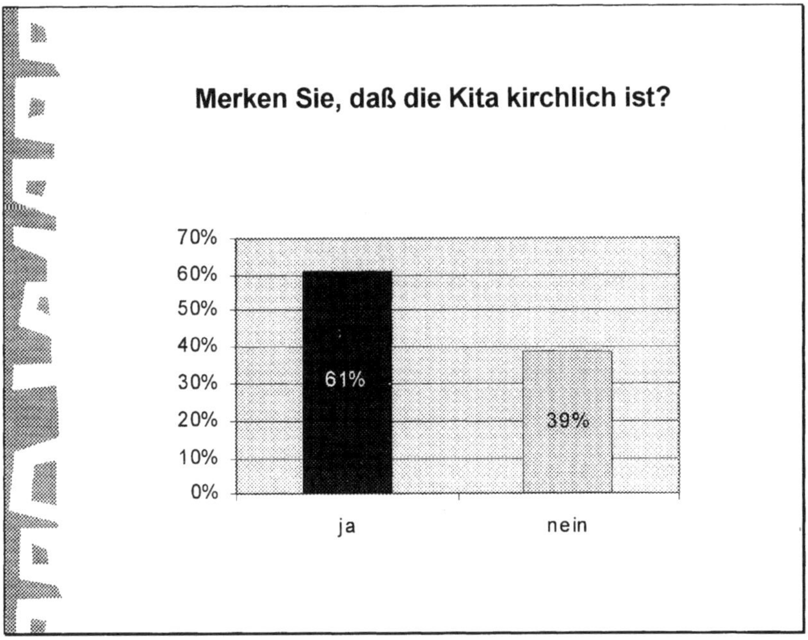

Auf die Frage „Merken Sie, dass die Kindertagesstätte kirchlich ist?" antworteten insgesamt nur 39% der Befragten. Von diesen haben 61% mit „Ja" geantwortet, d.h. sie bemerken die kirchliche Ausrichtung der Einrichtung ganz deutlich. 39% verneinen diese Frage. Sie bemerken nicht, dass es einen religiösen Bezug der Einrichtung durch die Trägerschaft und christliche Prägung gibt. Diese Antwort lässt natürlich auch einen kritischen Blick auf den Anspruch des Trägers und das religionspädagogische Konzept der Einrichtung zu. Wenn fast 40% derjenigen, die diese Frage beantwortet haben, überhaupt nicht bemerken, dass sie es mit einer christlichen Kindertagesstätte zu tun haben, so ist hier kritisch nachzufragen, wie es zu diesem Ergebnis kommt. Heißt das, dass die religiöse Wertvermittlung in so geringem Maße erfolgt, dass diese von den

Eltern nicht wahrgenommen wird? Oder liegt es daran, dass vielleicht ganz speziell christliche Feste und Feiertage so angeboten und gefeiert werden, dass es den Kindern einer anderen Religionsgemeinschaft möglich ist, an diesen Feiern nicht teilzunehmen? Dies ist z.B. dann gegeben, wenn zu bestimmten Anlässen, wie St. Martin oder Nikolaus, der Pfarrer und die Pfarrerin in der Kirche einen Kindergarten-Gottesdienst anbieten, der es den Eltern anderer Religionsgemeinschaften freistellt, ihr Kind teilnehmen zu lassen. Exemplarisch kann hier die Antwort iranischer Eltern genannt werden, die deshalb auch die Konfessionsgebundenheit der Kindertagesstätte nicht bemerken, „weil wir als Eltern fast keine Ahnung von der christlichen Ausrichtung haben." Hier ist zu fragen, wie die Arbeit der Kindertagesstätte gerade im Bereich der religösen Wertevermittlung und des gegenseitigen Kennenlernens auf Elternabenden vermittelt wird. Der hohe Wert der Nicht-Erkennbarkeit von fast 40% lässt eine verstärkt notwendige Elternarbeit als künftige Aufgabe erkennen. Wenn man vertiefend fragt, woran die 61% der Eltern die Erkennbarkeit der kirchlichen Ausrichtung der Kindertagesstätten festmachen, so werden die Feiern, die christlichen Symbole, die Gottesdienste und die Tischgebete genannt. Insgesamt äußerten sich 35% der Befragten zu dieser Fragestellung. Mit 53% wurden die Weihnachts- und Osterfeiern am häufigsten genannt, andere Feste mit 24%. Das Tischgebet wurde von 17% wahrgenommen und an den christlichen Symbolen in der Kindertagesstätte erkennen 5% der Eltern die religiöse Bindung der Einrichtung.

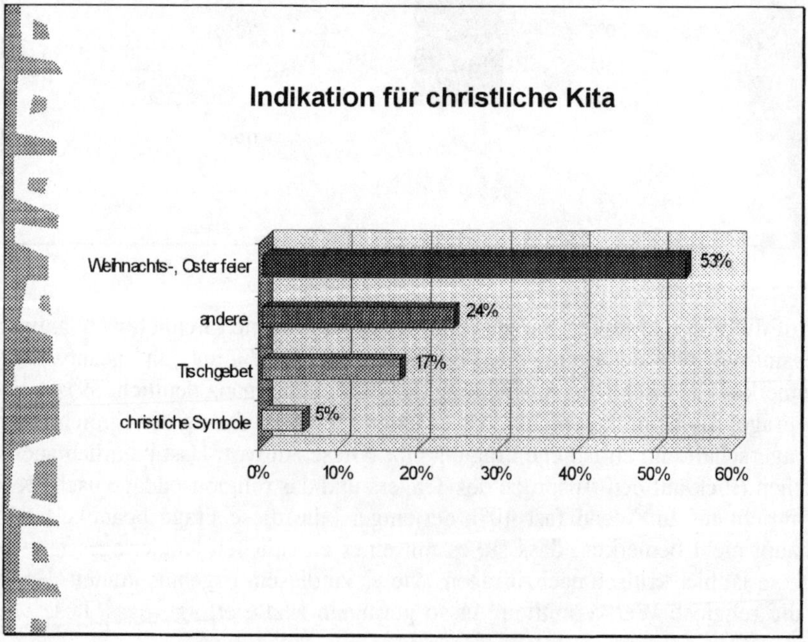

In engem Zusammenhang zur Fragestellung nach der Erkennbarkeit des christlichen Charakters der Einrichtung steht die Frage, welchen Einfluss und welche Auswirkung denn die Multikulturalität und die Multireligiösität der Einrichtung auf Eltern und Kinder haben. 67% antworteten hier – deutlich mehr, als bei dem vorangegangenen Fragekomplex zur Erkennbarkeit einer Einrichtung. Zwar stellen 46% fest, dass diese Ausrichtung der Kindertagesstätte keinen Einfluss auf das Leben der Kinder und Familien genommen hat,

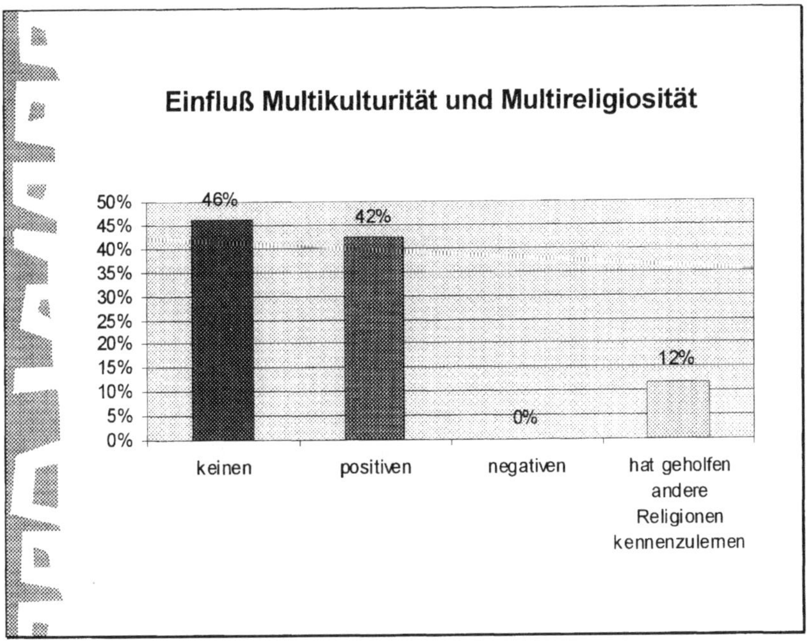

aber fast ebenso hoch, nämlich 42%, ist die Zahl derjenigen, die angeben, dass sie sehr wohl positive Wirkungen feststellen. Insgesamt 12% stellen fest, dass die Vielfalt der Kindertagesstätte ihnen geholfen hat, andere Religionen und Kulturen kennenzulernen. So betonen die Eltern: „Die Kinder lernen sehr früh, dass es verschiedene Religionen und Kulturen gibt und wie man damit umgeht." Und weiter: „...fördert das Verständnis und den Kontakt zu anderen." Oder es wird genannt: „Rücksicht auf andere Religionen genommen." Sunnitische Eltern stellen fest, dass sie eine große Toleranz und Akzeptanz zwischen den Kindern bemerken. Andere geben an, dass sie den Einfluss daran feststellen, dass das Kind anfängt, über Gott zu sprechen. Wenn man diese Angaben betrachtet, ergeben sich hier Ansätze einer Überprüfung des Anspruches der multireligiösen Ausrichtung evangelischer Kindertagesstätten. Es lässt sich feststellen, dass 12% der Antworten ein klares Lernziel formulieren können, wie das Miteinander in der Kindertagesstätte die Einstellung gerade im religiösen Bereich verändert und erweitert hat. Insgesamt geben mehr als die Hälfte, nämlich 54% an, dass sie hier einen positiven Einfluss wahrnehmen.

Ein Ziel muss sein, dass sich der Anteil der Eltern, die hier positive Wirkungen feststellen, vergrößert, und dass die selbstgestellte Aufgabe die Toleranz und das Einüben des Miteinanders von Kindern verschiedener Religionsgemeinschaften zu fördern, stärker in den Blick genommen und weiterentwickelt wird. Der Wirkung auf die Eltern korrespondiert die Frage, in welcher Weise der erfahrene multikulturelle und multireligiöse Ansatz sich auf die eigenen Kinder auswirkt.

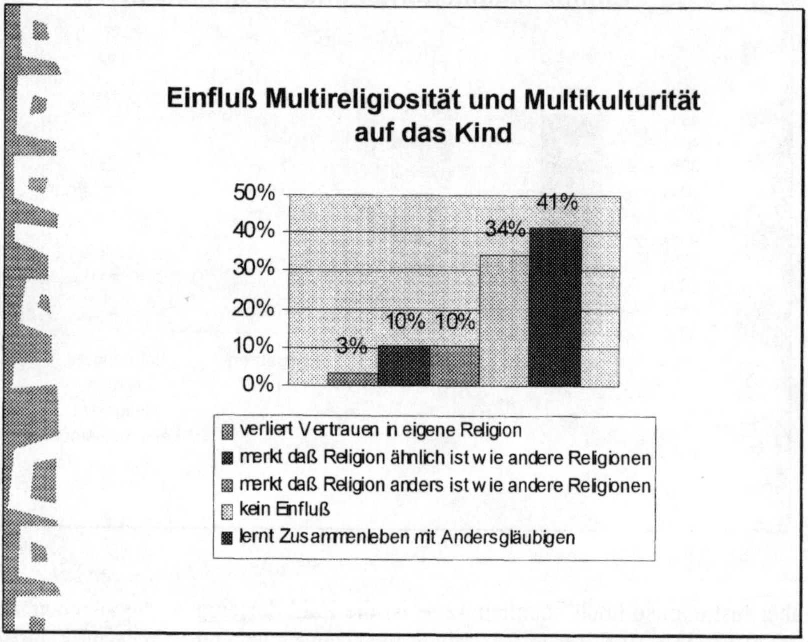

Zwar geben deutlich weniger Eltern hier Antworten bezogen auf ihre Kinder, nämlich nur 17%, aber auch in dieser von wenigen Eltern qualifiziert beantworteten Fragestellung gibt es interessante Parallelen zu der eigenen Wahrnehmung des multireligiösen Ansatzes. So lässt sich zusammenfassend sagen, dass 41% beobachten, dass ihr Kind das Zusammenleben mit Andersgläubigen kennenlernt. 10% stellen fest, dass ihr Kind lernt, dass die eigene Religion der christlichen Religion durchaus ähnlich ist. Ebensoviele Eltern bemerken aber auch, dass das Kind die Unterscheidung der Religionen und auch das Besondere des eigenen Glaubens erkennt. Lediglich 3% der

Eltern fürchten negative Auswirkungen auf die Kinder. Sie befürchten, dass durch diese Ausrichtung der Kindertagesstätte das Vertrauen in die eigene Religion verloren geht. Nur 34% und damit deutlich weniger als bei der Auswirkung auf die Eltern konstatieren hier keinen spürbaren Einfluss.

Die Wahrnehmung der Eltern, wie sich dieses multireligöse Miteinander auswirkt, wird am deutlichsten bei den Festen beobachtet.

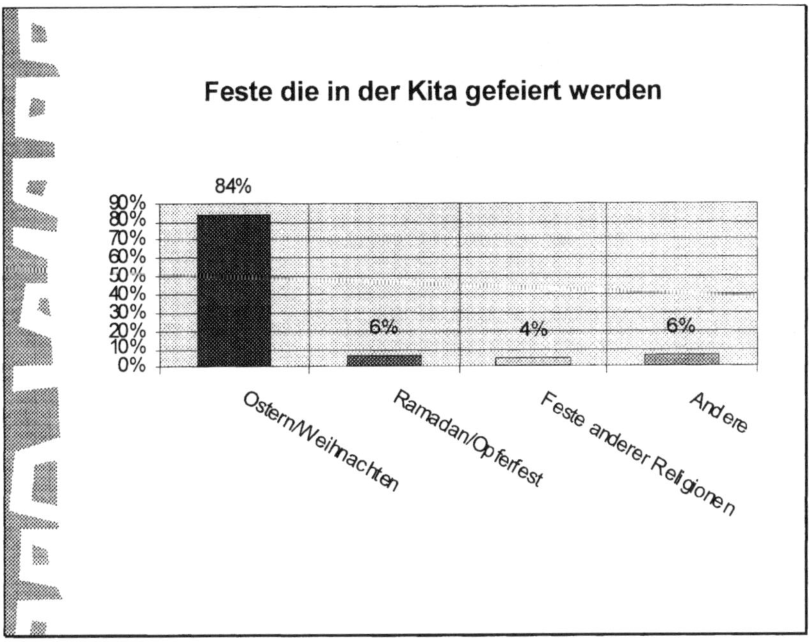

87% können diese Frage beantworten. An erster Stelle wird angegeben, dass Ostern und Weihnachten gefeiert werden. 84% nennen diese Feste. Aber auch das Laternenfest (St. Martin), Fasching und Pfingsten werden aufgezählt. Auch Feste anderer Religionen nennen die Eltern. So geben 4% die Beachtung des Ramadan/Opferfestes an. Weitere Feste werden mit 4% oder 6% genannt.

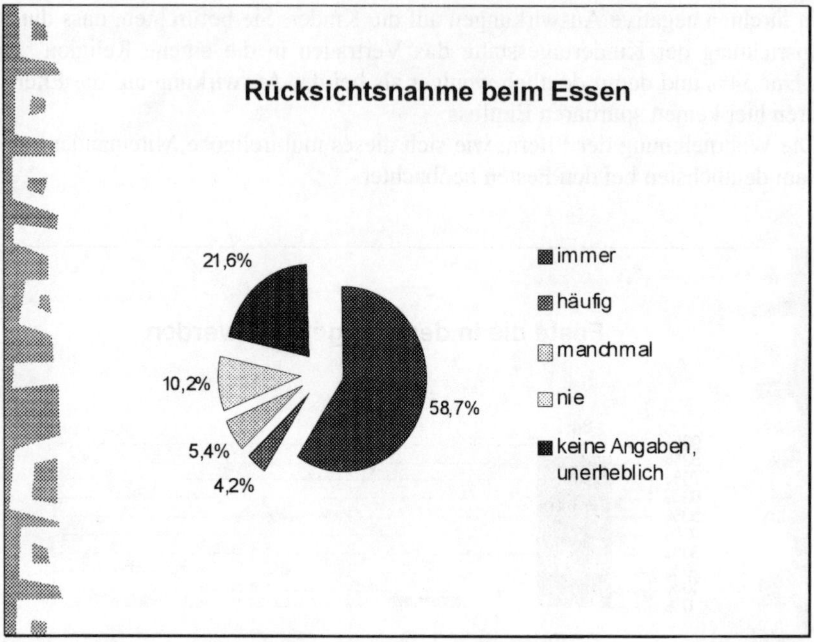

Eine besondere Rücksichtnahme auf die eigene Religiösität wird bei den Eltern vor allen Dingen durch die Beachtung der Speisegebote beim Essen festgestellt. Es ist den Eltern wichtig, dass gerade beim Essen Rücksicht auf ihre eigene religiöse Ausprägung genommen wird. 59% der Eltern geben an, dass bei der Kindertagesstätte immer Rücksicht genommen wird, 4% dass dies häufig der Fall ist und nur 5%, dass manchmal ihre Essensvorschriften beachtet werden. 22% machen keine Angaben. Für diese scheint aber auch die Beachtung religiöser Vorschriften beim Essen unerheblich zu sein. 10% geben an, dass auf ihre Erwartungen keine Rücksicht genommen wird.

Eine zur Zeit oft diskutierte Frage bezieht sich darauf, ob in konfessionellen Kinderbetreuungseinrichtungen zukünftig verstärkt auch muslimische Erzieherinnen angestellt werden sollen, wenn z.B. in einer Kindertagesstätte ein hoher Anteil muslimischer Kinder betreut wird. Gerade diese Fragestellung berührt in besonderem Maße die Trägeridentität.[28] 94% der zurückgeschickten Fragebögen enthielten Antworten auf die Frage. „Was würde es für Sie als Eltern bedeuten, wenn eine Erzieherin ihrer Religionsgemeinschaft in der Kindertagesstätte tätig wäre?“ 69% der Antworten würden die Anstellung einer Erzieherin aus ihrer Religionsgemeinschaft begrüßenswert oder gut finden. 7% vertreten eine ablehnende Haltung und für 24% ist diese Frage nicht

28 Vgl. Andreas Lipsch, „Kirche mit Anderen – Profil im Wandel“, in: In der Tat 2/2003, hg. v. Diakonisches Werk in Hessen und Nassau, 14-17.

wichtig, es ist ihnen egal. Unter Berücksichtigung, dass die Fragestellung eher zu einer Bejahung motiviert, ist das Drittel der Voten, die diesem Thema keine große Wichtigkeit beimessen, interessant. Es ist zu hinterfragen, ob die Debatte über die Anstellung von Erziehern und Erzieherinnen aus anderen Religionsgemeinschaften ihre Bedeutung nicht vor allem aus der Problematik der Trägeridentität erhält.

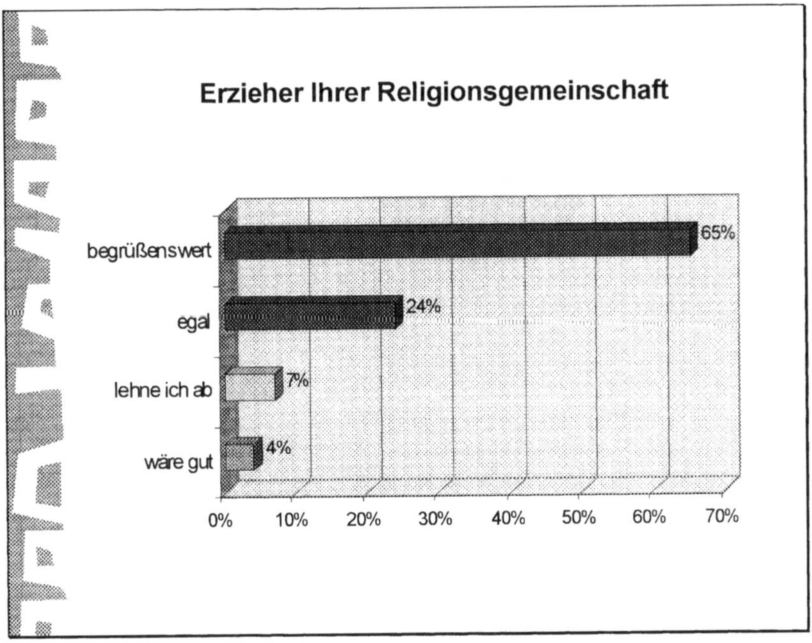

Der abschließende Fragekomplex beschäftigte sich mit den Kontakten untereinander. Es wurde gefragt, ob das eigene Kind in der Kindertagesstätte Kontakte mit christlichen Kindern aufgebaut hat und wie stark diese Beziehungen ausgestaltet werden.

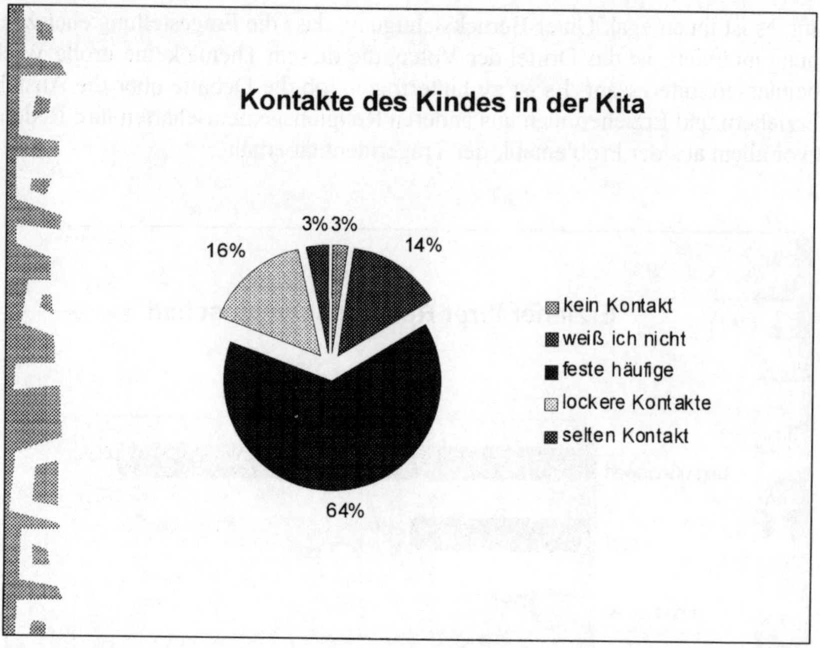

Beachtenswert ist, dass 93% der zurückgeschickten Fragebögen diese Frage beantwortet haben. Ein Erfolg für den Anspruch der Kindertagesstätten Integration zu fördern ist das Ergebnis von 64%, die einen häufigen, festen Kontakt angeben. Wenn man diejenigen mit einem lockeren Kontakt hinzurechnet, erreichen die Kindertagesstätten ein gegenseitiges Kennenlernen bei 80% der Kinder. Nur insgesamt 6% haben keinen oder selten Kontakt zu christlichen Kindern.

Dieser Eindruck wird bestätigt, wenn die gleiche Frage nach den Kontakten auf der Elternebene gestellt wird. „Haben Sie dadurch, dass Ihr Kind in einer evangelischen Kindertagesstätte ist, Kontakt zu christlichen Eltern bekommen?“ beantworten 62% mit „Ja“. Diese Angabe liegt auf ähnlich hohem Niveau wie bei den Kindern. Eine stärkere Abweichung ergibt sich bei der höheren Zahl derjenigen, die keinen Kontakt haben, nämlich 27%.

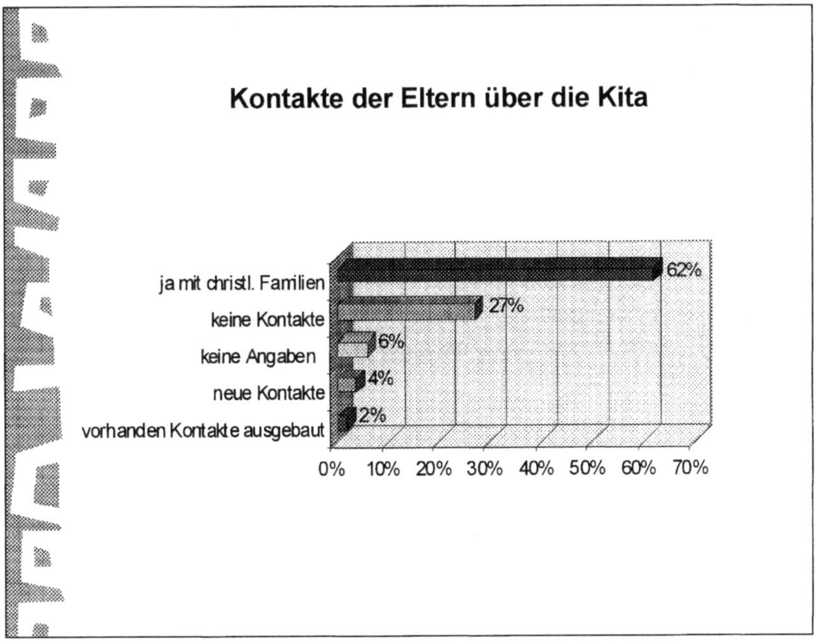

Schlussfolgerungen

Aus der Befragung ergibt sich die Notwendigkeit, in einem weiteren Schritt anhand ausgewählter Einzelbeispiele zu überprüfen, inwieweit die Konzeption der Einrichtung mit den Ergebnissen der Befragung übereinstimmt. Die bei fast 40% liegende Angabe der befragten Eltern, dass sie die Erkennbarkeit des Trägers und des christlichen Charakters der Einrichtung nicht wahrnehmen, erfordert eine weitergehende Untersuchung.

Dass bereits Eltern den multireligiösen Ansatz unter dem Aspekt des Kennenlernens, des Einübens von Toleranz und des Verstehens positiv formulieren, ist ein erster Hinweis auf einen glaubwürdigen Anspruch, den evangelische Kindertagesstätten vertreten. Die Kindertagesstätte erfüllt eine wichtige Funktion als Ort der Begegnung und des gegenseitigen Wahrnehmens. Dass über 60% der Antworten die Intensivierung der Kontakte sowohl für die Kinder als auch der Eltern feststellen können, ist beachtlich.

In einem weiteren Schritt müsste eine ähnliche Befragung der deutschen Eltern die Ergebnisse in Korrelation setzen. Wo unterscheiden sich Wahrnehmungen und Einstellungen?

Es fällt auf, dass manche Fragestellungen in der religionspädagogischen Ausrichtung stark aus der Sicht der Träger formuliert werden. Die Frage der Anstellungsfähigkeit von Mitarbeiterinnen und Mitarbeitern, die nicht die ACK-Klausel[29] erfüllen, hat für die Eltern von Kindern ausländischer Herkunft wahrscheinlich keine gleich hohe Bedeutung. Sie würden es zwar mehrheitlich begrüßen, aber erwarten und fordern es vom Träger nicht unbedingt.

Bei der Definition des religionspädagogischen Anspruchs in einer Situation, die von einer starken Multikulturalität und Multireligiosität geprägt ist, gilt es zukünftig stärker den Dialog mit Vertreterinnen und Vertretern anderer Glaubensrichtungen zu suchen. Nur so können unterschiedliche Sichtweisen und Einstellungen in Kozeptionen einfließen. Nicht alles, was sich im Hinblick auf die neuen Anforderung an die Arbeit im multireligiösen Zusammenhang aus einer christlichen Tradition der Kindergartenarbeit ableiten lässt, findet eine Entsprechung in der Erwartungshaltung der Eltern von Kindern ausländischer Herkunft.

Es wird deutlich, dass der Umgang mit Kindern unterschiedlicher religiöser Herkunft nicht dadurch zu gestalten ist, dass das Religiöse vollkommen ausgeblendet wird und die Toleranz sich dadurch ausdrückt, das dieses Thema tabuisiert wird. Es ist sehr wohl möglich, mit einem klar erkennbaren christlichen Profil auf die Angehörigen anderer Religionsgemeinschaft zuzugehen. Die Eltern von Kindern ausländischer Herkunft erkennen in der Begegnung und Thematisierung durchaus eine Chance für das Miteinander der künftigen Generationen.

Das Verbannen des Religiösen in den privaten, familiären Raum wäre gleichbedeutend mit einer Abwertung der Religion. Dies kann natürlich nicht das Ziel evangelischer Kindertagesstätten-Arbeit sein.

29 Nach dieser Bestimmung werden in evangelischen Einrichtungen nur Mitarbeiter und Mitarbeiterinnen angestellt, die einer Kirche angehören, die in der Arbeitsgemeinschaft christlicher Kirchen vertreten ist.

Register

Namen, Orte, Institutionen

Begriffe

Autoren

PD Dr. Bärbel Beinhauer-Köhler	Privatdozentin im Fach Religionswissenschaft an der Georg-August-Universität Göttingen; Lehrbeauftragte an der Kirchlichen Hochschule Bethel und Universität Bielefeld
Prof. Dr. Matthias Benad	Professor für Kirchengeschichte und Leiter der Forschungsstelle für Diakonie- und Sozialgeschichte an der Kirchlichen Hochschule Bethel, Bielefeld
Yaşar Çolak	Leiter der Abteilung Religiöse Publikationen im Amt für Religiöse Angelegenheiten (Diyanet), Ankara
Dozent Dr. Şamil Dağci	Lehrbeauftragter an der Theologischen Fakultät der Universität Ankara
Prof. Dr. Karl-Heinz Dahm	Em. Professor für Religionssoziologie an der Westfälischen Wilhems-Universität Münster
Dr. Michael Frase	Lehrbeauftragter im Fach Religionswissenschaft an der Universität Frankfurt, Leiter des Diakonischen Werks für Frankfurt a.M. des Ev. Regionalverbands Frankfurt a.M.
Prof. Dr. Osman Karadeniz	Professor für Systematische Theologie (Kelam) an der Dokuz Eylül Üniversitesi Izmir
Harun Özdemirci	Amt für Religiöse Angelegenheiten (Diyanet), Ankara
Prof. Dr. Edmund Weber	Professor für Religionswissenschaft an der Johann Wolfgang Goethe-Universität Frankfurt
Sabri Yilmaz	Wissenschaftlicher Mitarbeiter an der Theologischen Fakultät der Dokuz Eylül Üniversitesi Izmir

THEION

Herausgegeben von Wilhelm-Ludwig Federlin und Edmund Weber

Band 1 Wilhelm-Ludwig Federlin: Kirchliche Volksbildung und Bürgerliche Gesellschaft. Studien zu Thomas Abbt, Alexander Gottlieb Baumgarten, Johann David Heilmann, Johann Gottfried Herder, Johann Georg und Johannes von Müller. 1993.

Band 2 Hans Christoph Stoodt / Edmund Weber (Hrsg.): Interreligiöse Beziehungen: Konflikte und Konvergenzen. 1993.

Band 3 Hans Christoph Stoodt / Edmund Weber (Hrsg.): INTER LEGEM ET EVANGELIUM. 1994.

Band 4 Sylvia Mangold: Ādi Śaṅkarācāryaḥ. G. V. Iyers Filmkommentar zur Religionsphilosophie Śaṅkaras. 1994.

Band 5 Cheriyan Menacherry: Christ: The Mystery in History. A Critical Study on the Christology of Raymond Panikkar. 1995.

Band 6 Wilhelm-Ludwig Federlin (Hrsg.): Sein ist im Werden. Essays zur Wirklichkeitskultur bei Johann Gottfried Herder anläßlich seines 250. Geburtstages. 1995.

Band 7 Matthias Benad / Edmund Weber (Hrsg.): Diakonie der Religionen 1. Studien zu Lehre und Praxis karitativen Handelns in der christlichen, buddhistischen, Hindu und Sikh Religion. 1996.

Band 8 Byong-Ro An: Die Religiosität der Koreaner in Deutschland. 1997.

Band 9 Friedrich Weber: Sendrecht, Policey und Kirchenzucht. Kirchenrechtsbildung und religiösethische Normierung in Ostfriesland und Emden bis Ende des 16. Jahrhunderts. 1998.

Band 10 Peter Schmidt: A. C. Bhaktivedanta Swami im interreligiösen Dialog. Biographische Studien zur Begegnung von Hinduismus und Christentum. 1999.

Band 11 Stephan Nagel: Brahmas geheime Schöpfung. Die indische Reformbewegung der "Brahma Kumaris". Quellen, Lehre, Raja Yoga. 1999.

Band 12 Steven Ballard: Rudolf Otto and the Synthesis of the Rational and the Non-Rational in the Idea of the Holy. Some Encounters in Theory and Practice. 2000.

Band 13 Thea Mohr: Weibliche Identität und Leerheit. Eine ideengeschichtliche Rekonstruktion der buddhistischen Frauenbewegung *Sakyadhita International*. 2002.

Band 14 Bärbel Beinhauer-Köhler / Matthias Benad / Edmund Weber (Hrsg.): Diakonie der Religionen 2. Schwerpunkt Islam. 2005.

www.peterlang.de